EXCEL 활용

투자관리

장영광 · 정기만

신영사

머리말

금융시장과 자산운용업을 비롯한 금융산업의 투자환경에 많은 변화가 계속되고 있다. 2010년 이전부터 글로벌화(globalization), 증권화(securitization), 금융공학(financial engineering), 탈금융기관화(disintermediation), 금융의 사이버화(cyberization)가 진행되어 왔고, 2010년 이후는 4차 산업혁명의 큰 흐름 속에서 이른바 핀테크(Fin-Tech)의 혁신을 경험하고 있다. 클라우드 컴퓨팅, 빅데이터, 다양한 디지털 혁신기술 등 정보통신기술(ICT)의 발전으로 인해, 금융업의 업무처리, 상품, 서비스, 새로운 사업모델 등에 엄청난 변화가 일어나고 있다.

핀테크는 로보어드바이저 등 온라인 자산관리, 암호자산, 크라우드 펀딩, 모바일 결제서비스 등의 영역으로 확대되고 있는데, 특히 전문 증권분석가, 펀드매니저에게 엄청난 도전이 되고 있는 분야는 로보어드바이저(Robo-advisor) 등 온라인 자산관리 영역이다. 애널리스트의 주관적인 분석이나 편견에 의존하지 않고, 인공지능과 머신러닝을 활용하는 핀테크 기술의 발달로 개인의 투자성향과 고객정보를 분석, 인공지능 알고리즘이 투자자에게 적합한 자산운용을 자문해 주고 있다. 우리나라에서도 2019년 4월 16일 자본시장법 시행령이 발효되면서 'AI 펀드매니저시대'가 열렸다.

이러한 투자환경의 변화는 자산운용전문가에게는 종전보다 더 철저한 투자이론에 대한 이해와 이의 실무적 적용능력을 요구한다. 그렇지만 투자이론을 실제 자산운용에 적용하는 데 벽이 되었던 가장 큰 이유는 투자이론을 실제로 적용하는 데 엄청난 연산이 요구되는 문제를 해결해 주는 실천적 도구가 적었기 때문이다. 다행히 Microsoft사의 스프레드시트 'Excel'의 활용이 확산되면서 투자이론을 실제 자산운용에 쉽게 활용할 수 있게 되었다.

본서는 스프레드시트 Excel을 활용하여 투자이론을 실제 자산운용에 활용하는 방법을 제시함으로써, 전문가들의 운용능력에 도움을 주고자 하는 바람에서 집필하였다. 본서 『Excel 활용 투자관리』는 MS-Office Excel 2019 버전에 기초하여 설명하였고, 실제 활용 예시를 위해 우리나라 상장회사의 2013년 6월부터 2019년 5월까지의 주가자료를 사용하였다.

본서 제 I 편(제1장~제2장)에서는 Excel 활용에 대한 이해가 부족한 독자를 위해 Excel의 기본 활용법, 투자이론에 많이 활용되는 Excel의 기초 통계함수, 수학함수를 소개하였다. 제 II 편(제3장~제6장)에서는 포트폴리오 구성에 기초가 되는 기대수익과 위험의 측정, 포트폴리오 결합선과 최소분산포트폴리오 도출, 효율적 포트폴리오 도출, 자산배분과 최적 포트폴리오 구성, 단일지표모형을 적용한 포트폴리오 구성, 자본자산가격결정모형(*CAPM*)을 투자결정에 적용할 때 Excel을 활용하는 방법을 다루고 있다. 제 III 편(제7장~제8장)에서는 채권의 가치평가와 주식의 가치평가에 Excel을 활용하는 방법에 대하여 다루고 있다.

본서는 『증권투자론』 8판(2019, 장영광 저, 신영사), 『현대투자론』 6판(2017, 장영광 · 이영주 공저, 신영사)과 함께 학습하는 것을 권장한다. 학습효과를 높이기 위해서 신영사 홈페이지(http://www.shinyoungsa.co.kr) 자료실에 게시하고 있는 'Excel 활용 투자관리' 파일을 이용할 수 있다. 이 자료는 'Excel 활용 투자관리(1장~2장).xls', 'Excel 활용 투자관리(3장~8장).xls', 'Excel 활용 투자관리 연습문제 해답.xls' 등 3개의 Excel 파일로 구성되어 있다. 그리고 실습과 연습문제 풀이에 사용할 수 있도록 이 파일들 속의 '실습용 20종목 수정주가자료' 시트에 주가자료를 수록하였다.

본서를 집필하는 데에는 여러 사람들의 도움이 컸다. 김종택 박사(성균관대학교 경영대학 강사)는 Excel 기초편과 주요 엑셀 편집, 실습자료와 해답의 작성에 정성을 다해 주었다. 여환영 박사(KB자산운용)는 우리나라 증시관련 자료를 수집, 편집하는 데 큰 도움을 주었다.

끝으로 본서의 출간이 있기까지 많은 도움을 주신 신영사의 권영섭 사장님과 좋은 편집이 되도록 수고하신 박지영 편집국장 및 편집부 직원 여러분에게 심심한 사의를 표한다. 독자 여러분의 계속적인 조언과 성원을 바란다.

2020년 봄

제 I 편 투자관리의 기초

Chapter 1 투자관리의 체계와 Excel의 기초

Chapter 2 투자관리에 활용되는 Excel의 통계 · 수학함수

제 Ⅱ 편 효율적 포트폴리오의 구성

Chapter 3 포트폴리오 기대수익과 위험

Chapter 5 최적 자산배분

Chapter 6 자본자산가격결정모형

제 Ⅲ 편 가치평가와 Excel의 활용

PART

I

투자관리의 기초

제 1 장　투자관리의 체계와 Excel의 기초

제 2 장　투자관리에 활용되는 Excel의 통계 · 수학함수

CHAPTER

1

투자관리의 체계와 Excel의 기초

본서에서는 투자관리에 활용될 수 있는 Excel의 적용방법을 다루고 있다. 본장에서는 이의 첫 단계로 투자관리가 이루어지는 전반적인 체계에 대하여 설명한다. 투자목표 설정에서부터 투자성과평가에 이르는 투자관리과정에서 투자이론이 어떻게 활용될 수 있는지를 개관할 것이다. [부록]에서는 Excel에 대한 기초지식이 없는 독자를 위하여 "Excel의 기초" 편을 소개한다.

1.1 통합적 투자관리의 체계

(1) 투자관리의 과제

투자관리(investment management)의 핵심은 투자수익과 투자위험 면에서 성격이 다른 여러 가지 투자자산들에 대하여 투자자금을 효율적으로 배분하여 투자목표를 달성하는 것이다. 개인투자자이든 기관투자자이든 투자관리에서 다루어야 할 과제는 다음의 네 가지로 압축할 수 있다.

① 자산배분(asset allocation) : 주식, 채권, 준현금성자산 등 투자수익과 위험이 질적으로 다른 각급 자산에 대한 자금배분 비율을 결정하는 것이다.

② 종목선정(security selection) : 각급 투자자산(주식, 채권 등) 내에서 시장동향, 산업별 특성, 개별기업의 경쟁력 지위 등을 고려하여 어떤 특정 개별종목에 투자할 것인지를 결정하는 것이다.

③ 투자시점의 결정(investment timing) : 투자성과를 높일 수 있는 매수-매도의 투자시점을 결정하는 것이다.

④ 투자위험의 관리(risk management) : 투자수익의 변동성 관리 차원에서 포트폴리오 분산투자, 포트폴리오 헤징방법 등 효과적인 투자위험 관리방법을 결정하는 것이다.

이 가운데에서 자산배분 결정은 투자전략(investment strategy)적 성격을, 반면에 특정 종목선정의 문제는 투자전술(investment tactics)적 성격을 지니고 있다. 자산배분과 종목선정 중에 어느 것이 투자성과에 큰 영향을 미치는가? W. Sharpe(1992)의 연구에서는 펀드들 간의 수익률 차이는 91.5%가 자산배분 결정의 차이에서 결정된다고 설명하고 있다.[1] 반면에 특정종목 선정의 문제는 투자성과에 미치는 영향이 자산배분보다 상대적으로 낮은 것으로 평가되고 있다.

---

1) W.F. Sharpe, "Asset Allocation : Management Style and Performance Evaluation," *Journal of portfolio management*(Winter 1992), pp.7～19. Brinson *et al.*(1991)의 연구에서도 특정 단일펀드의 투자성과에 영향을 미치는 요인들의 중요도는 자산배분 91.5%, 개별종목선정 2.7%, 시장타이밍 1.8%, 기타 4.0%인 것으로 분석하고 있다.

자산배분과 종목선정 중에 어느 것을 먼저 하는지에 따라 투자관리방식을 하향식 투자관리방법과 상향식 투자관리방법으로 구분할 수 있다.

하향식(top down) 투자관리방법은 자산배분이 먼저 이루어지고, 그 다음에 종목선정을 하는 방법이다. 투자자의 전체 포트폴리오 구성의 관점에서 자산배분을 중시하는 체계적 접근방법이 되어 투자성과를 높인다. 이 밖에도 투자자의 위험성향에 맞는 포트폴리오를 구축할 수 있게 해주는 장점이 있다. 반면에 오로지 이 방법에만 의존하면 과소평가된 종목을 발견하여 더 나은 성과의 창출 기회를 잃을 수도 있다는 한계점이 있다.

상향식(bottom up) 투자관리방법은 먼저 재무적 건전도나 호재성 재료 등을 감안하여 특정 개별종목을 선택하고, 자산배분은 수동적으로 나중에 결정되도록 하는 방법이다. 그러나 이와 같은 투자관리방법은 과소평가된 종목을 발견하여 더 나은 성과를 창출할 수 있다는 장점은 있지만, 편중된 포트폴리오를 구성함으로써 최종적인 투자성과를 악화시킬 수 있다는 단점이 있다. 또 공격적 투자관리로 인해 거래비용의 증가, 개별종목에 대한 증권분석이 틀릴 경우는 단순보유전략을 능가하는 성과를 창출하려는 노력(시간과 경제적 비용)이 무위로 돌아가는 경우가 많다.

투자시점 결정(investment timing) 또한 투자성과를 좌우하는 중요한 투자관리 과제 중 하나이다. 자산배분, 종목선택이 잘 이루어졌더라도 경기순환이나 시장동향을 감안하여 적절한 투자시점을 포착하지 못하면, 투자목표를 효과적으로 달성할 수 없는 경우가 많다. 마젤란펀드는 1977~1990년, 13년에 걸쳐 2,700%의 수익률을 올린 바 있는데, 놀라운 사실은 이 기간에 손실을 기록한 해가 한 번도 없었다는 점이다. 그런데 이 펀드에 투자한 개인투자자는 매수 또는 매도 타이밍을 잃어 손실 경험이 적지 않았다.

대부분의 투자자산들은 정도의 차이만 있을 뿐 미래투자수익률이 불확실한 투자위험이 있다. 투자자산별로 기초자산의 특성에 따라 영업위험, 재무위험, 유동성위험, 환위험 등을 부담하게 된다. 투자위험을 적절히 줄이는 방법이 강구되지 않으면 투자목표를 달성할 수 없다. 보편적 투자위험관리(risk management) 방법은 단일종목(자산)에 집중투자하지 않고 다수 종목(자산)에 포트폴리오 분산투자하는 방법이다. 경제의 불확실성이 높아지고 자산가격의 변동성이 더욱 확대되는 투자환경 속에서, '투자위험'을 줄이는 '투자위험관리'가 무엇보다 중요한 현안 과제가 되고 있다.

(2) 투자관리의 과정

투자관리의 과제를 해결하기 위한 체계적인 접근방법은 투자관리의 과정을 투자목표를 달성하기 위한 일련의 투자계획(plan)의 수립, 매수·매도의 투자실행(do), 사후통제(see)의 활동으로 나누어 효과적 방법을 강구하는 것이다. [그림 1-1]은 이러한 관점에서 전반적인 투자관리과정의 체계를 나타낸 것이다.

투자관리의 본 단계는 자산배분과 종목선정에 대한 의사결정인데, 이를 적절히 행하기 위해서는 투자계획을 명확히 수립하는 것이 필요하다. 투자계획(plan) 수립 단계에서는 기대수익과 위험으로 표현되는 투자목표를 명확히 설정하는 것이 핵심이다. 또 이를 뒷받침하기 위해서는 경제·산업·기업 분석을 근간으로 하는 투자분석이 면밀히 행해져야 한다.

제시된 투자계획에 따라 자산배분과 종목선정의 실행(do)이 이루어지면, 사후적으로는 투자목표의 달성 여부를 평가하는 통제과정(see)이 필요하다. 통제활동으로 기업 내외 여건변화를 감안하여 처음 투자안(포트폴리오)을 수정(portfolio revision)하는 것과 실제의 투자성과를 계획했던 목표 또는 벤치마크 평가기준과의 차이와 그 원인을 평가하는 투자성과평가(performance evaluation)가 이루어져야 한다.

일련의 투자관리과정에서 제일 중요한 것은 첫 단계인 투자계획(investment plan)의 수립이라고 할 수 있다. 이 국면에서는 본 단계의 자산배분과 종목선정을 위한 투자목표와 투자분석이 적절히 이루어질 필요가 있다.

투자목표(investment objectives)는 투자자의 위험수용도, 투자기간, 기타 제약조건

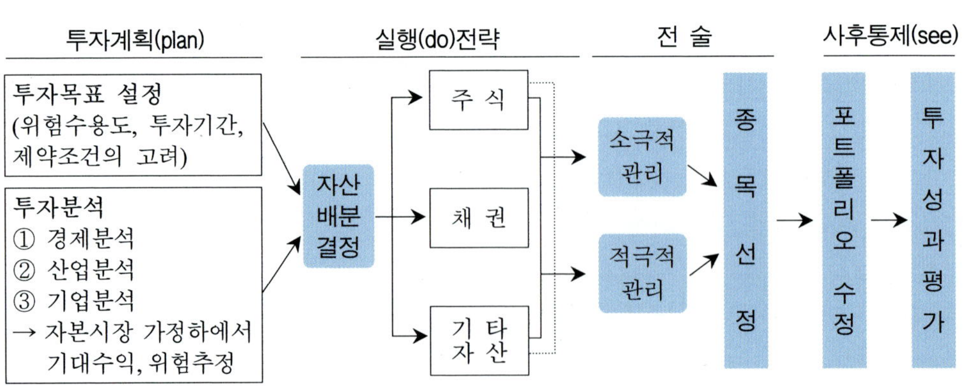

[그림 1-1] 투자관리과정

을 고려하여 기대수익과 투자위험이 모두 고려된 목표치로 표현될 필요가 있다. 이를 위해서는 다음 사항이 반영되어야 한다.

① 위험수용도(risk tolerance) : 위험회피 정도는 투자자마다 다른데, 투자자가 투자원본을 잃게 되는 위험상황을 얼마나 감내할 수 있는지, 얼마나 위험회피형인지에 대한 평가가 이루어져야 한다.

② 투자기간(time horizon) : 투자성과를 1년 후, 5년 후처럼 언제 얻고자 하는지, 그 기간을 분명히 한다. 투자기간의 장 · 단기, 중도 유동성 필요, 위험수용도는 상호 간에 밀접한 관계를 갖는 경향이 있다.

③ 기타 제약조건 : ㉠ 투자자의 순재산 상태와 특별한 요구사항, ㉡ 세금부담, ㉢ 법적 규제(제약), ㉣ 투자자금의 성격 또는 유동성 필요(liquidity needs) 등을 고려하여 투자목표 설정에 반영해야 한다.

제시된 투자목표를 달성하기 위한 구체적인 투자전략 수립의 기초작업은 정보수집과 투자분석(investment analysis)이다. 투자분석은 일반적으로 경제, 산업, 기업 분석으로 나누어 단계적으로 접근하여 자산배분, 종목선정에 필요한 기초정보를 도출한다.

① 경제분석 : 경기순환의 국면, 경제성장률, 이자율, 환율동향 등과 같은 장 · 단기 경제예측, 기술적 · 사회적 환경 등의 면에서의 변화예측

② 산업분석 : 산업별 수익성, 안정성, 성장성 평가와 동향분석

③ 기업분석 : 주요 종목별로 업계 내에서의 경쟁력, 성장잠재력, 재무건전도를 평가하여 최종적으로 기대수익과 위험 추정

이러한 투자분석을 근간으로 전반적인 자본시장가정(capital market assumption)을 내린다. 즉 주식, 채권, 현금, 부동산 등으로 구분하여 과거의 수익률은 어느 정도였으며, 앞으로 각종 투자대상으로부터 일정기간에 걸쳐 기대되는 평균기대수익률, 위험(표준편차), 공분산은 어느 정도인가, 또 인플레이션을 감안할 경우는 어떠한가를 추정한다. 최종적으로 제시된 포트폴리오안으로부터 예상되는 평균기대수익률과 위험도(표준편차)를 추정하여 제시한다.

1.2 투자분석방법

최적투자안을 선정하는 데에는 투자대상들의 투자가치를 분석·평가하는 것이 가장 중요한 작업이 된다. 투자분석방법은 투자대상을 개별적으로 분석하는 개별자산 접근법(asset by asset approach)과 둘 이상의 복수증권들의 결합관계에서 분석하는 포트폴리오 접근법(portfolio approach)으로 분류할 수 있다.

개별자산접근법은 투자대상들을 독립적·개별적으로 분석하여 선택하는 방법으로서 증권분석(securities analysis)이라고도 하는데, 기본적 분석과 기술적 분석이 이에 속한다. 기본적 분석과 기술적 분석은 증권시장의 비효율성을 전제로 초과수익을 얻고자 하는 분석방법이라는 점에서 적극적 투자관리에 활용된다는 공통점을 지닌다. 전통적 투자분석방법(traditional approach)으로 불리기도 한다.

이러한 기본적 분석, 기술적 분석, 포트폴리오 분석의 특징은 다음과 같이 구분된다.

1) 기본적 분석

기본적 분석(fundamental analysis)은 시장에서 증권에 대한 수요와 공급에 의해서 객관적으로 결정되는 시장가격(market price)이 그 증권이 본래 지니고 있는 내재가치(intrinsic value)에 장기적으로는 접근해 가지만 단기적으로는 동일하지 않을 수 있다는 전제하에서 증권의 내재가치를 중점적으로 분석하는 방법이다. 내재가치가 추정되면 이를 시장가격과 비교함으로써 내재가치가 시장가격보다도 큰 과소평가된 증권 또는 내재가치가 시장가격보다도 작은 과대평가된 증권을 찾아내고, 이에 따라 매수 또는 매도의 투자결정을 하여 초과수익을 얻고자 하는 적극적 투자관리의 분석기법이다.

그러므로 기본적 분석에서는 내재가치를 평가하는 작업이 주가 된다. 내재가치를 결정짓는 요인으로 보는 미래주당이익, 배당, 재무구조, 경영진의 경영능력, 산업의 경쟁구조, 사업위험, 이자율동향 등과 같은 재무요인 혹은 경영요인 등에 대한 분석에 초점을 맞춘다. 이와 함께 재무제표 등의 재무정보에 기초하여 수익성·성장성·안정성 등의 재무적 건전도에 대해 평가한다.

종목선정의 한 방법으로 가치투자방법을 적용하기도 한다. 가치투자(value investing)방법은 장기적이고 안정적으로 이익을 낼 수 있는 우량종목인 가치주를 발견, 이를 충분히 낮은 가격으로 매수하여 장기투자성과를 높이는 방법이다. 가치주를 발견하고 적정 가격을 평가하는 방법은 기본적 분석의 체계를 따른다.

2) 기술적 분석

기술적 분석(technical analysis)은 과거의 증권가격 및 거래량의 추세와 변동패턴에 관한 역사적 정보를 이용하여 미래 증권가격의 움직임을 예측하는 분석기법이다. 이 분석기법은 과거 증권가격 움직임의 양상이 미래에도 반복된다는 가정을 하고 있다. 또 증권가격의 패턴을 결정짓는 증권의 수요와 공급 그 자체가 이성적 요인뿐만 아니라 비이성적 요인, 심리적 요인에 의해서도 결정됨을 전제하고 있다. 기술적 분석의 기초자료로는 과거 일정기간의 증권가격이나 거래량의 추세를 도표로 나타내는 차트(chart) 및 이동평균 · 투자심리선과 같은 기술적 투자지표를 활용하여 증권시장의 시황이 약세시장이나 강세시장으로 전환하는 시점과 시장동향을 미리 포착하는 시도를 한다. 증권가격의 모멘텀(momentum)(지속적 상승 혹은 하락) 혹은 반전(reversal)과 같은 움직임 자체의 특징적 패턴을 추적하여 초과수익의 가능성을 포착하기도 한다.

3) 포트폴리오 분석

이상에서 설명한 기본적 분석과 기술적 분석이 초과수익을 가능하게 하는 과대, 과소 평가된 증권을 개별적으로 선별하는 방법인 반면에, 포트폴리오 분석(portfolio analysis)은 증권을 두 개 이상의 복수증권과의 결합관계에서 투자가치를 평가하여 선택하는 방법이다.

투자대상을 개별적으로 평가하는 것과 포트폴리오의 관점에서 평가하는 것은 큰 차이가 있다. 개별적으로 평가할 때에는 아무리 최우량증권이라 할지라도 포트폴리오, 즉 타 증권들과의 상관(결합)관계에서 평가하면 열등한 증권일 수 있다. 반대로 개별적으로는 열등한 증권이라 할지라도 포트폴리오 구성의 관점에서 보면 그 상관성 여하에 따라 투자가치가 높아질 수 있다.

여러 자산에 분산투자하면 투자위험이 감소하게 되는데, 포트폴리오 분석 초점의 하나는 투자위험을 줄이는 가장 바람직한 증권들의 결합이 무엇인가를 찾는 것이다. 일정한 기대수익에서 투자위험을 최소화할 수 있는 효율적 분산투자의 방법을 상구하는 투자위험 관리(risk control)에 활용된다.

이러한 특성 때문에 포트폴리오 분석은 시장이 효율적이라는 전제하에서 출발하는 소극적 투자관리에 많이 활용된다. 증권가격에 시장이나 기업에 관한 모든 정보가 충분히 반영되어 있어 초과수익의 여지가 없는 효율적 시장이라면 분산투자나 위험통제의 방법을 이용하여 투자성과의 개선을 기대할 수 있기 때문이다.

1.3 투자관리방법

투자관리의 핵심 주제인 자산배분과 종목선정의 문제를 다루는 구체적인 투자관리방법은 소극적 투자관리방법과 적극적 투자관리방법으로 나누어 볼 수 있다.

최종적인 투자성과는 통상적으로 위험이 반영된 적정 기대수익률 수준을 얻게 되지만, 투자관리방법 여하에 따라서 때로는 이보다 높은 초과수익률을 얻게 된다고 표현할 수 있다. 소극적 투자관리(passive portfolio management)방법과 적극적 투자관리(active management)방법의 차이는 무위험이자율에 적정 위험보상률을 합한 기대수익률을 목표로 하는지, 아니면 이에 초과수익 알파(α)를 더한 총실현수익률을 목표로 하는지의 차이라고 할 수 있다.

소극적 투자관리방법은 효율적 시장(efficient market)을 가정하여, 모든 이용가능한 정보가 현재의 시장가격에 반영되어 있으므로(즉, 가격=가치) 잘못 평가된 증권을 식별하는 것이 어려워 결과적으로 초과수익의 여지가 없다고 가정한다. 적극적 투자관리방법은 증시가 비효율적인 것을 전제로, 투자자의 독자적인 증권분석과 예측에 근거하여 초과수익 α를 추구한다.

이하에서는 자산배분과 종목선택에서 구체적인 투자관리방법을 살펴본다.

(1) 자산배분

자산배분방법으로서 적극적인 투자관리의 일환으로 강구해 볼 수 있는 방법에는 정책적 자산배분, 전략적 자산배분, 전술적 자산배분 방법이 있다.

① 정책적 자산배분(policy asset allocation) : 자산운용사(펀드매니저)가 운용목표를 감안하여 장기적 관점에서 수익제고와 위험통제의 이상적 혼합을 고려하여 정상적이라고 보는 자산배분(예를 들어 주식 대 채권 비율 60 : 40)안을 정책적

으로 정하는 것을 말한다.

② 전략적 자산배분(strategic asset allocation) : 시장상황의 변동이나 투자자의 위험수용도의 변화에 대응하여 장기적인 관점에서 자산믹스(asset mix)를 재구성해 나가는 것을 말한다. 동적(dynamic) 자산배분이라고도 한다. 파생상품투자의 '동적 자산배분방법'에서는 보유주식을 헤지비율만큼 매도하여 그 자금으로 무위험증권을 매수하는 방법(합성 풋이라고 함)을 적용한다.2)

③ 전술적 자산배분(tactical asset allocation) : 단기나 중기적으로 자본시장의 상황변동이 있을 때 주식이나 채권의 상대적 매력도의 변화 정도를 예상하여, 이를 적극적으로 자산배분비율 변경에 적용함으로써 투자성과를 제고해 나가는 것을 말한다. 전술적 자산배분에서는 계량적 분석방법을 사용하여 각급 자산별로 기대수익률, 표준편차 등 객관적 척도를 도출하여 자산별 상대적 매력도를 평가하는 접근방법을 취한다. 구체적 분석수단으로는 가치접근법과 경기순환적 접근법이 있다.

- 가치접근법 : 주식 대 회사채, 주식 대 국공채, 회사채 대 국공채의 위험보상률(risk premium)의 변동추이를 분석하여 이 위험보상률이 역사적으로 볼 때의 평균적 스프레드 이상 또는 이하로 벌어지는지를 분석하여 서로 다른 자산에로의 이동을 시도하는 것이다.
- 경기순환적 접근법 : 주가의 실물경기에의 선행성과 같은 경기순환적 측면을 고려하여 자산배분비율의 변경을 검토하는 것이다.

④ 포뮬러 플랜(formula plan) 또는 비율계획법(ratio plan) : 전통적인 자산배분방법에서는 직관적 판단에 따라서 기계적으로 공격적 투자수단인 주식과 방어적 투자수단인 채권 사이에서 경기변동 또는 주식시장 상황에 따라 투자자금을 번갈아 로테이션하는 방법을 사용한다. 주가가 낮을 때에는 주식비중을 높이고, 주가가 높을 때에는 주식비중을 낮추도록 운용하는 방식인데, 배분기준을 금액, 비율 어느 것에 두느냐에 따라 포뮬러 플랜은 불변금액법, 불변비율법, 변동비율법이 있다.

- 불변금액법(constant dollar plan) : 주식가격변동에 관계없이 주식에 투자한 금액을 언제나 일정하게 유지하는 방법이다. 주가가 상승하면 미리 결정된 일정금액 이상의 주식을 매도하여 채권을 사들인다. 반면에 주가가 하락할 때에는 채권을 매도하고 주식을 매수하여 주식에 투자한 금액을 언

2) 장영광, 증권투자론(8판, 2019), pp.558~559 참조

제나 일정하게 유지하는 방법이다.

- 불변비율법(constant ratio plan) : 채권과 주식에 투자된 금액의 비율을 언제나 일정하게 하는 방법이다. 가령 60 : 40의 비율로 유지한다면 주가나 채권의 시장가격변화에 관계없이 이 비율을 유지하는 방법이다. 그래서 주가가 채권가격보다 상대적으로 많이 오르면 주식에 대한 투자비율을 60%로 유지하도록 주식을 매도하고 채권을 매수한다.
- 변동비율법(variable ratio plan) : 앞의 불변비율법처럼 주식과 채권에 대한 투자비율을 일정하게 두지 않고, 주가변화의 예측에 따라서 적절히 자산배분비율을 변동시켜 가면서 투자하는 방법이다. 주가가 높으면 앞으로 하락가능성이 높아진다고 판단하여 주식 투자비율을 낮추고, 주가가 낮으면 앞으로 상승가능성이 높아진다고 판단하여 주식 투자비율을 높이는 방법이다. 양자 간의 투자비율을 언제·어떻게 변동시킬 것인가를 결정하기 위해서는 주식시장 동향을 예측할 수 있어야 하는데, 대체적인 추세선(trend line)을 중심으로 몇 개의 범위 구간을 설정하여 비율을 변동시키는 방법이 일반적이다.

이 방법의 확장으로 투자자 개인의 위험수용도와 투자기간을 고려하여 일정한 탄력적 운용의 허용치를 둠으로써, [목표자산배분안±탄력적 운용의 허용치]를 적용하는 방법을 검토할 수 있다. 예를 들어 목표자산배분안이 60% : 40%일 경우, ±5%의 허용치를 두어, 주식투자비율을 55~65%, 채권에 대한 투자비율을 45~35%로 탄력적으로 운용하는 것이다.

(2) 종목선택

특정 개별종목 선택을 위한 투자관리방법도 소극적 투자관리방법과 적극적 투자관리방법으로 구분할 수 있다. 종목선정과 연관된 구체적인 투자관리방법은 다음과 같이 정리할 수 있다.

소극적 투자관리방법	단순매수 · 보유전략, 인덱스(지수)펀드/ETF 투자전략, 평균투자법 등
적극적 투자관리방법	• 기본적 분석방법의 적용 : 소수종목 · 특정산업 집중투자방법, 가치투자전략, 성장투자전략, 섹터 로테이션 전략 • 기술적 분석방법의 적용 : 역투자전략, 주가모멘텀전략 • 시장의 이례적 현상의 적용 : 시계열 이례현상, 이익모멘텀 이례현상, 기업특성상의 이례현상, 가치주 이례현상 • 초과수익과 위험감소의 최적화 모형 : 트레이너 · 블랙모형 등(제5장 참조)

1) 소극적 투자관리방법

① 단순매수 · 보유전략(naive buy-and-hold strategy) : 특정 우량증권이나 포트폴리오를 선택하고자 하는 의도적인 노력 없이 단순히 무작위적으로 선택한 증권을 매수하여 장기 보유하는 투자전략이다. 이 전략은 무작위적(random)으로 포트폴리오를 구성하고 분산투자의 종목수를 증가시키면 증권시장 전체의 평균적 기대수익률, 그리고 시장전체의 평균적 위험(체계적 위험)만 부담한다는 포트폴리오 이론에 근거를 두고 있다.

② 인덱스(지수)펀드/ETF 투자전략 : 시장전체 평균수준의 투자수익을 얻거나 특정 시장지수를 추종하는 수익률을 얻을 수 있도록 설계된 펀드인 인덱스펀드(index fund)에 투자하는 것이다. 여러 종목을 나누어 사는 불편함이 없이 한 번에 여러 종목에 분산투자할 수 있다는 장점이 있다 인덱스펀드와 같이 시장평균수익률을 확보하는 다른 투자방법은 상장지수펀드(ETF : Exchange-Traded Funds)에 투자하는 것이다. 인덱스펀드는 간접투자상품이지만, ETF는 시장지수를 구성하는 종목들(현물주식바스켓)이 직접투자대상이 되는 상품으로 설계되어 있다.

③ 평균투자법(dollar cost averaging) : 주가 등락에 관계없이 정기적으로 일정금액을 주식(또는 펀드)에 계속 투자하는 정기적립식의 투자방법이다. 주가가 하락할 경우 상대적으로 많은 수량을 살 수 있어 평균매수가격이 낮아지는 효과를 얻게 된다.

2) 적극적 투자관리방법

① 소수종목 · 특정산업 집중투자방법 : 기본적 분석에서는 개별종목의 내재가치를 추정하여 시장가격이 잘못 형성된 증권들(mis-priced securities)을 선정해냄으로써 초과수익을 높이는 종목선정을 탐색하는 시도를 한다. 내재가치

를 평가할 때 시장전체의 동향분석보다는 개별종목의 수익 및 성장 전망에 기초하여 초과수익의 여지가 큰 종목이나 산업을 발굴하고, 이들에 집중투자를 시도하는 투자관리방법이다.

자산운용업의 실제에서는 투자전략의 유형이나 투자스타일을 가치주 중심의 가치투자전략(value-oriented investing)과 성장주 중심의 성장투자전략(growth-oriented investing)으로 구분한다. 가치주(value stock)는 주가배수(P/B, P/E 등)가 낮은 주식군과 시세차익보다는 안정적인 배당수익률이 기대되는 주식군, 규제산업 주식군이 해당된다. 가치투자에서는 현재의 주당이익이나 그 성장성은 부차적인 문제로 보고, 주가가 저평가되었는지에 초점을 맞춘다. 주당이익의 증가가 없어도 기업내용이 개선되면서 정상보다 낮은 현재의 주가배수가 회복되는 것을 가정한다. 반면에 성장주(growth stock)는 고주가이더라도 높은 수익성과 높은 성장이 기대되는 주식군, 바이오 기술주 등의 성장산업군의 주식군이 해당된다. 성장투자에서는 EPS 성장과 이의 결정요소에 초점을 맞추고 EPS 성장으로 주가가 상승할 것으로 예상되는 주식에 초점을 갖는다. 이러한 측면에서 성장주 투자전략은 이익모멘텀전략과 유사한 면을 지닌다.

적극적 투자관리의 일환으로 섹터 로테이션 전략을 시도하기도 한다. 섹터 로테이션 전략(sector rotation strategy)은 실물경제의 경기순환에 따라 주요 산업별, 경제섹터별로 수익전망이 크게 상이한 측면을 감안하여 집중투자의 산업(섹터)을 로테이션해 가는 전략이다. 만약 실물경제의 본격적인 회복이 예상되면 선제적으로 계절성 소비재, 에너지산업, 내구재 관련산업에 대한 투자비중을 늘리고, 경기정점에서는 자원 관련산업 그리고 본격적인 경기후퇴가 예상되면 생활소비재산업 등에 대한 투자로 로테이션하는 투자관리방법이다.

② 역투자전략과 주가모멘텀전략 : 역투자전략(contrarian investment strategy)은 주가의 과잉반응(반전)가설[3]에 근거하여 주가수익률에 대한 시계열상의 주가행태분석에서 과거 수년간 주가하락이 큰 종목에 대해서는 매수를 늘리고, 주가상승이 큰 종목에 대해서는 매도를 늘리는 역투자전략을 구사하는 것

3) 과잉반응(반전)현상 : 드봉 · 텔러(W. De Bondt & R. Thaler)는 과잉반응(반전)현상(over-reaction)으로 인하여 과거 3년간 투자수익률이 가장 저조하였던 패자포트폴리오는 다음 36개월 동안 20% 정도의 누적초과수익을 거두고, 반대로 투자수익률이 가장 양호하였던 승자포트폴리오는 −7%의 누적초과수익을 보인다는 실증분석결과를 제시하고 있다.

이다. 주가모멘텀전략(price momentum strategy)은 이와 반대로 과거 수개월간 주가상승이 큰 주식은 다음 일정기간 상승추세가 지속되고, 반대로 과거 수개월간 주가하락이 큰 주식은 다음 일정기간 하락추세가 지속된다는 주가지속효과(momentum effect)에 관한 실증적 증거에 기초한 전략이다.

③ 시장의 이례적 현상을 이용한 투자전략 : 효율적 시장에서는 여러 가지 형태의 증권정보 혹은 특정 투자전략이 지니는 정보내용은 증권가격에 신속히 반영되므로 초과수익을 계속적으로 가능하게 하는 투자전략을 강구하는 것이 결코 쉽지 않다. 그러나 그간 이루어진 시장효율성에 대한 실증적 검증결과는 초과수익이 가능할 수 있다는 실증적 증거로 다음과 같은 시장의 이례적 현상(market anomalies)을 보고하고 있다.

- 주말효과, 1월효과와 같은 달력효과 : 주말이나 1월에 초과수익이 발생하는 실증적 증거에 기초한 전략이다. 즉, 주말효과를 감안하여 월요일에 매수하여 금요일에 매도하는 전략이나, 1월효과를 감안하여 12월에 매수하고 1월에 매도하는 전략이다.
- 이익모멘텀효과 : 주가를 결정짓는 주된 요소는 기업이 미래에 벌어들이는 주당이익(*EPS*)인데, 주당이익에 대한 시장의 예측치보다도 실제치가 크게 높을 가능성이 있는, 이익모멘텀효과(earning momentum effect)가 기대되는 주식에 투자하는 방법이다.
- 기업특성변수효과 : 초과수익이 발생할 수 있는 저*PER*주식, 저*PBR*주식, 소기업 규모주식 중심의 주식 포트폴리오를 구성하는 투자전략이다.

1.4 Excel을 활용한 투자관리

본서에서 다루는 '투자관리'는 이와 같은 자산배분과 종목선정에 도움을 주는 위험관리 및 투자관리의 이론체계와 연계하여 스프레드시트 Excel을 활용, 실제의 투자결정에 적용하는 방법을 다룬다.

본래 PC용 스프레드시트(spread sheet)는 다양한 소프트웨어의 기능을 제공하고 있어 투자결정을 비롯한 여러 가지 형태의 의사결정에 활용되고 있다. 특히 마이크

로소프트(Microsoft)사가 개발한 Excel은 스프레드시트 소프트웨어의 대명사가 되었다. Excel에는 기본적인 통계처리뿐 아니라, 상관분석, 회귀분석, 해찾기기능, 데이터베이스기능, 피벗기능 등을 이용할 수 있도록 개발되어 있다.

Excel은 이와 관련된 계산문제를 해결해 주는 유용한 도구가 되고 있다. 최적투자결정을 원하는 전문투자자는 엄청난 양의 수학적·통계적 계산문제를 해결해야 하는 과제를 안고 있는데, Excel에는 여러 가지 내장함수가 있어 복잡한 연산이나 통계처리도 쉽게 처리할 수 있다. 종목선정, 자산배분, 위험관리를 위해서 Excel에서 지원하는 각종 함수식을 이용하면 문제를 쉽게 해결할 수 있다.

본서에서 Excel를 활용하여 다루게 되는 주요 투자분석과 투자관리의 과제는 다음과 같이 정리할 수 있다.

제1장 : Excel의 기본 활용법을 부록에서 소개
제2장 : 투자관리에 활용되는 Excel의 기초 통계함수, 수학함수
제3장 : 2종목 포트폴리오 구성을 위한 기대수익과 위험의 측정, 포트폴리오 결합선, 최소분산 포트폴리오 도출에 Excel을 활용하는 법
제4장 : n종목으로 구성되는 효율적 포트폴리오 도출에 Excel을 활용하는 법
제5장 : 자산배분과 최적 포트폴리오 구성에 Excel을 활용하는 법, 단일지표모형을 적용한 포트폴리오 구성에 Excel을 활용하는 법
제6장 : 자본자산가격결정모형(*CAPM*)을 투자결정에 적용시 Excel을 활용하는 법
제7장 : Excel을 활용한 채권의 가치평가
제8장 : Excel을 활용한 주식의 가치평가

Excel을 이용한 이들 내용을 이해하는 데 도움이 되도록 출판사 신영사 홈페이지(http://www.shinyoungsa.co.kr) 자료실에 'Excel 활용 투자관리' 파일들을 게시하였다. 이들 파일은 'Excel 활용 투자관리(1장~2장).xls' 파일, 'Excel 활용 투자관리(3장~8장).xls' 파일 그리고 '연습문제 해답' 파일 등 3개의 파일로 구성되어 있다. 실습과 연습문제 풀이를 위해서는 게시된 Excel 자료 중에서 두 번째 파일의 '실습용 20종목 수정주가자료' 시트에 있는 주가자료(2015년 12월부터 2019년 4월까지의 주가자료)를 이용하도록 구성되어 있다.

부 록 Excel의 기초

본 [부록]에서는 Excel에 대한 기초가 전혀 없는 독자를 위하여 Excel의 기본 활용법을 소개한다. 또 제2장에서는 투자관리에 활용되는 Excel의 통계함수, 수학함수, 재무함수의 기초를 다룬다. Excel에 대해 어느 정도 지식이 있는 독자는 제2장부터 시작하는 것이 좋을 것이다. 본서에서는 Excel 2019 버전을 기준으로 설명하지만, 그전 판의 경우 크게 다른 부분은 각주에 보완하였다.

(1) Excel의 기본기능

Excel은 크게 워크시트 기능, 차트 기능, 데이터베이스 기능, 데이터분석 기능, 매크로 기능 등을 제공하고 있다.

워크시트(Worksheet) 기능은 자료나 문서를 처리・저장하기 위한 기본적인 기능이다. Excel의 이 기능은 워크시트에서 이루어지는데, 워크시트는 열(colum)과 행(row)이 교차하는 셀(cell)에 숫자, 문자, 수식 등 다양한 형태의 자료를 입력하여 작업하거나, 여러 가지 편집 작업을 할 수 있다.

차트(Chart) 기능은 사용자가 워크시트에 입력한 복잡한 자료를 시각적으로 쉽게 이해할 수 있도록 하는 작업으로서, Excel에서는 차트마법사 기능을 통하여 매우 쉽고 빠르게 차트를 작성할 수 있게 해 준다.

데이터베이스(Database) 기능은 자료를 조직화하고 관리하며 수정하는 데 필요한 도구이다. Excel은 워크시트에서 데이터베이스를 작성하여 복잡한 자료들을 일목요연하게 조직화하여 저장할 수 있게 해준다.

데이터분석(Data Analysis) 기능은 통계처리를 쉽게 수행할 수 있는 기능이다. 이 기능을 통하여 분산분석, 상관분석, 공분산분석, 회귀분석, 가설검정 등의 통계분석을 할 수 있다.

매크로(Macro) 기능은 반복적인 작업을 쉽고 빠르게 할 수 있도록 하는 기능으로서, 자주 사용하는 메뉴나 작업을 매크로로 지정해 놓으면 작업도 간단하고 시간도 절약할 수 있다.

(2) Excel의 시작

Windows 10에서는 왼쪽 하단의 [시작] 단추( )를 클릭하고 [Excel]을 선택하여 실행한다. [시작] 화면에 Excel이 표시되어 있으면, Excel 아이콘을 더블클릭하면 실행된다. Excel을 가동시키면 Book1이라는 기본 통합문서와 함께 Excel 작업창이 나타난다. 기본 통합문서 내의 기본 시트탭은 3개이지만, 사용자의 필요에 따라 100여 개 이상 삽입할 수도 있다.

(3) 마우스의 조작

셀을 사용할 때 일반적으로 마우스와 키보드를 동시에 이용하게 된다. 특히 마우스를 이용한 [단축메뉴] 및 [단축키]는 Excel을 편리하게 이용하게 해준다. 마우스의 버튼은 〈왼쪽버튼〉과 〈오른쪽버튼〉이 있는데, 기본적으로는 〈왼쪽버튼〉을 사용하나 [단축메뉴]를 이용하여 쉽고 빠르게 작업을 수행하기 위해서 〈오른쪽버튼〉을 이용한다. 또한 키보드의 Shift 키와 Ctrl 키를 마우스와 병행하여 사용함으로써, 워크시트상에서 셀영역의 범위설정 작업을 편리하게 할 수도 있다. 다음은 마우스를 이용한 간편한 조작 방법에 대한 설명이다.

- 누르기(Click) : 워크시트상의 메뉴, 셀, 아이콘 등을 선택하고자 할 때 마우스 〈왼쪽버튼〉을 이용하여 마우스 포인터를 해당 메뉴나 셀, 아이콘 위에 놓은 다음 클릭하는 동작을 말한다.
- 두 번 누르기(Double Click) : 파일을 열거나 아이콘을 실행시키고자 할 때 주로 사용하는 동작으로 마우스 포인터를 파일이름이나 아이콘 위에 올려놓은 다음, 마우스 〈왼쪽버튼〉을 빠르게 연속적으로 두 번 클릭하는 동작으로서 키보드의 Enter↵ 키를 대신하여 사용된다.
- 끌기(Drag) : 통상 워크시트상에서 많은 셀을 동시에 선택하고자 할 때 사용하는 동작이다. 워크시트에서 첫 셀을 선택한 후 마우스의 〈왼쪽버튼〉을 누른 상태에서 마지막 셀까지 끄는 동작으로서 여러 셀을 동시에 선택할 수 있다. 끌기는 키보드의 Shift나 Ctrl 키와 병합하여 사용함으로써 다수의 연속적인 셀을 선택하거나 멀리 떨어져 있는 다수의 셀도 동시에 선택할 수 있다.
- 단축메뉴 누르기(Right-Click) : 마우스의 〈오른쪽버튼〉을 눌렀다 놓게 되면 선택된 작업영역에 따라 사용할 수 있는 [단축메뉴]가 나타나게 된다.

(4) Excel 창의 구성요소

1) 워크시트, 리본메뉴(탭, 그룹, 도구)

Excel의 초기 기본화면(MS 2019년 버전)은 〈표 1-1〉과 같다. Excel을 이용하여 복잡한 연산, 통계처리 등을 처리하는 작업은 자료를 저장하고 분석하는 기본 작업 장소인 [① 워크시트](worksheet)에서 이루어진다. 하나의 워크시트는 열(column)과 행(row)이 만나서 이루어지는 가장 작은 단위인 기본 [② 셀](cell)로 구성된다. 열의 번호, [③ 열머리글]은 A, B, C~Z, AA~AZ, BA~BZ, … AAA~XFD까지 16,384개의 열로 구성되어 있는데, 열머리글을 누르면 그 열 전체가 선택된다. 행의 번호, [④ 행머리글]은 1, 2, 3 … 등 1,048,576개의 행으로 구성되어 있는데, 행머리글을 누르면 마찬가지로 그 행 전체가 선택된다. 하나의 워크시트는 열과 행이 만나는 총 17,179,869,184개의 셀로 구성된다. 이 셀들은 'H12'처럼, '열번호+행번호'로 표현되는 [셀 주소]를 갖는다.

각 셀에 숫자, 문자, 수식 등을 입력하여 수행하는 작업에 이름을 짓고 싶으면, H12 등과 같이 관련된 특정 셀 주소를 지정하거나, (H10:J12)처럼 둘 이상의 셀의

〈표 1-1〉 Excel의 기본화면

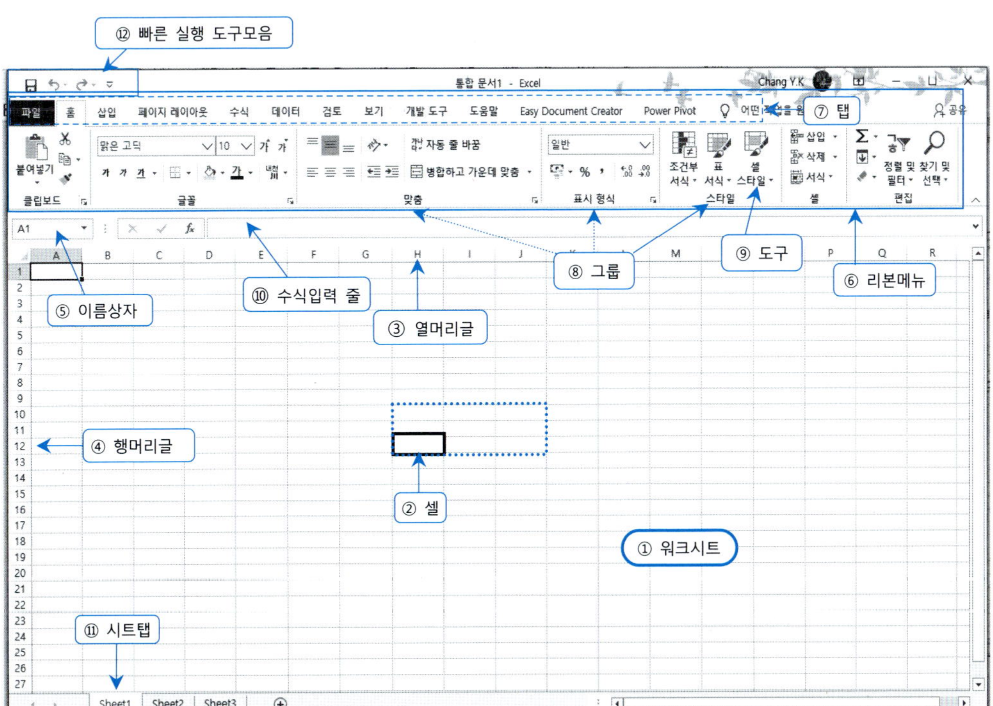

집합인 영역(range)을 지정하고 [⑤ 이름상자]에 그 작업의 이름을 부여할 수 있다.

Excel은 앞에서 간단히 설명한 것처럼 워크시트 기능, 차트 기능, 데이터베이스 기능, 데이터분석 기능, 매크로 기능 등을 제공하고 있다. 이용자가 문서작성, 차트 삽입, 데이터 분석 등의 작업을 하고자 할 때, 이들 Excel 작업이 조직적으로 수행되도록 유사한 기능, 도구들을 그룹핑해 놓고 있다. [⑥ 리본메뉴]가 그것인데, [리본메뉴]는 [탭], [그룹], [도구]의 세 가지로 구성되어 있다.4)

a) [⑦ 탭] : 큰 메뉴의 역할을 하는 것으로 11개의 기본 탭(홈, 삽입, 페이지 레이아웃, 수식, 데이터, 검토, 보기 등)으로 구성되어 있다.

b) [⑧ 그룹] : 각 탭별로는 유사한 성격의 메뉴끼리 묶여 있는, 다음과 같은 그룹이 있다.

- [홈] 탭의 그룹 : 주요 편집 기능에 관련된 것으로서, 클립보드(복사, 붙여넣기 등), 글꼴, 맞춤, 표시형식, 스타일 등
- [삽입] 탭의 그룹 : 표, 그림, 텍스트, 기호 등
- [페이지 레이아웃] 탭의 그룹 : 테마, 페이지 설정, 크기 조정 등
- [수식] 탭의 그룹 : 함수 라이브러리, 수식분석, 계산 등
- [보기] 탭의 그룹 : 통합문서 보기, 확대/축소, 창, 매크로 등
- [데이터] 탭의 그룹 : 데이터 가져오기, 정렬/필터, 데이터 도구, 예측 등

〈표 1-2〉는 [데이터] 탭의 세부 '그룹'의 예를 보여주고 있다.

〈표 1-2〉 '데이터' 탭의 세부 '그룹'의 화면

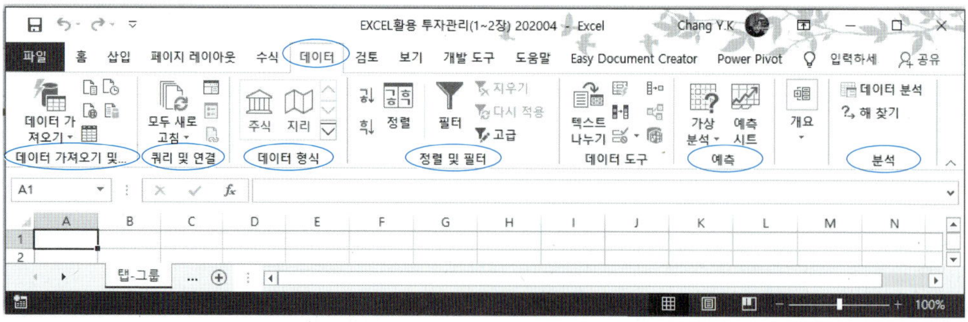

4) 리본메뉴 최소화 : 워크시트의 크기를 좀더 크게 하여 작업하기 위해 리본메뉴를 최소화할 수 있다. 워크시트의 오른쪽 상단에 있는 ▣을 클릭하면, '리본메뉴 자동숨기기', '탭표시' '탭 및 명령표시'가 열리는데, 원하는 화면의 크기를 클릭하면 된다.

c) [⑨ 도구] : 각 '그룹' 안에는 그룹 기능을 효과적으로 수행할 수 있는 세부적인 '도구'들이 제시되어 있다. 예를 들어 [데이터] 탭의 '분석' 그룹에 제시되어 있는 '데이터분석'을 클릭하면 분산분석, 상관분석, 공분산분석 등 통계분석을 할 수 있는 '분석도구모음'이 제시된다(〈표 1-3〉).

〈표 1-3〉 '데이터-분석-데이터분석' 그룹의 도구모음 화면

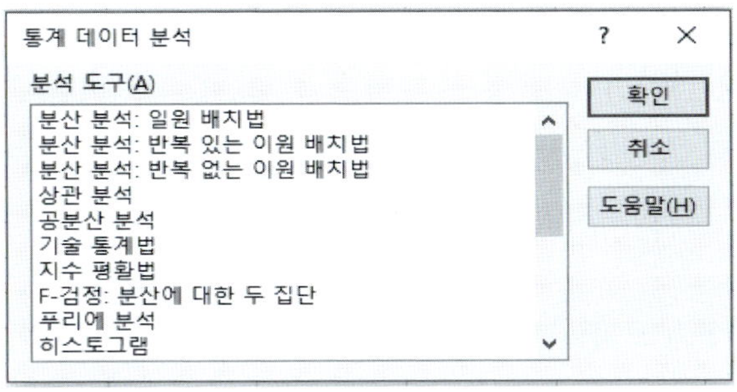

2) 수식입력 줄, 시트탭

선택한 셀에 문자열이나 수식을 입력 또는 편집할 경우 그 내용이 표시된다. 아래 화면은 셀 E2에 '=SUM(B2:D2)'를 입력하여 비용의 합계를 구한 것인데, 셀 E2에 입력한 내용이 [⑩ 수식입력 줄]에 표시된다.

왼쪽 하단에는 [⑪ 시트탭]이 있는데, 선택한 시트 이름을 클릭하면 해당시트의 화면을 볼 수 있다. 다른 시트로 이동할 때에는 시트탭의 왼쪽에 있는 '**시트탭 이동단추**'(좌우 표시 화살표(◀, ▶))의 단추를 하나씩 좌우로 이동하면 된다. 탭의 좌우 양쪽 끝에 위치한 시트로 이동하고자 할 때에는 Ctrl 키를 누르면서 마우스 〈왼쪽버

〈표 1-4〉 수식입력 줄, 시트탭 화면

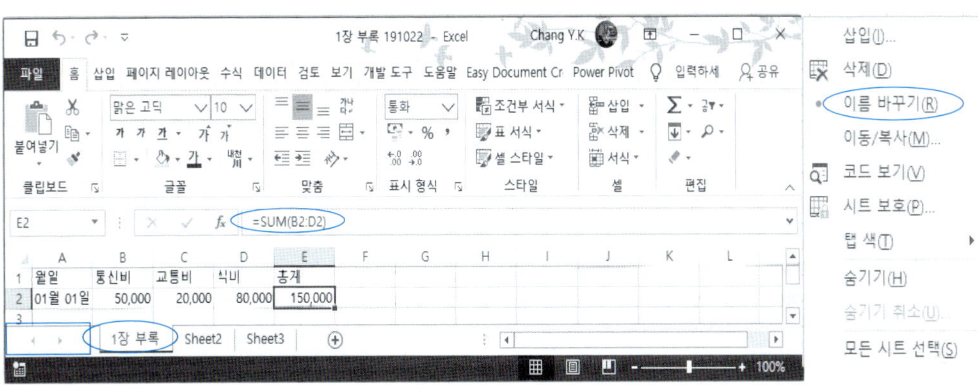

튼〉을 누르면 처음 시트로 이동하고, 〈오른쪽버튼〉을 누르면 맨 마지막 시트로 이동하게 된다.

[시트탭]의 이름을 변경하고자 할 때에는 해당 [시트탭]을 마우스로 더블클릭(Double Click)하면 시트이름이 검정색 바탕에 나타내게 되는데, 이때 이름을 변경하고 Enter↵ 키를 누르면 시트의 이름이 변경된다. 또 다른 방법은 해당시트를 선택한 다음 마우스 〈오른쪽버튼〉을 누르면 〈표 1-4〉의 오른쪽과 같은 [단축메뉴]가 나타나는데 이때 '이름바꾸기(R)'를 선택하여 시트이름을 변경할 수 있다.

마지막으로 [시트탭]의 순서를 변경하고자 할 때에는 이동시키고자 하는 [시트탭]을 마우스로 선택한 다음, 위치시키고자 하는 [시트탭]의 전후로 끌기를 하여 놓거나 [단축메뉴]의 '이동/복사(M)'를 선택하여 [시트탭]의 순서를 바꿀 수가 있다.

3) 빠른 실행 도구모음, 환경설정

Excel 작업을 할 때 자주 사용되는 도구나 명령은 [⑫ 빠른 실행 도구모음]에 모아서 사용할 수 있다. 처음 설치시에는 '저장, 열기, 실행취소, 다시실행' 도구로만 구성되어 있으나, 사용자가 원하는 도구를 이곳에 추가할 수 있다. 추가시키는 방법은 현재 사용하고 있는 '빠른 실행 도구모음'이 표시되어 있는 끝 부분에 마우스를 놓으면, '빠른 실행 도구모음 사용자지정' 표시가 나타나는데, 〈표 1-5〉에서 보는

〈표 1-5〉 빠른 실행 도구모음 추가

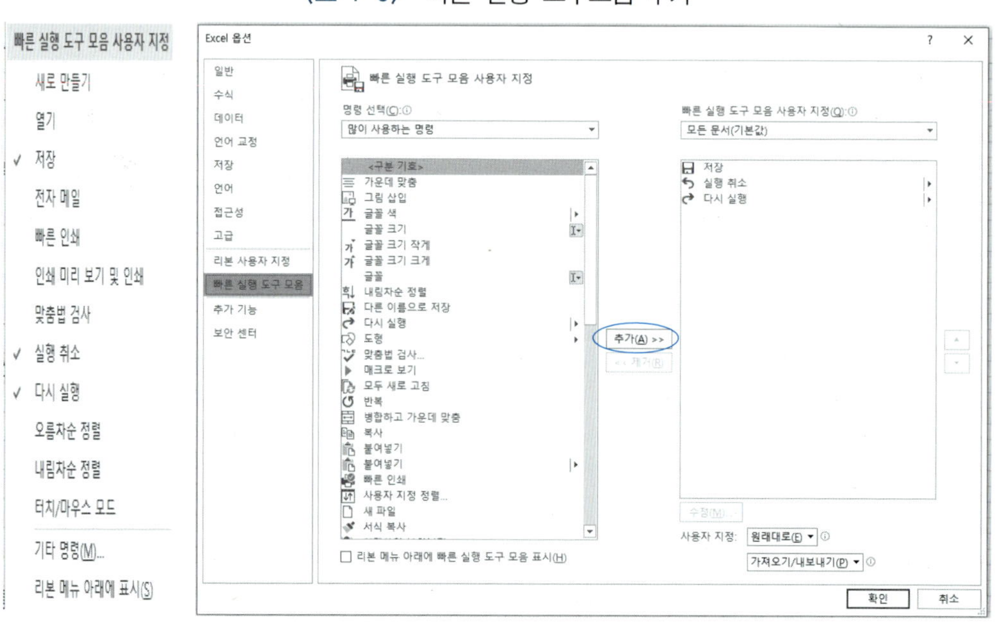

〈표 1-6〉 환경설정

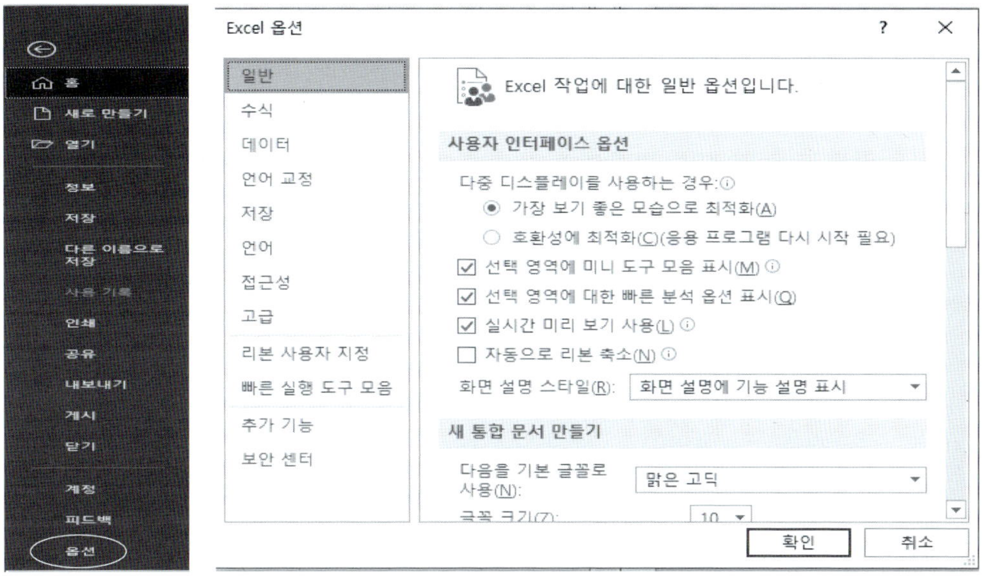

것처럼 이를 클릭, '기타명령'을 지정하면, 오른쪽 화면의 대화상자가 뜨게 된다. 여기서 원하는 도구를 '추가'하면 된다.

끝으로 Excel 작업시에 원하는 다양한 작업 환경을 지정할 경우가 많은데, 환경설정은 여러 탭 중에서 제일 왼쪽, [홈] 탭의 왼쪽에 있는 [파일] 탭에서 지정한다. [파일] 탭을 열어 '옵션' 도구에 들어가면 〈표 1-6〉과 같이 일반사항, 수식, 네이터, 추가기능 등의 여러 기능에 관하여, 원하는 환경설정을 할 수 있다.

4) Excel 파일의 저장과 종료

Excel로 작업한 파일을 저장하려면, [파일] 탭에 들어가서 '저장' 또는 '다른 이름으로 저장'을 지정하고 적절한 폴더를 선택한 후 파일 이름을 지정하면 된다. 또는 왼쪽 상단에 위치한 저장 아이콘(🖫)을 클릭하여 저장한다.

실행했던 Excel 작업을 종료하는 방법은 Excel의 화면의 맨 위 오른쪽에 나타나 있는 ☒ 표시를 선택하여 종료하거나, [파일] 탭을 클릭하면 나타나는 화면의 도구 중에서 제일 밑에 있는 '닫기'를 선택하면 된다.

(5) 편리한 Excel 기능

1) 연속데이터 채우기

데이터를 작성할 때 요일, 날짜, 월 등의 데이터처럼 연속되는 일련의 자료는 자동채우기핸들을 이용하면 편리하다. 자동채우기핸들(+)은 자동적으로 채우기를 원하는 자료의 오른쪽 끝 모서리에 마우스 포인트를 대면 십자(+) 표시가 나오는데, 이 자동채우기핸들을 채우고자 하는 영역 끝까지 끌기만 하면 자동적으로 셀이 채워진다.

①
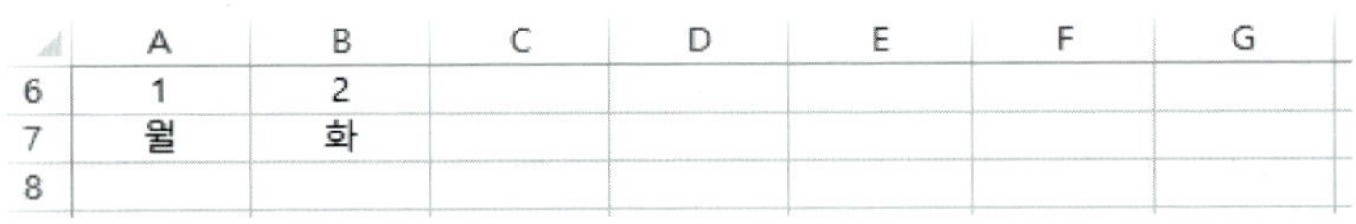

②
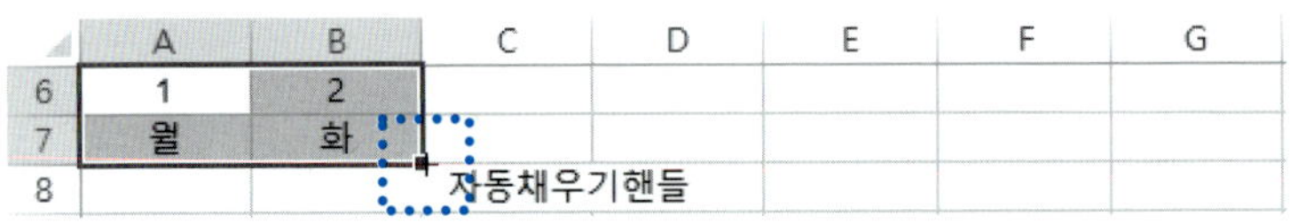

③
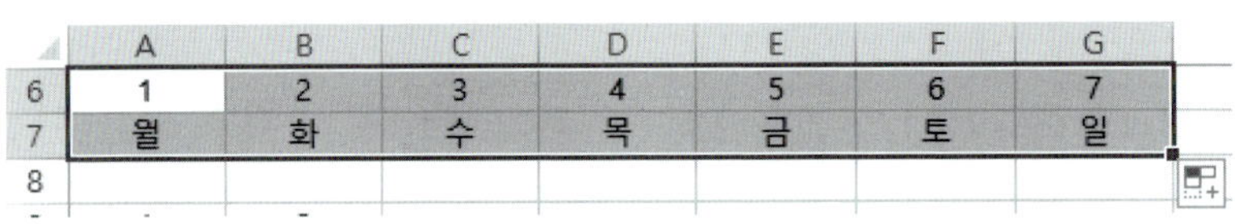

2) 자동합계

자동합계 도구는 표준도구모음에 포함되어 있으며 참조영역의 합계를 계산하는 함수(=SUM(참조영역))가 내장되어 있다.

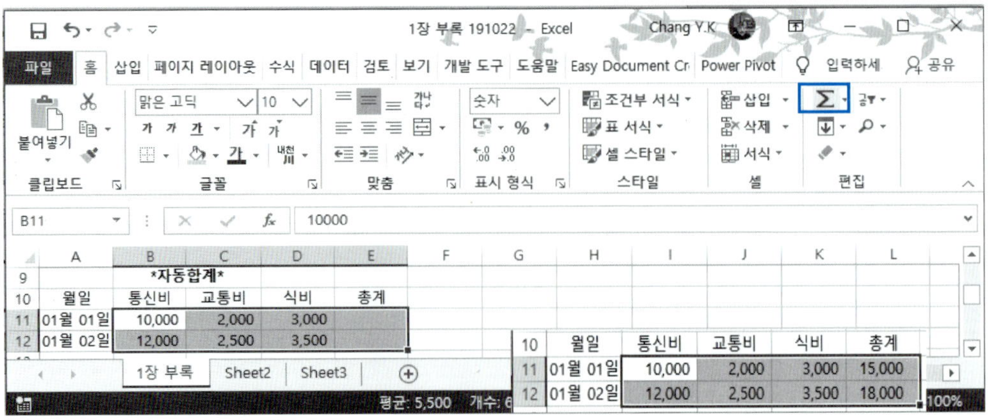

앞의 그림은 **자동합계** 도구를 이용하여 일별 지출비용의 합계를 구하는 예이다. B11에서 E12까지의 셀영역을 선택하고 '**자동합계**' 도구 아이콘(Σ)을 누르면 자동으로 합계가 구해진다.

3) 함수마법사(통계함수, 논리함수)

'**함수마법사**'를 이용하면 복잡한 수식을 간단하게 입력하고 값을 구할 수 있다. 다음은 '**함수삽입(마법사)**' 아이콘을 보여주고 있다.

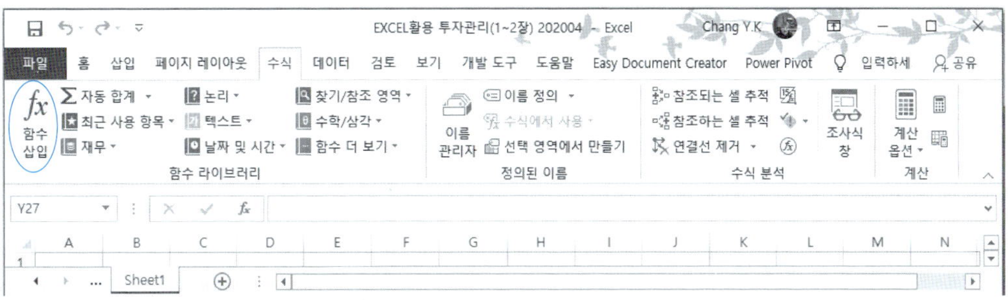

Excel에 내장된 함수의 사용에 숙달된 사용자라면 키보드로 직접 함수를 입력하여 사용할 수도 있겠으나, '**함수삽입(마법사)**' 도구를 이용하면 정확한 인수를 손쉽게 입력할 수 있다.

함수마법사를 이용하는 예로서 앞의 지출비용 예제에 '**AVERAGE 통계함수**'와 '**IF 논리함수**'를 사용해 보자. 먼저 작업하고자 하는 자료의 평균을 구하는 AVERAGE 함수를 이용하는 방법을 살펴보자.

① 먼저 평균값이 표시되기를 원하는 셀(여기서는 셀 B13)을 선택하고 '**함수삽입(마법사)**' 아이콘을 누른다.

② 함수 종류에서는 '**통계**'를 선택하고, 함수이름으로는 '**AVERAGE**'를 선택한 다음 [확인] 단추를 누른다.

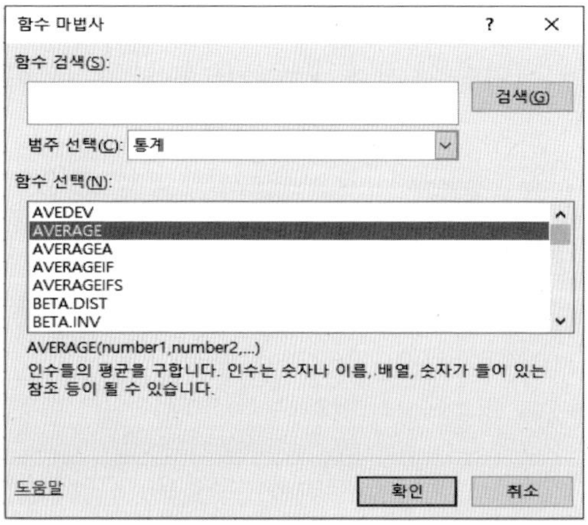

③ Number 1을 선택하고 워크시트의 B11:B12 셀영역(평균을 구하고자 하는 자료영역)을 마우스로 드래그하여 범위를 설정한 다음 [확인] 단추를 누른다.

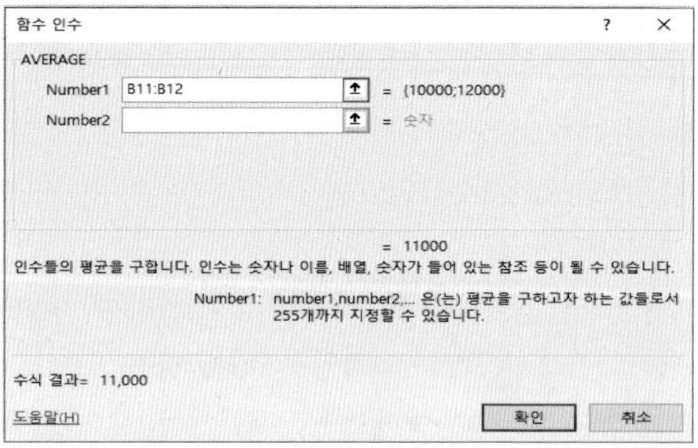

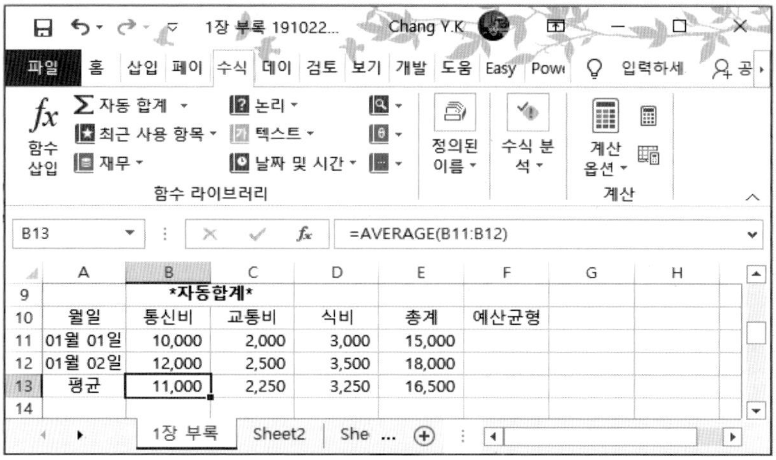

그러면 위의 표와 같이 셀 B13에 평균값으로 11,000이 구해진다. 나머지 비용항목에 대한 평균도 **자동채우기핸들(+)**을 이용하여 구한다.

다음은 **'논리함수'**의 사용방법을 살펴보기로 한다. 현재 예산이 16,000원이라고 할 때 일일 지출비용이 이 예산금액을 초과했는지 아니면 여유가 있는지, **'IF 논리함수'**를 이용하여 예산균형여부를 판단해 보기로 하자.

① 먼저 결과를 보이고자 하는 셀(여기서는 셀 F10)을 선택하고 **함수삽입**(마법사) 아이콘을 누른다.

② 대화상자가 나타나면 함수종류로는 **논리값**을 선택하고, 함수이름으로는 'IF'를 선택한 다음 [확인] 단추를 누른다.

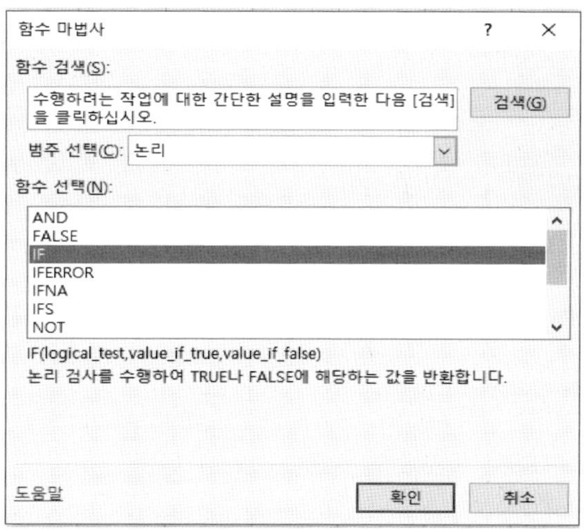

③ 대화상자의 logical_test의 입력란에 1월 1일 총계 값이 있는 셀 E11을 선택한 다음 부등호 '>' 표시를 하고 예산금액인 "16000"을 입력한다. 그런 다음 value _if_true의 입력란에는 "초과" 그리고 value_if_false의 입력란에는 "여유"라고 입력하고 [확인] 단추를 누른다.

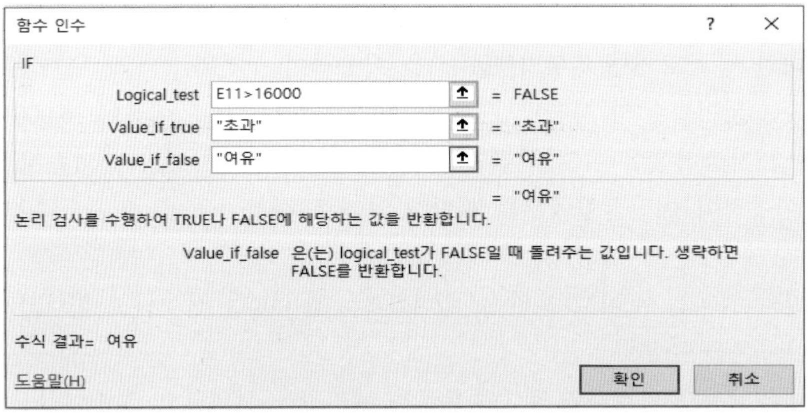

1월 2일의 예산균형여부는 자동채우기핸들(+)을 이용, 마우스를 끌어 '여유' '초과' 여부 판단 결과를 확인한다.

CHAPTER

2

투자관리에 활용되는 Excel의 통계 · 수학함수

본서 제Ⅱ편 제3장부터는 본서의 주제인 Excel을 활용하여 투자관리에 활용하는 방법을 다루게 된다. Excel에서는 다양한 내장함수가 제시되고 있어서 투사관리 분제를 손쉽게 해결할 수 있다. 본장에서는 투자관리에 기초적으로 활용되는 Excel의 통계함수, 수학함수에 대하여 다룬다.

2.1 통계함수

포트폴리오를 구성하기 위해서는 투자대상들의 기대수익률, 위험, 상관성 등을 측정해야 한다. 본절에서는 이들 통계량을 측정하는 대표값, 변동성, 상관성, 선형관계 등에 관한 Excel 함수를 다룬다.

(1) 대표값의 측정

1) AVERAGE

투자자산의 투자가치를 평가할 때 가장 중요한 추정치는 기대수익률이다. 기대수익률의 추정은 미래 예상수익률 자료에서 추정하기도 하지만, 많은 경우 과거 일정기간의 수익률 자료의 평균(mean)을 구하여 사용한다. 데이터의 **산술평균**을 구할 때에는 AVERAGE 함수를 사용한다.

주어진 데이터의 산술평균을 구하려면 계산결과를 나타내고자 하는 셀에 **'=AVERAGE(데이터영역)'**을 입력하면 얻어진다. 여기에서 **데이터영역**이란 **"산술평균을 구하고자 하는 셀의 시작셀과 끝셀"**을 말한다. 데이터영역을 설정하는 방법으로는 해당셀 주소를 직접 입력하는 방법과 해당 셀영역을 마우스로 드래그하여 지정하는 방법이 있다. 예를 들어, 〈표 2-1〉에 제시된 SK하이닉스 12개월간의 수익률 자료에서 셀 B14에 산술평균수익률을 구하려면, **'=AVERAGE(B2:B13)'**을 입력하고 [Enter↵] 키를 누르면 평균값으로 0.0397이 얻어진다.

나머지 다른 종목과 종합주가지수에 대한 월평균수익률도 동일한 방법으로 셀영역을 지정해 주면 해당종목에 대한 월평균수익률을 구할 수 있다. 또 다른 방법으로 자동채우기핸들(+)을 이용할 수 있다(제1장 [부록] 참조). 즉, 셀 B14의 오른쪽 하단 모서리에 마우스를 위치시키면 마우스 모양이 십자 모양(+)으로 바뀌게 되는데, 이때 이 가는 십자 모양(+)을 오른쪽으로 끌어당기면 나머지 종목의 월평균수익률이 구해진다.

2) MEDIAN

MEDIAN 함수는 데이터의 **중앙값**을 구하는 Excel 함수이다. 중앙값은 데이터를 크기순(오름차순이든 내림차순이든 상관없음)으로 나열했을 때, 가장 중앙에 위치한

〈표 2-1〉 산술평균과 중앙값의 계산

B14 =AVERAGE(B2:B13)

	A	B	C	D	E	F
1		SK하이닉스	LG생활건강	POSCO	셀트리온	KOSPI
2	2017-04-30	0.0670	0.0656	-0.0842	-0.0056	0.0207
3	2017-05-31	0.0541	0.1267	0.0528	0.0648	0.0624
4	2017-06-30	0.1676	0.0111	0.0176	0.1856	0.0187
5	2017-07-31	-0.0210	-0.0030	0.1457	-0.0590	0.0046
6	2017-08-31	0.0386	-0.0318	0.0341	0.0590	-0.0166
7	2017-09-30	0.1893	-0.0253	-0.0803	0.2100	0.0131
8	2017-10-31	-0.0085	0.2291	0.0265	0.1980	0.0525
9	2017-11-30	-0.0680	-0.0034	0.0288	0.1449	-0.0188
10	2017-12-31	-0.0039	0.0135	-0.0075	0.1195	-0.0036
11	2018-01-31	-0.0400	-0.0101	0.1348	0.3562	0.0393
12	2018-02-28	0.0439	-0.0677	-0.0512	0.1113	-0.0557
13	2018-03-31	0.0569	0.0937	-0.1049	-0.1315	0.0076
14	평균	0.0397	0.0332	0.0093	0.1044	0.0103
15	셀 B14:	=AVERAGE(B2:B13)'				
16						
17	중앙값	0.0413	0.0041	0.0220	0.1154	0.0104
18	셀 B17:	=MEDIAN(B2:B13)'				

AVERAGE와 MEAN

데이터를 말한다. 즉, 데이터의 개수가 홀수 개일 때에는 중앙값이 가장 중앙에 위치한 데이터가 되며, 짝수 개일 때에는 중앙에 위치한 2개의 데이터의 산술평균이 중앙값이 된다. 산술평균은 극단치의 영향을 크게 받는 반면, 중앙값은 이러한 극단치의 영향을 받지 않는다는 장점이 있다.

중앙값을 구하려면 계산결과를 나타내고자 하는 셀에 '=MEDIAN(데이터영역)'을 입력하면 된다. 셀 B19에 SK하이닉스의 중앙값을 구할 경우, '=MEDIAN(B2:B13)'을 입력하면 중앙값으로 0.0413이 계산된다.

3) MODE

MODE 함수는 데이터의 최빈값을 구하는 Excel 함수이다. 최빈값은 가장 빈번하게 나타난 데이터를 전체 데이터의 중심경향치로 측정하는 척도이다. 흔히 소비자가 가장 많이 찾는 TV나 냉장고 · 세탁기, 신뢰도가 가장 높은 방송사 등에 대한 데이터는 최빈값을 찾는 예이다.

최빈값을 구하려면 결과를 나타내고자 하는 셀에 '=MODE(데이터영역)'을 입력하면 얻어진다. 예를 들어 〈표 2-2〉에서 중간고사에 대한 최빈값을 셀 B14에 계산하고자 한다면 '=MODE(B2:B13)'을 입력하면 최빈값으로 35가 계산된다.

4) TRIMMEAN

TRIMMEAN 함수는 데이터의 **절사평균**을 구하는 Excel 함수이다. 앞서 지적한 것처럼 산술평균은 극단치의 영향을 많이 받지만, 중앙값이나 최빈값은 극단치의 영향을 받지 않는다. TRIMMEAN 함수는 절사평균으로서 최고점수와 최저점수를 제외한 나머지 점수에 대한 평균을 구하는 함수이다. 데이터를 크기순으로 정렬했을 때 상하 몇 %를 제외하고 평균을 계산할 것인지를 가리키기 위해 소거비율을 지정해야 한다.

〈표 2-2〉 최빈값과 절사평균의 계산

B17 | =TRIMMEAN(B2:B13,0.2)

	A	B	C	D	E	F
1	학번	중간고사	기말고사	퀴즈	보고서	출석
2	201901	31	38	4	2	3
3	201902	33	27	3	4	3
4	201903	35	35	2	4	4
5	201904	35	35	4	5	3
6	201905	35	27	4	3	3
7	201906	27	23	3	4	2
8	201907	22	27	4	4	4
9	201908	34	34	5	3	3
10	201909	27	27	3	5	4
11	201910	22	35	4	2	3
12	201911	30	41	3	4	1
13	201912	35	38	5	3	2
14	**최빈값**	**35**	**27**	**4**	**4**	**3**
15	셀 B14:	=MODE(B2:B13)'				
16						
17	**절사평균**	**30.9**	**32.3**	**3.7**	**3.6**	**3**
18	셀 B17:	=TRIMMEAN(B2:B13,0.2)'				

MODE와 TRIMEAN

〈표 2-2〉의 17행은 주어진 데이터에서 상하 20%(즉 총 40%) 데이터를 제외한 나머지 데이터에 대한 평균(절사평균)을 계산한 결과들이다. 소거비율의 범위는 0보다 크거나 같고 1보다 작게 설정한다.

절사평균을 구하려면 결과를 나타내고자 하는 셀에 '=TRIMMEAN(데이터영역, 소거비율)'을 입력하면 얻어진다. 중간고사에 대한 절사평균(소거비율은 20%)을 〈표 2-2〉의 셀 B17에 구하고자 한다면 '=TRIMMEAN(B2:B13,0.2)'를 입력하면 그 값으로 30.9가 계산된다. 나머지 기말고사, 퀴즈, 보고서, 출력 등에 대한 절사평균은 자동 채우기핸들(+)을 이용하여 구한다.

5) GEOMEAN

GEOMEAN 함수는 데이터의 기하평균을 구하는 Excel 함수이다. 특히 인구증가율이나 경제성장률, 투자수익률 데이터처럼 일정배수로 증가하는 패턴을 보이는 데이터의 평균치를 구할 때 기하평균을 이용한다.

투자수익률 데이터의 기하평균수익률은 본래 다음과 같이 계산한다.

$$_0R_t = \sqrt[t]{(1+{}_0r_1)(1+{}_1r_2)\cdots(1+{}_{t-1}r_t)} - 1$$

여기서, $_0R_t$: 현재(0)시점과 t년 사이의 기하평균수익률

$_{t-1}r_t$: $t-1$시점과 t시점 사이의 단일기간수익률

Excel을 이용한 기하평균수익률의 추정방법은 ① 배율(배수) 기준, ② 수익률(%) 기준, 두 가지 방법이 있다.

① 배율(배수) 기준 : [=GEOMEAN(데이터(배수)영역)-1]

② 수익률(%) 기준 : [=GEOMEAN((1+기간수익률), (1+기간수익률)……)-1]

〈표 2-3〉은 A, B 두 펀드매니저의 6기에 걸친 기하평균수익률을 Excel로 계산한 것이다. 2행과 5행은 두 매니저의 6기에 거친 각 기말에서의 포트폴리오 가치이고, 3행과 6행은 각 기에서 기초에 비해 기말에 몇 배가 상승하였는지, 배율을 계산한 자료이다. 그리고 4행과 7행은 이 자료에 기초하여 기간별 투자수익률을 계산한

〈표 2-3〉 기하평균의 계산

J3 =GEOMEAN(D3:I3)-1

	A	B	C	D	E	F	G	H	I	J	K
1	매니저		기초투자액	1기	2기	3기	4기	5기	6기	기하평균 수익률	산술평균 수익률
2	A	기말가치	1000	1500	900	1350	810	1215	729		
3		배율		1.5	0.6	1.5	0.6	1.5	0.6	-0.0513	
4		투자수익률(%)		0.5	-0.4	0.5	-0.4	0.5	-0.4	-0.0513	0.0500
5	B	기말가치	1000	1200	1080	1296	1166	1400	1260		
6		배율		1.2	0.9	1.2	0.9	1.2	0.9	0.0392	
7		투자수익률(%)		0.2	-0.1	0.2	-0.1	0.2	-0.1	0.0392	0.0500
8											
9								셀 J3	=GEOMEAN(D3:I3)-1		
10											
11								셀 J4	=GEOMEAN((1+D4),(1+E4),(1+F4),(1+G4),(1+H4),(1+I4))-1		
12											

MODE와 TRIMEAN | GEOMEAN

것이다.[1)]

① 배율(배수) 기준의 기하평균수익률 계산(셀 J3) : =GEOMEAN(D3:I3)-1

② 수익률(%) 기준의 기하평균수익률 계산(셀 J4) :
=GEOMEAN((1+D4),(1+E4),(1+F4),(1+G4),(1+H4),(1+I4))-1

(2) 변동성의 측정

1) VARP, VAR

투자자산의 투자가치를 결정짓는 요인으로서, 기대수익의 추정과 함께 투자위험에 대한 평가가 중요하다. 투자위험은 일반적으로 투자수익의 변동성을 말하는데, 미래 상황에서 기대한 투자수익이 실현되지 않을 가능성, 실제결과가 기대수익과 다를 가능성을 의미한다.

투자위험의 정도는 그 투자로부터 예상되는 수익률의 분산도를 나타내는 범위(range), 분산(variance), 표준편차(standard deviation), 분산계수(coefficient of variation) 등의 통계량으로 측정한다. 그중에서 투자위험을 측정하는 보편적인 방법으로 **분산** 혹은 **표준편차**라는 통계량을 이용한다.

모분산(σ_X^2)을 구하는 식은 모집단이 N개의 데이터로 구성되어 있고, 관찰값이 x_1, x_2, $x_3 \cdots x_N$으로 나타날 때 $\sigma_X^2 = \sum (x_i - E(x))^2 / N$이다.

VARP 함수는 데이터가 **모집단**일 때 **모집단의 분산**(모분산)을 구하는 Excel 함수이다. 〈표 2-4〉의 셀 B14에 SK하이닉스의 모분산값은 다음과 같이 계산된 것이다.

모분산(셀 B14) : =VARP(B2:B13)

한편 **표본분산**을 구하는 식은 $s_X^2 = \sum (x_i - E(x))^2 / (n-1)$이다. 표본분산($s^2$)은 모분산($\sigma^2$)과는 달리 분모에 N이 아니라 표본의 수인 $n-1$이 적용되는데, 여기서

---

1) 〈표 2-3〉에는 산술평균수익률이 K4와 K7에 계산되어 있다("=AVERAGE(데이터영역)"). 산술평균수익률은 두 매니저가 5%로 동일하지만, 기하평균수익률은 B 매니저가 높다. 산술평균수익률의 계산이 복리로 증식되는 것을 감안하지 않은 방법인 반면에, 기하평균수익률은 중도현금흐름이 재투자되어 증식되는 것을 감안한 평균수익률의 계산방법이기 때문에 생긴 차이이다. 기하평균의 결과는 최종시점의 누적된 부의 크기를 보여주므로 현실의 투자실제에서 부의 증식률을 적절히 측정하고 있다. 중도기간별 재투자수익률($_{n-1}r_n$)이 반영된 기말 부가 w_n의 크기가 되었다면 기초 부, w_0에서 커진 부의 증가율은 $[\sqrt[n]{w_n/w_0} - 1]$로 계산될 터인데, 이 값이 기하평균수익률이다.

〈표 2-4〉 모분산과 표본분산의 계산

B14 | =VARP(B2:B13)

	A	B	C	D	E	F	G
1		SK하이닉스	LG생활건강	POSCO	셀트리온	종합주가지수	
2	2017-04-30	0.0670	0.0656	-0.0842	-0.0056	0.0207	
3	2017-05-31	0.0541	0.1267	0.0528	0.0648	0.0624	
4	2017-06-30	0.1676	0.0111	0.0176	0.1856	0.0187	
5	2017-07-31	-0.0210	-0.0030	0.1457	-0.0590	0.0046	
6	2017-08-31	0.0386	-0.0318	0.0341	0.0590	-0.0166	
7	2017-09-30	0.1893	-0.0253	-0.0803	0.2100	0.0131	
8	2017-10-31	-0.0085	0.2291	0.0265	0.1980	0.0525	
9	2017-11-30	-0.0680	-0.0034	0.0288	0.1449	-0.0188	
10	2017-12-31	-0.0039	0.0135	-0.0075	0.1195	-0.0036	
11	2018-01-31	-0.0400	-0.0101	0.1348	0.3562	0.0393	
12	2018-02-28	0.0439	-0.0677	-0.0512	0.1113	-0.0557	
13	2018-03-31	0.0569	0.0937	-0.1049	-0.1315	0.0076	
14	**모분산**	**0.0055**	**0.0063**	**0.0059**	**0.0158**	**0.0010**	
15		셀 B14: '=VARP(B2:B13)'					
16							
17	**표본분산**	**0.0060**	**0.0068**	**0.0065**	**0.0173**	**0.0011**	
18		셀 B17: '=VAR(B2:B13)'					
19							

VARP와 VAR

N은 모집단의 전체데이터 개수를 말하며, n은 표본집단의 데이터 개수를 말한다. 표본분산을 구할 때 편차제곱($\Sigma(x_i - E(x))^2$)의 합을 n이 아니라 $n-1$로 나누어 주는 이유는 표본평균($E(x)$)을 구할 때 자유도(degree of freedom) 1개가 상실되었기 때문이다.

데이터가 표본집단일 때 표본집단의 변동성, 즉 표본분산을 구하는 Excel 함수는 VAR 함수이다. 〈표 2-4〉의 셀 B17에 SK하이닉스의 표본분산값 0.0060은 다음과 같이 계산된 것이다.

표본분산(셀 B17) : =VAR(B2:B13)

2) STDEVP, STDEV

관찰값의 변동성(위험)의 정도를 측정할 때 분산의 제곱근인 표준편차(standard deviation)를 사용하기도 한다. STDEVP 함수는 데이터가 모집단일 때 모집단의 표준편차(모표준편차)를 구하는 Excel 함수이다. 〈표 2-5〉에 제시된 SK하이닉스 자료를 모집단 자료라고 가정($N=10$)하고, 셀 B14에 모표준편차를 계산하면, 0.0741의 값이 구해진다.

모표준편차(셀 B14) : =STDEVP(B2:B13)

〈표 2-5〉 모표준편차와 표본표준편차의 계산

B14 =STDEVP(B2:B13)

	A	B	C	D	E	F
1		SK하이닉스	LG생활건강	POSCO	셀트리온	KOSPI
2	2017-04-30	0.0670	0.0656	-0.0842	-0.0056	0.0207
3	2017-05-31	0.0541	0.1267	0.0528	0.0648	0.0624
4	2017-06-30	0.1676	0.0111	0.0176	0.1856	0.0187
5	2017-07-31	-0.0210	-0.0030	0.1457	-0.0590	0.0046
6	2017-08-31	0.0386	-0.0318	0.0341	0.0590	-0.0166
7	2017-09-30	0.1893	-0.0253	-0.0803	0.2100	0.0131
8	2017-10-31	-0.0085	0.2291	0.0265	0.1980	0.0525
9	2017-11-30	-0.0680	-0.0034	0.0288	0.1449	-0.0188
10	2017-12-31	-0.0039	0.0135	-0.0075	0.1195	-0.0036
11	2018-01-31	-0.0400	-0.0101	0.1348	0.3562	0.0393
12	2018-02-28	0.0439	-0.0677	-0.0512	0.1113	-0.0557
13	2018-03-31	0.0569	0.0937	-0.1049	-0.1315	0.0076
14	**모표준편차**	**0.0741**	**0.0791**	**0.0771**	**0.1258**	**0.0312**
15	셀 B14:	=STDEVP(B2:B13)'				
16						
17	**표본표준편차**	**0.0774**	**0.0826**	**0.0805**	**0.1314**	**0.0326**
18	셀 B17:	=STDEV(B2:B13)'				

STDEVP와 STDEV

한편 표본집단의 표준편차(표본표준편차)를 구하는 Excel 함수는 STDEV 함수이다. 모표준편차를 구하는 공식에서 분모를 N 대신 $(n-1)$로 나누어 처리한다. 〈표 2-5〉에 제시된 SK하이닉스 자료를 표본자료라고 가정$(n=10)$하고, 셀 B17에 SK하이닉스의 표본표준편차를 구하면 0.0774가 계산된다.

표본표준편차(셀 B17) : =STDEV(B2:B13)

(3) 두 자료 간의 상관성 측정

2개 이상의 자산에 분산투자하면 투자위험이 감소한다. 이때 투자위험이 감소하는 정도는 구성 자산들의 수익률의 움직임이 같은 방향으로, 아니면 반대방향으로 움직이는 정도, 즉 그 상관성에 따라서 그 결합변동성은 크게 달라진다. 상관성의 정도를 측정하는 통계량으로는 공분산과 상관계수가 있다.

1) COVAR

두 자료 간의 상관성의 정도를 측정하는 보편적인 통계량은 공분산(covariance)

이다. 자산 X와 자산 Y 간의 공분산(σ_{XY})은 다음과 같이 편차와 편차의 곱에 대한 기대치로 계산한다.

$$\sigma_{XY} = E[(r_X - E(R_X))(r_Y - E(R_Y))]$$

여기서, r_X, r_Y는 자산 X와 자산 Y의 발생가능한 수익률
$E(R_X)$, $E(R_Y)$는 자산 X와 자산 Y에 대한 기대수익률

두 시계열 데이터 간의 공분산을 구하는 Excel 함수는 COVAR이다. 〈표 2-6〉의 14행은 개별종목의 수익률과 KOSPI 수익률 간의 개별적인 공분산을 구한 결과이다. 셀 B14에 SK하이닉스 수익률과 KOSPI 수익률 간의 공분산 계산은 다음을 입력한 결과이다.

공분산(셀 B14) : =COVAR(B2:B13,$F$2:$F$13)

여기서 KOSPI 수익률의 자료영역(F2:F13)은 다른 종목들도 이(KOSPI 수익률)를 참조하는 **절대참조** 영역이므로 $표시로 처리한다. 절대 셀 표시로 만드는 방법은 셀영역을 지정한 다음, F4 키를 누르면 된다. 이제 나머지 공분산은 자동채우기핸들(+)을 이용하여 계산한다.

〈표 2-6〉 공분산, 상관계수의 계산

B14 | =COVAR(B2:B13,$F$2:$F$13)

	A	B	C	D	E	F	G
1		SK하이닉스	LG생활건강	POSCO	셀트리온	종합주가지수	
2	2017-04-30	0.0670	0.0656	-0.0842	-0.0056	0.0207	
3	2017-05-31	0.0541	0.1267	0.0528	0.0648	0.0624	
4	2017-06-30	0.1676	0.0111	0.0176	0.1856	0.0187	
5	2017-07-31	-0.0210	-0.0030	0.1457	-0.0590	0.0046	
6	2017-08-31	0.0386	-0.0318	0.0341	0.0590	-0.0166	
7	2017-09-30	0.1893	-0.0253	-0.0803	0.2100	0.0131	
8	2017-10-31	-0.0085	0.2291	0.0265	0.1980	0.0525	
9	2017-11-30	-0.0680	-0.0034	0.0288	0.1449	-0.0188	
10	2017-12-31	-0.0039	0.0135	-0.0075	0.1195	-0.0036	
11	2018-01-31	-0.0400	-0.0101	0.1348	0.3562	0.0393	
12	2018-02-28	0.0439	-0.0677	-0.0512	0.1113	-0.0557	
13	2018-03-31	0.0569	0.0937	-0.1049	-0.1315	0.0076	
14	**공분산**	**0.00017**	**0.00180**	**0.00067**	**0.00083**	**0.00097**	
15		셀B14 :	=COVAR(B2:B13,$F$2:$F$13)'				
16							
17	**상관계수**	**0.07163**	**0.73095**	**0.27695**	**0.21204**	**1.00000**	
18		셀B17 :	=CORREL(B2:B13,$F$2:$F$13)'				
19							

COVAR, CORREL

한편 KOSPI의 경우는 KOSPI와 KOSPI 간의 공분산이므로 결국 KOSPI의 분산이 된다. 여기서 주의할 점은 COVAR는 두 모집단 자료 간의 공분산을 구하는 함수라는 점이다. 만약 두 표본집단 자료 간의 공분산을 구하고자 한다면, COVAR 함수에 "$n(n-1)$"을 곱해주면 계산된다. 여기서 n은 표본자료의 수이다. 따라서 두 표본집단 간의 공분산은 다음과 같이 입력하면 구할 수 있다.

> 표본집단 자료 간 공분산 :
> =COVAR(표본집단 1의 자료, 표본집단 2의 자료)*$n(n$-1)

2) CORREL

CORREL 함수는 두 시계열 데이터 간의 상호관련성을 측정하는 상관계수(correlation coefficient)를 구하는 Excel 함수이다.

앞에서 살펴본 공분산은 두 시계열 데이터 간 단위가 다르면 두 변수 간의 상관관계를 나타내는 데 부적합하다. 단지 같은 방향으로 움직이는지, 아니면 반대방향으로 움직이는지 정도만 알 수 있을 뿐이다. 따라서 과연 두 시계열 데이터가 몇 % 정도 같은 혹은 다른 방향으로 움직이는지, 즉 상관관계가 어느 정도인지를 알려면 상관계수의 추정이 필요하다.

상관계수(correlation coefficient)는 공분산(σ_{XY})을 각 자료의 표준편차의 곱($\sigma_X \cdot \sigma_Y$)으로 나누어 그 값이 1과 −1 사이의 값으로 취해지도록 표준화시켜 준 것이다. 구체적으로 시계열 자료 X와 Y 간의 상관관계의 정도인 상관계수(ρ_{XY})는 다음 식으로 계산된다.

$$\rho_{XY} = \frac{\sigma_{XY}}{\sigma_X \cdot \sigma_Y}$$

위의 식에서 ρ가 1에 가까우면 X와 Y는 거의 같은 크기와 방향으로 증가하는 성향이 매우 강하고, −1에 가까우면 X가 증가할 때 Y는 감소하는 성향이 매우 강하다고 할 수 있다.

한편, 상관계수의 종류도 두 시계열 데이터 X와 Y가 모집단 데이터인지 표본집단 데이터인지에 따라서 모상관계수(ρ_{XY})와 표본상관계수(r_{XY})로 구분한다. 이들의 차이점은 표본상관계수는 표본집단 간의 공분산을 각 표본집단의 표준편차들의 곱으로 나누어 주면 얻어진다.

$$r_{XY} = \frac{cov(X,\ Y)}{s_X \cdot s_Y}$$

위의 식에서 공분산을 σ_{XY}와 $cov(X, Y)$로 각각 달리 표기한 이유는 모집단 간의 공분산 σ_{XY}와 표본집단 간의 공분산 $cov(X, Y)$를 구분하기 위함이다.

Excel을 이용하여 모집단 간 혹은 표본집단 간 상관계수를 구하고자 한다면 '=CORREL(자료1, 자료2)'를 입력하면 구할 수 있다.

〈표 2-6〉의 4개 주식종목의 12개월 월별수익률과 한국종합주가지수(KOSPI)의 월별수익률에 대한 자료 중에서 셀 B17에 구해진 SK하이닉스 수익률 자료와 KOSPI 수익률 자료 간의 상관계수(0.0716)는 다음과 같이 구해진 것이다.

상관계수(셀 B17) : =CORREL(B2:B13,$F$2:$F$13)

이는 KOSPI와 SK하이닉스 주식의 주가가 같은 방향으로 움직이는 정도가 높지 않음을 의미한다. 나머지 종목에 대한 상관계수는 자동채우기핸들(+)을 이용, 오른쪽으로 끌어당겨 계산한다.

3) 다수 자료 간의 공분산, 상관계수의 측정

앞서 〈표 2-6〉에서는 개별종목과 KOSPI 간의 개별적인 공분산만을 구하였다. 그러나 4개 종목과 KOSPI 간의 공분산을 모두 한꺼번에 구하려면, Excel의 추가기능 중의 하나인 '데이터분석' 기능을 활용해야 한다.

데이터분석(D) 기능을 이용하려면 〈표 2-7〉에서 보는 것처럼 리본메뉴의 [데이터] 탭 안에서 '분석-데이터분석(D)' 그룹의 Excel 명령을 이용하면 된다. 그런데 '데

〈표 2-7〉 데이터-데이터분석 이용하기

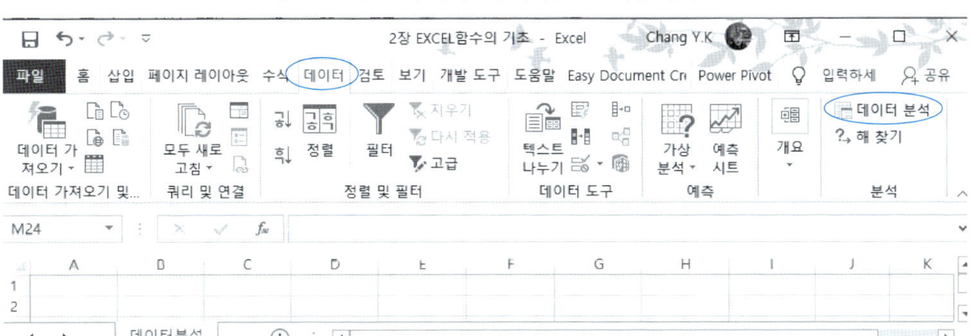

이터' 탭 안에서 하위그룹 '분석-데이터분석'이 보이지 않으면 이 기능이 설치되어 있지 않은 것이므로 다음 "① 데이터분석 추가기능 설치방법"에 따라 설치해야 한다. 설치되어 있으면 ②부터의 설명으로 넘어가도록 한다.

① 데이터분석 추가기능 설치방법

추가기능을 설치하려면 리본메뉴 창에서 제일 왼쪽 탭(홈 탭의 왼쪽)인 '파일' 탭을 클릭하면 〈표 2-8〉의 (a)처럼 하위 도구들이 제시된다. 이 중에서 맨 밑의 '옵션'을 클릭하면, (b)처럼 'Excel 옵션' 대화상자가 열린다. 이제 왼쪽에 열거되어 있는 도구 중에서 '추가기능'을 클릭하면 오른쪽의 여러 추가기능들을 볼 수 있는데,

〈표 2-8〉 추가기능(데이터분석) 설치하기

(a) '옵션' 화면

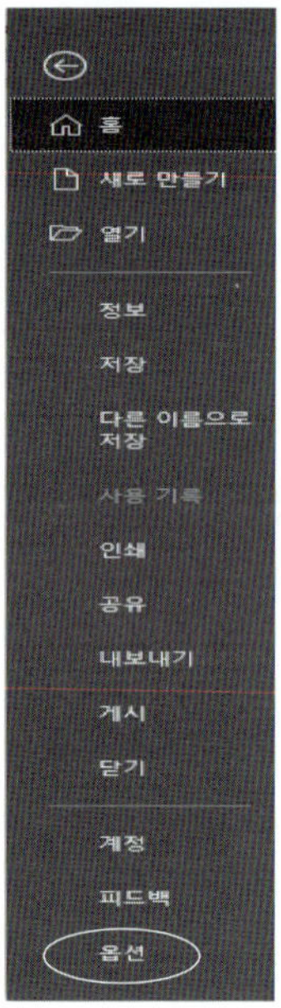

(b) '추가기능' 화면

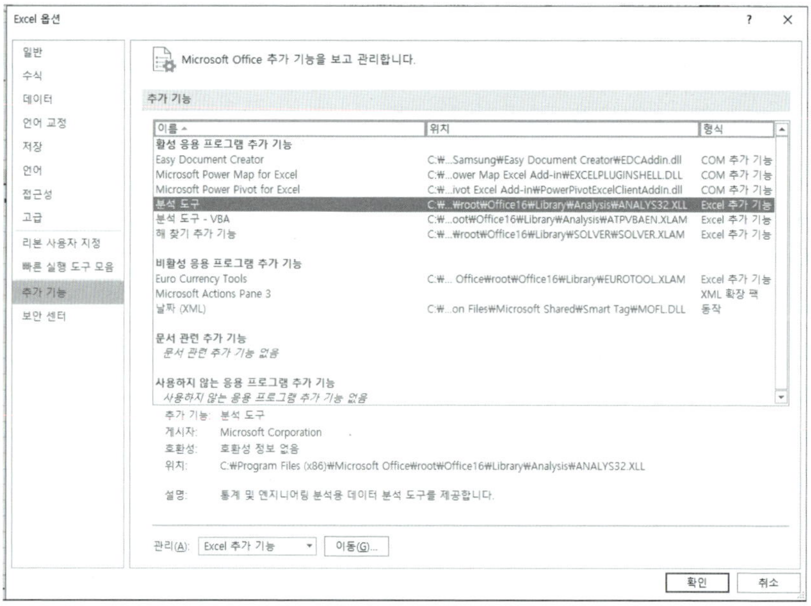

(c) '통계데이터분석' 화면

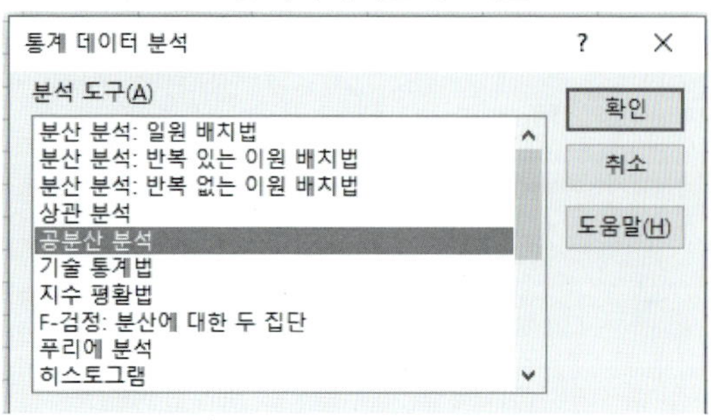

이 중에서 '분석도구'를 선택한다. 마지막 단계로 이 '분석도구'를 선택하면 (c)의 '통계데이터분석' 화면의 대화상자를 볼 수 있다.[2)]

② '데이터분석' 메뉴에서 '공분산분석' '상관분석' 실행하기

[다수 자료 간의 공분산 측정]

이제 '데이터분석 추가기능'이 설치되었으면, 이 데이터분석 기능을 이용하여 4종목의 주식수익률과 KOSPI 수익률 간의 공분산을 한꺼번에 구해 보자.

①에서 설명한 절차에 따라 '[데이터] 탭-[데이터분석(D)] 그룹-[통계데이터분석] 도구'의 단계를 거치면, 〈표 2-8〉의 (c)와 같은 대화상자가 열리는 것을 볼 수 있다. '통계데이터분석' 대화상자 안에는 총 19가지 분석기능이 있는데 이 중 실행하고자 하는 '공분산분석'을 선택한 다음, [확인] 단추를 누르면 〈표 2-9〉의 (a)와 같은 공분산분석 대화상자가 나타난다. 아래 공분산분석 대화상자 안에는 설명 편의상 이미 입력범위와 출력범위가 설정되어 있지만, 본래 처음에는 비어 있는 상태로 나타난다.

이 공분산분석 대화상자를 자세히 보면 크게 입력, 출력옵션으로 나뉘어 있는 것을 알 수 있다. 먼저 입력 부분에는 입력범위(I)와 데이터방향, 그리고 첫째 행 이름표사용(L)의 선택사항이 있다. 그리고 출력옵션 부분에는 출력범위(O), 새로운 워크시트(P), 새로운 통합문서(W)에 대한 선택사항들이 있다. 이들 입력부분과 출력옵션부분을 설정하는 방법은 다음과 같다.

i) 입력범위에는 4개 종목과 KOSPI 수익률 데이터가 있는 셀영역을 설정한다. 〈표 2-9〉의 (b)에는 앞에서 제시되었던 SK하이닉스, LG생활건강, POSCO, 셀트리온, KOSPI의 12개월 동안의 월별수익률 데이터가 나타나 있는데, 공분산분석을 실행할 셀영역 B1:F13까지를 마우스로 드래그하여 지정한다. 그러면 입력범위(I)에는 지정한 셀영역이 $표시 절대 셀로 변환되어 지정된다.

ii) 지정한 셀영역(B1:F13)의 첫 번째 행에는 주식수익률이 아니라 주식의 이름

2) MS-OFFICE 2013 이전의 버전에서는 다음과 같이 추가기능(I)을 선택한다. 먼저 Office 단추를 클릭하고 메뉴창의 우측하단에 있는 Excel 옵션을 클릭하면 Excel 옵션창이 뜬다. 이 창의 좌측메뉴 중 추가기능을 선택한 다음에 분석도구를 클릭하고 [확인]을 클릭하면 된다. 사용가능한 추가기능 중에 분석도구가 나열되어 있지 않으면 찾아보기를 클릭하여 찾는다. '현재 컴퓨터에 분석도구가 설치되어 있지 않다'는 메시지가 나타나면 [예]를 클릭하여 설치한다. 그러면, 잠시 후 Excel 워크시트 화면에 추가기능이 설치된다. 설치가 완료된 후, 리본메뉴의 데이터를 클릭하면 〈표 2-7〉과 같이 데이터의 하위메뉴에 데이터분석(D)이 설치된 것을 볼 수 있다.

〈표 2-9〉 4개 주식의 수익률과 KOSPI 수익률 간 공분산 측정
['데이터-데이터분석(D)-통계데이터분석'의 실행]

(a) 공분산분석 화면

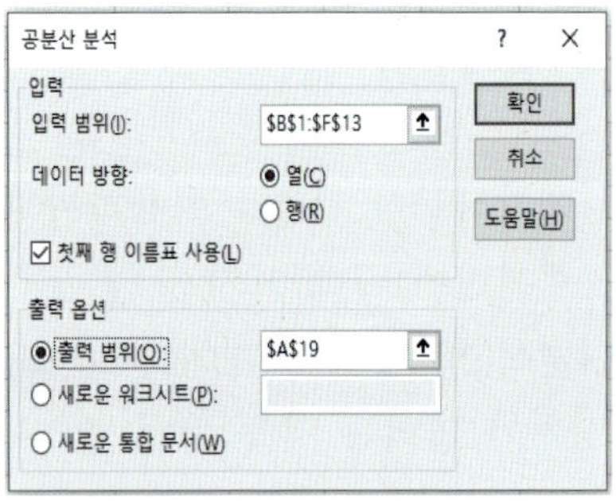

(b) 공분산분석 결과

B14 =COVAR(B2:B13,$F$2:$F$13)

	A	B	C	D	E	F
1		SK하이닉스	LG생활건강	POSCO	셀트리온	KOSPI
2	2017-04-30	0.0670	0.0656	-0.0842	-0.0056	0.0207
3	2017-05-31	0.0541	0.1267	0.0528	0.0648	0.0624
4	2017-06-30	0.1676	0.0111	0.0176	0.1856	0.0187
5	2017-07-31	-0.0210	-0.0030	0.1457	-0.0590	0.0046
6	2017-08-31	0.0386	-0.0318	0.0341	0.0590	-0.0166
7	2017-09-30	0.1893	-0.0253	-0.0803	0.2100	0.0131
8	2017-10-31	-0.0085	0.2291	0.0265	0.1980	0.0525
9	2017-11-30	-0.0680	-0.0034	0.0288	0.1449	-0.0188
10	2017-12-31	-0.0039	0.0135	-0.0075	0.1195	-0.0036
11	2018-01-31	-0.0400	-0.0101	0.1348	0.3562	0.0393
12	2018-02-28	0.0439	-0.0677	-0.0512	0.1113	-0.0557
13	2018-03-31	0.0569	0.0937	-0.1049	-0.1315	0.0076
14	**공분산**	**0.00017**	**0.00180**	**0.00067**	**0.00083**	**0.00097**
15		셀B14 :	'=COVAR(B2:B13,$F$2:$F$13)'			
16						
17						
18	**[A: 다수 자료간의 공분산 측정(데이터-데이터분석-통계데이터분석-공분산분석 결과)]**					
19		SK하이닉스	LG생활건강	POSCO	셀트리온	KOSPI
20	SK하이닉스	0.005489				
21	LG생활건강	-0.000638	0.006255			
22	POSCO	-0.003083	-0.000309	0.005946		
23	셀트리온	-0.000087	-0.001307	0.003053	0.015827	
24	종합주가지수	0.000166	0.001804	0.000666	0.000832	0.000974

데이터분석

(SK하이닉스, LG생활건강, POSCO, 셀트리온)이 입력되어 있으므로, 입력옵션 부분의 첫째 행 이름표 사용(L)을 클릭하여 체크무늬(✓)가 표시되도록 설정한다.

iii) 최종적으로 다수자료 간의 공분산값이 출력될 범위를 지정해야 되는데, 통상 데이터가 나타나 있는 현재의 워크시트상의 임의의 셀 주소를 지정한다. 본 예제에서는 셀 A19를 마우스로 클릭하여 지정하였다. 마우스로 셀 A19를 클릭하면 자동으로 절대 셀로 변환되어 출력범위(O)에 $A$19라고 표시된다.

이제 다수자료 간의 공분산을 구하기 위한 모든 입력절차가 끝났으므로 [확인] 단추를 클릭한다. 그러면 〈표 2-9〉(b)의 셀 A19를 시작으로 모든 공분산이 출력된다.

〈표 2-9〉(b)를 보면 셀 B20에 제시된 SK하이닉스와 SK하이닉스 간의 공분산(이는 곧 SK하이닉스의 분산임)은 0.00549임을 알 수 있다. LG생활건강과 셀트리온의 공분산(셀 C23)은 −0.00131인데, 이처럼 공분산값이 음수(−)로 표시된 것은 LG생활건강과 셀트리온의 주식수익률이 서로 반대방향으로 움직인다는 것을 의미한다. 특히 공분산은 투자론에서 포트폴리오 결합선 혹은 효율적 포트폴리오를 구하고자 할 때 중요한 분석도구가 되므로 이 기능을 잘 숙지할 필요가 있다.

[다수 자료 간의 상관계수 측정]

앞에서 개별종목 간의 상관계수를 한 개씩 구할 때에는 (3)항의 2)에서 설명한 것처럼 '=CORREL' 함수를 사용하였다.

종목 수가 매우 많은 경우 모든 상관계수를 한꺼번에 계산하는 방법은 '[데이터] 탭-[데이터분석(D)] 그룹-[통계데이터분석] 도구-상관분석]'을 적용한다. 이는 앞에서 〈표 2-9〉를 중심으로 설명한 '다수자료 간 공분산을 측정하는 방법'에서 마지막 단계, '공분산분석' 대신에 '상관분석'의 대화상자를 열어 측정한다는 점만 다르다. 단계별로 보면 다음과 같다.

i) '[데이터] 탭-[데이터분석(D)] 그룹-[통계데이터분석] 도구'의 절차에 따라 '통계데이터분석'의 대화상자를 연 다음 아래와 같이 분석도구로서 '상관분석'을 선택한다.

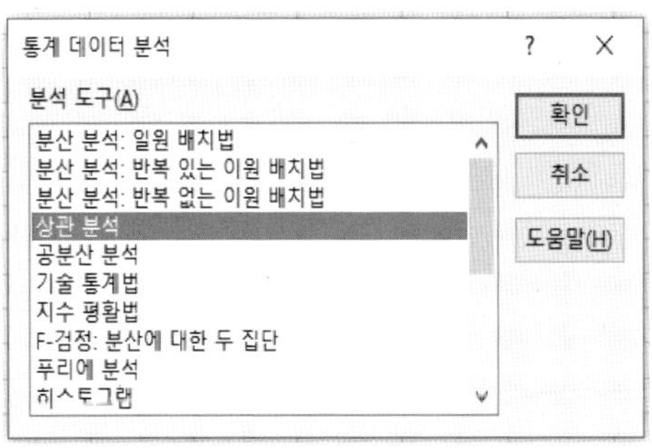

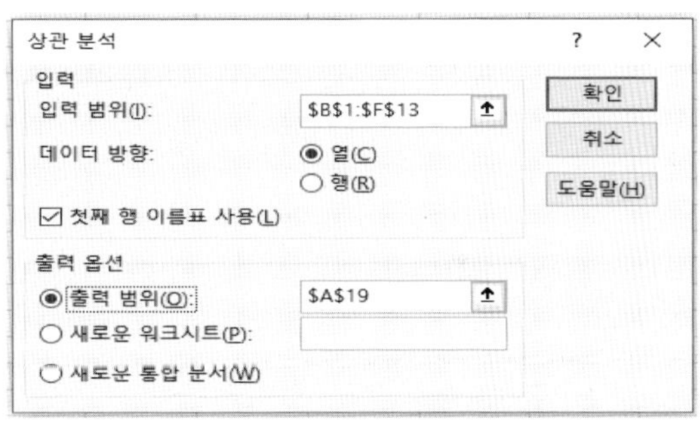

ii) '상관분석 대화상자'에서는 〈표 2-9〉(a)와 마찬가지로 입력범위(I)에 SK하이닉스를 포함한 4종목과 KOSPI의 수익률이 있는 셀영역(B1:F13)을 마우스로 드래그하여 지정한다. 자동으로 $표시 절대 셀로 바뀌어 설정될 것이다.

iii) '첫째 행 이름표 사용(L)'을 선택하면 체크무늬(✓)가 나타난다. 이렇게 하는 이유는 설정한 영역(B1:F13)에서 첫 번째 행에는 주식수익률이 아닌 주식이름, 즉 SK하이닉스 등의 주식명이 포함되어 표시되도록 하기 위해서다.

iv) 최종적으로 상관계수가 출력되는 출력범위를 지정해야 하는데, 출력옵션 3가지 중에서 현재의 워크시트상에 출력되도록 하기 위해 출력범위(O)에 셀 주소 〈표 2-10〉의 셀 A28을 클릭하여 지정하였다. 자동으로 절대 셀로 바뀌어 설정된다. 이제 상관계수를 구하기 위한 모든 준비작업을 끝마쳤으므로 [확인] 단추를 누른다. 그러면 〈표 2-10〉(b)의 셀 A28을 기점으로 하여

〈표 2-10〉 4개 주식의 수익률과 KOSPI 수익률 간 상관계수 측정
['데이터-데이터분석(D)-통계데이터분석-상관분석'의 실행]

(a) 상관분석 화면

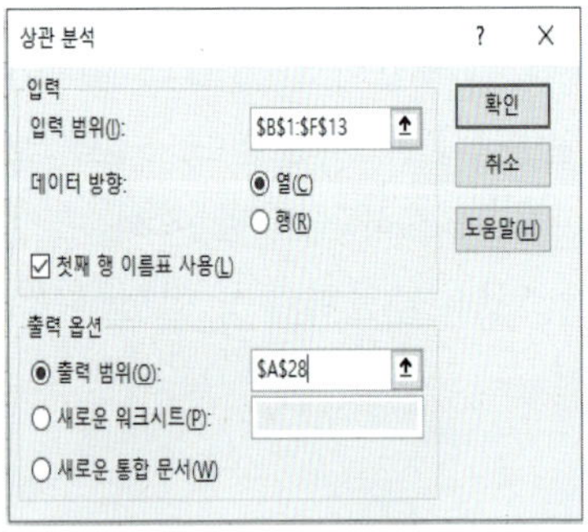

(b) 상관분석 결과

J31

	A	B	C	D	E	F
26						
27	[B: 다수 자료간의 상관계수 측정(데이터-데이터분석-통계데이터분석-상관분석 결과)]					
28		SK하이닉스	LG생활건강	POSCO	셀트리온	KOSPI
29	SK하이닉스	1.000000				
30	LG생활건강	-0.108844	1.000000			
31	POSCO	-0.539694	-0.050747	1.000000		
32	셀트리온	-0.009376	-0.131333	0.314718	1.000000	
33	종합주가지수	0.071635	0.730951	0.276950	0.212041	1.000000
34						

데이터분석

A28:F33 영역에 모든 종목들 간의 상관계수가 한꺼번에 출력된다. SK하이닉스와 POSCO의 상관계수는 가장 낮은 −0.5397(셀 B31)로 음의 상관관계, POSCO와 셀트리온의 상관계수는 +0.3147(셀 D32)로 가장 높은 양(+)의 상관관계를 지니고 있다. KOSPI와의 상관관계는 SK하이닉스가 제일 낮고, LG생활건강이 제일 높다.

(4) 선형관계의 측정

포트폴리오 분석에서는 개별주식의 수익률과 시장수익률 간의 관계를 분석한 것이 중요한 기초자료로 사용된다. 특정 변수들 간의 관계, 직선식을 구하는 것을 회귀분석이라고 한다. 이하에서는 Excel을 활용한 회귀분석방법을 살펴본다.

1) SLOPE, LINEST, INTERCEPT

SLOPE, LINEST 함수는 두 시계열 데이터 간의 선형적 관계의 정도, 즉 **기울기**를 구하는 함수이다. 만약 개별주식의 수익률 자료를 종속변수로, KOSPI 시장수익률 자료를 독립변수로 놓은 다음 회귀분석을 실행하면, KOSPI 수익률이 개별종목의 주식수익률에 미치는 민감도(β), 즉 기울기를 측정하게 되는데, Excel을 이용하여 기울기를 구하는 방법은 '=SLOPE(종속변수 데이터영역, 독립변수 데이터영역)'을 입력하면 얻어진다. 〈표 2-11〉을 보면 14행과 17행에 기울기가 계산되어 있다.

14행의 기울기는 SLOPE 함수를 이용하여 계산된 수치이며, 17행의 기울기는 LINEST 함수를 사용하여 계산된 수치인데, 서로 같은 결과를 보여주고 있다.

〈표 2-11〉 기울기, 절편의 측정

M29

	A	B	C	D	E	F
1		SK하이닉스	LG생활건강	POSCO	셀트리온	KOSPI
2	2017-04-30	0.0670	0.0656	-0.0842	-0.0056	0.0207
3	2017-05-31	0.0541	0.1267	0.0528	0.0648	0.0624
4	2017-06-30	0.1676	0.0111	0.0176	0.1856	0.0187
5	2017-07-31	-0.0210	-0.0030	0.1457	-0.0590	0.0046
6	2017-08-31	0.0386	-0.0318	0.0341	0.0590	-0.0166
7	2017-09-30	0.1893	-0.0253	-0.0803	0.2100	0.0131
8	2017-10-31	-0.0085	0.2291	0.0265	0.1980	0.0525
9	2017-11-30	-0.0680	-0.0034	0.0288	0.1449	-0.0188
10	2017-12-31	-0.0039	0.0135	-0.0075	0.1195	-0.0036
11	2018-01-31	-0.0400	-0.0101	0.1348	0.3562	0.0393
12	2018-02-28	0.0439	-0.0677	-0.0512	0.1113	-0.0557
13	2018-03-31	0.0569	0.0937	-0.1049	-0.1315	0.0076
14	**기울기(베타)**	**0.1701**	**1.8527**	**0.6845**	**0.8549**	**1.0000**
15	셀 B14 :	=SLOPE(B2:B13,$F$2:$F$13'				
16						
17	**기울기(베타)**	**0.1701**	**1.8527**	**0.6845**	**0.8549**	**1.0000**
18	셀 B17 :	=LINEST(B2:B13,$F$2:$F$13)'				
19						
20	**절편**	**0.0379**	**0.0140**	**0.0023**	**0.0956**	**0.0000**
21	셀 B20 :	=INTERCEPT(B2:B13,$F$2:$F$13)'				

SLOPE 등

이 두 함수를 이용할 때 주의할 점은 종속변수가 될 셀영역을 먼저 지정한 후에 독립변수가 되는 셀영역을 지정한다는 점이다. 〈표 2-11〉에서 KOSPI 시장수익률의 셀영역을 $표시 절대 셀 형태(F4 키 사용)로 지정한 이유는 이를 참조하여, SK하이닉스 종목 외에 다른 종목에 대한 기울기도 자동채우기핸들(+)을 이용하여 구하기 위함이다.

INTERCEPT 함수는 회귀분석모형에서 절편값을 구하는 함수이다. Excel을 이용하여 절편값을 구하려면 '=INTERCEPT(종속변수 데이터영역, 독립변수 데이터영역)'을 입력하면 얻어진다.

〈표 2-11〉의 셀 B20에는 종속변수를 SK하이닉스 주식수익률로 하고 독립변수를 KOSPI 수익률로 하였을 때 나타나는 회귀모형의 절편값이 0.0379로 계산되어 있다. 나머지 종목에 대한 절편값들은 자동채우기핸들(+)을 이용하여 구한다.

2) RSQ, TREND, FORECAST

RSQ 함수는 추정된 회귀분석모형에서 독립변수가 종속변수를 설명하는 설명력의 정도를 측정하는 R^2값을 구하는 함수이다. Excel을 이용하여 회귀식의 설명력을 구하려면 '=RSQ(종속변수 데이터영역, 독립변수 데이터영역)'을 입력하면 얻어

〈표 2-12〉 각 종목의 회귀식에 대한 설명력의 측정

B14 =RSQ(B2:B13,$F$2:$F$13)

	A	B	C	D	E	F
1		SK하이닉스	LG생활건강	POSCO	셀트리온	KOSPI
2	2017-04-30	0.0670	0.0656	-0.0842	-0.0056	0.0207
3	2017-05-31	0.0541	0.1267	0.0528	0.0648	0.0624
4	2017-06-30	0.1676	0.0111	0.0176	0.1856	0.0187
5	2017-07-31	-0.0210	-0.0030	0.1457	-0.0590	0.0046
6	2017-08-31	0.0386	-0.0318	0.0341	0.0590	-0.0166
7	2017-09-30	0.1893	-0.0253	-0.0803	0.2100	0.0131
8	2017-10-31	-0.0085	0.2291	0.0265	0.1980	0.0525
9	2017-11-30	-0.0680	-0.0034	0.0288	0.1449	-0.0188
10	2017-12-31	-0.0039	0.0135	-0.0075	0.1195	-0.0036
11	2018-01-31	-0.0400	-0.0101	0.1348	0.3562	0.0393
12	2018-02-28	0.0439	-0.0677	-0.0512	0.1113	-0.0557
13	2018-03-31	0.0569	0.0937	-0.1049	-0.1315	0.0076
14	**설명력(R^2)**	**0.0051**	**0.5343**	**0.0767**	**0.0450**	**1.0000**
15	셀 B14 :	=RSQ(B2:B13,$F$2:$F$13)'				
16						

RSQ

진다. 〈표 2-12〉에는 각 종목의 회귀식들에 대한 설명력이 계산되어 있는데, LG생활건강이 KOSPI의 설명력이 제일 높은 것을 볼 수 있다.

TREND 함수는 추정된 회귀식 기준의 예상 추정치(estimates)를 구하는 함수이다. TREND 함수를 이용하여 추정치를 구하는 절차는 다음과 같다. 첫째, 가장 먼저 추정치를 구하고자 하는 변수의 셀영역, 〈표 2-13〉에서는 D2:D13을 마우스로 드래그하여 지정한다. 둘째, 수식입력부분에 독립변수 영역까지 포함하여, Excel 명령식 '=TREND($B$2:$B$13,$C$2:$C$13,C2:C13)'을 입력한다. 셋째, Ctrl + Shift 키를 동시에 누르고 있는 상태에서 Enter↵ 키를 누른다.

〈표 2-13〉의 셀 D2에서 D13까지는 TREND 함수에 의한 추정치를 보여주고 있다. 이 값은 SK하이닉스 주식수익률 시계열(종속변수)과 KOSPI 수익률(독립변수) 두 시계열 데이터를 토대로 하여 회귀분석을 실행한 다음 추정된 회귀식에 C열에 있는 KOSPI 실제수익률을 추정회귀식의 독립변수에 대입했을 때 도출되는 SK하이닉스 주식수익률의 추정치를 나타낸 것이다.

여기서 주의해야 할 점은 '=TREND(종속변수 데이터영역, 독립변수 데이터영역, 독립변수의 첫 번째 데이터 셀 주소)'와 같이 ( ) 안에 입력해야 하는 인수들을 반드시 순서대로, 그리고 첫 번째와 두 번째 인자는 절대참조 형식으로 입력해야 한다는 점이다.

추정된 회귀식의 독립변수에 임의의 새로운 값을 대입했을 때 종속변수의 추정

〈표 2-13〉 TREND 함수에 의한 추정치의 측정

D2 | {=TREND($B$2:$B$13,$C$2:$C$13,C2:C13)}

	A	B	C	D	E
1		SK하이닉스	KOSPI	SK하이닉스 추정치(1)	
2	2017-04-30	0.0670	0.0207	**0.0414**	
3	2017-05-31	0.0541	0.0624	**0.0485**	
4	2017-06-30	0.1676	0.0187	**0.0411**	
5	2017-07-31	-0.0210	0.0046	**0.0387**	
6	2017-08-31	0.0386	-0.0166	**0.0351**	
7	2017-09-30	0.1893	0.0131	**0.0402**	
8	2017-10-31	-0.0085	0.0525	**0.0468**	
9	2017-11-30	-0.0680	-0.0188	**0.0347**	
10	2017-12-31	-0.0039	-0.0036	**0.0373**	
11	2018-01-31	-0.0400	0.0393	**0.0446**	
12	2018-02-28	0.0439	-0.0557	**0.0284**	
13	2018-03-31	0.0569	0.0076	**0.0392**	
14			셀 D2:D13 :	=TREND($B$2:$B$13,$C$2:$C$13,C2:C13)'	

TREND 등

치(estimates)를 구하는 함수로 'FORECAST 함수'를 사용할 수 있다. 이 함수도 TREND 함수와 마찬가지로 실제 과거자료를 독립변수에 그대로 대입하면 TREND 함수에 의해서 추정되는 추정치와 동일한 값(추정치)을 측정해 준다. 그러나 FORECAST 함수의 특징은 기존의 과거 독립변수 데이터를 대입한 추정치를 구할 수도 있지만, 새로 제공된 데이터를 기존의 데이터로 추정된 회귀식의 독립변수에 대입했을 때의 종속변수의 추정치도 구할 수 있다는 점이다. Excel 함수로 처리하는 방법은 마찬가지로 '=FORECAST(종속변수 데이터영역(절대참조), 독립변수 데이터영역(절대참조), 독립변수의 예측치 셀영역)'이다.

3) 〈데이터분석〉 기능을 이용한 회귀분석

두 시계열 데이터 간의 선형적인 관계를 분석하는 다른 방법은 '상관분석' 편에서 설명한 것과 같이 '데이터분석-회귀분석'을 이용하는 것이다.

본래 회귀분석은 종속변수와 독립변수 간의 관계를 분석하는 방법이다. 이에 대한 상세한 설명은 통계학 참고서적을 참고하고, 여기서는 회귀분석이 이루어지는 절차 중심으로 설명한다. 먼저 독립변수의 개수가 1개인 단순회귀분석을 설명한 후, 독립변수의 개수가 다수인 다중회귀분석에 대해서 설명한다.

① 단순회귀분석(simple regression)

단순회귀모형은 일반적으로 종속변수와 독립변수 간의 함수관계를 선형관계

(linear relationship)로 가정하고 출발한다. 단순회귀의 일반모형은 다음과 같다.

$$Y_i = \alpha_i + \beta X_i + \epsilon_i \qquad (i = 1, 2, 3, \cdots n)$$

위 단순회귀모형에서 Y_i는 종속변수 Y의 i번째 관측치이고, X_i는 독립변수 X의 i번째 관측치이다. 또 α는 회귀직선의 절편이고, β는 회귀직선의 기울기이다. 그리고 ϵ_i는 i번째 오차항을 의미한다.

이제 SK하이닉스와 KOSPI 수익률을 이용하여 단순회귀식을 추정해 보기로 한다. 본 예제에서는 "SK하이닉스 주식수익률"이 종속변수가 되고, "KOSPI 수익률"이 독립변수가 된다. 다음은 Excel을 활용한 단순회귀분석의 절차이다.

i) 먼저 SK하이닉스와 KOSPI 수익률 데이터를 〈표 2-14〉(a)와 같이 연월, SK하이닉스 수익률, KOSPI 수익률 순서대로 나타낸 후, 리본메뉴 데이터의

〈표 2-14〉 데이터분석 기능을 이용한 회귀분석 실행

(a) 단순회귀분석

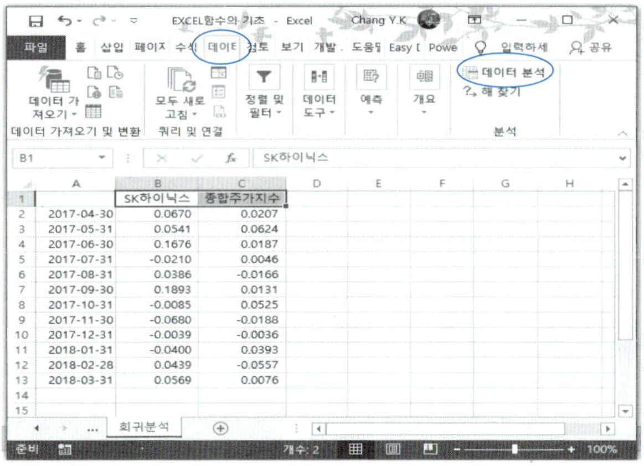

(b) 회귀분석의 선택

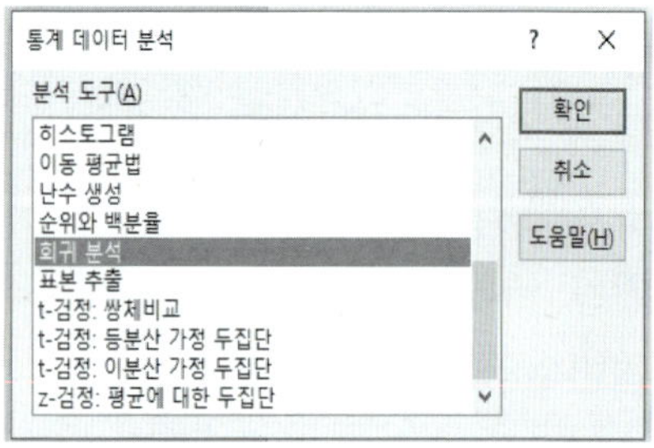

(c) 회귀분석 대화상자

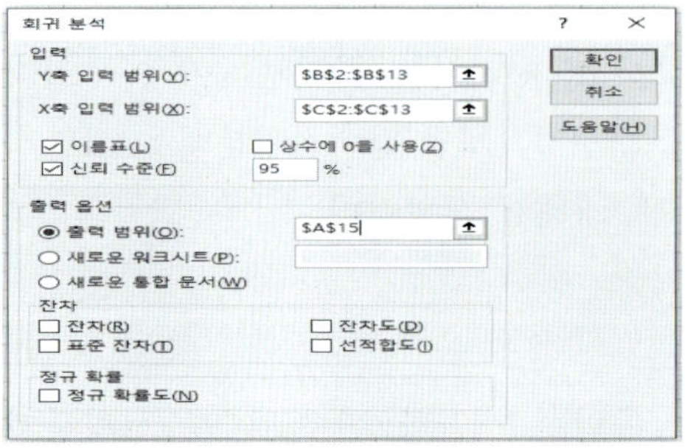

데이터분석(D)을 선택한다.

ii) **통계데이터분석** 대화상자에서 **회귀분석**을 선택한다(〈표 2-14〉(b)). 회귀분석을 선택한 후 [확인] 단추를 누르면 회귀분석을 실행하기 위한 여러 가지 옵션이 있는 **회귀분석** 대화상자가 나타난다.

iii) **회귀분석** 대화상자(〈표 2-14〉(c))를 보면 설정해야 할 옵션들이 제시되어 있다. 본래 **회귀분석** 대화상자가 나타날 때에는 아무것도 입력되지 않은 비어 있는 상태로 나타나지만, 위 대화상자는 편의상 미리 옵션을 설정해 놓은 상태를 보여주고 있다. **회귀분석** 대화상자는 크게 입력, 출력옵션, 잔차, 정규확률로 나뉘어 있다. 입력을 보면 Y**축 입력범위(Y)**에는 종속변수인 SK하이닉스 수익률의 데이터영역을 지정한다. 그리고 X**축 입력범위(X)**에는 독립변수인 KOSPI 수익률의 데이터영역을 지정한다. 데이터영역을 지정할 때 마우스로 드래그하여 지정하면, 자동으로 절대 셀로 바뀌어 지정된다. 여기서 주의할 점은 방금 지정한 데이터영역의 첫째 행은 주식수익률 자료가 입력된 것이 아니라 주식의 종목이름이 입력되어 있으므로 이름표(L)를 클릭하여 체크무늬(✓)표시가 나타나도록 한다.

또한 신뢰수준이란 추정해야 할 회귀계수인 절편(α)과 기울기(β)에 대한 신뢰수준을 말한다. 만약 신뢰수준을 95%로 두면 추정 결과가 틀릴 가능성인 유의수준을 5%로 두는 것을 의미한다. 이는 사용자가 직접 신뢰수준을 입력할 수도 있다. 신뢰수준을 입력하여 나중에 회귀분석 결과를 보면 각 회귀계수에 대한 신뢰하한과 신뢰상한이 출력되며, 이를 보고 각 회귀계수의 유의한 정도를 검정할 수 있다. 일반적으로는 t값 p-value를 보고 회귀계수의 유의성을 검정한다. Excel의 '요약출력'에서는 t통계량, p-value, 신뢰 하한과 상한 모두를 제시해 준다.

iv) 최종적으로 회귀분석 결과의 출력범위를 지정해야 한다. 본 예제에서는 〈표 2-15〉의 셀 A15를 마우스로 클릭하여 지정했는데, 자동으로 절대 셀($A$15)로 표시되어 있음을 볼 수 있다.

이제 회귀분석을 실행하기 위한 모든 입력작업을 마쳤으므로 [확인] 단추를 누르면 〈표 2-15〉와 같이 셀 A15를 시작점으로 하여 회귀분석 결과가 출력된다.

〈표 2-15〉 데이터분석 기능을 이용한 회귀분석 실행결과

A15 | fx 요약 출력

	A	B	C	D	E	F	G	H	I
1		SK하이닉스	KOSPI						
2	2017-04-30	0.0670	0.0207						
3	2017-05-31	0.0541	0.0624						
4	2017-06-30	0.1676	0.0187						
5	2017-07-31	-0.0210	0.0046						
6	2017-08-31	0.0386	-0.0166						
7	2017-09-30	0.1893	0.0131						
8	2017-10-31	-0.0085	0.0525						
9	2017-11-30	-0.0680	-0.0188						
10	2017-12-31	-0.0039	-0.0036						
11	2018-01-31	-0.0400	0.0393						
12	2018-02-28	0.0439	-0.0557						
13	2018-03-31	0.0569	0.0076						
14									
15	요약 출력								
16									
17	회귀분석 통계량								
18	다중 상관계수	0.071635							
19	결정계수	0.005132							
20	조정된 결정계수	-0.094355							
21	표준 오차	0.080950							
22	관측수	12							
23									
24	분산 분석								
25		자유도	제곱합	제곱 평균	F 비	유의한 F			
26	회귀	1	0.000338	0.000338	0.051580	0.824912			
27	잔차	10	0.065529	0.006553					
28	계	11	0.065867						
29									
30		계수	표준 오차	t 통계량	P-값	하위 95%	상위 95%	하위 95.0%	상위 95.0%
31	Y 절편	0.037921	0.024620	1.540259	0.154521	-0.016935	0.092777	-0.016935	0.092777
32	KOSPI	0.170093	0.748938	0.227113	0.824912	-1.498644	1.838830	-1.498644	1.838830
33									

회귀분석

위 회귀분석 결과에서 다중상관계수(B18)는 SK하이닉스 주식수익률(Y)과 KOSPI 수익률(X) 간의 상관계수이고, 결정계수(B19)는 SK하이닉스 주식수익률의 변동이 KOSPI 수익률에 의해 설명되는 정도(R^2값)가 약 0.51% 정도된다는 의미이며, 조정된 결정계수(B20)는 결정계수를 자유도(11)로 나눈 것이고, 관측수(B22)는 데이터의 개수, 즉 12개월치 월수익률 자료를 말한다.

분산분석표에서 회귀(A26)는 독립변수 KOSPI 수익률변수를 말하며 잔차(A27)는 KOSPI 수익률변수가 설명하지 못하는 오차(error)를 말한다. 그리고 제곱합에는 회귀변수(KOSPI)가 설명하는 설명변동량(C26)과 오차(error)에 의해 설명되는 변동량(C27)이 계산되어 있다. 제곱평균은 각각의 설명변동량을 각각의 자유도로 나눈 값이고, F비는 회귀의 제곱평균(D26)을 잔차의 제곱평균(D27)으로 나눈 비율(ratio)을 말하며, 이 F비율 값이 클수록 회귀모형의 적합도(fitness)가 높음을 뜻한다.

마지막으로 맨 아랫부분에 'Y절편'과 'KOSPI'라고 나온 부분이 단순회귀분석 결과이다. Y절편의 계수 0.03792는 단순회귀모형에서 절편값(α)을 의미하고, KOSPI의 계수 0.17009는 기울기(β)를 의미한다. 따라서 추정회귀식은 다음과 같다

(Y_i : SK하이닉스 주식의 수익률, X_i : KOSPI 수익률, ( ) 안은 t통계량).

$$Y_i = 0.03792 + 0.17009 X_i$$
$$(1.5403) \quad (0.2271)$$

② 다중회귀분석(multiple regression)

이제 독립변수의 개수가 1개 이상인 다중회귀분석을 살펴보기로 한다. 독립변수의 개수가 늘어났다는 것 이외에 방법과 절차는 단순회귀분석의 경우와 거의 유사하다고 할 수 있다. 다중회귀모형의 일반식은 다음과 같다.

$$Y_i = \alpha_i + \beta_1 X_{1i} + \beta_2 X_{2i} + \epsilon_i \qquad (i = 1, 2, 3, \cdots n)$$

이하에서는 독립변수의 개수가 2개인 경우를 예로 들어 설명하기로 한다. 〈표 2-16〉(a)에서 종속변수는 A기업의 매출액이며, 독립변수는 연구개발비와 교육훈련비이다. 다음은 직접 입력한 데이터이다. 모든 변수의 금액단위는 10억원이다.

단순회귀분석에서와 마찬가지로 **통계데이터분석** 대화상자에서 회귀분석을 선택하면 〈표 2-16〉(b)와 같은 **회귀분석** 대화상자가 나타나는데, 다중회귀분석 절차는

〈표 2-16〉 다중회귀분석 기초자료

(a) 다중회귀분석 자료

표본	매출액(Y)	연구개발비(X1)	교육훈련비(X2)
1	6,230	398	16
2	7,130	454	17
3	7,030	510	15
4	6,850	485	15
5	5,730	446	8
6	6,880	540	15
7	7,220	663	15
8	7,600	620	14
9	6,430	632	11
10	7,790	703	16
11	8,430	582	16
12	8,510	707	16
13	9,080	777	20
14	9,790	875	21
15	10,870	873	26
16	12,240	944	29
17	11,400	831	25
18	12,300	908	20
19	12,620	905	23
20	13,700	927	22

(b) 회귀분석 대화상자

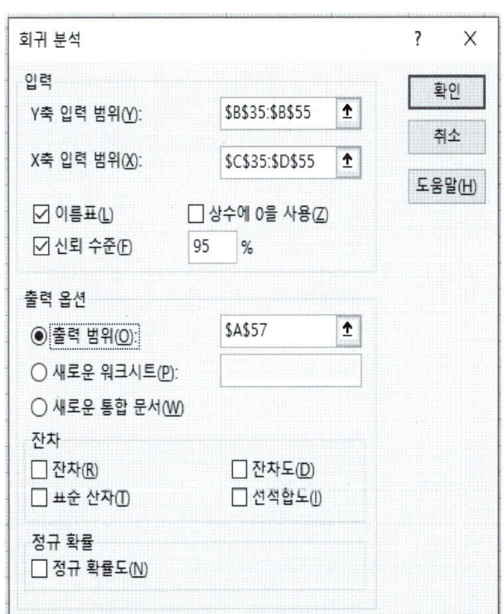

다음과 같다.

i) **회귀분석** 대화상자의 *Y*축 **입력범위(Y)**에 A기업의 매출액 데이터영역(B35:B55)을 입력하고, *X*축 **입력범위(X)**에 연구개발비와 교육훈련비 데이터영역(C35:D55)을 지정한다. 마우스로 드래그하여 지정하면 자동으로 절대셀로 지정된다.

ii) i)에서 지정한 *Y*축과 *X*축 변수에 대한 데이터영역의 첫째 행에는 데이터가 아니라 각 변수의 이름(name)이 입력되어 있다. 회귀분석시 이를 제외하고 실행되어야 하므로 첫째 행을 자료에서 제외시키고 변수이름(variable name)으로 인식하라는 뜻에서, **이름표(L)**를 클릭하여 **체크무늬(✓)**가 나타나도록 한다. 다음 단계로 **신뢰수준(F)**을 선택하여 회귀계수에 대한 신뢰하한값과 신뢰상한값도 출력하도록 지정한다. 신뢰수준의 기본값은 95%이다.

iii) 회귀분석 결과의 출력범위를 지정해야 한다. 3가지 유형의 출력범위 중에서 여기서는 현재의 워크시트상의 임의의 셀인 A57을 마우스로 클릭하여 지정한다. 셀 A57을 마우스로 클릭하면 자동으로 절대 셀로 지정된다.

이상의 모든 입력절차가 끝났으면 [확인] 단추를 누른다. 그러면 〈표 2-17〉과 같이 셀 A57을 기점으로 A59:I75 영역에 다중회귀분석 결과가 출력되어 나타난다.

〈표 2-17〉 다중회귀분석 결과

S60

	A	B	C	D	E	F	G	H	I
56									
57	요약 출력								
58									
59	회귀분석 통계량								
60	다중 상관계수	0.943942							
61	결정계수	0.891026							
62	조정된 결정계수	0.878206							
63	표준 오차	858.054233							
64	관측수	20.000000							
65									
66	분산 분석								
67		자유도	제곱합	제곱 평균	F 비	유의한 F			
68	회귀	2	102,340,484.863832	51,170,242.431916	69.500511	0.000000			
69	잔차	17	12,516,370.136168	736,257.066833					
70	계	19	114,856,855.000000						
71									
72		계수	표준 오차	t 통계량	P-값	하위 95%	상위 95%	하위 95.0%	상위 95.0%
73	Y 절편	219.796353	772.112875	0.284669	0.779337	-1,409.219418	1,848.812123	-1,409.219418	1,848.812123
74	연구개발비(X1)	7.742491	1.895766	4.084096	0.000773	3.742774	11.742208	3.742774	11.742208
75	교육훈련비(X2)	181.365602	61.195205	2.963722	0.008702	52.255006	310.476199	52.255006	310.476199
76									

회귀분석

위 최종결과를 보면 다중회귀식의 절편은 219.7963이며, 연구개발비(X_1)의 회귀계수는 7.742491이고, 교육훈련비(X_2)의 회귀계수는 181.3656임을 알 수 있다. 우리가 구하고자 했던 최종적인 다중회귀 추정식은 다음과 같다.

$$Y = \underset{(0.285)}{219.7963} + \underset{(4.084)}{7.742491}\, X_1 + \underset{(2.964)}{181.3656}\, X_2$$

위의 추정회귀식의 계수 아래에 있는 ( ) 안의 값은 각 계수에 대한 t 통계량 값이다. 절편을 제외한 모든 회귀계수가 유의수준 5%에서 유의적임을 알 수 있다. 즉, 연구개발비가 10억원 증가하면 A기업의 매출액은 약 77억 4천만원만큼 증가하며, 연구개발비가 불변인 경우 A기업의 교육훈련비가 10억원 증가하면 A기업의 매출액은 약 1,813억 6천만원 정도가 증가할 것임을 예상할 수 있다. 본 예제에서는 A기업의 매출액에 연구개발비보다 교육훈련비가 더 큰 영향을 미치고 있음을 알 수 있다.

2.2 수학함수

포트폴리오를 구성하기 위해서는 2.1절에서 설명한 AVERAGE, VARP, STDEVP, COVAR, CORREL 등의 통계함수 이외에도 여러 가지 수학적 연산을 위한 수학함수가 사용된다. 본절에서는 수학적 연산에 도움을 주는 Excel 함수인 LN, SUM, SQRT, TRANSPOSE, MMULT에 대해서 설명한다.

(1) LN

투자수익률을 단일기간에 대하여 측정할 때에는 [=(기말가격÷기초가격)-1]을 계산한다. 이는 불연속수익률(discrete rate of return)이어서 다기간수익률 측정에는 적절하지 못하다. 다기간에 걸쳐서는 연속복리수익률(continuous rate of return)을 사용해야 한다. 이 경우는 자료에 대한 **자연로그**(밑이 2) **값**을 구하는 함수, 즉 다기간 주식가격에 대한 수익률은 자연로그(ln)를 취하여 계산한다. 자연로그를 취하면 연속복리 수익률이 계산되기 때문이다. 계산하는 방법은 〈표 2-18〉과 같이 =LN(당월 수익률/전월 수익률) 형태로 자연로그를 취한다.

SK하이닉스 2017년 6월 수익률(셀 B16) : =LN(B3/B2)

〈표 2-18〉 LN 함수를 이용한 연속복리수익률의 계산

B16 =LN(B3/B2)

	A	B	C	D	E	F
1		SK하이닉스	LG생활건강	POSCO	셀트리온	KOSPI
2	2017-03-31	50,500	811,000	291,000	86,826	2,160
3	2017-04-30	54,000	866,000	267,500	86,344	2,205
4	2017-05-31	57,000	983,000	282,000	92,126	2,347
5	2017-06-30	67,400	994,000	287,000	110,918	2,392
6	2017-07-31	66,000	991,000	332,000	104,558	2,403
7	2017-08-31	68,600	960,000	343,500	110,918	2,363
8	2017-09-30	82,900	936,000	317,000	136,841	2,394
9	2017-10-31	82,200	1,177,000	325,500	166,811	2,523
10	2017-11-30	76,800	1,173,000	335,000	192,830	2,476
11	2017-12-31	76,500	1,189,000	332,500	217,301	2,467
12	2018-01-31	73,500	1,177,000	380,500	310,276	2,566
13	2018-02-28	76,800	1,100,000	361,500	346,807	2,427
14	2018-03-31	81,300	1,208,000	325,500	304,070	2,446
15						
16	17년 4월	0.0670	0.0656	-0.0842	-0.0056	0.0207
17	17년 5월	0.0541	0.1267	0.0528	0.0648	0.0624
18	17년 6월	0.1676	0.0111	0.0176	0.1856	0.0187
19	17년 7월	-0.0210	-0.0030	0.1457	-0.0590	0.0046
20	17년 8월	0.0386	-0.0318	0.0341	0.0590	-0.0166
21	17년 9월	0.1893	-0.0253	-0.0803	0.2100	0.0131
22	17년 10월	-0.0085	0.2291	0.0265	0.1980	0.0525
23	17년 11월	-0.0680	-0.0034	0.0288	0.1449	-0.0188
24	17년 12월	-0.0039	0.0135	-0.0075	0.1195	-0.0036
25	18년 1월	-0.0400	-0.0101	0.1348	0.3562	0.0393
26	18년 2월	0.0439	-0.0677	-0.0512	0.1113	-0.0557
27	18년 3월	0.0569	0.0937	-0.1049	-0.1315	0.0076
28	**합계**	**0.4762**	**0.3985**	**0.1120**	**1.2534**	**0.1242**
29	셀 B16:	=LN(B3/B2)'				

LN함수 SUM, ...

(2) SUM과 SQRT

SUM 함수는 자료의 합계를 구하는 Excel 함수이다. 〈표 2-18〉에서의 합계는 개별종목에 대한 12개월 동안의 누적수익률(cumulative rate of return)이 된다. SK하이닉스의 '17.4～'18.3 기간의 누적수익률(셀 B28) 0.4762는 '=SUM(데이터영역)' 계산으로 구해진 것이다.

SK하이닉스 12개월간의 누적수익률(셀 B28) : =SUM(B16:B27)

SQRT 함수는 자료의 제곱근(√)을 구하는 Excel 함수이다. 포트폴리오 관리에

서 위험을 평가할 때, 분산(variance)에 대해서 제곱근을 취한 표준편차(standard deviation)를 구하여 사용한다. 〈표 2-19〉에서 SK하이닉스의 수익률에 대한 12개월 동안의 자료에 대한 모분산, 모표준편차, 모분산의 제곱근은 다음 Excel 명령식에 의해 구해진 것이다.

모분산(셀 B18) : =VARP(B2:B13)
모표준편차(셀 B19) : =STDEVP(B2:B13)
모분산의 제곱근(셀 B20) : =SQRT(B18)

〈표 2-19〉에서 모분산에 대해서 제곱근(셀 B20)을 취하면 모표준편차(셀 B19)와 동일한 값임을 확인할 수 있다.

〈표 2-19〉 합계와 제곱근의 계산

B14 | =SUM(B2:B13)

	A	B	C	D	E	F
1		SK하이닉스	LG생활건강	POSCO	셀트리온	KOSPI
2	17년 4월	0.0670	0.0656	-0.0842	-0.0056	0.0207
3	17년 5월	0.0541	0.1267	0.0528	0.0648	0.0624
4	17년 6월	0.1676	0.0111	0.0176	0.1856	0.0187
5	17년 7월	-0.0210	-0.0030	0.1457	-0.0590	0.0046
6	17년 8월	0.0386	-0.0318	0.0341	0.0590	-0.0166
7	17년 9월	0.1893	-0.0253	-0.0803	0.2100	0.0131
8	17년 10월	-0.0085	0.2291	0.0265	0.1980	0.0525
9	17년 11월	-0.0680	-0.0034	0.0288	0.1449	-0.0188
10	17년 12월	-0.0039	0.0135	-0.0075	0.1195	0.0036
11	18년 1월	-0.0400	-0.0101	0.1348	0.3562	0.0393
12	18년 2월	0.0439	-0.0677	-0.0512	0.1113	-0.0557
13	18년 3월	0.0569	0.0937	-0.1049	-0.1315	0.0076
14	**합계**	**0.4762**	**0.3985**	**0.1120**	**1.2534**	**0.1242**
15	셀 B14:	=SUM(B2:B13)'				
16						
17	**평균**	0.0397	0.0332	0.0093	0.1044	0.0103
18	**모분산**	0.0055	0.0063	0.0059	0.0158	0.0010
19	**모표준편차**	0.0741	0.0791	0.0771	0.1258	0.0312
20	**모분산의 제곱근**	0.0741	0.0791	0.0771	0.1258	0.0312
21						
22	셀 B17:	=AVERAGE(B2:B13)'				
23	셀 B18:	=VARP(B2:B13)'				
24	셀 B19:	=STDEVP(B2:B13)'				
25	셀 B20:	=SQRT(B18)'				

SUM, SQRT

(3) TRANSPOSE

TRANSPOSE 함수는 **전치행렬**(transpose matrix)을 구하는 Excel 함수이다. 본래 전치행렬은 행벡터를 열벡터로, 열벡터를 행벡터로 바꾼 행렬을 말한다. 〈표 2-20〉은 4종목에 대한 기대수익률 행렬(셀영역 B14:E14)에 대한 전치행렬을 구한 결과(셀영역 C16:C19)를 보여주고 있다.

〈표 2-20〉 전치행렬의 계산

C16 | {=TRANSPOSE(B14:E14)}

	A	B	C	D	E	F
1		SK하이닉스	LG생활건강	POSCO	셀트리온	
2	17년 4월	0.0670	0.0656	-0.0842	-0.0056	
3	17년 5월	0.0541	0.1267	0.0528	0.0648	
4	17년 6월	0.1676	0.0111	0.0176	0.1856	
5	17년 7월	-0.0210	-0.0030	0.1457	-0.0590	
6	17년 8월	0.0386	-0.0318	0.0341	0.0590	
7	17년 9월	0.1893	-0.0253	-0.0803	0.2100	
8	17년 10월	-0.0085	0.2291	0.0265	0.1980	
9	17년 11월	-0.0680	-0.0034	0.0288	0.1449	
10	17년 12월	-0.0039	0.0135	-0.0075	0.1195	
11	18년 1월	-0.0400	-0.0101	0.1348	0.3562	
12	18년 2월	0.0439	-0.0677	-0.0512	0.1113	
13	18년 3월	0.0569	0.0937	-0.1049	-0.1315	
14	$E(R_j)$	**0.0397**	**0.0332**	**0.0093**	**0.1044**	
15						
16		SK하이닉스	**0.0397**	{셀 C16:C19}:	=TRANSPOSE(B14:E14)'	
17		LG생활건강	**0.0332**			
18		POSCO	**0.0093**			
19		셀트리온	**0.1044**			
20						

TRANSPOSE

전치행렬을 구하는 절차는 다음과 같다. 본래의 행렬은 1행 4열이므로, 전치행렬은 4행 1열 형태가 되어야 한다. 먼저 전치행렬을 나타내고자 하는 임의의 셀영역을 먼저 지정한다(〈표 2-20〉에서는 C16:C19). 그런 다음 수식입력부분 '=TRANSPOSE(기대수익률 행렬영역)'을 입력한 다음 Ctrl과 Shift 키를 동시에 누른 상태에서 Enter↵ 키를 누르면 전치행렬이 계산된다. 이 TRANSPOSE 함수를 이용하면 최초 기대수익률 행렬 내의 임의의 한 원소(element)의 값이 달라지면 전치행렬의 결과도 자동으로 수정된다.

(4) MMULT, SUMPRODUCT

MMULT 함수는 두 행렬의 곱(matrix multiplication)을 구하는 Excel 함수이다. 〈표 2-21〉은 각 종목에 대한 투자비율을 나타내고 있는 4행 1열의 행렬(데이터영역 C17:C20)과 개별종목의 기대수익률을 나타내고 있는 1행 4열의 행렬(데이터영역 B14:E14), 이 두 행렬을 서로 곱하여 포트폴리오의 기대수익률 $E(R_p)$을 구하는 것을 보여주고 있다. 즉, MMULT 함수를 이용하여 다음과 같이 두 행렬을 곱하여 기대수익률을 구한다.

〈표 2-21〉 행렬의 곱의 계산

E21 =MMULT(B14:E14,C17:C20)

	A	B	C	D	E
1		SK하이닉스	LG생활건강	POSCO	셀트리온
2	17년 4월	0.0670	0.0656	-0.0842	-0.0056
3	17년 5월	0.0541	0.1267	0.0528	0.0648
4	17년 6월	0.1676	0.0111	0.0176	0.1856
5	17년 7월	-0.0210	-0.0030	0.1457	-0.0590
6	17년 8월	0.0386	-0.0318	0.0341	0.0590
7	17년 9월	0.1893	-0.0253	-0.0803	0.2100
8	17년 10월	-0.0085	0.2291	0.0265	0.1980
9	17년 11월	-0.0680	-0.0034	0.0288	0.1449
10	17년 12월	-0.0039	0.0135	-0.0075	0.1195
11	18년 1월	-0.0400	-0.0101	0.1348	0.3562
12	18년 2월	0.0439	-0.0677	-0.0512	0.1113
13	18년 3월	0.0569	0.0937	-0.1049	-0.1315
14	$E(R_i)$	**0.0397**	**0.0332**	**0.0093**	**0.1044**
15	**투자비율(행벡터)**	**0.3**	**0.2**	**0.1**	**0.4**
16			**투자비율(열벡터)**		
17		SK하이닉스	**0.3**		
18		LG생활건강	**0.2**		
19		POSCO	**0.1**		
20		셀트리온	**0.4**		
21		**포트폴리오 기대수익률 $E(R_p)$:**		**MMULT함수:**	**0.0613**
22			셀E21:	=MMULT(B14:E14,C17:C20)'	
23					
24			**SUMPRODUCT함수:**		**0.0613**
25			셀E24:	=SUMPRODUCT(B15:E15,B14:E14)'	

(2장) MMULT

기대수익률(셀 E21) : =MMULT(투자비율 열벡터(투자비율의 전치행렬), 기대수익률 행벡터)
=MMULT(B14:E14,C17:C20)

반면에 SUMPRODUCT 함수는 곱하는 두 백터가 동일한 배열 또는 범위를 가질 경우 대응되는 값의 자리를 곱하여 그 합을 구하는 함수이다. MMULT 함수는 한 행렬이 행백터이면, 다른 행렬은 이의 전치행렬인 경우 두 행렬의 곱셈 계산에서 사용한다는 점에서 차이가 있다.

〈표 2-21〉에서 SUMPRODUCT 함수로 기대수익률을 구하면, 각 종목에 대한 투자비율을 나타내고 있는 15행의 행렬(데이터영역 B15:E15)과 개별종목의 기대수익률을 나타내고 있는 14행의 행렬(데이터영역 B14:E14)를 곱하여 계산한다. 곱하는 두 벡터의 순서에 영향받지 않는다.

기대수익률(셀 E24) : =SUMPRODUCT(투자비율 열(행)벡터, 기대수익률 열(행)벡터)
=SUMPRODUCT(B15:E15,B14:E14)

연습문제 Chapter 2

본장의 내용을 복습하는 데 도움이 되는 Excel 파일은 신영사 홈페이지(http://www.shinyoungsa.co.kr) 자료실의 'Excel 활용 투자관리' 자료에서 'Excel 활용 투자관리(1장~2장).xls' 파일을 참조할 것. 그리고 본장의 '연습문제'의 답을 구하기 위해서는 두 번째 파일인 'Excel 활용 투자관리(3장~8장).xls' 파일을 이용할 것. 이 Excel 자료 중에서 '실습용 20종목 수정주가자료' 시트에 있는 주가자료(2015년 12월부터 2019년 4월까지의 주가자료)를 이용할 것. 주식가격을 사용할 때에는 반드시 '종가'를 사용하고 해당종목과 해당주가를 잘 일치시킬 것.

1. 주식가격 자료 중 삼성전자와 KOSPI의 2016년 6월부터 2018년 6월까지의 24개월간 주가자료에 대하여 월별수익률, 기대수익률과 분산 그리고 삼성전자 수익률과 KOSPI 수익률 간의 공분산과 상관계수를 구하라. 내장함수를 이용하는 방법과 〈데이터분석〉 기능을 이용하는 방법을 모두 사용하고 그 결과를 비교하라.

2. 주식가격 자료 중 삼성전자, 신세계, SK, KB금융, KOSPI지수의 동일기간 수익률 자료에 대한 공분산과 상관계수를 구하라. 단, Excel의 〈데이터분석〉 기능을 활용할 것.

3. 문제 2에서 사용된 주식자료(삼성전자, 신세계, SK, KB금융)에 각각 40%, 30%, 20%, 10%씩 투자된 포트폴리오의 기대수익률을 구하라. 단 Excel의 내장함수인 MMULT 함수를 이용하여 구할 것.

4. 주식가격 자료 중 신세계와 KOSPI지수에 대한 동일기간 수익률 자료를 이용하여 신세계 주식수익률의 회귀식을 추정하라. 단, Excel의 〈데이터분석〉 기능을 활용할 것.

PART

Ⅱ 효율적 포트폴리오의 구성

CHAPTER

3

포트폴리오 기대수익과 위험

단일종목에 투자자금 전액을 투자하는 것보다도 다수 자산에 분산투자하면 투자위험을 줄이면서 더 나은 투자성과를 얻을 수 있다. 현대 포트폴리오 이론에서는 미래의 불확실한 상황에서 적용할 수 있는 다양한 위험관리방법이 제시되고 있다.

다음 제4장에서는 일정한 기대수익하에서 투자위험을 최소화시키는 효율적 분산투자방법을 다루게 되는데, 본장에서는 이에 대한 기초로서 최적 투자결정의 체계, 포트폴리오 기대수익과 위험의 측정방법, 최소분산포트폴리오 구성방법을 설명하고, Excel 프로그램을 활용하여 이를 실제로 적용해 보는 방법을 소개한다.

3.1 최적 투자결정의 체계

(1) 평균 · 분산기준

최적의 투자결정이 이루어지기 위해서는 먼저 수많은 투자대상들의 투자가치가 평가되어야 한다. 현대 포트폴리오 이론에서는 투자대상들의 투자가치를 기대수익과 위험, 2가지 요인만을 고려하여 평가하고 있다. 투자가치는 그 투자로 인한 미래의 기대수익에 달려 있는데, 그 기대수익은 실현되지 않을 가능성, 즉 위험을 지니고 있기 때문이다.

투자가치 $= f$ (기대수익, 위험)

투자가치의 기준이 되는 기대수익과 위험이 계량적으로 측정될 수만 있다면 최적 투자결정의 문제는 용이해진다. 기대수익과 위험에 대한 측정이 가능하다면 많은 투자대상들 중에서 기대수익률이 동일한 것들에 대해서는 위험이 보다 작은 투자대상을 택하고, 예상위험이 동일한 투자대상 중에서는 기대수익이 보다 큰 것을 택함으로써 많은 투자대상들을 쉽게 몇 개의 최적의 투자대상으로 압축할 수 있기 때문이다.

투자자산의 기대수익과 위험을 계량화시키는 최상의 방법은 먼저 미래투자수익률의 확률분포를 예상하는 것이다. 즉 증권분석을 통하여 미래 발생가능한 상황에 대한 시나리오분석을 한 다음, 그 예상수익률과 그 상황이 일어날 확률을 추정하여 그 기대수익과 위험을 평가하는 것이다.

기대수익은 다음과 같이 예상수익률의 확률분포에서 평균적인 수익률, 즉 기대수익률(expected rate of return)을 계산하여 평가한다.

$$E(R) = \sum_{i=1}^{m} p_i \cdot r_i \tag{3-1}$$

단, $E(R)$: 기대수익률

p_i : i상황이 일어날 확률(m가지의 상황)

r_i : i상황에서 발생가능한 수익률

투자위험은 투자수익의 변동가능성, 기대한 투자수익이 실현되지 않을 가능성, 실제결과가 기대예상과 다를 가능성을 의미한다. 투자위험을 계량적으로 측정하는 방법에는 여러 가지가 있지만, 보편적으로 분산(variance), 표준편차(standard deviation)로 측정한다. 발생가능한 수익률의 평균수익률로부터의 편차의 제곱들을 평균한 값인 분산으로 위험의 정도를 측정하고 있다.

$$\text{분 산} \quad \sigma^2 = \sum [r_i - E(R)]^2 \cdot p_i \tag{3-2}$$

$$\text{표준편차} \quad \sigma = \sqrt{\sum [r_i - E(R)]^2 \cdot p_i} \tag{3-3}$$

요약하면, 포트폴리오 이론에서는 투자가치는 기대수익과 위험, 2가지 요인에 의해서 결정된다고 보고, 이를 평균(기대수익률)과 분산을 측정하여 우열을 가린다. 이러한 의미에서 평균 · 분산기준(mean-variance criterion)이라고 한다.

$$V(\text{투자가치}) = f\,[E(R),\ \sigma^2] \tag{3-4}$$

예제 1 기대수익률과 위험 (1)

주식 X, Y, Z에 대해 미래 예측자료를 근거로 하여 다음과 같은 확률분포를 얻었다고 하자. 이 자료로부터 기대수익과 위험을 평가하라.

〈표 3-1〉 주식 X, Y, Z의 수익률의 확률분포

경제상황	확 률	예상수익률		
		주식 X	주식 Y	주식 Z
불황	0.25	−0.20	0.00	0.20
정상	0.50	0.20	0.10	0.10
호황	0.25	0.60	0.20	0.00

1. 기대수익률

주식 X, Y, Z의 평균적으로 예상되는 수익률, 즉 기대수익률을 식 (3-1)에 의하여 구하면 다음과 같이 주식 X는 20%, 주식 Y와 Z는 10%가 된다.

$$E(R_X) = (-0.20)(0.25) + (0.20)(0.5) + (0.60)(0.25) = 0.20$$

$$E(R_Y) = (0.00)(0.25) + (0.10)(0.5) + (0.20)(0.25) = 0.10$$

$$E(R_Z) = (0.20)(0.25) + (0.10)(0.5) + (0.00)(0.25) = 0.10$$

2. 분 산

이 기대수익률이 실현되지 않을 가능성, 즉 위험을 식 (3-2)와 식 (3-3)에 의하여 측정하면 다음과 같다.

$$\sigma_X^2 = (-0.20-0.20)^2 \cdot 0.25 + (0.20-0.20)^2 \cdot 0.5 + (0.60-0.20)^2 \cdot 0.25 = (0.2828)^2$$

$$\sigma_Y^2 = (0.00-0.10)^2 \cdot 0.25 + (0.10-0.10)^2 \cdot 0.5 + (0.20-0.10)^2 \cdot 0.25 = (0.0707)^2$$

$$\sigma_Z^2 = (0.20-0.10)^2 \cdot 0.25 + (0.10-0.10)^2 \cdot 0.5 + (0.00-0.10)^2 \cdot 0.25 = (0.0707)^2$$

주식 X의 표준편차는 28.28%가 되고, 주식 Y와 Z는 7.07%가 된다. 주식 Y와 Z는 서로 확률분포는 다르지만, 위험은 같은 주식임을 알 수 있다.

(2) 효율적 포트폴리오, 최적 포트폴리오의 선정

기대수익과 위험이 측정되면 여러 증권 가운데 최상의 투자대상을 찾는 것은 다음 두 단계로 요약된다.

첫째, 기대수익이 동일한 투자대상들 중에서는 위험이 가장 낮은 투자대상을 선택하고, 위험이 동일한 투자대상들 중에서는 기대수익이 가장 높은 것을 선택하면 될 것이다. 이를 지배원리(dominance principle)라고 부르고, 지배원리를 충족시켜 선택된 증권을 효율적 증권, 효율적 포트폴리오(efficient portfolio)라고 부른다.

둘째, 지배원리를 충족시키는 효율적 증권에 대해서는 결국 투자자의 위험에 대한 태도, 즉 위험회피도에 따라 최종 선택한다. 이렇게 선택된 투자대상을 최적 증권, 최적 포트폴리오(optimal portfolio)라고 한다.

3.2 포트폴리오 기대수익과 위험

앞의 절에서 설명한 투자대상의 최적 선택방법은 둘 이상의 증권으로 구성되는 포트폴리오의 최적 선택에도 그대로 적용된다. 개별증권에 대해 적용했던 것처럼 포트폴리오 수익률의 확률분포로부터 기대수익률과 분산을 추정하여 효율적 포트폴리오와 최적 포트폴리오를 결정하면 된다. 그러므로 포트폴리오 기대수익률과 위험(분산)을 추정하는 것이 관건이 되는데, 문제는 포트폴리오 수익률의 확률분포는 이를 구성하고 있는 개별증권의 단순한 합으로 나타나지 않는다는 점에 있다. 본절에서는 두 증권 X, Y로 구성되는 포트폴리오의 기대수익과 위험의 측정방법을 살펴본다.

(1) 포트폴리오 기대수익률

포트폴리오 기대수익률을 측정하는 한 방법은 식 (3-5)와 같이 개별증권의 경우의 기대수익률을 구하는 방법과 마찬가지로 포트폴리오 수익률의 확률분포로부터 직접 각 상황에서 가능한 포트폴리오 수익률에 그 상황이 일어날 확률을 곱한 다음 이를 모두 합하는 방법이다.

$$E(R_p) = \sum_{i=1}^{m} p_i \; r_{p_i} \tag{3-5}$$

단, $E(R_p)$: 포트폴리오의 기대수익률

p_i : i상황이 발생할 확률(일어날 상황은 m가지)

r_i : i상황이 발생할 때의 포트폴리오 예상수익률

여기서 i상황에서의 포트폴리오 예상수익률 r_{Pi}는 증권 X와 Y에 대한 투자비율을 w_X, w_Y로 그리고 각각의 i상황에서의 예상수익률을 r_{Xi}, r_{Yi}로 표시하면, 다음과 같이 측정된다.

$$r_{Pi} = w_X \cdot r_{Xi} + w_Y \cdot r_{Yi} \tag{3-6}$$

포트폴리오 기대수익률을 구하는 또 하나의 방법은 식 (3-7)과 같이 개별증권의 기대수익률을 투자금액의 비율로 가중평균하여 구하는 것이다.

$$E(R_P) = w_X \cdot E(R_X) + w_Y \cdot E(R_Y) \tag{3-7}$$

단, w_X, w_Y : 개별증권 X, Y에 대한 투자비율

$E(R_X)$, $E(R_Y)$: 개별증권 X, Y에 대한 기대수익률

(2) 포트폴리오 위험(분산)

포트폴리오 분산(portfolio's variance)을 측정하는 한 방법은 본래 분산을 구하는 방법대로 구하는 것이다. 즉, 각 상황에서 얻게 되는 포트폴리오의 발생가능한 수익률(r_{pi})과 포트폴리오 기대수익률 간의 차이의 제곱에 발생할 확률(p_i)을 곱하여 모두 합하면 구해진다.

$$\sigma_P^2 = \sum_{i=1}^{m}[r_{Pi} - E(R_P)]^2 \cdot p_i \quad (3\text{-}8)$$

단, σ_P^2 : 포트폴리오 분산
r_{Pi} : i 상황에서의 포트폴리오 예상수익률
$E(R_P)$: 포트폴리오 기대수익률
p_i : i 상황이 발생할 확률

포트폴리오 분산을 측정하는 다른 한 방법은 포트폴리오를 구성하는 구성증권(주식 X와 Y) 상호 간의 수익률 움직임의 방향을 고려하여 변동성을 측정하는 다음 공식을 이용하는 것이다.

$$\sigma_P^2 = w_X^2\sigma_X^2 + w_Y^2\sigma_Y^2 + 2w_X w_Y \cdot cov(r_X, r_Y) \quad (3\text{-}9)$$

단, w_X : 주식 X에 대한 투자비율, w_Y : 주식 Y에 대한 투자비율
σ_X^2 : 주식 X의 분산, σ_Y^2 : 주식 Y의 분산
$cov(r_X, r_Y)$: 증권 X와 Y 사이의 공분산

위의 식에서 공분산(covariance)은 다음 식 (3-10)과 같이 정의되는데, 포트폴리오를 구성하는 각 증권수익률의 기대수익률로부터의 편차와 편차의 곱의 기대치로 측정된다.

$$cov(r_X, r_Y) = E[(r_X - E(R_X))(r_Y - E(R_Y))] \quad (3\text{-}10)$$

공분산은 증권들 간의 수익률의 움직임이 어느 정도 같은 방향인지 반대 방향인지를 측정한 것이다. 만약 수익률의 움직임이 같은 방향이면 정(+)의 값을 지니고, 반대 방향이면 부(−)의 값을 갖게 된다. 이렇게 하면 포트폴리오로 결합될 때 수익률의 변동성이 줄어드는 정도가 측정된다.

두 증권 간의 수익률 움직임의 상관성은 상관관계(correlation coefficient)로도 측정되고 있다. 이를 측정하는 상관계수 ρ_{XY} 는 다음과 같이 정의된다.

$$\rho_{XY} = \frac{cov(r_X, r_Y)}{\sigma_X \cdot \sigma_Y} \tag{3-11}$$

단, ρ_{XY} : 증권 X와 Y 사이의 상관계수
$cov(r_X, r_Y)$: 증권 X와 Y 사이의 공분산
σ_X : 증권 X의 표준편차
σ_Y : 증권 Y의 표준편차

증권들 간의 수익률의 움직임이 공분산에 의해서 측정되면 취할 수 있는 값이 제한되어 있지 않지만, 상관계수는 공분산을 각각의 표준편차의 곱으로 나누어 표준화시킨 것이므로 $-1 \leq \rho_{XY} \leq +1$ 의 값을 취하게 된다. $\rho_{XY} = +1$ 인 경우를 완전 正(+)의 상관관계, $\rho_{XY} = -1$ 인 경우를 완전 負(−)의 상관관계를 갖는다고 말한다.

증권들 간의 수익률의 움직임을 이 상관계수로 측정하게 되면 $cov(r_X, r_Y) = \sigma_X \cdot \sigma_Y \cdot \rho_{XY}$ 의 관계에 있으므로 포트폴리오 위험(분산)은 다음 식 (3-12)에 의해서도 구해진다.

$$\sigma_P^2 = w_X^2\sigma_X^2 + w_Y^2\sigma_Y^2 + 2w_X \cdot w_Y \cdot \sigma_X \cdot \sigma_Y \cdot \rho_{XY} \tag{3-12}$$

위의 식에서 포트폴리오 위험(분산)은 ① 개별주식의 위험(σ_X^2, σ_Y^2), ② 각 주식에 대한 투자금액의 비율(w_X, w_Y), ③ 구성주식 간의 공분산($cov(r_X, r_Y)$)에 의해서 결정됨을 다시 확인할 수 있다.

예제 2 기대수익률과 위험 (2)

〈표 3-1〉에서 예로 든 주식 X, Y, Z에 대하여 다음과 같이 구성종목과 투자비율을 달리하여 포트폴리오를 구성하고자 한다. 포트폴리오의 기대수익률과 위험을 구하라.

① 주식 X와 주식 Y에 대하여 50% : 50% 투자한 포트폴리오
② 주식 X와 주식 Z에 대하여 50% : 50% 투자한 포트폴리오
③ 주식 X와 주식 Z에 대하여 20% : 80% 투자한 포트폴리오

1. 기대수익률

① 주식 X(50%)와 주식 Y(50%)로 구성되는 포트폴리오의 기대수익률

ⓐ $E(R_P)=\sum_{i=1}^{n} p_i \cdot r_{pi}, \qquad r_{pi}=w_X \cdot r_{Xi}+w_r \cdot r_{Yi}$

i=불황 : $r_{pi}=(0.5\times-0.20)+(0.5\times0.00)=-0.10$

i=정상 : $r_{pi}=(0.5\times0.20)+(0.5\times0.10)=0.15$

i=호황 : $r_{pi}=(0.5\times0.60)+(0.5\times0.20)=0.40$

$\therefore E(R_P)=(-0.10\times0.25)+(0.15\times0.5)+(0.40\times0.25)=15\%$

ⓑ 식 (3-7)에 의해서 추정하여도 동일한 결과를 얻는다.

$$E(R_P)=\sum_{j=1}^{n} w_j \cdot E(R_j)=w_X \cdot E(R_X)+w_Y \cdot E(R_Y)$$
$$=(0.5\times0.20)+(0.5\times0.10)=15\%$$

② 주식 X(50%)와 주식 Z(50%)로 구성되는 포트폴리오의 기대수익률

$E(R_P)=w_X \cdot E(R_X)+w_Z \cdot E(R_Z)=(0.5\times0.20)+(0.5\times0.10)=15\%$

③ 주식 X(20%)와 주식 Z(80%)로 구성되는 포트폴리오의 기대수익률

$E(R_P)=(0.2\times0.20)+(0.8\times0.10)=12\%$

2. 위 험

① 식 (3-8)에 의한 계산

ⓐ 주식 X(50%)와 주식 Y(50%)로 구성된 포트폴리오 분산과 표준편차

$\sigma_P^2=(-0.10-0.15)^2\,0.25+(0.15-0.15)^2\,0.5+(0.40-0.15)^2\,0.25=0.03125$

$\therefore\ \sigma_P=\sqrt{0.03125}=0.1768=17.68\%$

ⓑ 주식 X(50%)와 주식 Z(50%)로 구성된 포트폴리오 분산과 표준편차

$\sigma_P^2=(0.00-0.15)^2\,0.25+(0.15-0.15)^2 0.50+(0.30-0.15)^2 0.25=0.01125$

$\therefore\ \sigma_P=\sqrt{0.01125}=0.1061=10.6\%$

ⓒ 주식 X(20%)와 주식 Z(80%)로 구성된 포트폴리오 분산과 표준편차

$\sigma_P^2=(0.12-0.12)^2 0.25+(0.12-0.12)^2 0.50+(0.12-0.12)^2 0.25=0.00$

$\therefore\ \sigma_P=\sqrt{0.0}=0.0\%$

② 식 (3-9)에 의한 계산

먼저 주식 X와 Y, 주식 X와 Z 간의 공분산을 구하면

$$cov(r_X, r_Y)=0.25(-0.20-0.20)(0.00-0.10)+0.5(0.20-0.20)(0.10-0.10)$$
$$+0.25(0.60-0.20)(0.20-0.10)=0.02$$
$$cov(r_X, r_Z)=0.25(-0.20-0.20)(0.20-0.10)+0.5(0.20-0.20)(0.10-0.10)$$
$$+0.25(0.60-0.20)(0.00-0.10)=-0.02$$

따라서 주식 X와 Y, 주식 X와 Z 간의 상관계수는 다음과 같다.

$$\rho_{XY} = \frac{0.02}{(0.2828)(0.0707)} = +1$$

$$\rho_{XZ} = \frac{-0.02}{(0.2828)(0.0707)} = -1$$

이제 식 (3-9)에 의해서 포트폴리오 분산과 표준편차를 구하더라도 동일한 결과를 얻는다(주식 X와 Y에 50 : 50 투자한 경우만 제시함).

$$\sigma_p^2 = (0.5)^2(0.2828)^2 + (0.5)^2(0.0707)^2 + 2(0.5)(0.5)(0.02) = 0.0315$$

$$\therefore \ \sigma_p = \sqrt{0.0315} = 17.68\%$$

위의 예제의 결과에서 볼 수 있듯이 주식 X와 Y에 분산투자하는 것보다 주식 X와 Z에 분산투자하는 것이 기대수익률은 15.0%로 동일하지만, 위험(분산)은 현격하게 줄게 되어 포트폴리오 $(X+Z)$가 포트폴리오 $(X+Y)$와 비교하여 효율적 포트폴리오가 됨을 알 수 있다.

이러한 위험감소현상은 각 주식 간의 상관관계(correlation)에서 기인한다. 주식 X와 Y가 결합될 때에는 두 주식 모두가 같은 방향으로 수익률이 움직이므로 결합수익률의 변동성은 그대로 남게 된다. 그러나 주식 X와 Z가 결합될 때에는 두 주식의 수익률이 움직이는 방향이 반대가 되므로 개별주식의 위험은 서로 상쇄되어 결합수익률의 변동성은 크게 감소한다. 상관관계가 적은 주식들로 포트폴리오를 구성하면 현격한 위험저감효과를 누릴 수 있음을 볼 수 있다.

위의 예제에서 위험저감효과를 가져오는 또 다른 요인은 투자금액의 비율임을 알 수 있다. 비록 동일 주식 X와 Z로 포트폴리오를 구성하지만 투자금액의 비율이 50 : 50인 경우보다 20 : 80일 때 위험이 현격히 줄 뿐 아니라, 위험이 있는 주식투자이지만 마치 정기예금하는 것처럼 위험이 전혀 없는 투자성과를 기대할 수도 있게 된다.

3.3 포트폴리오 결합선과 최소분산포트폴리오

앞의 절에서는 포트폴리오의 기대수익률과 위험(분산)을 측정하는 방법과 분산투자할 때 투자위험이 감소되는 원리에 대하여 살펴보았다. 본절에서는 효율적 포트폴리오(efficient portfolio)를 도출하는 이전 단계로서 포트폴리오 결합선과 최소분산포트폴리오 구성에 대하여 살펴본다.

(1) 포트폴리오 위험을 좌우하는 요인

포트폴리오를 구성할 때 투자위험이 감소하는 정도는 ① 구성증권 간의 상관관계 여하와 ② 투자금액 비율의 조정에 따라 달라진다.

1) 상관관계

먼저 구성증권 간의 상관관계를 나타내는 상관계수 ρ_{XY} 여하에 따라서 포트폴리오 위험이 얼마나 감소하는지는 식 (3-12)에서 확인할 수 있다. 상관계수는 $-1 \leq \rho_{XY} \leq +1$의 값을 취하는데, 상관계수가 -1에 가까워질수록 위험감소효과가 더 커지고 $+1$에 가까워질수록 작게 나타난다. 대표적으로 다음 3가지 경우 상관계수에 따른 위험감소효과의 정도를 살펴보자.

$$\sigma_P^2 = w_X^2\sigma_X^2 + w_Y^2\sigma_Y^2 + 2w_X \cdot w_Y \cdot \sigma_X \cdot \sigma_Y \cdot \rho_{XY} \tag{3-12}$$

① 상관관계가 완전 正(+)일 경우

식 (3-12)에서 $\rho_{XY} = +1$인 경우이므로 포트폴리오 위험은 다음과 같이 표시된다.

$$\sigma_P^2 = (w_X\sigma_X + w_Y\sigma_Y)^2 \qquad \therefore \sigma_P = w_X\sigma_X + w_Y\sigma_Y \tag{3-13}$$

이 경우의 포트폴리오 위험(표준편차)은 개별증권의 표준편차를 투자비율에 따라서 가중평균한 수준이 되어 투자위험이 감소되지 않는다. 분산투자하더라도 투자위험이 감소되지 않는 유일한 경우가 된다.

② 상관관계가 완전 負(−)일 경우

$\rho_{XY} = -1$인 경우 포트폴리오 위험은 위의 식으로부터 다음과 같이 표시된다.

$$\sigma_P^2 = (w_X\sigma_X - w_Y\sigma_Y)^2 \qquad \therefore \sigma_P = |w_X\sigma_X - w_Y\sigma_Y| \tag{3-14}$$

완전 負의 관계에 있는 포트폴리오의 위험은 개별증권의 표준편차에 투자비율을 곱한 것들의 절대차가 되므로 가장 많이 줄어들게 된다.

③ 상관관계가 零(0)일 경우

$\rho_{XY} = 0$인 경우는 식 (3-12)에서 $2w_X w_Y \sigma_X \sigma_Y \rho_{XY}$ 부분이 없어지므로 상당히 위험이 줄어드는 것을 볼 수 있다.

$$\sigma_P^2 = w_X^2\sigma_X^2 + w_Y^2\sigma_Y^2 \qquad \therefore \sigma_P = \sqrt{w_X^2\sigma_X^2 + w_Y^2\sigma_Y^2} \tag{3-15}$$

여기서 확인할 수 있는 것처럼 포트폴리오를 구성하는 개별자산 간의 상관관계가 완전 正의 관계에 있지 않으면 분산투자를 통하여 투자위험을 줄일 수 있게 된다. 분산투자의 효과는 상관관계가 낮을수록 크게 나타난다.

2) 투자비율

포트폴리오 위험의 감소는 앞에서 설명한 것처럼 상관관계가 적은 증권들 간의 결합을 통해서도 가능하지만, 투자자금의 비율을 적절히 변경함에 의해서도 가능하다.

증권들 간의 상관관계가 주어졌을 때 투자비율이 달라짐에 따라 포트폴리오의 위험이 변하는 것을 보기 위해서 앞의 예제에서 예로 든 주식 X와 Y, 그리고 주식 X와 Z로 구성된 포트폴리오의 경우를 보기로 하자.

주식 X와 Y는 상관계수 $\rho_{XY} = +1$ (공분산은 0.02)인 관계에 있었다. 이제 투자비율을 X에 100%, Y에 0%(X에 전액투자) 투자하는 것으로부터 시작하여, X에 대한 투자비율을 줄여가면서 80 : 20, 50 : 50, 20 : 80, 0 : 100, −20 : 120으로 조정할 경우의 포트폴리오의 기대수익률과 표준편차를 식 (3-7)과 식 (3-12)를 이용하여 구하면 〈표 3-2〉의 ② 란과 같이 계산된다. 주식 X에 대한 투자비율이 줄어들고 대신 Y에 대한 투자비율이 높아질수록 비례적으로 포트폴리오 기대수익률과 위험이

〈표 3-2〉 포트폴리오의 기대수익률과 위험 : 투자비율이 조정될 때

(단위 : %)

① 투자금액의 비율		② ρ_{XY}=+1		③ ρ_{XY}=−1		④ ρ_{XY}=0	
w_X	w_Y	$E(R_P)$	σ_P	$E(R_P)$	σ_P	$E(R_P)$	σ_P
100	0	20.0	28.2	20.0	28.2	20.0	28.2
80	20	18.0	24.0	18.0	21.2	18.0	22.6
50	50	15.0	17.6	15.0	10.6	15.0	14.6
20	80	12.0	11.4	12.0	0.0	12.0	8.0
0	100	10.0	7.0	10.0	7.0	10.0	7.0
−20	120	8.0	2.8	8.0	14.0	8.0	10.2

동시에 감소함을 볼 수 있다. 분산투자의 효과가 나타나지 않음을 확인할 수 있다.

한편, 상관계수가 $\rho_{XY}=-1$ (공분산은 −0.02)인 관계에 있는 증권이라면 〈표 3-2〉의 ③ 란에서 보는 것처럼 투자비율이 달라질 때 기대수익률의 감소보다 위험 감소가 더 크게 나타난다. 포트폴리오 위험(σ_P)이 零(0)인 경우도 얻어진다. 어떤 상황이 벌어지든 항상 기대수익률은 12%이면서 수익률의 변동성은 없게 되어 분산투자의 효과가 가장 잘 나타난다. 이처럼 투자비율을 적절히 조정하여 포트폴리오를 구성하면 불확실성을 줄이거나 제거하는 투자전략이 가능할 수 있다.

끝으로 상관계수가 零(0)인 증권으로 포트폴리오를 구성하게 되면 투자비율에 따라 달라지는 포트폴리오의 기대수익률과 위험은 〈표 3-2〉의 ④ 란과 같이 계산된다. 이 경우도 투자위험이 크게 줄어드는 것을 볼 수 있다.

(2) 포트폴리오 결합선과 최소분산포트폴리오

포트폴리오를 구성하는 증권 간의 상관관계가 일정하게 주어졌을 때, 투자비율의 조정에 따른 포트폴리오 기대수익률과 위험(표준편차)의 변화를 그림으로 나타낸 것이 포트폴리오 결합선(combination line)이다.

앞에서 예로 든 주식 X와 Y 또는 Z로 구성된 포트폴리오에서 각각의 투자비율이 달라질 때의 포트폴리오 결합선을 그리면 [그림 3-1]과 같이 표시된다. $\rho_{XY}=+1$의 관계인 두 주식 X와 Y로 포트폴리오가 구성될 때에는 그림에서 보는 것처럼 투자비율이 X에서 Y로 많아지면서 기대수익률과 위험이 선형적으로 줄게 된다. 반면에 $\rho_{XY}=-1$의 관계인 두 주식으로 포트폴리오가 구성되면 $E(R_P)$보다

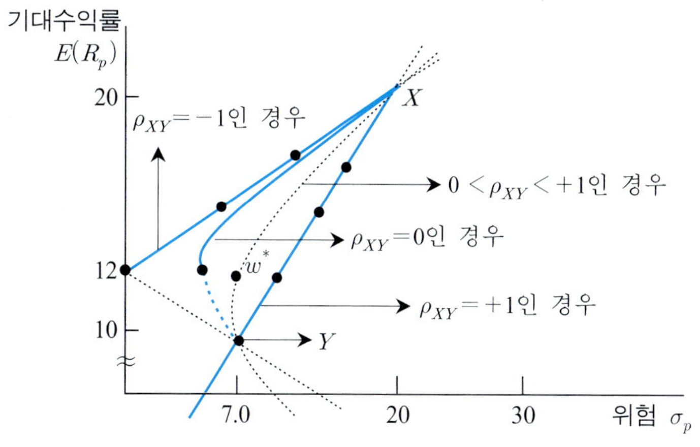

[그림 3-1] 포트폴리오 결합선

σ_P가 더 많이 감소하다가 양자의 투자비율이 20 : 80일 때 σ_P가 최소가 된 다음 다시 포트폴리오 위험은 커진다.

일반적으로 현실의 자본시장에서 거래되는 자산들 간의 상관관계는 대부분 0과 +1 사이, 즉 $0\leq \rho_{XY}\leq +1$인데, 이와 같은 경우는 호(弧) XY처럼 표시된다. 투자비율이 달라질 때 기대수익률과 위험이 이제는 선형적으로 변화하지 않고 곡선의 형태로 변화하게 되는데, w^*가 되는 점에서 위험이 최소가 된다. 투자비율이 이 w^* 수준을 넘어서면 기대수익률은 감소하더라도 위험은 다시 증가한다.

이처럼 포트폴리오 결합선에서 위험이 최소가 되는 포트폴리오를 최소분산포트폴리오(MVP : minimum variance portfolio)라고 한다. 주식 X와 Y 두 주식으로 이루어지는 포트폴리오 중에서 최소분산포트폴리오는 다음 식 (3-16)에 의해서 구해진다.

$$w_X^*=\frac{\sigma_Y^2-\sigma_{XY}}{\sigma_X^2+\sigma_Y^2-2\sigma_{XY}}=\frac{\sigma_Y^2-\sigma_X\sigma_Y\rho_{XY}}{\sigma_X^2+\sigma_Y^2-2\sigma_X\sigma_Y\rho_{XY}} \tag{3-16}$$

즉, 주식 X에 w^*만큼 투자할 때 위험이 가장 적은 포트폴리오를 얻게 된다. 예를 들어, $\rho_{XY}=-1$인 주식 X와 Y로 포트폴리오를 구성한다면 최소분산포트폴리오는 $w^*=20\%$일 때, 즉 주식 X에 20%, 주식 Y에 80%$(=1-w^*)$ 투자함으로써 얻게 된다.

$$w_X^* = \frac{(0.0707)^2 - (-0.02)}{(0.2828)^2 + (0.0707)^2 - 2(-0.02)} = 0.20$$

지금까지 두 종목으로 포트폴리오를 구성할 경우 포트폴리오의 기대수익률과 위험의 측정, 구성종목 간의 상관관계, 투자비율이 달라질 때의 포트폴리오 결합선, 그리고 최소분산포트폴리오가 어떻게 구해지는지를 설명하였다. 이제 Excel 프로그램을 적용하여 실제 포트폴리오 구성에 활용하는 예를 보기로 하자.

3.4 Excel을 활용하여 포트폴리오 구성하기

Excel 프로그램에는 다양한 함수기능이 있어서 이를 이용하면 많은 계산(연산)의 문제를 간단히 해결할 수 있고, 지금 다루고 있는 포트폴리오 구성문제에도 유용하게 적용할 수 있다. 이하에서는 포트폴리오 결합효과를 '예상수익률 자료'와 '실제 우리나라 증권거래소에 상장되어 있는 2개 주식 자료'로 나누어 살펴본다.

[미래 예측자료에서 포트폴리오 결합효과 평가하기]

먼저 미래 예상수익률 자료로부터 포트폴리오 결합효과를 평가해 보기로 한다. 〈표 3-3〉의 예상수익률 자료는 앞의 3.1절에서 [예제]로 살펴본 〈표 3-1〉의 자료를 그대로 입력한 것이다. 이제 예상수익률 자료의 주식 X, Y, Z에 대해 각각의 기대수익률, 분산, 표준편차를 구한 다음, ① 주식 X와 주식 Y에 대하여 80% : 20%, 그리고 20% : 80% 투자한 포트폴리오의 기대수익과 위험, ② 주식 X와 주식 Z에 대하여 80% : 20%, 20% : 80% 투자한 포트폴리오의 기대수익과 위험을 계산하여 어떤 포트폴리오 결합이 위험감소효과가 큰지를 평가해 보자.

개별자산의 기대수익률은 [발생확률]에 [상황별 발생가능수익률]을 곱하여 모두의 합을 구한 것인데, 제2장 2.2절 (4)항에서 설명한 SUMPRODUCT 함수를 이용하면 이를 계산할 수 있다. 셀 C7은 다음과 같이 계산된 것이다.

〈표 3-3〉 미래 예측자료에서 포트폴리오 결합효과 평가하기

C10 | =SUMPRODUCT(B4:B6,C4:C6,D4:D6)-C7*D7

	A	B	C	D	E	F	G
1		*예측(확률변수)자료에서 포트폴리오결합효과 평가하기*					
2		(1) 포트폴리오(주식X+주식Y) 기대수익률과 위험 추정					
3	시나리오	확률	주식 X	주식 Y	(20%:80%)수익률	(80%:20%)수익률	
4	불황	0.25	-0.20	0.00	-0.04	-0.16	
5	정상	0.50	0.20	0.10	0.12	0.18	
6	호황	0.25	0.60	0.20	0.28	0.52	
7		기대수익률	0.20	0.10	0.12	0.18	
8		분산	0.0800	0.0050	0.0128	0.0578	
9		표준편차	0.2828	0.0707	0.1131	0.2404	
10	두 주식간의 공분산		0.0200		셀C10(공분산); '=SUMPRODUCT(B4:B6,C4:C6,D4:D6)-C7*D7		
11	두 주식간의 상관계수		1.0000		셀C11(상관계수); '=C10/(C9*D9)'		
12							
13	개별주식 기대수익률	셀C7: '=SUMPRODUCT($B$4:$B$6,C4:C6)'					(확률변수인 경우)
14	개별주식 분산	셀C8: '=SUMPRODUCT($B$4:$B$6,C4:C6,C4:C6)-C7^2'				σ^2=E(X-μ)^2	σ^2=E(X^2)-[E(X)]^2
15	개별주식 표준편차	셀C9: '=C8^0.5'					
16	포트폴리오 수익률	셀E4: '=0.2*C4+0.8*D4'					
17	포트폴리오 기대수익률	셀E7: '=SUMPRODUCT($B$4:$B$6,E4:E6)'					
18	포트폴리오 분산	셀E8: '=SUMPRODUCT($B$4:$B$6,E4:E6,E4:E6)-E7^2'					
19	포트폴리오 표준편차	셀E9: '=E8^0.5'					
20							
21		(2) 포트폴리오(주식X+주식Z) 기대수익률과 위험 추정					
22	시나리오	확률	주식 X	주식 Z	(20%:80%)수익률	(80%:20%)수익률	
23	불황	0.25	-0.20	0.20	0.12	-0.12	
24	정상	0.50	0.20	0.10	0.12	0.18	
25	호황	0.25	0.60	0.00	0.12	0.48	
26		기대수익률	0.20	0.10	0.12	0.18	
27		분산	0.0800	0.0050	0.0000	0.0450	
28		표준편차	0.2828	0.0707	0.0000	0.2121	
29	두 주식간의 공분산		-0.0200		셀C29(공분산); '=SUMPRODUCT(B23:B25,C23:C25,D23:D25)-C26*D26'		
30	두 주식간의 상관계수		-1.0000		셀C30(상관계수); '=C29/(C28*D28)'		
31							
32	개별주식 기대수익률	셀C26: '=SUMPRODUCT($B$23:$B$25,C23:C25)'					(확률변수인 경우)
33	개별주식 분산	셀C27: '=SUMPRODUCT($B$23:$B$25,C23:C25,C23:C25)-C26^2'				σ^2=E(X-μ)^2	σ^2=E(X^2)-[E(X)]^2
34	개별주식 표준편차	셀C28: '=C27^0.5'					
35	포트폴리오 수익률	셀E23: '=0.2*C23+0.8*D23					
36	포트폴리오 기대수익률	셀E26: '=SUMPRODUCT($B$23:$B$25,E23:E25)'					
37	포트폴리오 분산	셀E27: '=SUMPRODUCT($B$23:$B$25,E23:E25,E23:E25)-E26^2'					
38	포트폴리오 표준편차	셀E28: '=E27^0.5'					

예측자료 예제

기대수익률(셀 C7) : =SUMPRODUCT($B$4:$B$6,C4:C6)

분산 계산은 $\sigma^2 = E(X-\mu)$(식 (3-2))를 적용하지만, 확률변수인 경우는 $\sigma^2 = E(X^2) - [E(X)]^2$에 의해 계산할 수 있다. 제2장 2.2절 (4)항에서 설명한 SUMPRODUCT 함수를 이용하면, 다음과 같이 계산된다. 또 표준편차는 이렇게 구해진 분산의 제곱근 또는 (1/2)승을 하여 계산된 것이다.

분산(셀 C8) : =SUMPRODUCT($B$4:$B$6,C4:C6,C4:C6)-C7^2
표준편차(셀 C9) : =C8^0.5

한편 포트폴리오 수익률(셀 E4)은 [발생확률]에 [상황별 개별자산의 기대수익률]을 곱하여 계산된 것이고, 포트폴리오 기대수익률(셀 C7)은 이를 모두 합한 것이므로 SUMPRODUCT 함수를 이용하여 다음과 같이 계산되었다.

포트폴리오 수익률(셀 E4) : =0.2*C4+0.8*D4
포트폴리오 기대수익률(셀 C7) : =SUMPRODUCT($B$4:$B$6,E4:E6)

포트폴리오 수익률 분산(셀 E8)은 위의 개별자산 분산 계산과 동일한 방법을 적용하여 다음과 같이 계산된 것이다. 그리고 표준편차는 이의 (1/2)승을 하여 구하였다.

포트폴리오 수익률 분산(셀 E8) :
=SUMPRODUCT($B$4:$B$6,E4:E6,E4:E6)-E7^2
포트폴리오 표준편차(셀 E9) : =E8^0.5

두 주식 간의 공분산(셀 C10)은 $\sigma_{XY} = E[(r_X - E(R_X))(r_Y - E(R_Y))]$ 식 (3-10)을 적용하여 계산하지만, 확률변수인 경우는 $\sigma_{XY} = E(r_X \cdot r_Y) - E(R_X) - E(R_Y)$에 의해서도 계산할 수 있으므로 SUMPRODUCT 함수를 이용하여 다음과 같이 계산된 것이다. 그리고 이의 상관계수(셀 C11)는 공분산을 각각의 표준편차의 곱으로 나눈 것이므로 다음과 같이 계산되었다.

공분산(셀 C10) : =SUMPRODUCT(B4:B6,C4:C6,D4:D6)-C7*D7
상관계수(셀 C11) : =C10/(C9*D9)

주식 X와 주식 Z로 구성되는 포트폴리오도 마찬가지로 계산한 결과가 〈표 3-3〉의 하단 (2)에 제시되고 있다. 주식 X와 주식 Z에 대하여 20% : 80% 투자한 포트폴리오의 경우, 기대수익률은 12%, 위험(표준편차)은 0%로 나타나고 있어 (1)과 (2)의 결과를 비교하면 주식 X와 주식 Z에 20% : 80% 투자하여 구성되는 포트폴리오가 가장 성과가 우월할 것으로 기대되는 포트폴리오라고 할 수 있다.

[과거 수익률 자료에서 포트폴리오 결합효과 평가하기]

투자결정을 위해서는 미래 예상수익률 자료가 필요하지만, 이에는 미래 예측을 위한 상당한 증권분석 작업이 필요하다. 이하에서는 자산들의 미래 수익률이 과거 자료와 유사한 패턴을 보일 것이라는 가정하에 과거 수익률 자료를 이용하여 포트폴리오 결합효과를 평가해 보기로 한다. 먼저 최소분산포트폴리오를 도출하기까지 단계별 과정을 정리하면 다음과 같다.

제1단계 : 주식가격으로 된 기초자료를 주식수익률 자료로 변환

제2단계 : 개별주식수익률의 평균, 분산, 표준편차, 그리고 두 주식 간의 공분산과 상관계수 계산

제3단계 : 임의의 투자비율에서의 포트폴리오 기대수익률, 분산, 표준편차 계산

제4단계 : 투자비율을 달리할 때의 포트폴리오 결합선과 최소분산포트폴리오 도출

(1) 주식가격 자료를 주식수익률 자료로 변환하기

〈표 3-4〉에 제시된 주가자료는 신영사 홈페이지(http://www.shinyoungsa.co.kr) 자료실에 게시되어 있는 'Excel 활용 투자관리(3장~8장).xls' 파일의 첫 번째 시트 '실습용 20종목 수정주가자료' 시트의 2015.12~2019. 4 사이의 월말종가 자료이다. 이 기초자료는 금액으로 표시된 주식가격(price) 자료인데, 분석을 위해서는 이 주식가격 자료를 주식수익률(rate of return) 자료로 변환시켜야 한다. 왜냐하면 수익률 자료는 투자규모를 감안한 상대적 투자성과를 측정한 것이어서 모든 경우에서 상호비교가 가능하기 때문이다. 이제 수익률 계산의 예를 설명하기 위해서 이 안에 있는 41개월의 주가자료를 사용하기로 한다(40개월의 수익률을 구하기 위해서는 41개월의 주식가격 자료가 필요함).

특정 단일기간에서의 투자수익률(r_t)은 기말가격(P_{t+1})을 기초가격(P_t)으로 나눈 것에서 1을 차감하여 계산한다. 물론 기간 중에 배당수입(D_{t+1})이 있으면 이것을 P_{t+1}에 더해주어야 한다.

$$r_t = \frac{P_{t+1}}{P_t} - 1 \qquad (3\text{-}17)$$

〈표 3-4〉 4개 종목의 주식가격 자료(2015.12~2019.4)

(단위 : 원, 포인트)

* 4종목 주가(15.12~19.4) *

날 자	SK하이닉스	LG생활건강	POSCO	셀트리온	KOSPI
2015-12-31	30,750	1,050,000	166,500	77,600	1,961
2016-01-31	27,300	991,000	178,500	102,946	1,912
2016-02-29	30,000	868,000	198,500	91,834	1,917
2016-03-31	28,150	945,000	219,500	100,834	1,996
2016-04-30	28,150	1,007,000	240,500	92,385	1,994
2016-05-31	28,700	1,056,000	208,000	91,007	1,983
2016-06-30	32,400	1,117,000	201,500	88,252	1,970
2016-07-31	34,400	1,008,000	226,500	95,599	2,016
2016-08-31	36,450	951,000	231,000	98,079	2,035
2016-09-30	40,200	955,000	227,000	97,711	2,044
2016-10-31	41,000	820,000	237,000	97,528	2,008
2016-11-30	42,900	787,000	249,500	94,038	1,983
2016-12-31	44,700	857,000	257,500	103,498	2,026
2017-01-31	53,700	879,000	271,000	96,559	2,068
2017-02-28	46,700	878,000	283,500	97,812	2,092
2017-03-31	50,500	811,000	291,000	86,826	2,160
2017-04-30	54,000	866,000	267,500	86,344	2,205
2017-05-31	57,000	983,000	282,000	92,126	2,347
2017-06-30	67,400	994,000	287,000	110,918	2,392
2017-07-31	66,000	991,000	332,000	104,558	2,403
2017-08-31	68,600	960,000	343,500	110,918	2,363
2017-09-30	82,900	936,000	317,000	136,841	2,394
2017-10-31	82,200	1,177,000	325,500	166,811	2,523
2017-11-30	76,800	1,173,000	335,000	192,830	2,476
2017-12-31	76,500	1,189,000	332,500	217,301	2,467
2018-01-31	73,500	1,177,000	380,500	310,276	2,566
2018-02-28	76,800	1,100,000	361,500	346,807	2,427
2018-03-31	81,300	1,208,000	325,500	304,070	2,446
2018-04-30	84,500	1,370,000	372,500	266,246	2,515
2018-05-31	93,400	1,343,000	339,500	260,842	2,423
2018-06-30	85,700	1,396,000	329,000	298,175	2,326
2018-07-31	86,300	1,210,000	330,500	266,737	2,295
2018-08-31	83,000	1,265,000	326,500	265,263	2,323
2018-09-30	73,100	1,276,000	294,500	291,789	2,343
2018-10-31	68,200	1,044,000	258,000	213,684	2,030
2018-11-30	69,600	1,160,000	247,500	235,298	2,097
2018-12-31	60,500	1,101,000	243,000	222,500	2,041
2019-01-31	73,900	1,265,000	274,000	219,000	2,205
2019-02-28	70,000	1,246,000	263,000	204,500	2,195
2019-03-31	74,200	1,417,000	253,000	181,000	2,141
2019-04-30	79,000	1,422,000	255,000	212,000	2,204

그러나 이렇게 계산되는 투자수익률은 제2장 2.2절 (1)항에서 설명한 것처럼 富가 복리로 증식되는 것을 감안하지 않은 단속적 수익률(discrete rate of return)이기 때문에 적절하지 못하다. 복리증식을 전제로 계산된 연속복리수익률이 적절한 계산방법인데, 연속복리수익률(continuously compounded rate of return)은 다음과 같이 기말가격을 기초가격으로 나눈 비율에 대해 자연로그 값을 취해서 계산한다.

$$r_t = \ln\left(\frac{P_{t+1}}{P_t}\right) \tag{3-18}$$

연속복리수익률을 구하는 방법을 SK하이닉스 2016년 1월의 경우(〈표 3-4〉의 셀 B3)를 예로 들면, '(3장) 4종목주가' 시트에서 SK하이닉스 2016년 1월 주가를 2015년 12월 주가로 나눈 비율에 대해 자연로그(ln)를 취하면 계산된다(수식에서 !표시는 관련 시트를 나타냄).

SK하이닉스 16년 1월 수익률('(3장) 4종목수익률' 시트에서 B3) :
=LN('(3장) 4종목주가'!B4 / '(3장) 4종목주가'!B3)

〈표 3-5〉 4개 종목 월별수익률(2016.1～2019. 4)

B3 =LN('(3장) 4종목주가'!B4/'(3장) 4종목주가'!B3)

	A	B	C	D	E	F
2		SK하이닉스	LG생활건강	POSCO	셀트리온	KOSPI
3	2016-01-31	-0.11900	-0.05783	0.06959	0.28264	-0.02543
4	2016-02-29	0.09431	-0.13252	0.10620	-0.11422	0.00240
5	2016-03-31	-0.06365	0.08499	0.10056	0.09349	0.04049
6	2016-04-30	0.00000	0.06355	0.09137	-0.08751	-0.00085
7	2016-05-31	0.01935	0.04751	-0.14518	-0.01503	-0.00541
8	2016-06-30	0.12126	0.05616	-0.03175	-0.03074	-0.00660
9	2016-07-31	0.05990	-0.10268	0.11696	0.07997	0.02300
10	2016-08-31	0.05788	-0.05821	0.01967	0.02561	0.00911
11	2016-09-30	0.09793	0.00420	-0.01747	-0.00376	0.00440
12	2016-10-31	0.01971	-0.15241	0.04311	-0.00187	-0.01749
13	2016-11-30	0.04530	-0.04108	0.05140	-0.03644	-0.01238
14	2016-12-31	0.04110	0.08521	0.03156	0.09585	0.02144
15	2017-01-31	0.18344	0.02535	0.05110	-0.06940	0.02008
16	2017-02-28	-0.13967	-0.00114	0.04509	0.01289	0.01137
17	2017-03-31	0.07823	-0.07938	0.02611	-0.11914	0.03227
18	2017-04-30	0.06701	0.06562	-0.08420	-0.00557	0.02071
19	2017-05-31	0.05407	0.12672	0.05279	0.06482	0.06237
20	2017-06-30	0.16759	0.01113	0.01758	0.18563	0.01874
21	2017-07-31	-0.02099	-0.00302	0.14565	-0.05905	0.00456
22	2017-08-31	0.03864	-0.03178	0.03405	0.05905	-0.01658
23	2017-09-30	0.18934	-0.02532	-0.08029	0.21003	0.01315
24	2017-10-31	-0.00848	0.22911	0.02646	0.19804	0.05246
25	2017-11-30	-0.06795	-0.00340	0.02877	0.14495	-0.01883
26	2017-12-31	-0.00391	0.01355	-0.00749	0.11947	-0.00359
27	2018-01-31	-0.04001	-0.01014	0.13485	0.35618	0.03933
28	2018-02-28	0.04392	-0.06766	-0.05122	0.11131	-0.05572
29	2018-03-31	0.05694	0.09366	-0.10490	-0.13151	0.00759
30	2018-04-30	0.03861	0.12584	0.13487	-0.13284	0.02803
31	2018-05-31	0.10014	-0.01990	-0.09276	-0.02051	-0.03741
32	2018-06-30	-0.08604	0.03871	-0.03142	0.13377	-0.04080
33	2018-07-31	0.00698	-0.14299	0.00455	-0.11142	-0.01336
34	2018-08-31	-0.03899	0.04445	-0.01218	-0.00554	0.01196
35	2018-09-30	-0.12701	0.00866	-0.10315	0.09531	0.00865
36	2018-10-31	-0.06938	-0.20067	-0.13232	-0.31153	-0.14358
37	2018-11-30	0.02032	0.10536	-0.04155	0.09635	0.03256
38	2018-12-31	-0.14012	-0.05220	-0.01835	-0.05593	-0.02698
39	2019-01-31	0.20007	0.13885	0.12007	-0.01586	0.07720
40	2019-02-28	-0.05422	-0.01513	-0.04097	-0.06850	-0.00428
41	2019-03-31	0.05827	0.12860	-0.03876	-0.12207	-0.02526
42	2019-04-30	0.06268	0.00352	0.00787	0.15809	0.02897
43						

(3장) 4종목수익률

나머지 기간의 수익률과 나머지 3개 주식의 수익률은 자동채우기핸들(+)을 드래그하여 계산한다. 〈표 3-5〉는 이러한 방법으로 구해진 결과이다.

(2) 개별증권의 기대수익률, 표준편차, 공분산의 계산

포트폴리오를 평가하기 위해서는 식 (3-7)과 식 (3-9)에서 본 것처럼 포트폴리오를 구성하고 있는 개별종목의 기대수익(기대수익률)과 위험(표준편차) 그리고 구성종목 간의 공분산과 상관계수가 먼저 측정되어야 한다. 이들 필요한 투입정보를 얻는 Excel 함수식은 다음과 같다.

투입정보	Excel 함수식
기대수익률	=AVERAGE(수익률의 시작셀 : 수익률의 끝셀)
분 산	=VARP(수익률의 시작셀 : 수익률의 끝셀)
표준편차	=STDEVP(수익률의 시작셀 : 수익률의 끝셀), 또는 SQRT(분산)
공분산	=COVAR(주식1 수익률의 셀영역 : 주식2 수익률의 셀영역)
상관계수	=CORREL(주식1 수익률의 셀영역 : 주식2 수익률의 셀영역) 또는, =COVAR(주식1 수익률의 셀영역 : 주식2 수익률의 셀영역) / [STDEVP(주식1 수익률의 셀영역)×STDEVP(주식2 수익률의 셀영역)]

※ 본 예제에서는 미래수익률(모집단) 자료를 추정하면서 과거수익률 패턴이 미래에도 계속될 것으로 가정하고, 과거자료를 모집단 자료로 가정하여 처리하고 있다. 따라서 분산이나 표준편차를 추정할 때 Excel 함수식에서 =VARP, STDEVP를 사용하였다. 그러나 만약 표본집단 자료로 처리한다면 =VAR, STDEV를 사용해야 한다.

이제 4종목 중 SK하이닉스와 셀트리온, 2종목에 대하여 평균(=기대수익률), 표준편차, 공분산, 상관계수를 '(3장) 개별종목 기대수익 위험' 시트에 계산해 보기로 한다. 〈표 3-6〉은 〈표 3-5〉의 월별수익률을 그대로 끌어온 것이다. 오른편에 월간기준 통계량(평균, 분산, 표준편차, 공분산, 상관계수)이 제시되어 있다. 다음 수식설명은 'SK하이닉스'를 기준으로 표시하고 있는데, '셀트리온'은 '자동채우기핸들(+)' 기능을 이용하여 계산한다.

(1) 월평균(F4) : =AVERAGE(B2:B41)
(2) 월분산(F5) : =VARP(B2:B41)
(3) 월표준편차(F6) : =STDEVP(B2:B41) 또는 SQRT(F6)
(4) 연평균(F7) : =12*F4

(5) 연분산(F8) : =12*F5

(6) 연표준편차(F9) : =SQRT(12)*F6

(7) 공분산(F10) : =COVAR(B2:B41,C2:C41)

(8) 상관계수(F11) : =CORREL(B2:B41,C2:C41)

〈표 3-6〉 개별종목 기대수익률, 분산, 표준편차, 공분산, 상관계수의 측정

F10 | =COVAR(B2:B41,C2:C41)

	A	B	C	E	F	G
1	일자	SK하이닉스	셀트리온	*2종목 기대수익 위험 공분산*		
2	2016-01-31	-0.1190	0.2826			
3	2016-02-29	0.0943	-0.1142		SK하이닉스	셀트리온
4	2016-03-31	-0.0637	0.0935	월평균	0.0236	0.0251
5	2016-04-30	0.0000	-0.0875	월분산	0.0074	0.0164
6	2016-05-31	0.0193	-0.0150	월표준편차	0.0861	0.1279
7	2016-06-30	0.1213	-0.0307	연평균	0.2831	0.3015
8	2016-07-31	0.0599	0.0800	연분산	0.0889	0.1964
9	2016-08-31	0.0579	0.0256	연표준편차	0.2982	0.4432
10	2016-09-30	0.0979	-0.0038	공분산	-0.0010	
11	2016-10-31	0.0197	-0.0019	상관계수	-0.0947	
12	2016-11-30	0.0453	-0.0364			
13	2016-12-31	0.0411	0.0959	셀F4	=AVERAGE(B2:B41)	
14	2017-01-31	0.1834	-0.0694	셀F5	=VARP(B2:B41)	
15	2017-02-28	-0.1397	0.0129	셀F6	=STDEVP(B2:B41)	
16	2017-03-31	0.0782	-0.1191	셀F7	=12*F4	
17	2017-04-30	0.0670	-0.0056	셀F8	=12*F5	
18	2017-05-31	0.0541	0.0648	셀F9	=SQRT(12)*F6	
19	2017-06-30	0.1676	0.1856	셀F10	=COVAR(B2:B41,C2:C41)	
20	2017-07-31	-0.0210	-0.0590	셀F11	=CORREL(B2:B41,C2:C41)	
21	2017-08-31	0.0386	0.0590			
22	2017-09-30	0.1893	0.2100			
23	2017-10-31	-0.0085	0.1980			
24	2017-11-30	-0.0680	0.1449			
25	2017-12-31	-0.0039	0.1195			
26	2018-01-31	-0.0400	0.3562			
27	2018-02-28	0.0439	0.1113			
28	2018-03-31	0.0569	-0.1315			
29	2018-04-30	0.0386	-0.1328			
30	2018-05-31	0.1001	-0.0205			
31	2018-06-30	-0.0860	0.1338			
32	2018-07-31	0.0070	-0.1114			
33	2018-08-31	-0.0390	-0.0055			
34	2018-09-30	-0.1270	0.0953			
35	2018-10-31	-0.0694	-0.3115			
36	2018-11-30	0.0203	0.0964			
37	2018-12-31	-0.1401	-0.0559			
38	2019-01-31	0.2001	-0.0159			
39	2019-02-28	-0.0542	-0.0685			
40	2019-03-31	0.0583	-0.1221			
41	2019-04-30	0.0627	0.1581			

(3장) 개별종목 기대수익 위험

월간(monthly)기준 통계량을 연간(yearly)기준 통계량(연평균, 연분산, 연표준편차)으로 변환시키려면 월간기준의 값에 12를 곱해주면 된다. 단, 연표준편차를 구할 때 만큼은 월간 표준편차에 SQRT(12)의 값을 곱해주어야 한다.

이 결과에서 보면, '셀트리온'이 'SK하이닉스'보다 평균수익률과 위험이 다소 높고, 공분산/상관계수는 (−)의 값으로서, 수익률이 서로 반대방향으로 움직이는 성향이 있음을 보여주고 있다.

(3) 포트폴리오의 기대수익률, 분산, 표준편차의 계산

이제 두 종목에 분산투자할 경우의 기대수익과 위험의 정도를 측정해 보자. 주식 X와 주식 Y로 구성되는 포트폴리오의 수익률은 다음과 같이 계산한다.

포트폴리오 수익률
=주식 X에 대한 투자비율×주식 X의 수익률
+(1−주식 X에 대한 투자비율)×주식 Y의 수익률 (3-19)

따라서 포트폴리오 수익률이 계산되기 위해서는 투자비율이 먼저 정해져야 한다. 본 예에서는 투자비율을 잠정적으로 첫 번째 주식에 50%로 정한 포트폴리오(이를 기준포트폴리오라고 함)에 대하여 살펴보기로 한다.

Excel을 이용하여 포트폴리오 월간수익률을 계산하는 것은 식 (3-19)에 해당되는 셀 주소를 각각 입력해 주면 되는데, 여기서 주의할 점은 투자비율(본 예에서는 SK하이닉스 주식에 대한 투자비율을 말함)의 입력은 이를 기준으로 다른 주식도 계산될 것이므로 반드시 F4 키를 클릭하여 **절대 셀**(예 : $D$2) 형태로 처리해야만 한다는 점이다.

〈표 3-7〉은 SK하이닉스 주식(X)과 셀트리온 주식(Y), 2개 종목에 50 : 50 투자하는 경우 포트폴리오(P) 수익률을 나타내고 있는데, 셀 E5에는 2016년 1월의 포트폴리오(P) 수익률이 계산되어 있다. 포트폴리오(P)의 2016년 1월의 수익률을 계산하는 Excel 명령식은 다음과 같다.

포트폴리오(P)의 2016년 1월 수익률(셀 E5) : =$D$2*C5+(1-$D$2)*D5

〈표 3-7〉 포트폴리오 월별수익률의 계산

E45 =AVERAGE(E5:E44)

	B	C	D	E
2		투자비율(SK하이닉스)	0.5	
3				
4	년월	SK하이닉스	셀트리온	포트폴리오(P)
5	2016-01-31	-0.1190	0.2826	0.0818
6	2016-02-29	0.0943	-0.1142	-0.0100
7	2016-03-31	-0.0637	0.0935	0.0149
8	2016-04-30	0.0000	-0.0875	-0.0438
9	2016-05-31	0.0193	-0.0150	0.0022
10	2016-06-30	0.1213	-0.0307	0.0453
11	2016-07-31	0.0599	0.0800	0.0699
12	2016-08-31	0.0579	0.0256	0.0417
13	2016-09-30	0.0979	-0.0038	0.0471
14	2016-10-31	0.0197	-0.0019	0.0089
15	2016-11-30	0.0453	-0.0364	0.0044
16	2016-12-31	0.0411	0.0959	0.0685
17	2017-01-31	0.1834	-0.0694	0.0570
18	2017-02-28	-0.1397	0.0129	-0.0634
19	2017-03-31	0.0782	-0.1191	-0.0205
20	2017-04-30	0.0670	-0.0056	0.0307
21	2017-05-31	0.0541	0.0648	0.0594
22	2017-06-30	0.1676	0.1856	0.1766
23	2017-07-31	-0.0210	-0.0590	-0.0400
24	2017-08-31	0.0386	0.0590	0.0488
25	2017-09-30	0.1893	0.2100	0.1997
26	2017-10-31	-0.0085	0.1980	0.0948
27	2017-11-30	-0.0680	0.1449	0.0385
28	2017-12-31	-0.0039	0.1195	0.0578
29	2018-01-31	-0.0400	0.3562	0.1581
30	2018-02-28	0.0439	0.1113	0.0776
31	2018-03-31	0.0569	-0.1315	-0.0373
32	2018-04-30	0.0386	-0.1328	-0.0471
33	2018-05-31	0.1001	-0.0205	0.0398
34	2018-06-30	-0.0860	0.1338	0.0239
35	2018-07-31	0.0070	-0.1114	-0.0522
36	2018-08-31	-0.0390	-0.0055	-0.0223
37	2018-09-30	-0.1270	0.0953	-0.0159
38	2018-10-31	-0.0694	-0.3115	-0.1905
39	2018-11-30	0.0203	0.0964	0.0583
40	2018-12-31	-0.1401	-0.0559	-0.0980
41	2019-01-31	0.2001	-0.0159	0.0921
42	2019-02-28	-0.0542	-0.0685	-0.0614
43	2019-03-31	0.0583	-0.1221	-0.0319
44	2019-04-30	0.0627	0.1581	0.1104
45			P의 평균	0.0244
46			P의 표준편차	0.0736
47				

(3장) 포트폴리오 수익률 MVP구성

포트폴리오의 첫 달의 수익률이 계산되었으면, 나머지 월의 포트폴리오 월별수익률은 '자동채우기핸들(+)' 기능을 이용, 2019년 4월달 셀 주소까지 아래로 드래그하여 계산한다.

이제 두 주식에 대한 투자비율이 각각 50%인 경우 포트폴리오의 월별수익률의 평균과 표준편차를 구하는 것은 개별종목의 경우처럼 다음과 같이 계산한다.

포트폴리오 월별수익률의 평 균(셀 E45) : =AVERGE(E5:E44)
포트폴리오 월별수익률의 표준편차(셀 E46) : =STDEVP(E5:E44)

(4) 포트폴리오 결합선과 최소분산포트폴리오의 도출

앞의 (3)항에서는 투자비율이 50%인 경우의 기준포트폴리오에 대하여 평균, 표준편차를 계산해 보았다. 이제 투자비율이 50%가 아닌 경우(예를 들어 0%에서 120%로 증가할 때) 포트폴리오 수익률의 평균, 표준편차를 계산하는 방법을 알아보기로 한다. 이 계산이 되면, 투자비율이 달라질 때 포트폴리오의 기대수익률과 위험을 그림으로 표시하는 포트폴리오 결합선을 얻을 수 있게 된다.

투자비율이 달라질 경우의 포트폴리오의 평균수익률과 위험을 계산하려면, 〈표 3-8〉에서 보는 것처럼 "[데이터] 탭-[예측/가상분석] 그룹-[데이터 표(T)] 도구"를 클릭하여 '데이터 표(T)'의 기능을 활성화시켜야 한다.

(1단계) 기준포트폴리오(SK하이닉스의 투자비율이 50%인 경우의 포트폴리오 P)의 표준편차와 평균을 계산한 후, 이를 참조하도록 관련 참조셀 주소를 입력한다.

〈표 3-8〉 "데이터-예측-가상분석-데이터 표(T)" 열기

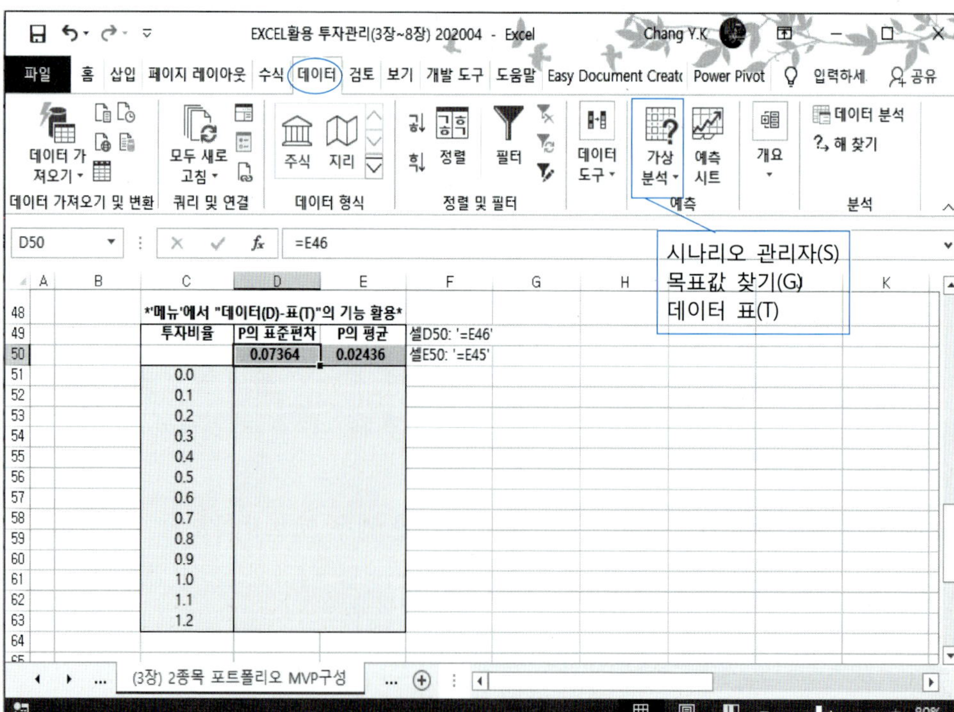

〈표 3-7〉을 보면 셀 E45와 셀 E46에 기준포트폴리오의 평균과 표준편차가 계산되어 있다. 이제 〈표 3-8〉의 셀 D50에 '=E46'을, 셀 E50에 '=E45'를 다시 지정 입력한다. 이처럼 셀에 '='로 시작하여 특정 셀 주소를 입력하면, E46과 E45의 결과가 얻어지기까지의 연산과정이 모두 반영(승계)되도록 처리된다. 나중에 투자비율이 0~120%까지 바뀔 때의 평균값과 표준편차는 이것을 기준(절대 참조)으로 하여 계산된다.

(2단계) Data Table 표시영역을 설정한다.

이제는 주식 X(SK하이닉스)에 대한 투자비율이 0%에서 120%로 10%씩 증가될 경우에는 기준포트폴리오 월간수익률의 표준편차와 평균이 어떻게 달라지는지를 보여줄 데이터 표를 작성한다. 이를 위해 〈표 3-9〉의 (a)와 같이 투자비율이 0%에서 120%로 10%씩 증가하는 데이터 표를 먼저 꾸민다.

일정한 간격으로 '연속데이터를 만드는 방법'은 다음과 같은 절차를 따르면 된다. 먼저 〈표 3-8〉의 셀 C51에 0.0을 입력한다. 이 값을 기준으로 일정한 간격으로 증가하는 수많은 수치가 자동으로 표시되도록, 연속데이터를 만드는 방법은 메뉴의 "홈-편집(E)-채우기(I)-계열(연속채우기)"를 순서대로 클릭하면 연속데이터의 대화상자가 열린다. 투자비율의 범위와 간격은 위에서는 0.0~1.2이지만, 이는 분석자가 도출결과를 예상하여 임의로 정하면 된다.

위 연속데이터 대화상자 (a)에서 방향을 '열(C)'로 선택하고, 본 예제에서는 0.0에서 1.2까지 증가하는 연속데이터를 만든다면, 단계 값을 0.1씩 증가하도록 한 다음, 종료 값이 1.2가 되도록 설정하였다. 이제 [확인] 단추를 클릭하면 〈표 3-8〉의 C51~

〈표 3-9〉 연속데이터 만들기(a), Data Table 꾸미기(b)

(a)

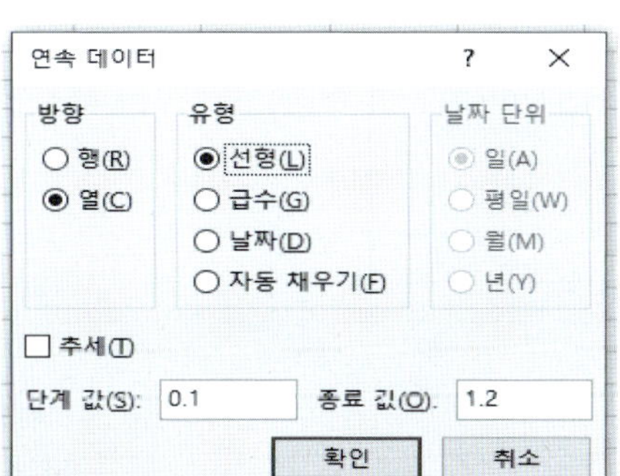

(b)

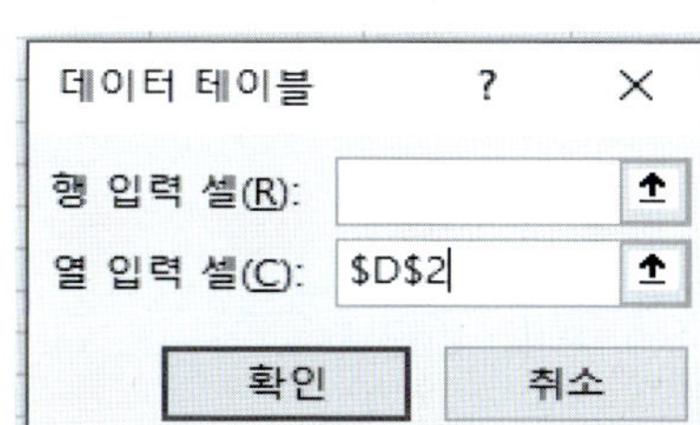

C63과 같이 연속데이터가 자동으로 표시된다.

(3단계) 2단계의 Data Table 작성준비가 완료되었으면, Data Table 영역(C50:E63)을 마우스로 지정한 다음 〈표 3-8〉에서와 같이 리본메뉴 내의 "데이터-예측-가상분석-데이터 표(T)"를 순서대로 클릭한다.

이때 영역을 설정하는 구역이 D50과 E50이 포함된 C50:E63이라는 것에 주의해야 한다. 그러면 〈표 3-9〉의 (b)처럼 '데이터 표' 대화상자가 나타난 것을 볼 수 있을 것이다. 이 '데이터 표' 대화상자에는 직접 입력하거나 마우스로 클릭하여 반드시 지정해 주어야만 하는 행 입력 셀(R)과 열 입력 셀(C)이 있다. 본 예제에서는 달라지는 투자비율이 열 형태로 배열되어 있으므로 열 입력 셀(C)에 최초로 지정한 바 있는 투자비율 셀 주소(기준포트폴리오 셀 주소)를 직접 입력하거나 마우스로 클릭하여 지정해 주어야만 한다. 환언하면 열 입력 셀(C)에 최초에 임의로 투자비율을 지정한 바 있었던 셀 D2에 직접 입력해 주거나 D2셀 주소를 마우스로 클릭하면, 자동으로 절대 셀 형태($D$2)로 변환되어 '열 입력 셀(C)'에 나타날 것이다(〈표 3-9〉의 (b) 참조). 이제 마지막으로 [확인] 단추를 누르면 투자비율이 변화할 경우의 Data Table 작성 결과가 〈표 3-10〉처럼 표시된다.

〈표 3-10〉 '데이터 표(T)' 기능 활용 후 Data Table의 결과

D51 | {=TABLE(,D2)}

	B	C	D	E	F	G
44	2019-04-30	0.0627	0.1581	0.1104		
45			P의 평균	0.0244		
46			P의 표준편차	0.0736		
47						
48		*'메뉴'에서 "데이터(D)-표(T)"의 기능 활용*				
49		투자비율	P의 표준편차	P의 평균		
50			0.07364	0.02436		
51		0.0	0.12793	0.02513		
52		0.1	0.11464	0.02497		
53		0.2	0.10216	0.02482		
54		0.3	0.09082	0.02466		
55		0.4	0.08110	0.02451		
56		0.5	0.07364	0.02436		
57		0.6	0.06918	0.02420		
58		0.7	0.06831	0.02405		
59		0.8	0.07116	0.02390		
60		0.9	0.07732	0.02374		
61		1.0	0.08608	0.02359		
62		1.1	0.09674	0.02344		
63		1.2	0.10874	0.02328		
64						

(3장) 2종목 포트폴리오 MVP구성

(4단계) 최종적인 Data Table을 편집한다.

3단계에서 〈표 3-10〉과 같은 결과를 얻게 되면, 소수점 이하 값이 너무 길어 소수점 이하 값을 줄이고자 하거나, 표를 더 좋게 보이게 하는 등의 편집작업이 필요할 것이다. 4단계에서의 편집기능 사용방법을 살펴보자.

먼저 **표시형식의 편집방법**이다. 〈표 3-10〉의 결과를 소수점 이하 4자리로 변화시키려면 다음과 같이 셀영역 D51:E63까지를 마우스로 드래그한 다음, 파랗게 설정된 셀영역 위에 마우스 화살표를 놓은 후 마우스 오른쪽 키를 클릭하면, '셀 서식'이라는 하부기능이 나타나는데 이것을 클릭한다.

그러면 '셀 서식' 대화상자가 나타나는데, 이때 표시형식의 범주(C)에서 '숫자'를 클릭하면 소수 자릿수, 1000단위 구분기호 사용, 음수를 설정하는 옵션이 보인다. 여기서 〈표 3-11〉처럼 소수 자릿수(D)에는 4라고 입력하고, 음수(N)는 빨간색으로 표시하는 선택도 있지만, 여기서는 곧바로 숫자 앞에 −기호를 붙여서 표시하는 방법, −1,234.3210을 선택하였다.

〈표 3-11〉 데이터 표(T)에 대한 편집(표시형식)

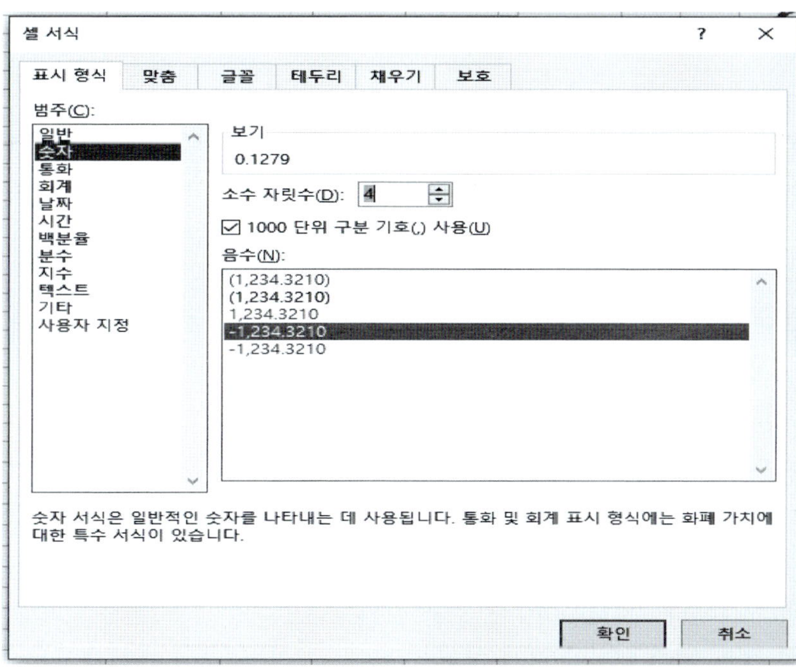

(5단계) 차트의 삽입과 편집

4단계 작업이 완료되면 투자비율이 달라질 경우 기준포트폴리오의 기대수익(평균)과 위험(표준편차)을 시각적으로 도시하는 작업을 한다.

〈표 3-12〉 차트의 삽입 : '삽입-차트/차트의 선택'

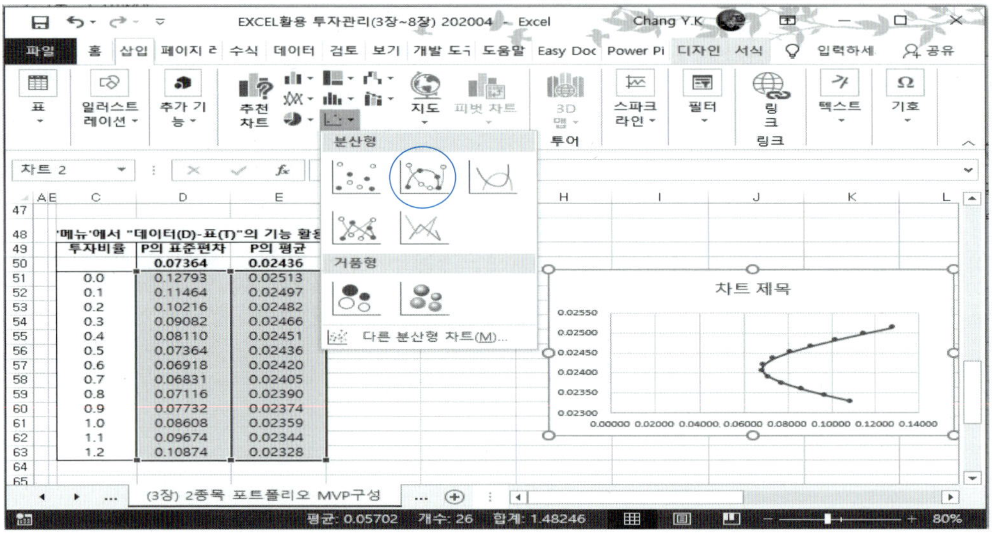

먼저 〈표 3-12〉와 같이 그림으로 표현할 데이터영역(D51:E63)을 마우스로 드래그하여 지정(셀 D50, 셀 E50, 투자비율영역 C51:C63은 제외됨)한 다음, "삽입-차트-분산형-곡선 및 표식이 있는 분산형"을 차례로 클릭하면, 워크시트에 데이터영역(D51:E63)을 도시한 차트가 〈표 3-12〉 우측의 차트와 같이 나타난다.

1차적으로 제시된 차트(〈표 3-12〉의 우측 차트)를 보면, 차트제목, 축 서식, 차트의 확대, 스타일의 변경 등 여러 가지 사항을 편집할 필요가 있다. 편집하는 방법들을 정리하면 다음과 같다.

① 차트를 더블클릭하면 리본메뉴의 탭에 차트도구가 '디자인'과 '서식'으로 나뉘어 〈표 3-13〉에서 보는 것처럼 '차트레이아웃', '차트스타일', '데이터' 등이 제시된다. '차트레이아웃'도구에서는 축/축제목/차트제목 등의 사항 그리고 '빠른 레이아웃'의 선택 작업을 할 수 있다. '차트스타일'에서는 12가지의 스타일 선택과 색상변경의 작업을 할 수 있다. '데이터'에서는 행/열 전환 그리고 데이터 선택 작업을 할 수 있다.

〈표 3-13〉 차트의 편집

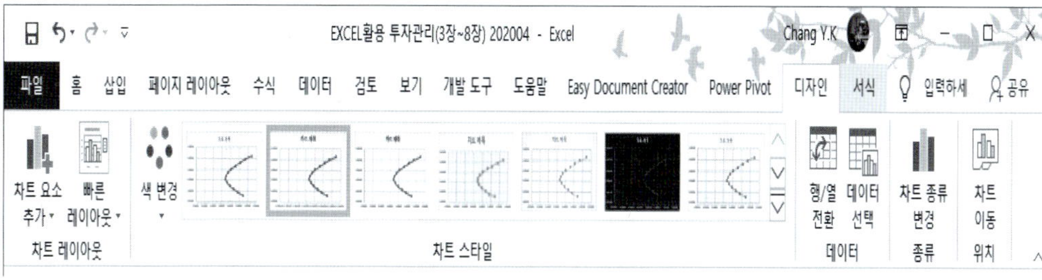

② 차트를 더블클릭하면 1차로 제시된 차트 오른쪽에 편집할 수 있는 3개의 아이콘((a) +, (b) , (c))이 나타난다. 이를 클릭하여 위와 동일한 편집작업을 할 수 있다. (a)는 차트제목, 축제목 등 차트요소에 관한 것, (b)는 차트의 스타일에 대한 선택, (c)는 계열의 값에 관한 편집도구이다.

(a)

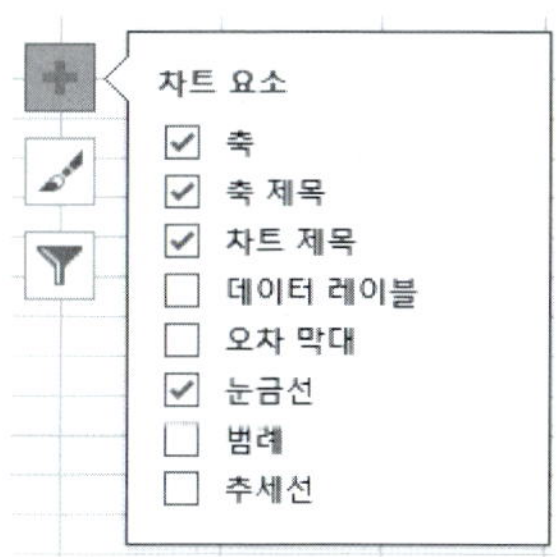

(b)

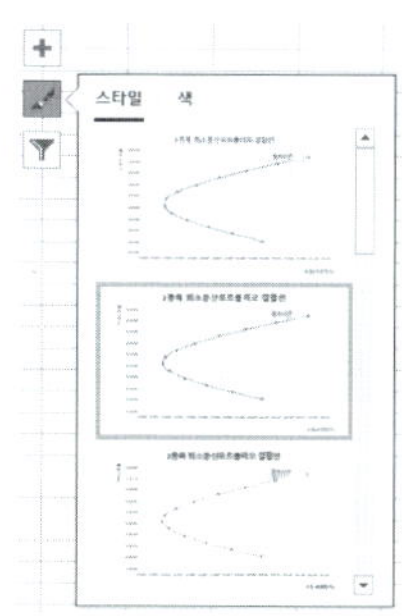

(c)

〈표 3-14〉는 차트의 제목과 각 축의 제목을 각각 '포트폴리오 결합선', '위험', 그리고 '기대수익'이라고 입력하여 편집한 '2종목 포트폴리오 결합선'이다.

(6단계) 최종 MVP의 도출

지금까지 2개의 주식종목 중 어느 한 종목에 대한 투자비율을 임의로 설정한 다음, Excel의 "데이터-예측-가상분석-데이터 표(T)"의 기능을 활용하여 포트폴리오 결합선을 도출하였다. 위의 차트에 나타난 결과를 보면 최소분산포트폴리오(MVP)는 대략 SK하이닉스에 70%, 셀트리온에 30% 투자할 때 구성될 수 있을 것으로 판단된다.

그러나 이 결과는 식 (3-16)에 근거하여 산출된 정확한 최적 투자비율과는 약

〈표 3-14〉 포트폴리오 결합선의 도출

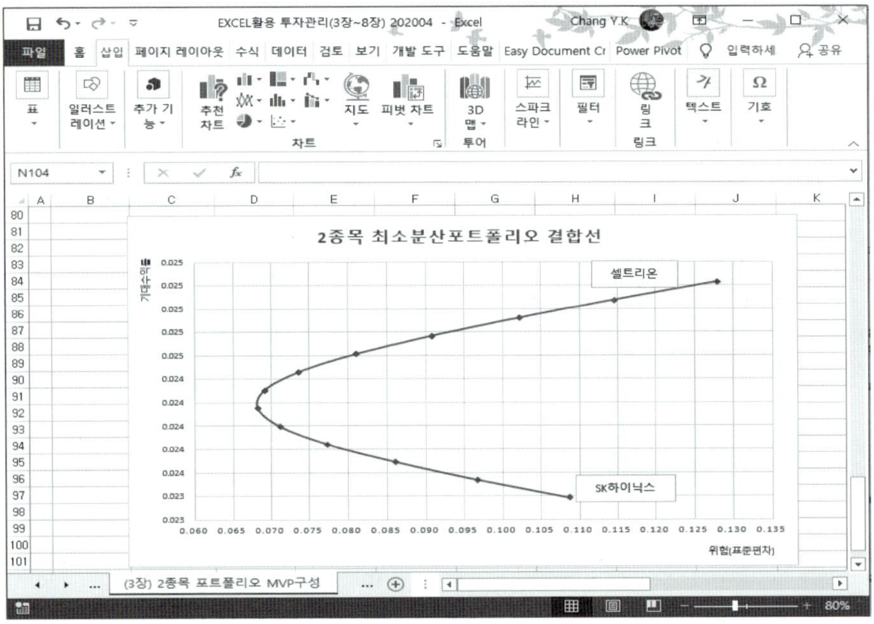

간 차이가 발생할 수 있다. 왜냐하면 데이터 표(T) 기능을 활용할 때 투자비율의 간격을 10%로 하였기 때문이다. MVP를 10% 간격이 아니고 더 좁은 소수점의 투자비율 간격으로 하면 보다 정확한 다른 결과를 얻을 수 있을 것이다.

따라서 보다 정확한 MVP의 투자비율(w^*) 계산방법은 앞서 다룬 바 있는 식 (3-16)을 활용하는 것이다.

$$w_X^* = \frac{\sigma_Y^2 - \sigma_{XY}}{\sigma_X^2 + \sigma_Y^2 - 2\sigma_{XY}} = \frac{\sigma_Y^2 - \sigma_X \sigma_Y \rho_{XY}}{\sigma_X^2 + \sigma_Y^2 - 2\sigma_X \sigma_Y \rho_{XY}} \qquad (3\text{-}16)$$

이제 Excel 시트에서 MVP의 보다 정확한 투자비율 계산을 위하여 〈표 3-15〉의 C67~E71 셀영역의 자료는 '(3장) 개별종목 기대수익 위험' 시트에서 그대로 옮겨온 것이다. 이들 자료는 식 (3-16)을 이용할 때 필요한 두 종목 각각의 분산과 표준편차 그리고 두 종목 간의 공분산 혹은 상관계수 자료이다. 정확한 MVP 투자비율을 셀 D74에 표시하려면 식 (3-16)을 다음과 같이 입력한다.

MVP 최적 투자비율(셀 D74) : =(E68-D70) / (D68+E68-2*D70)

〈표 3-15〉 식 (3-16)에 의한 MVP 투자비율의 정확한 도출

D74 =(E68-D70)/(D68+E68-2*D70)

	C	D	E	F	G
65					
66		SK하이닉스	셀트리온		
67	평균	0.0236	0.0251	셀 D67:	='(3장) 개별종목 기대수익 위험'!F4'
68	분산	0.0074	0.0164	셀 D68:	='(3장) 개별종목 기대수익 위험'!F5'
69	표준편차	0.0861	0.1279	셀 D69:	='(3장) 개별종목 기대수익 위험'!F6'
70	공분산	-0.0010		셀 D70:	='(3장) 개별종목 기대수익 위험'!F10'
71	상관계수	-0.0947		셀 D71:	='(3장) 개별종목 기대수익 위험'!F11'
72					
73		SK하이닉스	셀트리온		
74	최적투자비율	**0.6732**	**0.3268**	셀 D74:	=(E68-D70)/(D68+E68-2*D70)'
75	MVP의 평균	0.0241		셀 D75:	=D74*D67+E74*E67'
76	MVP의 분산	0.0046		셀 D76:	=D74^2*D68+E74^2*E68+2*D74*E74*D69*E69*D71'
77	MVP의 표준편차	0.0682		셀 D77:	=SQRT(D76)'
78					

(3장) 2종목 포트폴리오 MVP구성

정확한 산식에 의해서 MVP 투자비율을 구한 결과, SK하이닉스에 67.3% 그리고 셀트리온에 32.7%를 투자할 때 MVP를 구성할 수 있음을 알 수 있다. MVP의 평균수익률과 분산 그리고 표준편차는 다음과 같이 계산되었다.

MVP의 평균수익률(셀 D75) : =D74*D67+E74*E67
MVP의 분산(셀 D76) : =D74^2*D68+E74^2*E68+2*D74*E74*D69*E69*D71
MVP의 표준편차(셀 D77) : =SQRT(D76)

[MVP 차트의 편집]

위 5단계에서 얻어진 〈표 3-14〉의 MVP 차트를 확대하는 편집을 할 수 있다. 먼저 차트가 Y축에서 멀리 떨어져 있으므로 눈금을 조정할 필요가 있다. 눈금 등 축 서식을 조정하는 방법은 다음과 같다.

첫째, 차트가 Y축에서 너무 멀리 떨어져 있기 때문에 X축 눈금의 최소값을 바꾸어주면 된다. 즉, X축상의 임의의 숫자를 마우스 오른쪽을 클릭하고(어떤 숫자든지 상관없음) 축서식을 선택하면, 〈표 3-16〉의 오른쪽처럼 축서식 대화상자가 나타난다. 이때 최소값(N)과 최대값(X)이 0으로 지정되어 있는데, 여기서는 최소값(N)은 0.0231로, 최대값(X)은 0.0253으로 수정하여 확대하였다.

다음으로 표시형식을 클릭한 뒤 소수 자릿수를 3으로 설정한다. [닫기] 단추를 클릭하면 차트가 Y축 가까이로 이동하게 된다.

둘째, Y축에 대해서도 동일한 편집작업을 한다. 이 예제의 경우, 차트가 X축

〈표 3-16〉 포트폴리오 결합선의 편집

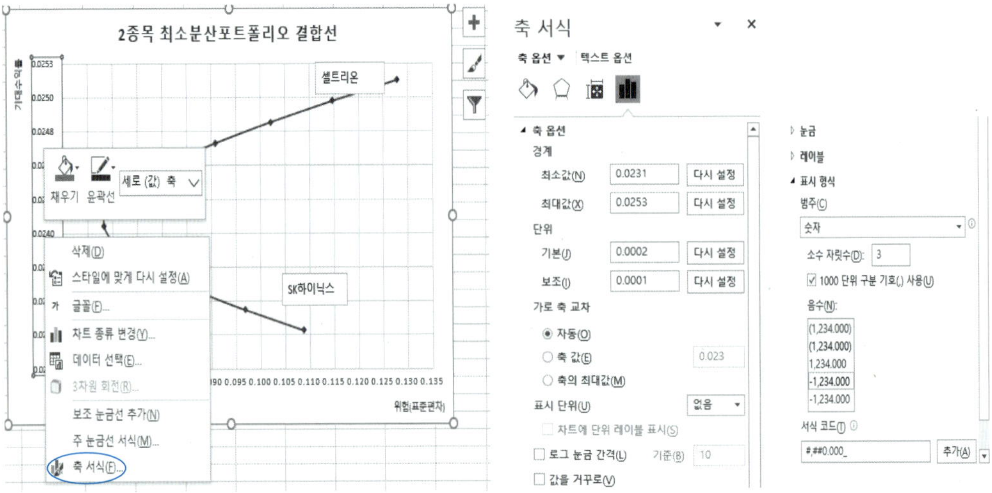

에서 멀리 떨어져 있으므로 Y축상의 임의의 한 숫자를 마우스 오른쪽 클릭하면 **축 서식** 대화상자가 나타나는데, 0으로 되어 있는 최소값과 최대값을, **최소값(N)**은 0.060, **최대값(X)**은 0.135으로 고쳐주어, 차트가 X축 가까이로 확대되도록 편집한다. 다음으로 **표시형식**을 클릭한 뒤 **소수 자릿수**를 간결하게 표시되도록 3으로 설정한다.

이런 일련의 과정을 거치면 〈표 3-17〉의 완성된 차트가 만들어진다.

〈표 3-17〉 포트폴리오 결합선의 완성

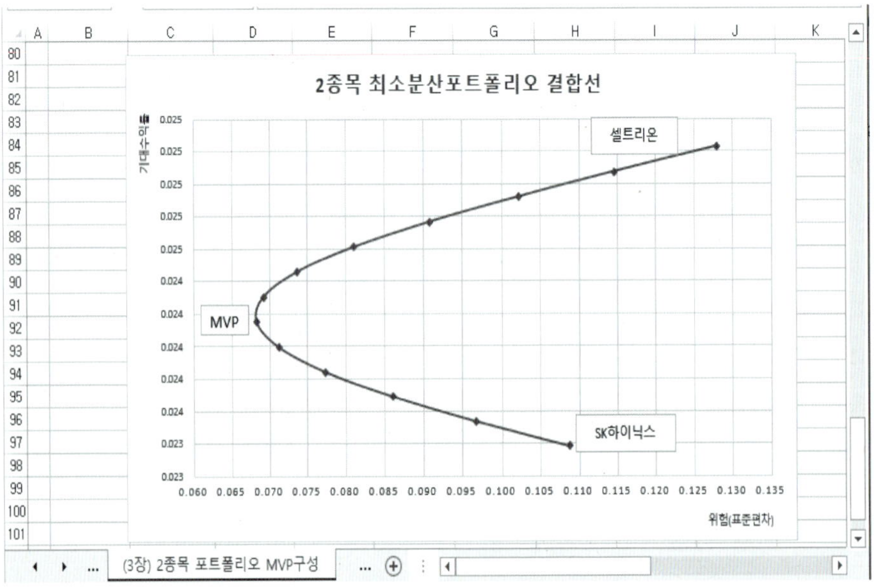

연습문제 Chapter 3

연습문제 풀이에 필요한 데이터는 신영사 홈페이지(http://www.shinyoungsa.co.kr) 자료실에 게시되어 있는 'Excel 활용 투자관리(3장~8장).xls' 파일의 "실습용 20종목 수정주가자료" 시트를 이용할 것.

1. '4종목수익률' 시트에서 분석기간을 2016년 7월~2018년 6월(24개월)을 대상으로 다음과 같이 2개 주식을 결합하여 포트폴리오를 구성하고자 한다.

① (SK하이닉스+POSCO) 포트폴리오
② (셀트리온+POSCO) 포트폴리오
③ (POSCO+LG생활건강) 포트폴리오

(1) 각 포트폴리오를 구성하는 개별종목 수익률의 평균, 분산, 표준편차를 구하라.
(2) 각 포트폴리오를 구성하는 개별종목 수익률 간의 공분산, 상관계수를 구하라.
(3) 투자비율이 달라질 경우의 포트폴리오 결합선을 도출하여 그림으로 나타내라.
(4) 각 포트폴리오에 대하여 최소분산포트폴리오를 구하라.

2. 증권분석 결과 SK하이닉스, POSCO의 예상수익률이 세 가지 상황(각 상황이 일어날 확률이 0.3, 0.4, 0.3)에서 다음과 같이 예측되었다.

상 황	확 률	SK하이닉스	POSCO
I	0.3	0.058	0.020
II	0.4	0.098	−0.017
III	0.3	0.020	0.043

위의 예측자료로부터 두 개별주식, 그리고 두 주식에 60% : 40% 투자한 포트폴리오에 대하여 '=SUMPRODUCT 함수'를 사용하여 기대수익률, 분산, 표준편차를 구하라. 그리고 두 주식 간의 공분산, 상관계수를 구하라.

3. 본서 첨부파일에 있는 주식가격 자료 중 셀트리온의 2017년 1월부터 12월까지의 수익률에 대하여 기대수익률과 분산 그리고 셀트리온 수익률과 KOSPI 수익률 간의 공분산과 상관계수를 구하라. 내장함수를 이용하는 방법과 〈데이터분석〉 기능을 이용하는 방법을 모두 사용하고 그 결과를 비교하라.

CHAPTER

4

효율적 분산투자

앞의 제3장에서는 2개 종목을 중심으로 Excel을 활용하여 포트폴리오 기대수익과 위험을 측정하고, 투자위험을 줄이는 원리에 대하여 설명하였다. 본 제4장에서는 n개의 증권을 포함하는 일반적인 경우, Excel을 활용하여 투자위험을 효율적으로 줄이는 포트폴리오 구성방법에 대해서 다룬다.

4.1 n종목 포트폴리오의 기대수익과 위험

(1) n종목의 포트폴리오 결합선

결합되는 증권의 수가 다수가 되면 두 개의 증권으로 결합될 때보다는 복잡하겠지만, 기본적으로 두 개의 증권의 결합관계로 생각할 수 있다. 예를 들어, 증권 X, Y, Z 세 주식으로 구성되는 포트폴리오의 기대수익률과 위험은 X와 Y 두 개의 주식으로 구성된 포트폴리오를 마치 하나의 증권처럼 보고, 이를 나머지 주식 Z와의 결합관계로 보게 되면, 세 증권의 결합관계를 마치 두 증권의 결합관계로 파악할 수 있게 된다.

이 원리를 [그림 4-1]에 표시되어 있는 세 증권 X, Z, T의 결합관계를 예로 들어 살펴보자. 먼저 증권 X와 T를 결합시키면, 그 상관관계와 투자비율의 변화에 따라 두 개 종목으로 구성되는 포트폴리오 결합선은 곡선 XET를 따라 나타날 것이다. 또 증권 T와 Z 두 증권을 결합하면 상관관계와 투자비율의 변화에 따라 곡선 TFZ의 포트폴리오 결합선을 얻는다.

한편 X와 T의 결합 중에서 E 포트폴리오, 그리고 T와 Z의 결합 중 F 포트폴리오를 결합시키면, 새로운 포트폴리오 결합선 EGF를 얻는다. 곡선 EGF상의 포트폴리오는 E와 F를 결합한 것이므로 결국 개별증권 X, T, Z 세 증권을 모

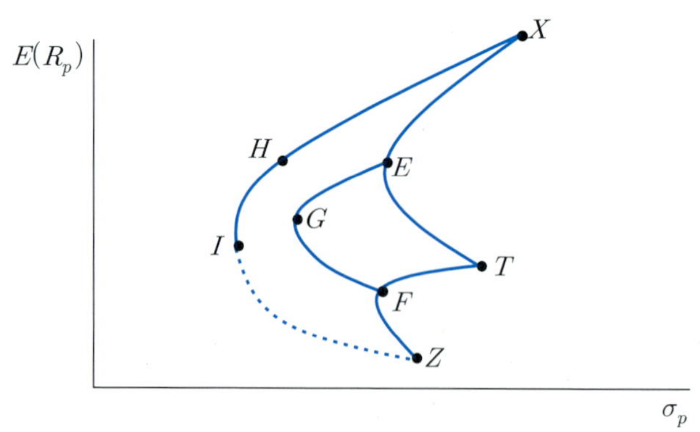

[그림 4-1] 다수 증권을 결합할 때의 포트폴리오 결합선과 최소분산포트폴리오

두 결합한 셈이 된다. 곡선 EGF가 얼마나 왼쪽 편에 위치하는지, 즉 위험이 더 감소하는지는 이들 구성종목 간의 상관관계와 투자비율 여하에 결정된다. 이와 같은 원리로 X, T, Z를 동시에 결합시키면 곡선 $XHIZ$의 포트폴리오 결합선을 얻을 수 있게 되어 곡선 EGF상의 포트폴리오보다 우월한 성과를 얻을 수 있게 된다. 우리가 궁극적으로 찾고자 하는 것은 이와 같은 포트폴리오 중에서 일정한 기대수익률에서 위험이 가장 적은 효율적 포트폴리오집합(efficient portfolio set) 또는 효율적 투자선(efficient frontier)이다.

다음 항에서는 이처럼 n종목으로 구성되는 포트폴리오의 기대수익률과 표준편차가 구체적으로 어떻게 측정되는지 보기로 하자.

(2) n종목 포트폴리오의 기대수익과 위험측정

n종목까지 확장하여 효율적 투자선을 찾기 위해서는 구체적으로 n종목으로 구성되는 포트폴리오의 기대수익과 위험의 계량적 측정이 필요하다.

이제 주식 X, Y, Z 대신, 증권 1, 2, 3 ⋯ n으로 구성되는 포트폴리오의 기대수익률과 위험(분산) 계산을 식으로 나타내기 위해서 다음과 같이 기호를 사용하기로 하자.

$w_1, w_2, \cdots w_n$	: 증권 1, 2 ⋯ n에 대한 투자비율
$E(R_1), E(R_2), \cdots E(R_n)$	: 증권 1, 2 ⋯ n의 기대수익률
$\sigma_1^2, \sigma_2^2, \cdots \sigma_n^2$	: 증권 1, 2 ⋯ n의 분산
$\sigma_{12}, \sigma_{23}, \cdots \sigma_{n-1\,n}$	: 증권 1과 2, 2와 3, ⋯, $n-1$과 n 간의 공분산

주식 1과 2로 구성되는 두 종목 포트폴리오의 기대수익률과 분산은 식 (3-7)과 식 (3-9)에서 설명한 것처럼 다음과 같이 측정된다.

$$E(R_P) = w_1 E(R_1) + w_2 E(R_2)$$
$$\sigma_P^2 = w_1^2 \sigma_1^2 + w_2^2 \sigma_2^2 + 2w_1 w_2 \sigma_{12}$$

주식 1, 2, 3으로 구성되는 3개 종목 포트폴리오의 기대수익률과 분산은 마찬가지 원리로 다음과 같이 측정된다.

$$E(R_P) = w_1 E(R_1) + w_2 E(R_2) + w_3 E(R_3) \tag{4-1}$$

$$\begin{aligned} \sigma_P^2 &= var\,(w_1 r_1 + w_2 r_2 + w_3 r_3) \\ &= w_1^2 \sigma_1^2 + w_2^2 \sigma_2^2 + w_3^2 \sigma_3^2 + 2(w_1 w_2 \sigma_{12} + w_1 w_3 \sigma_{13} + w_2 w_3 \sigma_{23}) \\ &= \text{개별증권의 고유위험} + \text{타 증권과의 공분산위험} \end{aligned} \tag{4-2}$$

이를 확장하여 n개의 증권으로 구성되는 포트폴리오의 기대수익률과 분산을 나타내면 다음과 같다.

$$\begin{aligned} E(R_P) &= w_1 E(R_1) + w_2 E(R_2) + w_3 E(R_3) + \cdots\cdots\cdots\cdots + w_n E(R_n) \\ &= \sum_{j=1}^{n} w_j E(R_j) \end{aligned} \tag{4-3}$$

$$\begin{aligned} \sigma_P^2 &= w_1^2 \sigma_1^2 + w_2^2 \sigma_2^2 + w_3^2 \sigma_3^2 + \cdots + w_n^2 \sigma_n^2 \\ &\quad + (w_1 w_2 \sigma_{12} + w_1 w_3 \sigma_{13} + \cdots\cdots\cdots\cdots\cdots\cdots \\ &\quad + w_1 w_n \sigma_{1n} + w_2 w_1 \sigma_{21} + w_2 w_3 \sigma_{23} \cdots\cdots) \end{aligned} \tag{4-4}$$

여기서 $w_1^2 \sigma_1^2 = w_1 w_1 \sigma_{11}$, $w_n^2 \sigma_n^2 = w_n w_n \sigma_{nn}$이므로 우변의 모든 항은 공통요소로서 두 종목 투자비율에 두 종목 간의 공분산을 곱한 항으로 구성됨을 볼 수 있다. 따라서 포트폴리오 분산은 다음과 같이 표시할 수 있다.

$$\sigma_P^2 = \sum_{i=1}^{n} \sum_{j=1}^{n} w_i w_j \sigma_{ij}$$

$$\text{또는, } \sigma_P^2 = \sum_{i=1}^{n} \sum_{j=1}^{n} w_i w_j \sigma_i \sigma_j \rho_{ij} \tag{4-5}$$

단, w_i, w_j : 증권 i, j에 대한 투자비율, σ_{ij} : 증권 i, j 간의 공분산

이를 알기 쉽게 공분산 행렬로 나타내면 〈표 4-1〉과 같다. 이들 모든 칸의 합은 식 (4-4)와 일치한다. 〈표 4-1〉에서 음영으로 표시된 대각선(diagonal)상의 칸들은 $i = j$인 경우로서 동일 종목 간의 공분산을 나타내는 것이므로 결국 특정 개별증권의 분산($w_i^2 \sigma_i^2$)값을 나타낸 것이다. 즉, n종목으로 구성되는 포트폴리오 위험 중에서 개별종목 고유의 특성에 의해서 발생되는 위험의 크기를 나타낸다. 이처럼 $i = j$인 경우의 수는 n개가 된다.

반면에 음영으로 표시되지 않은 대각선 위와 아래에 있는 칸들은 $i \neq j$인 경우

〈표 4-1〉 n 종목 경우의 포트폴리오 위험 : 공분산 행렬

주식 j \ 주식 i	1	2	3	4	……	n
1	$w_1^2\sigma_1^2$	$w_2w_1\sigma_{21}$	$w_3w_1\sigma_{31}$	$w_4w_1\sigma_{41}$	……	$w_nw_1\sigma_{n1}$
2	$w_1w_2\sigma_{12}$	$w_2^2\sigma_2^2$	$w_3w_2\sigma_{32}$	$w_4w_2\sigma_{42}$	……	$w_nw_2\sigma_{n2}$
3	$w_1w_3\sigma_{13}$	$w_2w_3\sigma_{23}$	$w_3^2\sigma_3^2$	$w_4w_3\sigma_{43}$	……	$w_nw_3\sigma_{n3}$
4	$w_1w_4\sigma_{14}$	$w_2w_4\sigma_{24}$	$w_3w_4\sigma_{34}$	$w_4^2\sigma_4^2$	……	$w_nw_4\sigma_{n4}$
⋮	⋮	⋮	⋮	⋮		⋮
n	$w_1w_n\sigma_{1n}$	$w_2w_n\sigma_{2n}$	$w_3w_n\sigma_{3n}$	$w_4w_n\sigma_{4n}$	……	$w_n^2\sigma_n^2$

로서 다른 증권과의 공분산을 나타낸 것이다. 이는 포트폴리오 위험 중에서 타 종목들과의 모든 상관관계, 즉 시장 전반적인 요인에 의해서 발생되는 위험의 크기라고 할 수 있다. 이처럼 $i \neq j$ 인 경우의 수는 $n(n-1)$개만큼인데, 모두 2개씩(이를테면 $w_3w_1\sigma_{31} = w_1w_3\sigma_{13}$) 있으므로 실제의 개수는 $n(n-1)/2$개가 된다.

공분산 행렬에서 모든 칸을 $i = j$ 인 경우와 $i \neq j$ 인 경우로 분류하여 그 의미가 무엇인지를 살펴보았다. 따라서 식 (4-5)는 특정 개별증권의 분산을 표시하는 부분과 타 증권과의 공분산을 나타내는 부분의 합으로 구분하여 다음과 같이 표시될 수 있다.

$$\begin{aligned}\sigma_P^2 &= \sum_{i=1}^{n}\sum_{j=1}^{n} w_i w_j \sigma_{ij} \\ &= \sum_{i=1}^{n} w_i^2 \sigma_i^2 + \sum_{i=1}^{n}\sum_{j=1}^{n} w_i w_j \sigma_{ij} \quad (\text{단}, \ i \neq j) \\ &= \text{개별증권의 고유위험} + \text{타 증권과의 공분산위험} \end{aligned} \tag{4-6}$$

여기서 우변 첫째 항은 공분산 행렬에서 대각선상에 위치하는 특정 개별증권의 분산부분(n개)을 표시한 것이고, 둘째 항은 대각선의 위와 아래에 위치하는 타 증권과의 공분산부분($n(n-1)$개)을 표시한 것이다.

(3) 투자종목수와 위험분산효과

포트폴리오를 n개의 종목으로 구성하였을 때 포트폴리오의 위험이 식 (4-6)과 같이 표시됨을 보았다. 포트폴리오 위험은 투자종목수가 많아질수록 감소하게 되는데, 구체적으로 종목수가 증가함에 따른 위험저감효과는 어떻게 나타나는가?

이제 종목수 증가에 따른 분산투자효과를 분석하기 위해서 n개의 증권에 투자가능한 금액을 균등하게 배분하여 투자를 한다고 가정하자. 즉, $w_i = w_j = \cdots\cdots 1/n$이라고 하자. 그러면 포트폴리오 분산 σ_p^2은 다음과 같이 표시된다.

$$\begin{aligned}\sigma_P^2 &= \sum_{i=1}^{n}\sum_{j=1}^{n} w_i w_j \sigma_{ij} \\ &= \sum_{i=1}^{n} w_i^2 \sigma_i^2 \ (\text{단, } i=j) \ + \sum_{i=1}^{n}\sum_{j=1}^{n} w_i w_j \sigma_{ij} \ (\text{단, } i \neq j) \\ &= \sum_{i=1}^{n} \left(\frac{1}{n}\right)^2 \sigma_i^2 + \sum_{i=1}^{n}\sum_{j=1}^{n} \left(\frac{1}{n}\right)\left(\frac{1}{n}\right)\sigma_{ij} \\ &= \left(\frac{1}{n}\right)^2 \sum_{i=1}^{n} \sigma_i^2 + \left(\frac{1}{n^2}\right)\sum_{i=1}^{n}\sum_{j=1}^{n} \sigma_{ij}\end{aligned}$$

여기서 개별종목의 분산의 평균을 $\overline{\sigma^2}$, 공분산의 평균을 $\overline{\sigma_{ij}}$이라고 표시하자. n개 종목으로 포트폴리오가 구성될 때 분산은 n개이고, 공분산은 $n(n-1)$개이므로 좌변 첫째 항에서 $\Sigma\sigma_i^2 = \overline{\sigma^2} \times n$ 이고, 둘째 항에서 $\Sigma\Sigma\sigma_{ij} = \overline{\sigma_{ij}} \cdot [n(n-1)]$이 된다. 따라서 위의 식을 다음과 같이 다시 쓸 수 있다.

$$\begin{aligned}\sigma_P^2 &= \left(\frac{1}{n}\right)^2 \cdot \overline{\sigma^2} \cdot n + \left(\frac{1}{n^2}\right)\overline{\sigma_{ij}} \cdot n(n-1) \\ &= \left(\frac{1}{n}\right) \cdot \overline{\sigma^2} + \left(1 - \frac{1}{n}\right)\overline{\sigma_{ij}}\end{aligned} \quad (4\text{-}7)$$

식 (4-7)에서 n이 증가함에 따라 우변의 첫째 항은 영(zero)의 값에 가까워지고, 둘째 항은 공분산평균 $\overline{\sigma_{ij}}$에 가까워짐을 알 수 있다.

$$\sigma_P^2 = \lim_{n\to\infty} \left[\frac{1}{n}(\overline{\sigma^2} - \overline{\sigma_{ij}}) + \overline{\sigma_{ij}} \right] = \overline{\sigma_{ij}}$$

결국 포함되는 종목의 수가 계속 증가할수록 개별증권의 위험이 포트폴리오 위험에 미치는 영향은 감소하고, 포트폴리오 위험은 각 종목들 간의 공분산의 평균에 접근해 간다.

여기서 분산투자의 구성종목수 n을 무한대로 증가시켜도 줄어들지 않는 위험이 있음을 알 수 있다. 이는 증권시장 전반의 공통적 요인에 의해서 야기되는 위험으로서 체계적 위험(systematic risk), 분산불능위험(non-diversifiable risk)이라고 부른다. 반면에 종목수가 증가함에 따라 감소하는 위험은 기업고유요인에 의해서 야기되는 위험으로서 기업고유위험(firm-specific risk), 비체계적 위험(non-systematic risk), 분산가능위험(diversifiable risk)이라고 부른다.

이와 같은 포트폴리오 위험의 감소효과로부터 다음과 같은 결론을 내릴 수 있다. 여러 종목에 걸쳐 분산투자하는 경우 투자위험관리(risk management)의 주된 대상은 시장관련 위험이지 개별종목고유위험이 아니라는 점이다. 환원하면 분산투자의 종목수가 일정수준 이상으로 많아지게 되면, 위험관리의 대상은 개별종목고유위험이 아니고 시장위험이라는 점이다.

또한 투자위험에 대한 적절한 보상은 분산불능위험인 체계적 위험에 한정해야 할 것이다. 특정증권이 포트폴리오 위험에 미치는 영향은 특정증권의 분산의 크기가 아니라 타 증권과의 공분산(상관관계)에 달려 있고, 적절한 위험보상률은 수익률의 총분산이 아니라 분산불능위험인 공분산에 의해서 결정되어야 함을 의미한다.

이와 같이 투자종목의 수가 증가될 때 투자위험이 감소하는 양태는 여러 가지 실증적 자료에서도 확인할 수 있다. 미국 뉴욕증권거래소에 상장된 주식들에 대한 한 실증분석에서는 포트폴리오를 구성하는 개별주식에 대해 동일한 비율로 투자하였을 때, 구성주식수의 증가에 따라 포트폴리오 분산의 감소효과를 분석하고 있다.[1] 이에 의하면 다섯 종목 정도까지는 위험분산효과가 현격함을 볼 수 있는데, 4개 종목의 경우는 단일종목의 경우보다 위험이 64% 정도 감소하고, 구성주식수가 10~15종목 정도 증가하면 분산가능위험의 90~95% 정도까지 감소시킬 수 있게 된다. 사실상 20여 종목을 넘으면 위험감소효과가 아주 미미해진다.

결론적으로 보면 투자종목의 수가 증가함에 따라 투자위험은 감소하지만, 그 효과는 구성종목 간의 상관관계의 크기에 의해서 제약을 받게 된다.

---

1) Meir Statman, "How Many Stock Make a Diversified Portfolio," *Journal of Financial and Quantitative Analysis* 22(Sept. 1987).

4.2 Excel 활용 n종목 포트폴리오 구성하기

앞의 제3장 3.3절에서는 두 종목의 경우 Excel을 활용하여 포트폴리오 결합선과 최소분산포트폴리오를 도출하는 것을 설명하였다. 이하에서는 n종목의 경우 Excel을 활용하여 효율적 포트폴리오를 구성하는 방법을 설명하기로 한다.

n종목으로 구성되는 효율적 포트폴리오를 도출하기 위해서는 단계별로 다음 과정이 필요하다.

① n종목 포트폴리오의 기대수익률과 분산(표준편차) 측정
② 임의의 두 포트폴리오 간의 결합선 도출
③ n종목 포트폴리오 결합선과 최소분산포트폴리오 도출

여기서 임의의 두 포트폴리오를 기준으로 분석하는 이유는 4.1절에서도 언급한 것처럼 아무리 많은 종목이라도 두 종목의 결합관계에서 분석될 수 있기 때문이다. 다수 종목으로 구성되는 서로 다른 두 포트폴리오에 대해서 투자비율을 달리하여 얻어지는 것이 n종목 포트폴리오 결합선이다. 환언하면 n종목의 포트폴리오를 구성할 때 임의의 서로 다른 두 투자비율의 두 포트폴리오를 만들고, 이 두 포트폴리오를 마치 2개 증권처럼 보고 투자비율을 조정하면 그것이 곧 n종목 포트폴리오 결합선이 되는 것이다.

(1) n종목 포트폴리오의 기대수익과 위험의 측정

1) n종목 포트폴리오의 기대수익률

n종목 포트폴리오의 기대수익과 위험은 앞의 식 (4-3)과 식 (4-4)를 통하여 측정될 수 있음을 살펴본 바 있다. 이제 4개 종목의 경우에 대해서 이를 적용하여 포트폴리오 기대수익률을 측정하면 다음과 같다.

$$E(R_P) = w_1 E(R_1) + w_2 E(R_2) + w_3 E(R_3) + w_4 E(R_4) \tag{4-8}$$

Excel에서는 행렬 연산방법으로 이것의 해를 구한다. 식 (4-8)을 행렬 형태로

표현하면 다음과 같다.

$$E(R_P) = [w_1\ w_2\ w_3\ w_4] \begin{bmatrix} E(R_1) \\ E(R_2) \\ E(R_3) \\ E(R_4) \end{bmatrix}$$

$$= W \cdot E(R) \qquad (4\text{-}9)$$

단, $W = [w_1\ w_2\ w_3\ w_4]$: 개별종목 각각에의 투자비율 행벡터(row vector)

$E(R) = \begin{bmatrix} E(R_1) \\ E(R_2) \\ E(R_3) \\ E(R_4) \end{bmatrix}$: 개별종목 각각의 기대수익률 열벡터(colum vector)

Excel에서는 이 두 벡터의 곱을 MMULT(matrix multiplication) 함수로 처리하고 있다. 그래서 $E(R_P)$를 측정하기 위해서는 다음과 같이 입력하면 얻어진다.

포트폴리오 기대수익률 = MMULT(투자비율 행벡터, 기대수익률 열벡터)

즉, 두 행렬의 곱 $[w_1\ w_2\ w_3\ w_4] \times \begin{bmatrix} E(R_1) \\ E(R_2) \\ E(R_3) \\ E(R_4) \end{bmatrix}$ 을 의미함

이제 제3장 〈표 3-5〉에서 제시된 바 있는 4개 종목 SK하이닉스, LG생활건강, POSCO, 셀트리온에 대하여 2016.1~2019.4 기간(40개월 자료) 동안의 분산-공분산 행렬과 기대수익률이 〈표 4-2〉와 같이 추정된 것을 전제로, 포트폴리오 기대수익률과 위험을 측정해 보자(분산-공분산 행렬을 측정하는 방법은 (3)항에서 설명할 것임).

〈표 4-2〉 4종목의 공분산 행렬과 기대수익률

	SK하이닉스	LG생활건강	POSCO	셀트리온	기대수익률
SK하이닉스	0.00741	0.00103	0.00024	−0.00104	0.02359
LG생활건강	0.00103	0.00768	0.00038	0.00224	0.00758
POSCO	0.00024	0.00038	0.00564	0.00173	0.01066
셀트리온	−0.00104	0.00224	0.00173	0.01637	0.02513

〈표 4-3〉 4종목으로 구성된 port 1, 2의 기대수익률, 분산, 표준편차

C14 =MMULT(C9:F9,I3:I6)

	A	B	C	D	E	F	G	H	I
1		[4종목 포트폴리오 구성]		분산-공분산 행렬(S)					
2			SK하이닉스	LG생활건강	POSCO	셀트리온			기대수익률
3		SK하이닉스	0.00741	0.00103	0.00024	-0.00104			0.02359
4		LG생활건강	0.00103	0.00768	0.00038	0.00224			0.00758
5		POSCO	0.00024	0.00038	0.00564	0.00173			0.01066
6		셀트리온	-0.00104	0.00224	0.00173	0.01637			0.02513
7									
8		투자비율(W)						전치행렬(W^T)	
9		port1	0.3	0.1	0.2	0.4		port1	port2
10		port2	0.2	0.4	0.3	0.1		0.3	0.2
11								0.1	0.4
12		각 포트폴리오의 통계량						0.2	0.3
13			port 1	port 2				0.4	0.1
14		평균	0.0200	0.0135		평균 셀C14	=MMULT(C9:F9,I3:I6)		
15		분산	0.0039	0.0027		분산 셀C15	= MMULT(C9:F9, MMULT(C3:F6,H10:H13))		
16		표준편차	0.0625	0.0522		표준편차 셀C16	=SQRT(C15)		
17		공분산	0.0025			공분산 셀C17	=MMULT(C9:F9,MMULT(C3:F6,I10:I13))		
18		상관계수	0.7583			상관계수 셀C18	=C17/(C16*D16)		

(4장) 4종목 포트폴리오 구성

다수 종목의 결합도 위에서 설명한 것처럼 두 포트폴리오의 결합관계에 의해서 분석될 수 있다. 이제 투자비율을 다음과 같이 서로 다르게 투자한 임의의 두 포트폴리오를 port 1, port 2라 하자.

포트폴리오 \ 투자비율	SK하이닉스 (w_1)	LG생활건강 (w_2)	POSCO (w_3)	셀트리온 (w_4)
port 1	0.3	0.1	0.2	0.4
port 2	0.2	0.4	0.3	0.1

〈표 4-3〉에서 보는 것처럼 주식 SK하이닉스, LG생활건강, POSCO, 셀트리온에 대하여 투자비율을 0.3, 0.1, 0.2, 0.4씩 투자할 경우의 port 1의 기대수익률은 다음과 같은 방법으로 추정된다.

port 1의 기대수익률(셀 C14) : =MMULT(투자비율 행벡터, 기대수익률 열벡터)
=MMULT(C9:F9,I3:I6)

마찬가지로 투자비율을 0.2, 0.4, 0.3, 0.1씩 투자할 경우의 port 2의 기대수익률은 다음과 같은 방법으로 측정된다. 〈표 4-3〉에서 셀 D14는 아래와 같은 식에 의해서 계산된 값이다.

port 2의 기대수익률(셀 D14) : =MMULT(C10:F10,I3:I6)

2) n종목 포트폴리오의 분산, 표준편차

ⓐ 4종목으로 구성되는 포트폴리오의 분산은 식 (4-4)를 적용할 때 다음과 같이 계산된다.

$$\sigma_P^2 = \sum_{i=1}^{4}\sum_{j=1}^{4} w_i w_j \sigma_{ij}$$
$$= w_1^2\sigma_1^2 + w_2^2\sigma_2^2 + w_3^2\sigma_3^2 + w_4^2\sigma_4^2$$
$$+ 2(w_1 w_2 \sigma_{12} + w_2 w_3 \sigma_{23} \cdots\cdots\cdots\cdots + w_4 w_1 \sigma_{41}) \qquad (4\text{-}10)$$

ⓑ 위의 식을 행렬 형태로 표현하면 다음과 같다.

$$\sigma_P^2 = \begin{bmatrix} w_1 & w_2 & w_3 & w_4 \end{bmatrix} \begin{bmatrix} \sigma_{11} & \sigma_{21} & \sigma_{31} & \sigma_{41} \\ \sigma_{12} & \sigma_{22} & \sigma_{32} & \sigma_{42} \\ \sigma_{13} & \sigma_{23} & \sigma_{33} & \sigma_{43} \\ \sigma_{14} & \sigma_{24} & \sigma_{34} & \sigma_{44} \end{bmatrix} \begin{bmatrix} w_1 \\ w_2 \\ w_3 \\ w_4 \end{bmatrix}$$
$$= W_i \cdot S \cdot W_i^T \qquad (4\text{-}11)$$

단, W_i, W_i^T : 투자비율 행벡터와 투자비율의 전치행렬
S : 분산-공분산 행렬

ⓒ 포트폴리오 분산을 구하기 위해서는 먼저 투자비율 행렬(W_i)만이 아니라 투자비율의 전치행렬(W_i^T)도 필요하다. 전치행렬의 생성방법은 다음과 같다(제2장 2.2절 참조).

i) 셀영역 B9:F10에는 port 1, port 2 투자비율이 행벡터로 입력되어 있다.

ii) 〈표 4-3〉과 같이 전치행렬을 생성하고자 하는 셀영역 H9:I13을 마우스로 드래그한 다음, 수식입력 부분에 "=TRANSPOSE(B9:F10)"이라고 입력한다.[2)]

iii) 수식입력이 완료되었으면, Ctrl+Shift+Enter↵ 키를 동시에 누른다. 그러면 셀영역 H9에서 I13까지 투자비율에 대한 전치행렬이 생성된다.

---

2) 전치행렬을 형성하는 다른 방법은 "복사-붙여넣기" 옵션 중 "선택하여 붙여넣기" 대화상자에서 '모두'와 하단의 '행열바꿈'을 클릭하면 된다.

ⓓ Excel에서 분산을 구하는 행렬 연산은 $\sigma_P^2 = W_i \cdot S \cdot W_i^T$ [=투자비율 행렬 · 분산/공분산행렬 · 투자비율의 전치행렬]이므로 다음과 같이 입력하면 구해진다.

port 1의 분산(셀 C15) : =MMULT(C9:F9,MMULT(C3:F6,H10:H13))
port 2의 분산(셀 D15) : =MMULT(C10:F10,MMULT(C3:F6,I10:I13))

단, C9:F9 : port 1의 투자비율, C3:F6 : 분산-공분산 행렬
H10:H13 : port 1의 투자비율의 전치행렬

또한, 포트폴리오의 표준편차는 분산의 제곱근이므로 다음과 같이 Excel 명령식을 입력하면 구해진다.

port 1의 표준편차(셀 C16) : =SQRT(C15)

3) 두 포트폴리오의 공분산, 상관계수의 측정

① 두 포트폴리오 간의 공분산

본 포트폴리오 구성에서는 계속해서 다수 종목의 결합을 마치 두 종목의 결합처럼 보고 해를 구하는 방법을 사용하고 있다. 따라서 이 두 개별 포트폴리오(port 1, port 2) 간의 공분산, 상관계수를 측정해야 한다. 두 개별 포트폴리오 간의 공분산은 다음과 같이 계산된다.

$$
\begin{aligned}
Cov(P_1, P_2) &= \begin{bmatrix} w_1 w_1 \sigma_{11} & w_2 w_1 \sigma_{21} & w_3 w_1 \sigma_{31} & w_4 w_1 \sigma_{41} \\ w_1 w_2 \sigma_{12} & w_2 w_2 \sigma_{22} & w_3 w_2 \sigma_{32} & w_4 w_2 \sigma_{42} \\ w_1 w_3 \sigma_{13} & w_2 w_3 \sigma_{23} & w_3 w_3 \sigma_{33} & w_4 w_3 \sigma_{43} \\ w_1 w_4 \sigma_{14} & w_2 w_4 \sigma_{24} & w_3 w_4 \sigma_{34} & w_4 w_4 \sigma_{44} \end{bmatrix} \\
&= [w_{i1}\, w_{i2}\, w_{i3}\, w_{i4}] \cdot S \cdot \begin{bmatrix} w_{j1} \\ w_{j2} \\ w_{j3} \\ w_{j4} \end{bmatrix} \\
&= W_i \cdot S \cdot W_j^T \qquad (4\text{-}12)
\end{aligned}
$$

단, W_i : port i(여기서는 port 1)에 대한 투자비율 행벡터
W_j^T : port j(여기서는 port 2)에 대한 투자비율의 전치행렬(열벡터)
S : 분산-공분산 행렬

따라서 port 1과 port 2 간의 공분산을 구하는 Excel 명령식은 다음과 같다.

포트폴리오들 간의 공분산(셀 C17) : =MMULT(C9:F9,MMULT(C3:F6,I10:I13))

단, C9:F9 : port 1의 투자비율, C3:F6 : 공분산 행렬

I10:I13 : port 2의 투자비율 전치행렬

이 계산과정에서 주의할 점은 투자비율 벡터의 곱에서, 첫 번째 W_i는 port i(여기서는 port 1)의 투자비율 행벡터이고, 제일 끝의 W_j^T는 port i가 아닌 port j(여기서는 port 2)에 대한 투자비율의 전치행렬(열벡터)이라는 점이다.

〈표 4-4〉 port 1과 port 2 간의 공분산과 상관계수

C17 | =MMULT(C9:F9,MMULT(C3:F6,I10:I13))

	A	B	C	D	E	F	G	H	I
1		[4종목 포트폴리오 구성]			분산공분산 행렬(S)				
2			SK하이닉스	LG생활건강	POSCO	셀트리온			기대수익률
3		SK하이닉스	0.00741	0.00103	0.00024	-0.00104			0.02359
4		LG생활건강	0.00103	0.00768	0.00038	0.00224			0.00758
5		POSCO	0.00024	0.00038	0.00564	0.00173			0.01066
6		셀트리온	-0.00104	0.00224	0.00173	0.01637			0.02513
7									
8		투자비율(W)						전치행렬(W^T)	
9		port1	0.3	0.1	0.2	0.4		port1	port2
10		port2	0.2	0.4	0.3	0.1		0.3	0.2
11								0.1	0.4
12		각 포트폴리오의 통계량						0.2	0.3
13			port 1	port 2				0.4	0.1
14		평균	0.0200	0.0135		평균 셀C14	=MMULT(C9:F9,I3:I6)		
15		분산	0.0039	0.0027		분산 셀C15	= MMULT(C9:F9, MMULT(C3:F6,H10:H13))		
16		표준편차	0.0625	0.0522		표준편차 셀C16	=SQRT(C15)		
17		공분산	0.0025			공분산 셀C17	=MMULT(C9:F9,MMULT(C3:F6,I10:I13))		
18		상관계수	0.7583			상관계수 셀C18	=C17/(C16*D16)		

(4장) 4종목 포트폴리오 구성

② 두 포트폴리오 간의 상관계수

한편, 상관계수는 다음 식 (4-13)에 의해 측정되므로 이를 적용하여 계산한다.

$$\rho_{ij} = \frac{Cov(r_i,\ r_j)}{\sigma_i \cdot \sigma_j} \tag{4-13}$$

이에 따라 상관계수를 구하면, Excel 명령식은 다음과 같다.

포트폴리오들 간의 상관계수(셀 C18) : =C17/(C16*D16)

단, C17 : port 1과 port 2 간의 공분산

C16 : port 1의 표준편차, D16 : port 2의 표준편차

③ port 1과 port 2로 구성된 새로운 포트폴리오인 port 3의 기대수익과 위험

지금까지 port 1과 port 2에 대한 기대수익률과 분산, 표준편차, 공분산 그리고 상관계수 등을 계산하였다. 이제 투자자금을 port 1과 port 2 두 포트폴리오에 각각 w, $1-w$만큼씩 투자하여 포트폴리오를 구성한다고 할 때 구성되는 포트폴리오의 수는 무수하게 많이 존재하게 된다. 이들 포트폴리오들의 조합들을 연결한 것이 바로 4종목으로 구성되는 포트폴리오 결합선이다.

이것을 도출하는 전 단계로서 port 1과 port 2에 대한 투자비율을 임의로 각각 0.3, 0.7로 하는 포트폴리오를 port 3이라고 정의하고, 이 port 3의 기대수익률과 분산 그리고 공분산을 계산해 보기로 하자.

port 3의 기대수익률과 분산은 2개 종목의 경우와 동일하므로 다음과 같이 계산된다.

$$E(R_{P3}) = w \cdot E(R_{P1}) + (1-w) \cdot E(R_{P2})$$

$$\sigma^2_{P3} = w^2 \sigma^2_{P1} + (1-w)^2 \sigma^2_{P2} + 2w(1-w) \cdot Cov(P_1, P_2) \tag{4-14}$$

이제 port 1에 대한 투자비율(w)이 30%인 경우를 보기 위해 C20에 "0.3"이라고 입력하고, 다음의 Excel 함수식을 실행하면 port 3의 기대수익률(C23), 분산(C24), 표

〈표 4-5〉 port 3 의 기대수익률

C23 | fx =$C$20*C14+(1-$C$20)*D14

	A	B	C	D	E	F	G	H	I
12		각 포트폴리오의 통계량						0.2	0.3
13			port 1	port 2				0.4	0.1
14		평균	0.0200	0.0135		평균 셀C14	=MMULT(C9:F9,I3:I6)		
15		분산	0.0039	0.0027		분산 셀C15	= MMULT(C9:F9, MMULT(C3:F6,H10:H13))		
16		표준편차	0.0625	0.0522		표준편차 셀C16	=SQRT(C15)		
17		공분산	0.0025			공분산 셀C17	=MMULT(C9:F9,MMULT(C3:F6,I10:I13))		
18		상관계수	0.7583			상관계수 셀C18	=C17/(C16*D16)		
19									
20	port 1에 대한 투자비율		0.3						
21									
22			port 3						
23		평균	0.0154	평균 셀C23	=$C$20*C14+(1-$C$20)*D14'				
24		분산	0.0027	분산 셀C24	=$C$20^2*C15+(1-$C$20)^2*D15+2*$C$20*(1-$C$20)*C16*D16*C18'				
25		표준편차	0.0522	표준편차 셀C16	=SQRT(C24)'				

(4장) 4종목 포트폴리오 구성

준편차(C25)를 구할 수 있다. 여기서 주의할 점은 투자비율 셀 C20을 절대참조($) 형식으로 입력해야 한다는 점이다.

기대수익률(셀 C23) : =$C$20*C14+(1-$C$20)*D14
분　　산(셀 C24) : =$C$20^2*C15+(1-$C$20)^2*D15
+2*$C$20*(1-$C$20)*C16*D16*C18
표 준 편 차(셀 C25) : =SQRT(C24)

(2) 4종목 포트폴리오 결합선과 최소분산포트폴리오

위에서 구한 port 3의 기대수익과 위험은 port 1과 port 2에 각각 0.3, 0.7씩 투자하는 경우였다. 이제 port 1과 port 2에 대한 투자비율이 각각 달라지면 port 3의 기대수익과 위험도 또한 달라질 것이다. 이것을 그림으로 나타낸 것이 n종목 포트폴리오 결합선이다. 그리고 포트폴리오 결합선상에서 위험이 최소인 포트폴리오가 n종목 최소분산포트폴리오(MVP : minimum variance portfolio)이다.

port 1과 port 2에 대한 투자비율이 이를테면 0～100%로 10%씩 변화될 때 port 3의 기대수익과 위험의 계산은 제3장 3.4절 (4)항에서 적용한 방법과 동일하게 "데이터-예측/가상분석-데이터 표(T)" 기능을 활용한다.

(1단계) '데이터 표' 작성 준비

먼저, 연속데이터 채우기 방법을 이용하여 투자비율이 −20～120%로 10%씩 증가하는 표를 작성한다. 그런 다음 기준포트폴리오(port 1에 대한 투자비율이 30%)의 위험과 기대수익을 입력한다. 즉, 셀 D29에 "=C25"를 입력하고, 셀 E29에 "=C23"을 각각 입력한다. 기준포트폴리오의 위험과 기대수익을 절대참조하여 투자비율이 달라지는 경우의 기대수익과 위험을 계산하기 위함이다.

(2단계) 데이터영역 설정 및 표(T) 기능 이용

데이터영역(C29:E44)을 지정한 후 메뉴의 "데이터-예측/가상분석-데이터 표(T)"를 순서대로 클릭하여 '데이터 표' 작성기능을 활성화시킨다. 이제 '데이터 표' 대화상자가 나타나면, 열 입력 셀(C)에 셀 C20(기준포트폴리오의 투자비율)을 마우스로 클릭하여 셀 주소를 지정한다. 그러면 자동으로 절대셀($C$20)로 바뀌어 입력될 것이다. 그런 다음 확인 단추를 클릭하면 3단계의 표처럼 데이터 테이블이 완성된다. 이 단계에서 주의할 점은 D29와 E29를 포함시켜 데이터영역을 지정한다는 점이다.

〈표 4-6〉 4종목 포트폴리오 구성 : '데이터 표' 작성의 준비

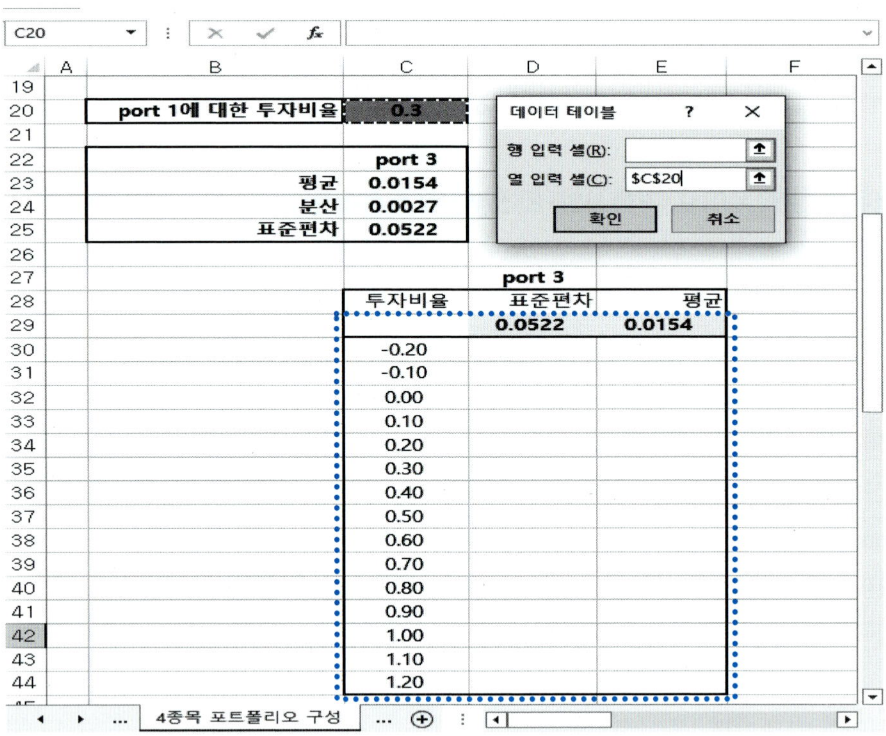

(3단계) '데이터 표'의 완성

아래의 완성된 '데이터 표'(〈표 4-7〉)를 보면 최소분산포트폴리오(MVP)는 대략 port 1에 10~20% 투자하는 경우임을 알 수 있다. 또 이와 같은 투자비율로 각각 투자했을 경우 port 3의 위험은 5.19% 수준으로 최소가 됨을 알 수 있다.

지금까지는 데이터 표(T) 기능을 활용하여 10% 간격의 투자비율 변화에 따른 표준편차, 평균수익률을 구하여 대략적인 최소분산포트폴리오(MVP)를 도출해 보았다. 이는 정확한 해가 아닐 수 있다. 투자비율의 간격을 좁게 한다면 정확성은 높아질 수 있다. 정확한 MVP를 도출하는 방법은 제3장 3.4절 (4)항에서 설명한 바 있는 식 (4-15)를 이용하여 투자비율을 구하는 것이다. 〈표 4-7〉의 셀 G29는 식 (4-15)에 의한 정확한 해가 15.0%임을 보여주고 있다.

〈표 4-7〉 4종목 포트폴리오 구성 : '데이터 표'의 완성

G29 : f_x =(D15-C17)/(C15+D15-2*C17)

	A	B	C	D	E	F	G	H
19								
20	port 1에 대한 투자비율		0.3					
21								
22			port 3					
23		평균	0.0154					
24		분산	0.0027					
25		표준편차	0.0522					
26								
27				port 3				
28				표준편차	평균		(식4-15)에 의한 투자비율 계산	
29			투자비율	0.0522	0.0154		0.150	
30			-0.20	0.05377	0.01215		최소분산 포트폴리오(MVP)	
31			-0.10	0.05282	0.01280		평균	0.01444
32			0.00	0.05218	0.01346		분산	0.00269
33			0.10	0.05186	0.01412		표준편차	0.05182
34			0.20	0.05186	0.01477			
35			0.30	0.05218	0.01543		셀 G29의 수식	
36			0.40	0.05282	0.01608		=(D15-C17)/(C15+D15-2*C17)'	
37			0.50	0.05377	0.01674		셀 H31의 수식	
38			0.60	0.05501	0.01739		=$G$29*C14+(1-$G$29)*D14'	
39			0.70	0.05652	0.01805		셀 H32의 수식	
40			0.80	0.05827	0.01871		= $G$29^2*C15+(1-$G$29)^2*D15	
41			0.90	0.06026	0.01936		+2*$G$29*(1-$G$29)*C16*D16*C18	
42			1.00	0.06245	0.02002		셀 H33의 수식	
43			1.10	0.06483	0.02067		=SQRT(H32)'	
44			1.20	0.06737	0.02133			

(4장) 4종목 포트폴리오 구성

$$\text{port 1에 대한 최적 투자비율}(w^*) = \frac{\sigma_Y^2 - \sigma_{XY}}{\sigma_X^2 + \sigma_Y^2 - 2\sigma_{XY}} \tag{4-15}$$

여기서, σ_X^2 : 증권 X의 분산, σ_Y^2 : 증권 Y의 분산
σ_{XY} : 증권 X와 증권 Y 간의 공분산

MVP투자비율(셀 G29) : =(C15-C17)/(C15+D15-2*C17)

따라서 port 2에 대한 투자비율은 $1-w^*$이므로 약 85.0%임을 보여주고 있다. 결과적으로 최소분산포트폴리오(MVP)의 기대수익률은 1.44%이며, 표준편차는 5.18%임을 알 수 있다.

MVP의 기대수익률(셀 H31) : =$G$29*C14+(1-$G$29)*D14
MVP의 분산(셀 H32) : =$G$29^2*C15+(1-$G$29)^2*D15
+2*$G$29*(1-$G$29)*C16*D16*C18
MVP의 표준편차(셀 H33) : =SQRT(H32)

(4단계) 차트의 선택

3단계에서는 port 1과 port 2의 투자비율이 달라질 때, 새로운 포트폴리오 port 3의 기대수익과 위험이 어떻게 변하는지를 살펴보았다.

이제 다음 단계로 이를 차트로 도시해 보기로 한다. 먼저 *X*축에 위험, *Y*축에 기대수익이 나타나야 하므로, 〈표 4-8〉과 같이 그림으로 나타내고자 하는 자료의 셀영역 D30:E44(D29와 E29가 포함되지 않음)를 마우스로 드래그하여 지정한 다음, 메뉴에서 **[삽입]** 탭을 클릭한 후 **[차트]** 그룹 가운데에서 **분산형** 메뉴를 클릭한다.

그러면 분산형의 여러 차트 유형이 나타나는데, 이 중에서 두 번째 **"곡선 및 표식이 있는 분산형"**을 선택하여 클릭한다. 그러면 바로 그래프 〈표 4-9〉가 생성되어 현재 작업 중인 데이터가 나타나 있는 워크시트상에 차트가 그대로 삽입되어 나타난다.

차트 스타일을 선택하는 다른 방법의 하나는 **'리본메뉴'**에서 원하는 **'차트 스타일'**을 선택하는 방법이 있다. 차트의 그림부분을 더블클릭하면 메뉴에서 〈표 4-9〉에서 보는 차트의 레이아웃들이 나타나는데, 여기서 원하는 레이아웃을 선택할 수 있다. 여기서는 첫 번째 **레이아웃 1**을 선택했다.

〈표 4-8〉 삽입-차트 종류의 선택(4종목 포트폴리오)

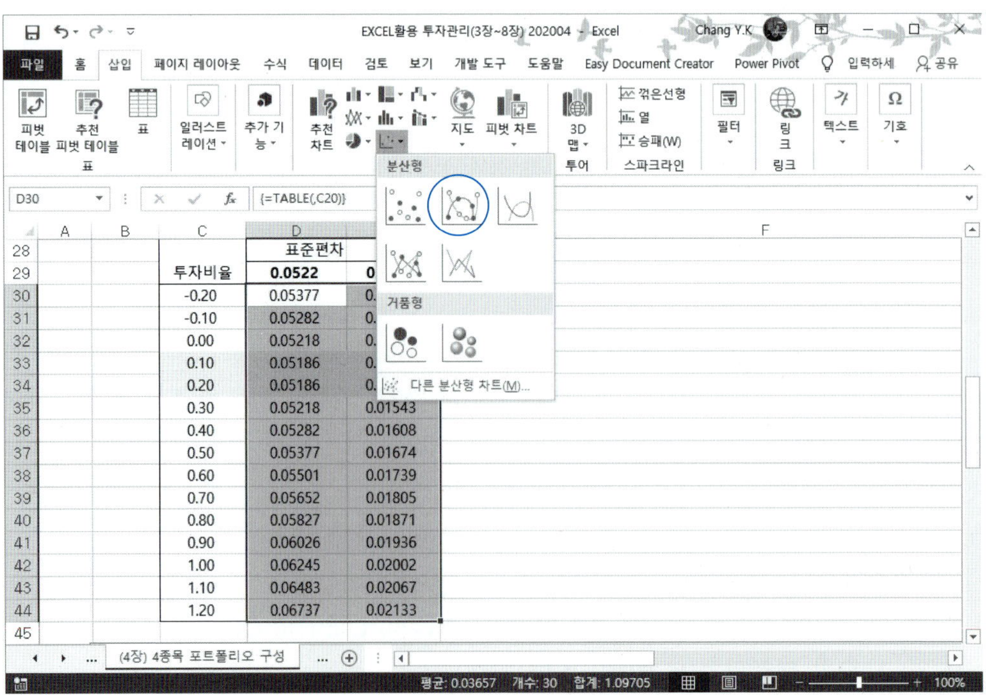

〈표 4-9〉 차트의 생성(4종목 포트폴리오)

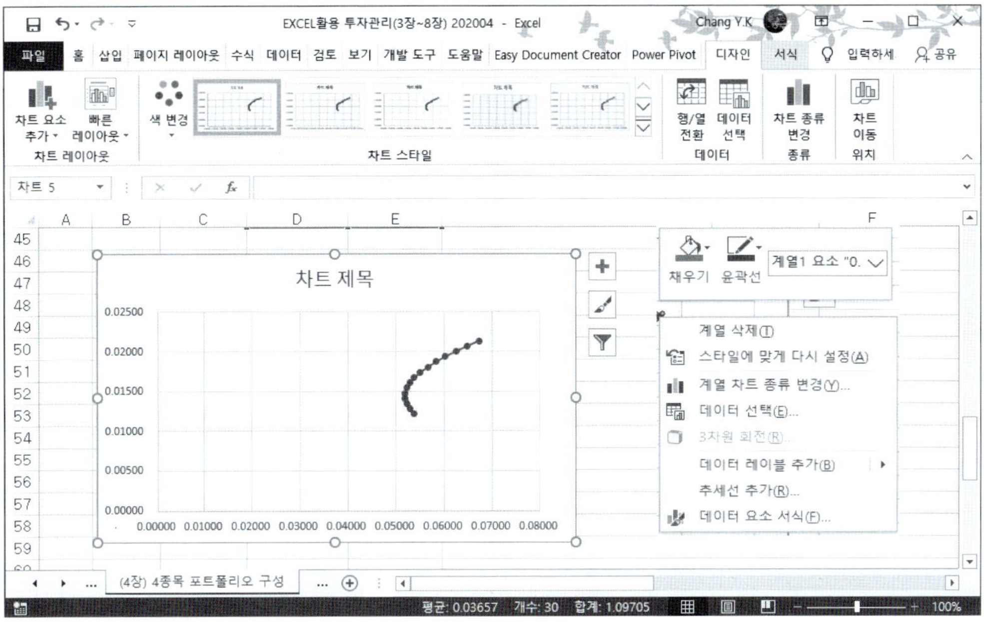

(5단계) 차트의 편집

생성된 차트가 보기에 너무 작으면 차트를 확대하는 등 편집하는 것이 다음 작업이다.

차트의 확대 편집과 표시형식의 수정작업은 제3장 3.4절 6단계에서 '2종목으로 구성된 포트폴리오의 MVP 차트'에 대해서 작업했던 것과 동일하다.

먼저 차트의 확대 편집작업은 1차로 생성된 차트의 $X(Y)$축의 임의의 눈금에 마우스 오른쪽을 클릭하면 메뉴창이 나타난다. 그중 제일 하단에 있는 축서식을 클릭하면 축서식 대화상자가 나타나는데, X축, Y축의 최소값(N), 최대값(X)을 확대하기 원하는 수준으로 설정해 준다.

소수 자릿수, 선의 굵기 등 표시형식을 변경하는 작업은 '축서식'의 제일 하단의 '표시형식'을 클릭하여 '소수 자릿수(D)'에 표시하기를 원하는 자릿수를 입력한다.

포트폴리오 결합선의 굵기와 포트폴리오 결합점들의 크기를 크게 증가시키거나, 스타일을 편집하는 작업은 포트폴리오 결합점 중 임의의 한 점을 오른쪽 클릭하면 '스타일서식' 대화상자가 나타난다. 대화상자 안의 내용을 보면 크게 계열삭제, 스타일에 맞게 다시 설정, 계열 차트 종류 변경, 데이터 선택, 데이터 레이블 추가, 추세선 추가, 데이터 요소 서식 등으로 분류되어 있음을 볼 수 있다. 이 중 하나

〈표 4-10〉 차트의 편집(4종목 포트폴리오)

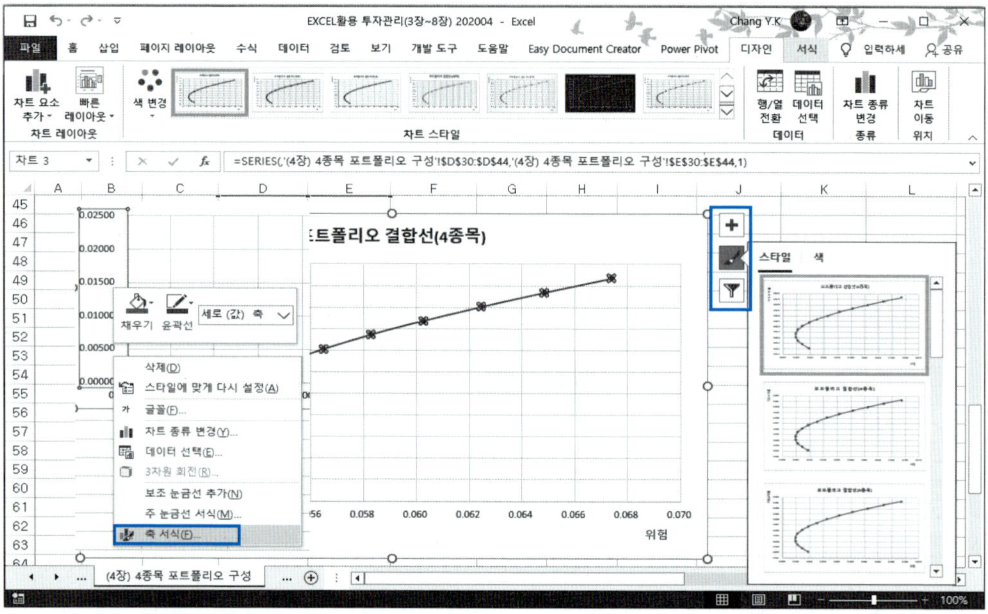

〈표 4-11〉 차트의 완성

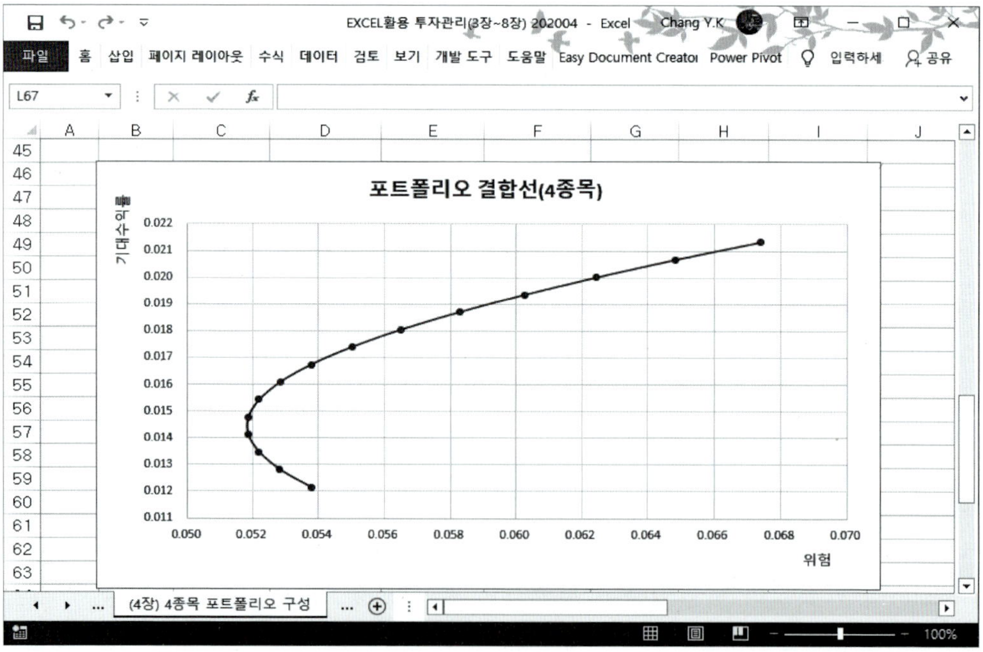

를 선택하여 원하는 작업을 진행한다.3)

차트제목과 X축 이름, Y축 이름을 입력하는 편집작업은 차트의 오른쪽 상단의 [+] 표시를 클릭하여 차트제목, 축제목을 입력한다. 〈표 4-11〉은 최종적으로 위에서 설명한 여러 가지 편집방법을 적용한 결과를 보여주고 있다.

(3) 분산-공분산 행렬의 계산

위의 예제에서는 **분산-공분산 행렬**(variance-covariance matrix)이 주어진 것으로 전제하여 포트폴리오를 구성해 보았다. 이제 분산-공분산 행렬을 어떻게 계산하는지를 살펴보기로 한다. 앞에서 예로 든 SK하이닉스, LG생활건강, POSCO, 셀트리온의 서로 간의 수익률은 어떤 관계를 가지고 움직이는지, 또한 그로 인하여 위험감소효과가 얼마나 클 것으로 예상할 수 있는지를 알아보기로 한다. 자료이용기간은 위의 설명과 동일하게 2016.1~2019.4의 수익률을 이용하기로 한다.

어느 두 증권 i, j 간의 공분산(σ_{ij})은 다음과 같이 정의된다.

$$\sigma_{ij} = E[r_i - E(R_i)]\,[r_j - E(R_j)] \tag{4-16}$$

단, r_i, r_j : 증권 i, j 의 발생가능 수익률
$E(R_i), E(R_j)$: 증권 i, j 의 기대수익률

공분산은 각 증권의 초과수익률(excess return)인 $(r_i - E(R_i))$ 간의 곱이므로 수많은 증권들 간의 공분산을 한꺼번에 표시한 **분산-공분산 행렬**(S)은 초과수익률 행렬 A와 행렬 A의 전치행렬 A^T의 곱에 의해서 계산된다. 즉,

$$A = \begin{bmatrix} r_{11} - \overline{r_1} & \dots & r_{N1} - \overline{r_N} \\ r_{12} - \overline{r_1} & \dots & r_{N2} - \overline{r_N} \\ \vdots & & \vdots \\ r_{1N} - \overline{r_1} & \dots & r_{NN} - \overline{r_N} \end{bmatrix} \qquad A^T = \begin{bmatrix} r_{11} - \overline{r_1} & \dots & r_{1N} - \overline{r_1} \\ r_{21} - \overline{r_2} & \dots & r_{2N} - \overline{r_2} \\ \vdots & & \vdots \\ r_{N1} - \overline{r_N} & \dots & r_{NN} - \overline{r_N} \end{bmatrix}$$

3) 기존 버전에서는 데이터 계열 서식 대화상자 안의 내용을 보면 크게 계열옵션, 표식옵션, 표식 채우기, 선 색, 선 스타일, 표시 선 색, 표시 선 스타일, 그림자, 3차원 서식 등으로 분류하고 있다. 만약 표식 모양을 바꾸고 싶으면 기본제공을 선택한 뒤 원하는 모양으로 바꾸면 된다.

분산-공분산 행렬(S)

$$S = [\sigma_{ij}] = \frac{A^T \cdot A}{N} \tag{4-17}$$

단, N: 관찰치 수(증권 종목수가 아님)

Excel에 의해서 분산-공분산 행렬을 계산하는 과정은 다음과 같이 정리된다.

ⓐ 개별 주식수익률들의 평균과 초과수익률(A)을 계산한다.
ⓑ 초과수익률 행렬의 전치행렬(A^T)을 구한다.
ⓒ ⓐ와 ⓑ를 곱하여 분산-공분산 행렬을 구한다.

(1단계) 초과수익률 행렬(A)의 계산

초과수익률은 발생가능수익률(또는 특정시점의 수익률)과 평균수익률 간의 차이이므로 먼저 평균을 계산해야 한다. 평균수익률은 다음과 같이 AVERAGE 함수식을 이용하여 계산하고, 나머지 주식들은 자동채우기핸들(+) 기능으로 계산한다(〈표 4-12〉). 초과수익률은 발생가능수익률에서 평균수익률을 차감하여 구하는데, 평균수익률은 나머지 주식들도 이를 참조하도록 절대참조 형태로 표시되어야 한다. 이때 평균수익률의 셀주소를 $C$42가 아닌 C$42로 표시한 것은 자동채우기핸들(+) 기능을 활용하기 위하여 열은 상대참조로, 행은 절대참조로 처리한 것이다(〈표 4-13〉).

SK하이닉스 평균수익률 계산(셀 C43) : =AVERAGE(C3:C$42)
SK하이닉스 2016년 1월 초과수익률 계산(셀 H3) : =C3-C$43

〈표 4-12〉 평균수익률의 계산

C43 | =AVERAGE(C3:C$42)

	A	B	C	D	E	F
1	*분산 공분산 행렬의 추정*			(1) 평균수익률		
2		일자	SK하이닉스	LG생활건강	POSCO	셀트리온
3		2016-01-31	-0.1190	-0.0578	0.0696	0.2826
4		2016-02-29	0.0943	-0.1325	0.1062	-0.1142
5		2016-03-31	-0.0637	0.0850	0.1006	0.0935
6		2016-04-30	0.0000	0.0635	0.0914	-0.0875
7		2016-05-31	0.0193	0.0475	-0.1452	-0.0150
8		2016-06-30	0.1213	0.0562	-0.0317	-0.0307
9		2016-07-31	0.0599	-0.1027	0.1170	0.0800
10		2016-08-31	0.0579	-0.0582	0.0197	0.0256
11		2016-09-30	0.0979	0.0042	-0.0175	-0.0038
12		2016-10-31	0.0197	-0.1524	0.0431	-0.0019
13		2016-11-30	0.0453	-0.0411	0.0514	-0.0364
14		2016-12-31	0.0411	0.0852	0.0316	0.0959
15		2017-01-31	0.1834	0.0253	0.0511	-0.0694
16		2017-02-28	-0.1397	-0.0011	0.0451	0.0129
17		2017-03-31	0.0782	-0.0794	0.0261	-0.1191
18		2017-04-30	0.0670	0.0656	-0.0842	-0.0056
19		2017-05-31	0.0541	0.1267	0.0528	0.0648
20		2017-06-30	0.1676	0.0111	0.0176	0.1856
21		2017-07-31	-0.0210	-0.0030	0.1457	-0.0590
22		2017-08-31	0.0386	-0.0318	0.0341	0.0590
23		2017-09-30	0.1893	-0.0253	-0.0803	0.2100
24		2017-10-31	-0.0085	0.2291	0.0265	0.1980
25		2017-11-30	-0.0680	-0.0034	0.0288	0.1449
26		2017-12-31	-0.0039	0.0135	-0.0075	0.1195
27		2018-01-31	-0.0400	-0.0101	0.1348	0.3562
28		2018-02-28	0.0439	-0.0677	-0.0512	0.1113
29		2018-03-31	0.0569	0.0937	-0.1049	-0.1315
30		2018-04-30	0.0386	0.1258	0.1349	-0.1328
31		2018-05-31	0.1001	-0.0199	-0.0928	-0.0205
32		2018-06-30	-0.0860	0.0387	-0.0314	0.1338
33		2018-07-31	0.0070	-0.1430	0.0045	-0.1114
34		2018-08-31	-0.0390	0.0445	-0.0122	-0.0055
35		2018-09-30	-0.1270	0.0087	-0.1032	0.0953
36		2018-10-31	-0.0694	-0.2007	-0.1323	-0.3115
37		2018-11-30	0.0203	0.1054	-0.0415	0.0964
38		2018-12-31	-0.1401	-0.0522	-0.0183	-0.0559
39		2019-01-31	0.2001	0.1389	0.1201	-0.0159
40		2019-02-28	-0.0542	-0.0151	-0.0410	-0.0685
41		2019-03-31	0.0583	0.1286	-0.0388	-0.1221
42		2019-04-30	0.0627	0.0035	0.0079	0.1581
43		평균	0.0236	0.0076	0.0107	0.0251

〈표 4-13〉 초과수익률의 계산

H3 ▾ : × ✓ f_x =C3-C$43

	G	H	I	J	K
1		초과수익률			
2	일자	SK하이닉스	LG생활건강	POSCO	셀트리온
3	2016-01-31	-0.1426	-0.0654	0.0589	0.2575
4	2016-02-29	0.0707	-0.1401	0.0955	-0.1393
5	2016-03-31	-0.0872	0.0774	0.0899	0.0684
6	2016-04-30	-0.0236	0.0560	0.0807	-0.1126
7	2016-05-31	-0.0042	0.0399	-0.1558	-0.0402
8	2016-06-30	0.0977	0.0486	-0.0424	-0.0559
9	2016-07-31	0.0363	-0.1103	0.1063	0.0548
10	2016-08-31	0.0343	-0.0658	0.0090	0.0005
11	2016-09-30	0.0743	-0.0034	-0.0281	-0.0289
12	2016-10-31	-0.0039	-0.1600	0.0325	-0.0270
13	2016-11-30	0.0217	-0.0487	0.0407	-0.0616
14	2016-12-31	0.0175	0.0776	0.0209	0.0707
15	2017-01-31	0.1599	0.0178	0.0404	-0.0945
16	2017-02-28	-0.1633	-0.0087	0.0344	-0.0122
17	2017-03-31	0.0546	-0.0870	0.0155	-0.1443
18	2017-04-30	0.0434	0.0580	-0.0949	-0.0307
19	2017-05-31	0.0305	0.1191	0.0421	0.0397
20	2017-06-30	0.1440	0.0035	0.0069	0.1605
21	2017-07-31	-0.0446	-0.0106	0.1350	-0.0842
22	2017-08-31	0.0150	-0.0394	0.0234	0.0339
23	2017-09-30	0.1658	-0.0329	-0.0909	0.1849
24	2017-10-31	-0.0321	0.2215	0.0158	0.1729
25	2017-11-30	-0.0915	-0.0110	0.0181	0.1198
26	2017-12-31	-0.0275	0.0060	-0.0181	0.0943
27	2018-01-31	-0.0636	-0.0177	0.1242	0.3311
28	2018-02-28	0.0203	-0.0752	-0.0619	0.0862
29	2018-03-31	0.0334	0.0861	-0.1156	-0.1566
30	2018-04-30	0.0150	0.1183	0.1242	-0.1580
31	2018-05-31	0.0766	-0.0275	-0.1034	-0.0456
32	2018-06-30	-0.1096	0.0311	-0.0421	0.1086
33	2018-07-31	-0.0166	-0.1506	-0.0061	-0.1365
34	2018-08-31	-0.0626	0.0369	-0.0228	-0.0307
35	2018-09-30	-0.1506	0.0011	-0.1138	0.0702
36	2018-10-31	-0.0930	-0.2083	-0.1430	-0.3367
37	2018-11-30	-0.0033	0.0978	-0.0522	0.0712
38	2018-12-31	-0.1637	-0.0598	-0.0290	-0.0811
39	2019-01-31	0.1765	0.1313	0.1094	-0.0410
40	2019-02-28	-0.0778	-0.0227	-0.0516	-0.0936
41	2019-03-31	0.0347	0.1210	-0.0494	-0.1472
42	2019-04-30	0.0391	-0.0041	-0.0028	0.1330

(2단계) 초과수익률 행렬의 전치행렬(A^T)의 계산

초과수익률의 전치행렬은 앞에서 설명한 방법으로 구한다. 즉, ① TRANSPOSE 함수를 이용하거나, ② '선택하여 붙여넣기' 기능(복사-선택하여 붙여넣기-값-행/열 바꿈)을 이용한다. (〈표 4-14〉)의 (3)섹션은 초과수익률의 전치행렬을 구한 결과이다.

〈표 4-14〉 초과수익률 행렬의 전치행렬의 계산

G47 | '=TRANSPOSE(H2:K42)'

	A	B	C	D	E	F	G	H	I	AL	AM	AN	AO	AP
43		평균	0.0236	0.0076	0.0107	0.0251								
44		셀 C43:	=AVERAGE(C3:C$42)'				초과수익률 (셀 H3) :		=C3-C$43'					
45														
46														
47		(3) 초과수익률의 전치행렬			전치행렬 (셀 B48:AP51) :		=TRANSPOSE(H2:K42)'							
48		SK하이닉스	-0.1426	0.0707	-0.0872	-0.0236	-0.0042	0.0977	0.0363	-0.1637	0.1765	-0.0778	0.0347	0.0391
49		LG생활건강	-0.0654	-0.1401	0.0774	0.0560	0.0399	0.0486	-0.1103	-0.0598	0.1313	-0.0227	0.1210	-0.0041
50		POSCO	0.0589	0.0955	0.0899	0.0807	-0.1558	-0.0424	0.1063	-0.0290	0.1094	-0.0516	-0.0494	-0.0028
51		셀트리온	0.2575	-0.1393	0.0684	-0.1126	-0.0402	-0.0559	0.0548	-0.0811	-0.0410	-0.0936	-0.1472	0.1330

(3단계) 분산-공분산 행렬의 계산

위에서 구해진 초과수익률행렬과 전치행렬(A와 A^T)의 계산 결과를 토대로 두 행렬을 곱하면, 분산-공분산 행렬이 계산된다.

- 분산-공분산 행렬을 나타낼 셀영역인 (4×4) 행렬 영역(C56:F58)을 마우스로 드래그하여 설정한다.
- 수식입력부분에 아래와 같은 MMULT 내장함수를 이용한 수식을 입력한다(〈표 4-15〉).

=MMULT(초과수익률 전치행렬, 초과수익률 행렬)/40(개월의 수)
=MMULT(C48:AP51,H3:K42)/40

- 수식입력이 완료되었으면, Ctrl + Shift + Enter↵ 키를 동시에 누른다(그냥 Enter↵ 키만 누르면 C66에 분산 1개만 나타나게 되므로 주의할 것).

그러면 〈표 4-16〉과 같이 분산-공분산 행렬이 구해진다. 결과로 얻어진 공분산의 값이 소수점 이하의 자릿수가 길면, '축서식' 창을 열어 원하는 수준으로 줄여서 적절하게 편집한다. H66에서 H68에 나타난 기대수익률은 '(3장) 4종목수익률' 시트에서 수식 복사하여 붙인 것이다.

〈표 4-15〉 초과수익률 행렬의 곱의 계산

IF | =MMULT(C48:AP51,H3:K42)/40

(4) 분산 공분산 행렬

	SK하이닉스	LG생활건강	POSCO	셀트리온		기대수익률
SK하이닉스	C48:AP51,H3:K42)/40					0.02359
LG생활건강						0.00758
POSCO						0.01066
셀트리온						0.02513

셀 C55:F58 : =MMULT(C48:AP51,H3:K42)/40' 셀 H55 : ='(3장) 4종목수익률'!B44'

(4장) 분산공분산행렬

〈표 4-16〉 분산-공분산 행렬의 완성

C55 | {=MMULT(C48:AP51,H3:K42)/40}

(4) 분산 공분산 행렬

	SK하이닉스	LG생활건강	POSCO	셀트리온		기대수익률
SK하이닉스	0.00741	0.00103	0.00024	-0.00104		0.02359
LG생활건강	0.00103	0.00768	0.00038	0.00224		0.00758
POSCO	0.00024	0.00038	0.00564	0.00173		0.01066
셀트리온	-0.00104	0.00224	0.00173	0.01637		0.02513

셀 C55:F58 : =MMULT(C48:AP51,H3:K42)/40' 셀 H55 : ='(3장) 4종목수익률'!B44'

(4장) 분산공분산행렬

4.3 Excel 활용 효율적 포트폴리오의 도출

(1) 효율적 포트폴리오의 의의와 특성

앞(4.2절의 (3)항)에서 도출한 포트폴리오(결합선)는 우리가 구하고자 하는 최상의 포트폴리오가 아니다. 투자위험이 감소된 많은 포트폴리오 중에서 하나일 뿐이다. 사실 시장에는 다음 [그림 4-2]에서 보는 것처럼 구성종목 간의 상관관계와 투자비율의 조합에 따라서 얻어지는 수없이 많은 투자기회집합(investment opportunity set)이 있다.

이 중에서 선택대상으로 적절한 포트폴리오는 XY선상에 위치한 포트폴리오이다. 왜냐하면 XY선상의 포트폴리오는 동일한 위험에서는 가장 높은 수익률, 동일한 수익률에서 가장 낮은 위험을 지니는 포트폴리오이기 때문이다. 이들 XY선상의 포트폴리오를 효율적 투자선(efficient frontier) 또는 효율적 포트폴리오라고 한다.

그러면 효율적 포트폴리오는 어떻게 구해지는가? 효율적 포트폴리오는 정의대로 ① 일정한 기대수익률(k)을 가지는 투자기회 중 위험이 최소인 것이나, ② 일정한 위험수준(l)에서 기대수익률이 최대인 것을 구하면 될 것인데, 이 해(解)를 발견

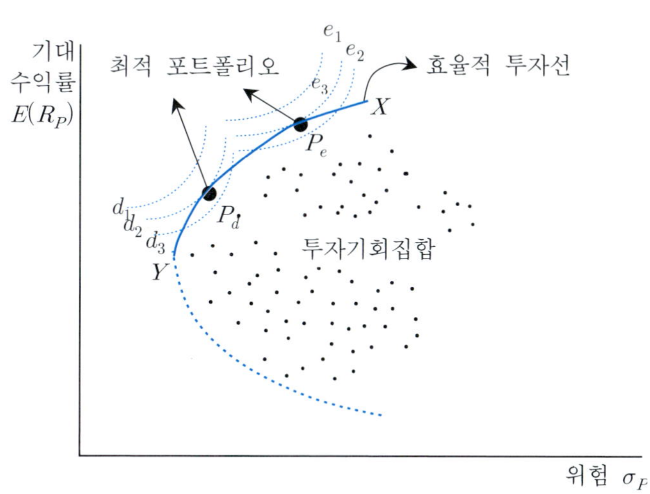

[그림 4-2] 위험자산의 효율적 포트폴리오

하는 데는 2차계획법(quadratic programming)을 사용하여, 다음 수식에서 최적 투자비율의 해를 구하는 것이다.

$$\text{minimize} \quad \sigma_P^2 = \sum_{i=1}^{n}\sum_{j=1}^{n} w_i w_j \sigma_{ij} \tag{4-18}$$

$$\text{subject to} \quad E(R_P) = \sum_{j=1}^{n} w_j E(R_j) = k \quad (k: \text{상수})$$

$$\sum_{j=1}^{n} w_j = 0$$

식 (4-18)에 의해서 구해지는 최소분산포트폴리오집합 중에서는 최소분산포트폴리오(MVP) 밑의 부분처럼 비효율적 포트폴리오가 존재할 수 있다. 따라서 MVP 위의 부분만의 효율적 포트폴리오는 다음 식 (4-19)와 같이 일정한 분산(l)에서 포트폴리오 기대수익률을 최대화시키는 것을 찾으면 구해진다.

$$\text{maximize} \quad E(R_P) = \sum_{j=1}^{n} w_j E(R_j) \tag{4-19}$$

$$\text{subject to} \quad \sigma_p^2 = l \quad (l: \text{상수})$$

$$\sum_{j=1}^{n} w_j = 1.0$$

한편, 효율적 포트폴리오를 찾는 다른 방법은 일정한 목표기대수익률($E(R_p)^*$)이 예상되는 포트폴리오들 중에서 다음의 비율 θ (초과수익 대 변동성 비율)를 최대화시키는 포트폴리오를 찾는 것이다.

$$\text{maximize} \quad \theta = \frac{E(R_P)^* - C}{\sigma_P} \tag{4-20}$$

$$\text{subject to} \quad \sum_{j=1}^{n} w_j = 1.0 \qquad (\text{단, } C\text{는 임의의 수익률})$$

여기서 θ값은 포트폴리오 위험 σ_p에 비하여 C를 상회하는 초과수익률 ($E(R_P)^* - C$)의 정도, 즉 기울기를 측정한 것인데, 효율적 포트폴리오는 동일한 기대수익률을 가져오는 수많은 포트폴리오 중에서 이 θ값(기울기, 초과수익 대 변동성비율)이 최대인 경우이다.

끝으로, 효율적 투자선(efficient frontier)상에는 수많은 효율적 포트폴리오들이 있는데, 이들 효율적 포트폴리오군들은 2개의 효율적 포트폴리오만 계산되면 찾아지게 된다. 다음과 같은 정리(theorem)가 성립하기 때문이다.

> [정리] 두 효율적 포트폴리오 결합으로 만들어지는 모든 포트폴리오는 효율적 투자선상에 놓인다.

따라서 효율적 포트폴리오군들을 찾기 위해서 [그림 4-2]에서 2개의 효율적 포트폴리오 X와 Y만 찾아내면 된다. 구체적으로 특정한 2개의 효율적 포트폴리오는 식 (4-20)에서 임의의 2개의 서로 다른 C값으로 C1, C2를 부여하면 계산된다.

(2) Excel을 활용하여 효율적 투자선 도출하기

Excel을 활용하여 효율적 포트폴리오를 찾는 방법으로서 식 (4-20)을 적용하는 방법에 대해서 설명하기로 한다. 효율적 포트폴리오를 찾는 해(최적 투자금액의 비율)는 다음과 같이 구해진다.

먼저, 서로 다른 두 상수 C에 대하여 초과수익률 행벡터를 $R-C$로, 공분산 행렬을 S로 표시하기로 하자.

$$[R-C]=\begin{bmatrix} E(R_1)-C \\ E(R_2)-C \\ E(R_3)-C \\ E(R_4)-C \end{bmatrix} \qquad S=\begin{bmatrix} \sigma_{11} & \sigma_{21} & \sigma_{31} & \sigma_{41} \\ \sigma_{12} & \sigma_{22} & \sigma_{32} & \sigma_{42} \\ \sigma_{13} & \sigma_{23} & \sigma_{33} & \sigma_{43} \\ \sigma_{14} & \sigma_{24} & \sigma_{34} & \sigma_{44} \end{bmatrix}$$

식 (4-20)을 다수 자산에 적용하여 행렬 형태로 표현하면, 다음을 극대화시키는 투자비율을 구하는 것이 된다. 여기서 벡터 Z는 위험 대비 초과수익의 비율인 θ값들의 벡터이다.

$$Z = \frac{[R-C]}{S}$$
$$SZ = [R-C]$$
$$S^{-1} \cdot S \cdot Z = S^{-1} \cdot [R-C]$$
$$Z = S^{-1} \cdot [R-C] \tag{4-21}$$

식 (4-21)에서 보는 것처럼 Z는 공분산 행렬의 역행렬(inverse matrix)인 S^{-1}을 구하여, 이것을 초과수익률 벡터인 $[R-C]$에 곱하면 구해진다. 최종적으로 투자비율의 합은 1이어야 하므로 최적 투자비율은 다음 식 (4-22)와 같이 추정한다.[4)]

$$W_i = \frac{Z_i}{\sum_{i=1}^{n} Z_i} \tag{4-22}$$

결론적으로 효율적 포트폴리오군을 도출하는 것은 임의의 두 상수값에 대하여 두 포트폴리오의 Z값(식 (4-21))을 구하여 최적 투자비율(W_i)(식 (4-22))을 계산하는 것이 된다.

이제 다음 〈표 4-17〉과 같이 주식 SK하이닉스, LG생활건강, POSCO, 셀트리온의 분산-공분산 행렬과 기대수익률이 추정되었다고 하였을 때, 효율적 포트폴리오를 구해보기로 하자.

1) 임의의 두 상수값(C)에 대한 초과수익률 벡터의 계산

임의의 두 상수값(C)을 하나는 C=0.00, 다른 하나는 C=0.03으로 지정한 다음, 초과수익률 열벡터를 계산한다. C=0.00인 경우 초과수익률(1) 열벡터, 그리고 C=0.03인 경우 초과수익률(2) 열벡터를 각각 계산하면 〈표 4-17〉과 같다.

C =0.00인 경우 초과수익률(1) 열벡터(셀 B12) : =G3-$C$8
C =0.03인 경우 초과수익률(2) 열벡터(셀 C12) : =G3-$C$9

4) 이에 대한 상세한 증명은 Elton. E. & M.J. Gruber의 *Modern Portfolio Theory & Investment Analysis*를 참조.

〈표 4-17〉 초과수익률 벡터의 형성

B12 =G3-$C$8

	A	B	C	D	E	F	G
1	***효율적포트폴리오의 도출***		**[분산-공분산 행렬]**				
2		**SK하이닉스**	**LG생활건강**	**POSCO**	**셀트리온**		**기대수익률**
3	**SK하이닉스**	0.00741	0.00103	0.00024	-0.00104		0.0236
4	**LG생활건강**	0.00103	0.00768	0.00038	0.00224		0.0076
5	**POSCO**	0.00024	0.00038	0.00564	0.00173		0.0107
6	**셀트리온**	-0.00104	0.00224	0.00173	0.01637		0.0251
7							
8		**상수**	0.00				
9			0.03				
10							
11		**초과수익률(1)**	**초과수익률(2)**				
12		0.0236	-0.0064	셀 B12 :	=G3-$C$8'		
13		0.0076	-0.0224				
14		0.0107	-0.0193				
15		0.0251	-0.0049				

(4장) 효율적포트폴리오의 도출

2) 분산-공분산 행렬의 역행렬(S^{-1}) 계산

- 역행렬을 나타내고자 하는 영역에 SK하이닉스 등 4종목의 이름을 입력한다(A18:A21).
- 분산-공분산 역행렬을 나타내고자 하는 영역(B18:E21)을 마우스로 드래그하여 실정한다.
- 수식입력부분에 역행렬을 구하는 Excel 명령식 "=MINVERSE(B3:E6)"을 입력하거나, 드래그하여 (B3:E6)영역을 지정한다. 마지막으로 Ctrl+Shift+Enter↵ 키를 동시에 누르면, 4종목들 간의 역행렬이 〈표 4-18〉의 (B18:E21)에 모두 한꺼번에 계산된다.

분산-공분산 행렬의 역행렬 계산(B18:E21) : = MINVERSE(B3:E6)

〈표 4-18〉 분산-공분산 행렬의 역행렬의 계산

B18 | {=MINVERSE(B3:E6)}

	A	B	C	D	E	F	G
1	*효율적포트폴리오의 도출*		[분산-공분산 행렬]				
2		SK하이닉스	LG생활건강	POSCO	셀트리온		기대수익률
3	SK하이닉스	0.00741	0.00103	0.00024	-0.00104		0.0236
4	LG생활건강	0.00103	0.00768	0.00038	0.00224		0.0076
5	POSCO	0.00024	0.00038	0.00564	0.00173		0.0107
6	셀트리온	-0.00104	0.00224	0.00173	0.01637		0.0251
7							
8		상수	0.00				
9			0.03				
10							
11		초과수익률(1)	초과수익률(2)				
12		0.0236	-0.0064	셀 B12 :	=G3-$C$8'		
13		0.0076	-0.0224				
14		0.0107	-0.0193				
15		0.0251	-0.0049				
16							
17		[분산-공분산 행렬의 역행렬]					
18	SK하이닉스	140.1207	-22.1499	-8.4785	12.8563	셀 B18:E21:	=MINVERSE(B3:E6)'
19	LG생활건강	-22.1499	139.2815	-2.2683	-20.2408		
20	POSCO	-8.4785	-2.2683	183.9185	-19.6959		
21	셀트리온	12.8563	-20.2408	-19.6959	66.7782		

(4장) 효율적포트폴리오의 도출

3) Z값과 최적 투자비율의 계산

먼저 최적 투자비율을 구하는 전단계로 port 1에 포함된 각 자산별 Z값을 계산해야 하는데, Z값(식 (4-21))은 분산-공분산 행렬의 역행렬에 초과수익률(1) 행렬을 곱하면 구해진다.

Z값(B25:B28) : =MMULT(B18:E21,B12:B15)

B18:E21 : 분산-공분산 행렬의 역행렬

B12:B15 : port 1의 초과수익률 행렬($R-C$)

위 식은 "=MMULT(MINVERSE(B3:E6),B12:B15)"라고 입력해도 동일한 결과가 나온다. 이와 같이 수식을 입력한 후 [Ctrl]+[Shift]+[Enter↵] 키를 동시에 누르면, port 1($C=0.00$인 경우)의 각 자산별 Z값이 계산된다. 〈표 4-19〉(a)는 수식을 입력한 상태를 보여주고 있고, 〈표 4-19〉(b)는 입력한 후 port 1의 Z값이 계산된 결과를 보여주고 있다.

$C=0.03$인 port 2의 경우도 분산-공분산 행렬의 역행렬과 port 2의 초과수익률(2) 행렬을 곱하면 Z값을 얻을 수 있다. 〈표 4-19〉(b)는 그 결과를 보여주고 있는데,

〈표 4-19〉 Z값을 구하는 수식 입력과 계산 결과

(a) Z값을 구하는 수식 입력

B25 | =MMULT(B18:E21,B12:B15)

	A	B	C	D	E
10					
11		초과수익률(1)	초과수익률(2)		
12		0.0236	-0.0064	셀 B12 :	=G3-$C$8'
13		0.0076	-0.0224		
14		0.0107	-0.0193		
15		0.0251	-0.0049		
16					
17	[분산-공분산 행렬의 역행렬]				
18	SK하이닉스	140.1207	-22.1499	-8.4785	12.8563
19	LG생활건강	-22.1499	139.2815	-2.2683	-20.2408
20	POSCO	-8.4785	-2.2683	183.9185	-19.6959
21	셀트리온	12.8563	-20.2408	-19.6959	66.7782
22					
23		Z값		투자비율	
24		port 1	port 2	P1W	P2W
25	SK하이닉스	=MMULT(B18:E			
26	LG생활건강				
27	POSCO				
28	셀트리온				
29		셀 B25:		셀 D25 :	
30		=MMULT(B18:E21,B12:B15)'		=B25/SUM($B$25:$B$28)'	

(4장) 효율적포트폴리오의 도출

(b) Z값 계산 결과

B25 | {=MMULT(B18:E21,B12:B15)}

	A	B	C	D	E
10					
11		초과수익률(1)	초과수익률(2)		
12		0.0236	-0.0064	셀 B12 :	=G3-$C$8'
13		0.0076	-0.0224		
14		0.0107	-0.0193		
15		0.0251	-0.0049		
16					
17	[분산-공분산 행렬의 역행렬]				
18	SK하이닉스	140.1207	-22.1499	-8.4785	12.8563
19	LG생활건강	-22.1499	139.2815	-2.2683	-20.2408
20	POSCO	-8.4785	-2.2683	183.9185	-19.6959
21	셀트리온	12.8563	-20.2408	-19.6959	66.7782
22					
23		Z값		투자비율	
24		port 1	port 2	P1W	P2W
25	SK하이닉스	3.37003	-0.30043		
26	LG생활건강	0.00079	-2.83789		
27	POSCO	1.24790	-3.35637		
28	셀트리온	1.61774	0.42681		
29		셀 B25:		셀 D25 :	
30		=MMULT(B18:E21,B12:B15)'		=B25/SUM($B$25:$B$28)'	

(4장) 효율적포트폴리오의 도출

port 1의 Z값을 구한 방법과 마찬가지로 Z값을 나타낼 영역(C25:C28)을 지정한 후, 분산-공분산 행렬의 역행렬(B18:E21)과 port 2의 초과수익률(2) 행렬(C12:C15)을 곱한 나음, Ctrl+Shift+Enter↵ 기를 동시에 누른 결과이다.

마지막으로 포트폴리오를 구성하고 있는 각 개별주식의 최적 투자비율, $W_i = Z_i / \Sigma Z_i$(식 (4-22))는 개별 Z_i값을 전체 Z_i값의 합($\sum_1^n Z_i$)으로 나눈 구성비율이다. 다음 Excel 명령식은 port 1(C=0.00인 경우), port 2(C=0.03인 경우)에 포함된 SK하이닉스에 대한 최적 투자비율을 구하는 식이다. 나머지 주식에 대한 최적 투자비율은 자동채우기핸들(+)을 이용하여 구한다. 이때 합계(SUM) 안의 셀영역은 반드시 $표시 절대 셀 형태로 처리해야 한다.

port 1의 SK하이닉스 투자비율(셀 D25) : =B25/SUM($B$25:$B$28)

port 2의 SK하이닉스에 대한 투자비율(셀 E25) : =C25/SUM($C$25:$C$28)

〈표 4-20〉은 port 1, port 2에 포함된 개별주식의 최적 투자비율을 구한 결과이다.

〈표 4-20〉 최적 투자비율의 계산

D25 | fx =B25/SUM($B$25:$B$28)

	A	B	C	D	E
10					
11		초과수익률(1)	초과수익률(2)		
12		0.0236	-0.0064	셀 B12 :	=G3-$C$8'
13		0.0076	-0.0224		
14		0.0107	-0.0193		
15		0.0251	-0.0049		
16					
17	[분산-공분산 행렬의 역행렬]				
18	SK하이닉스	140.1207	-22.1499	-8.4785	12.8563
19	LG생활건강	-22.1499	139.2815	-2.2683	-20.2408
20	POSCO	-8.4785	-2.2683	183.9185	-19.6959
21	셀트리온	12.8563	-20.2408	-19.6959	66.7782
22					
23		Z값		투자비율	
24		port 1	port 2	P1W	P2W
25	SK하이닉스	3.37003	-0.30043	0.54038	0.04951
26	LG생활건강	0.00079	-2.83789	0.00013	0.46769
27	POSCO	1.24790	-3.35637	0.20010	0.55314
28	셀트리온	1.61774	0.42681	0.25940	-0.07034
29		셀 B25:		셀 D25 :	
30		=MMULT(B18:E21,B12:B15)'		=B25/SUM($B$25:$B$28)'	

(4장) 효율적포트폴리오의 도출

4) 두 효율적 포트폴리오 port 1과 port 2의 기대수익과 위험의 측정

앞에서 3)의 과정까지 수행하면서 효율적 포트폴리오를 구성하는 4개 주식들에 대한 최적 투자비율을 2개의 세트에 대하여 계산하였다.

이제 이들 2개(port 1과 port 2)의 효율적 포트폴리오로 구성되는 제3의 포트폴리오로 확장하여 효율적 포트폴리오군(群)을 도출해 보자. 이 과정은 기본적으로 4.2절 (2)항의 경우(4종목 포트폴리오 결합선 도출과정)와 동일하다.

먼저 4.2절의 경우와 동일한 방법으로 port 1과 port 2에 대한 최적 투자비율에 대한 전치행렬을 구한 다음, port 3 구성의 전단계로 아래의 Excel 명령식을 이용하여 port 1과 port 2의 기대수익률(평균)과 위험(표준편차)을 계산한다. 다음은 이와 관련된 Excel 함수 처리이고, 〈표 4-21〉은 이들 결과값을 제시하고 있다.

port 1 투자비율의 전치행렬(셀 B32:E32) : =TRANSPOSE(D24:D28)
port 2 투자비율의 전치행렬(셀 B33:E33) : =TRANSPOSE(E24:E28)
port 1의 평균(셀 B35) : =MMULT(B32:E32,G25:G28)
port 1의 분산(셀 B36) : =MMULT(B32:E32,MMULT(B3:E6,D25:D28))
port 1의 표준편차(셀 B37) : =SQRT(B36)
port 2의 평균(셀 D35) : =MMULT(B33:E33,G25:G28)

port 2의 분산(셀 D36) : =MMULT(B33:E33,MMULT(B3:E6,E25:E28))
port 2의 표준편차(셀 D37) : =SQRT(D36)
port 1과 port 2 간의 공분산(셀 B39) : =MMULT(B32:E32,MMULT(B3:E6,E25:E28))
port 1과 port 2 간의 상관계수(셀 B40) : =B39/(B37*D37)

〈표 4-21〉 port 1과 port 2의 기대수익과 위험의 측정

B35 =MMULT(B32:E32,G25:G28)

	A	B	C	D	E	F	G	H
22								
23		Z값		투자비율				
24		port 1	port 2	P1W	P2W		기대수익률	
25	SK하이닉스	3.37003	-0.30043	0.54038	0.04951		0.0236	
26	LG생활건강	0.00079	-2.83789	0.00013	0.46769		0.0076	
27	POSCO	1.24790	-3.35637	0.20010	0.55314		0.0107	
28	셀트리온	1.61774	0.42681	0.25940	-0.07034		0.0251	
29		셀 B25:		셀 D25 :				
30		=MMULT(B18:E21,B12:B15)'		=B25/SUM($B$25:$B$28)'				
31	투자비율 전치행렬]							
32	P1WT	0.54038	0.00013	0.20010	0.25940			
33	P2WT	0.04951	0.46769	0.55314	-0.07034			
34								
35	port 1의 평균	0.0214	port 2의 평균	0.0088	셀 B35:	=MMULT(B32:E32,G25:G28)'		
36	port 1의 분산	0.0034	port 2의 분산	0.0035	셀 B36:	=MMULT(B32:E32,MMULT(B3:E6,D25:D28))'		
37	port 1의 표준편차	0.0586	port 2의 표준	0.0591	셀 B37:	=SQRT(B36)'		
38								
39	공분산	0.0014			셀 B39:	=MMULT(B32:E32,MMULT(B3:E6,E25:E28))'		
40	상관계수	0.4099			셀 B40:	=B39/(B37*D37)'		

(4장) 효율적포트폴리오의 도출

5) 효율적 포트폴리오군의 도출

앞에서 소개한 [정리]에 의하면 두 효율적 포트폴리오의 결합 역시 효율적 포트폴리오상에 놓인다. 따라서 앞의 4)의 과정까지 구해진 효율적 포트폴리오인 port 1과 port 2에 대하여 투자비율을 달리 적용한 포트폴리오도 효율적 포트폴리오가 된다.

이제 효율적 포트폴리오 port 1과 port 2로 구성되는 제3의 기준포트폴리오를 구성하기로 한다. port 1에 대한 임의의 투자비율 40%, port 2에 대한 투자비율 60%로 구성되는 제3의 포트폴리오, port 3의 기대수익(평균)과 위험(표준편차)은 다음과 같이 측정한다.

port 1에 대한 투자비율(셀 C42) : 0.4
port 3의 평균(셀 C44) : =B35*$C$42+D35*(1-$C$42)
port 3의 분산(셀 C45) : =B36*$C$42^2+D36*(1-$C$42)^2
+2*$C$42*(1－$C$42)*B39 (분산공식 식 (3-9) 참조)
port 3의 표준편차(셀 C46) : =SQRT(C45)

〈표 4-22〉 port 3의 기대수익과 위험의 측정

C44 | =B35*$C$42+D35*(1-$C$42)

	A	B	C	D	E	F
34						
35	**port 1의 평균**	0.0214	**port 2의 평균**	0.0088	셀 B35:	=MMULT(B32:E32,G25:G28)'
36	**port 1의 분산**	0.0034	**port 2의 분산**	0.0035	셀 B36:	=MMULT(B32:E32,MMULT(B3:E6,D25:D28))'
37	**port 1의 표준편차**	0.0586	**port 2의 표준편차**	0.0591	셀 B37:	=SQRT(B36)'
38						
39	**공분산**	0.0014			셀 B39:	=MMULT(B32:E32,MMULT(B3:E6,E25:E28))'
40	**상관계수**	0.4099			셀 B40:	=B39/(B37*D37)'
41						
42		port 1에의 투자비율	**0.4**		셀 B42:	임의의 투자비율
43						
44		port 3의 평균	0.0139		셀 B44:	=B35*$C$42+D35*(1-$C$42)'
45		port 3의 분산	0.0025		셀 B45:	=B36*$C$42^2+D36*(1-$C$42)^2+2*$C$42*(1-$C$42)*B39'
46		port 3의 표준편차	0.0498		셀 B46:	=SQRT(C45)'

(4장) 효율적포트폴리오의 도출

port 1에 대한 투자비율을 40%로 했을 때, port 3의 기대수익률은 1.39%이며, 위험(표준편차)은 4.98%이다. 이제 다음 단계로 port 1에 대한 투자비율을 －20%에서 120%까지 10%씩 증가시킬 경우 port 3의 기대수익률과 위험이 어떻게 달라지는지를 살펴보기로 한다.

이를 보기 위해서는 제3장의 3.4절의 3단계나 제4장의 4.2절의 2단계에서 설명한 것처럼 Excel의 '[데이터] 탭-[예측/가상분석] 그룹-[데이터 표(T)] 도구' 순으로 열어 '데이터 표(T)' 기능을 활용하면 된다. 먼저 셀 C50과 셀 D50에 port 3의 표준편차와 평균을 '=C46', '=C44'로 입력, 지정한다.

〈표 4-23〉 효율적 포트폴리오 도출을 위한 데이터 표 작성

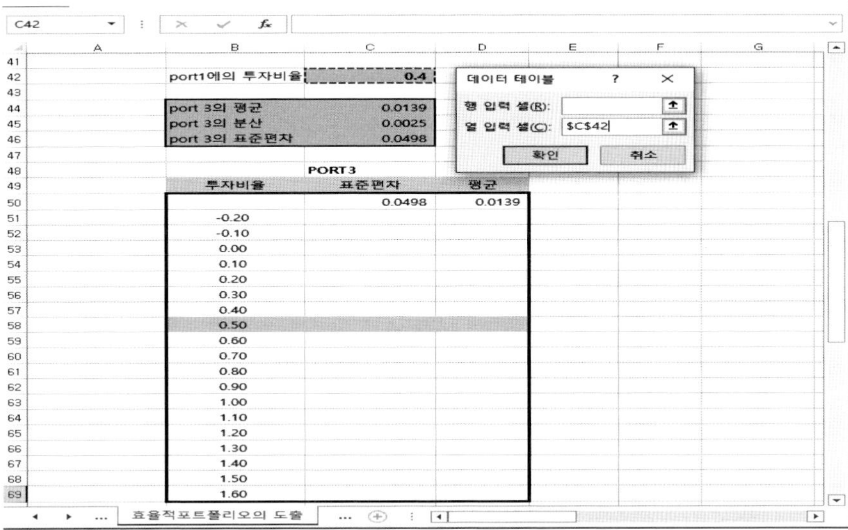

다음 단계는 표가 완성되는 셀영역인 B50:D69를 마우스로 드래그한 다음, Excel 메뉴에서 '데이터-예측/가상분석-데이터 표(T)' 순으로 선택한다. '데이터 테이블' 대화상자가 나타나면 처음에 임의로 40%라고 설정했던 port 1에 대한 투자비율이 있는 셀 주소 'C42'를 열 입력 셀(C)에 지정 입력한다. 자동으로 절대 셀($C$42)로 설정될 것이다. 이제 [확인] 단추를 클릭하면 〈표 4-24〉와 같이 완성된다.

이 결과 시드를 보면 대략 port1에 대한 투자비율이 50%일 때 port3의 위험이 최소가 되며 이 port3의 기대수익률이 1.39%, 표준편차가 4.98%인 것을 알 수 있다.

마지막으로 데이터 테이블의 자료를 근거로 하여 이를 차트로 나타내면 〈표 4-25〉와 같다(차트마법사 사용법은 제3장 3.4절 (4)항과 제4장 4.2절 (2)항에서 설명한 방법을 참고).

이 차트에서 MVP가 되는 상세한 투자비율(3%)과 그 MVP의 기대수익률(1.5%), 표준편차(4.94%)는 앞의 4.2절 〈표 4-8〉과 〈표 4-9〉에서 보인 방법과 동일하게 적용하면 된다. 아래는 적용된 Excel식이고 〈표 4-25〉는 최종적으로 도출된 '4종목 효율적 포트폴리오의 결합선'이다.

효율적 포트폴리오의 MVP(셀 F59) : =(B36-B39)/(B36+D36-2*B39)
MVP의 기대수익률(셀 H60) : =$F$59*B35+(1-$F$59)*D35
MVP의 분산(셀 H61) : $F$59^2*B36+(1-$F$59)^2*D36+2*$F$59*(1-$F$59)*B39
MVP의 표준편차(셀 H62) : =SQRT(H61)

〈표 4-24〉 효율적 포트폴리오 도출을 위한 데이터 표 작성 결과

F59 | =(B36-B39)/(B36+D36-2*B39)

	A	B	C	D	E	F	G	H
34								
35	**port 1의 평균**	0.0214	**port 2의 평균**	0.0088	셀 B35:	=MMULT(B32:E32,G25:G28)'		
36	**port 1의 분산**	0.0034	**port 2의 분산**	0.0035	셀 B36:	=MMULT(B32:E32,MMULT(B3:E6,D25:D28))'		
37	**port 1의 표준편차**	0.0586	**port 2의 표준편차**	0.0591	셀 B37:	=SQRT(B36)'		
38								
39	**공분산**	0.0014			셀 B39:	=MMULT(B32:E32,MMULT(B3:E6,E25:E28))'		
40	**상관계수**	0.4099			셀 B40:	=B39/(B37*D37)'		
41								
42		port 1에의 투자비율	**0.4**		셀 B42:	임의의 투자비율		
43								
44		port 3의 평균	0.0139		셀 B44:	=B35*$C$42+D35*(1-$C$42)'		
45		port 3의 분산	0.0025		셀 B45:	=B36*$C$42^2+D36*(1-$C$42)^2+2*$C$42*(1-$C$42)*B39'		
46		port 3의 표준편차	0.0498		셀 B46:	=SQRT(C45)'		
47								
48			**PORT3**					
49		투자비율	표준편차	평균				
50			0.0498	0.0139				
51		-0.20	0.0669	0.0063				
52		-0.10	0.0628	0.0076				
53		0.00	0.0591	0.0088				
54		0.10	0.0558	0.0101				
55		0.20	0.0531	0.0114				
56		0.30	0.0511	0.0126				
57		0.40	0.0498	0.0139				
58		0.50	0.0494	0.0151		최소분산포트폴리오(MVP)		
59		0.60	0.0497	0.0164		**0.4931**	셀 F59:	=(B36-B39)/(B36+D36-2*B39)'
60		0.70	0.0509	0.0176		MVP 기대수익률:		0.0150
61		0.80	0.0528	0.0189		MVP 분산 :		0.0024
62		0.90	0.0554	0.0201		MVP 표준편차 :		0.0494
63		1.00	0.0586	0.0214			셀 H60 :	=$F$59*B35+(1-$F$59)*D35'
64		1.10	0.0622	0.0227			셀 H61 :	=$F$59^2*B36+(1-$F$59)^2*D36+2*$F$59*(1-$F$59)*B39'
65		1.20	0.0663	0.0239			셀 H62 :	=SQRT(H61)'
66		1.30	0.0708	0.0252				
67		1.40	0.0755	0.0264				
68		1.50	0.0804	0.0277				
69		1.60	0.0855	0.0289				

(4장) 효율적포트폴리오의 도출

〈표 4-25〉 효율적 포트폴리오의 결합선

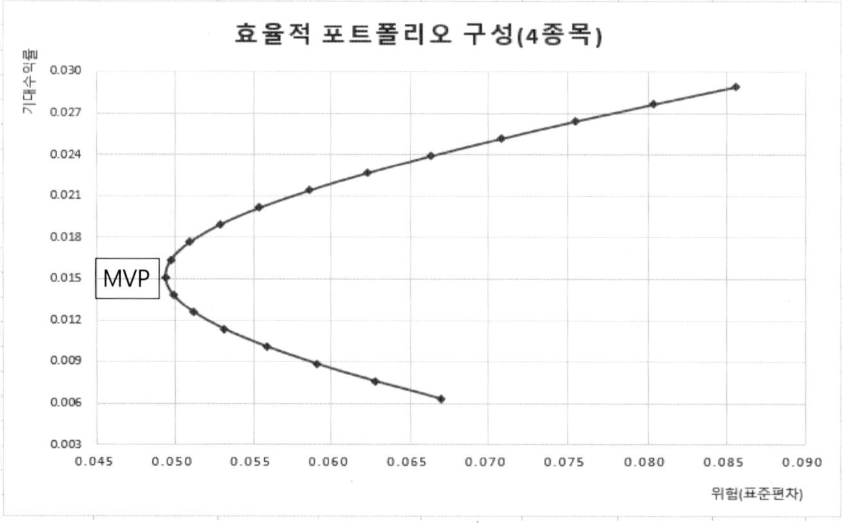

연습문제

Chapter 4

연습문제 풀이에 필요한 데이터는 신영사 홈페이지(http://www.shinyoungsa.co.kr) 자료실에 게시되어 있는 'Excel 활용 투자관리(3장~8장).xls' 파일의 "실습용 20종목 수정주가자료" 시트를 이용할 것.

1. 주식가격 자료 중 삼성전자, KB금융, SK, 신세계 4종목에 대해 2016년 7월부터 2018년 6월까지(24개월)의 수익률 자료를 이용하여 다음에 답하라.

(1) 위의 4종목으로 구성되는 효율적 포트폴리오를 구성하는 첫 단계로 두 포트폴리오 X, Y를 구성하고자 한다. 다음 방법들을 적용, 이들 4종목 간의 '분산-공분산 행렬'을 도출하라.

1) 초과수익률의 전치행렬을 추정하여 공분산 행렬을 도출하는 방법

2) '데이터-데이터분석-공분산분석'을 이용하여 공분산 행렬을 도출하는 방법

(2) 포트폴리오 X는 위의 4 종목에 대해서 (0.3, 0.2, 0.1, 0.4) 비율로, 그리고 포트폴리오 Y는 (0.4, 0.1, 0.4, 0.1) 비율로 투자한 포트폴리오이다. 각 포트폴리오의 기대수익률, 분산, 표준편차 그리고 두 포트폴리오 간의 공분산, 상관계수를 구하라.

(3) 위의 포트폴리오 X에 60% 투자한 포트폴리오를 기준 포트폴리오 Z라고 할 경우, 이의 기대수익률, 분산, 표준편차를 구하라.

(4) 포트폴리오 X에 대한 투자비율이 달라질(−50%~+120%) 경우의 기대수익률과 위험(표준편차)을 '데이터 표' 기능을 이용하여 도출하고 차트로 이를 제시하라. 또 최소분산포트폴리오(MVP)는 포트폴리오 X와 Y에 각각 얼마큼씩 투자했을 때인가?

2. (1) 위의 두 포트폴리오에 대한 임의의 상수값(C)으로 각각 0.00과 0.028을 주고, 효율적 포트폴리오를 도출하라.

(2) 포트폴리오 X와 Y로 구성되는 새로운 효율적 포트폴리오를 Z라고 하자. 포트폴

리오 X와 Y에 대한 투자비율이 달라질 때 포트폴리오 Z의 기대수익률과 위험은 어떻게 형성되는가?

(3) 수많은 효율적 포트폴리오들 중에서 위험이 가장 작은 최소분산포트폴리오(MVP)는 포트폴리오 X와 Y에 각각 얼마큼씩 투자했을 때인가?

(4) 위의 결과를 그림으로 제시하라.

CHAPTER

5

최적 자산배분

제4장에서는 위험자산만으로 이루어지는 효율적 포트폴리오의 구성방법에 대하여 설명하였다. 본장에서는 3가지 포트폴리오 구성의 문제를 접근하는 Excel 활용방법을 다룬다.

먼저 포트폴리오 구성시 국공채와 같은 무위험자산을 포함할 경우의 효율적 포트폴리오 구성방법에 관한 것이다. 이와 함께 주식과 같은 위험자산과 국공채와 같은 무위험자산에의 투자비율의 결정문제로 압축되는 자산배분(asset allocation)의 문제를 다룬다.

두 번째로는 투자자 개인의 주관적 위험에 대한 태도를 고려한 최적 포트폴리오(optimal portfolio)의 구성문제를 다룬다.

마지막으로는 모든 구성종목 간의 관계를 고려하는 대신에 시장전체의 움직임을 나타내는 단일시장지표와의 관계에서 위험을 관리하는 단일지표모형, 시장모형(simplified market model)에 대하여 다룬다.

5.1 무위험자산과 최적 자산배분

투자성과에 가장 큰 영향을 미치는 투자관리의 과제는 '**자산배분**', 즉 투자자금을 주식과 국공채(무위험자산) 등에 배분하는 문제이다. 본절에서는 포트폴리오를 구성할 때 정기예금이나 단기 국공채와 같은 위험이 없는 무위험자산에도 투자자금의 일부를 할애하여 자산배분을 시도하는 경우의 효율적 포트폴리오, 최적 자산배분의 구성문제를 다룬다.

(1) 무위험자산

무위험자산(risk-free asset)은 어떠한 상황에서도 확정된 수익이 보장되어 수익률의 변동이 없어서 그 위험(수익률의 표준편차)이 0인 투자자산을 말한다. 즉,

$$E(R_f) = R_f, \qquad \sigma(R_f) = 0$$

단, $E(R_f)$, $\sigma(R_f)$: 무위험자산의 기대수익률과 표준편차
R_f : 무위험이자율(risk-free rate)

일반적으로 정기예금이나 국공채와 같은 투자대상들이 무위험자산으로 인식되고 있다. 이들 투자자산들은 명목수익률은 확정되어 있고, 만기가 짧은 단기 국공채는 이자율변동위험이 매우 적다고 할 수 있으며, 특히 지급불능위험이 없으므로 통상적으로 이들 투자자산들을 무위험자산으로 취급하고 있다.

(2) 무위험자산이 포함될 때의 효율적 포트폴리오

결론적으로, 무위험자산이 포트폴리오 구성에 포함되면 위험자산만으로 포트폴리오를 구성할 때보다도 월등한 투자성과를 기대할 수 있다.

위험자산만으로 포트폴리오를 구성하는 경우 효율적 포트폴리오는 전 장에서 도출해 본 것처럼 [그림 5-1]에서 호(弧) XY상의 포트폴리오로 표시된다. 그런데 위험자산의 효율적 포트폴리오의 하나인 A에 투자자금의 w를 투자하고, 무위험자산(기대수익률이 무위험이자율 R_f이고, 위험이 0인 투자자산)에 나머지 투자자금$(1-w)$

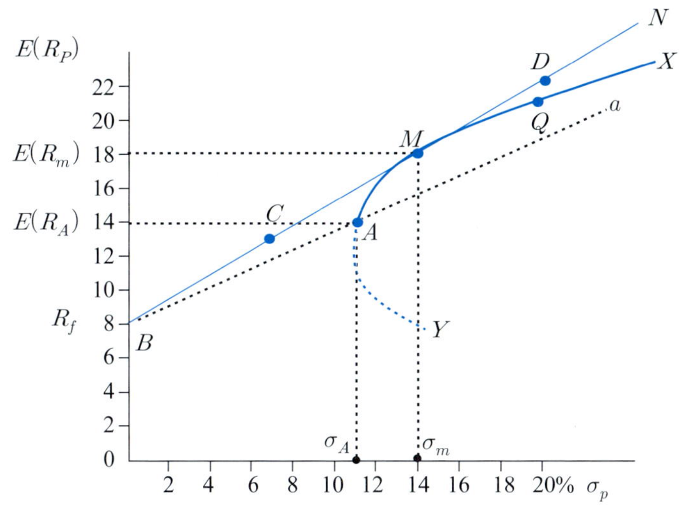

[그림 5-1] 무위험자산이 포함될 때의 효율적 포트폴리오

을 투자할 경우는 그 투자성과가 $R_f a$ 직선상에 나타난다. 즉, 식 (5-1)과 같이 절편이 R_f, 기울기가 $[E(R_A)-R_f]/\sigma_A$인 직선 위에 옴을 알 수 있다.

$$E(R_p)=R_f+\frac{E(R_A)-R_f}{\sigma_A}\sigma_p \tag{5-1}$$

$R_f A$ 직선상의 포트폴리오는 호 YA상의 포트폴리오보다 같은 기대수익률에서는 위험이 낮으며, 같은 위험수준에서는 기대수익률이 높은 새로운 효율적 포트폴리오가 된다. 이 결과에서 보듯이 무위험자산을 포함시켜 포트폴리오를 구성하게 되면, 주식만으로 포트폴리오를 구성하는 것보다도 더 우수한 투자성과를 기대할 수 있다.

마찬가지 논리로 R_f에서 호 XY에 접선을 그었을 때 표시되는 투자선 $R_f MN$이 $R_f A$보다 더 효율적이다. 이때 포트폴리오 M은 시장포트폴리오(market portfolio)라고 하는데, 위험자산 포트폴리오 중에서는 유일하게 효율적인 포트폴리오가 된다. 포트폴리오 A나 Q 등은 더 이상 효율적인 포트폴리오가 되지 못한다. 따라서 $R_f MN$은 투자자금의 일부를 무위험자산펀드(R_f)에 투자하고, 나머지를 주식포트폴리오 M에 투자한 경우의 가장 효율적인 포트폴리오의 기대수익률과 표준편차의 관계가 표시된 것이다.

여기서 유의할 점은 $R_f a$ 선상이나 $R_f MN$ 선상의 포트폴리오는 투자금액의 비율이 어떻게 조정되더라도 투자위험(σ_p) 한 단위가 증가될 때 얻게 되는 위험보상률($[E(R_p)-R_f]$)이 항상 일정하다는 것이다. 이때의 비율, 즉 직선 $R_f a$, $R_f MN$의 기울기가 되는 이 비율을 총변동성보수율($RVAR$: reward-to-variability ratio)이라고도 부르는데 이 비율은 항상 일정하다.

$$RVAR = \frac{E(R_p) - R_f}{\sigma_p} \tag{5-2}$$

$R_f MN$ 선상에 있는 포트폴리오는 수많은 투자기회집단 중에서 $RVAR$ 비율이 가장 크다. $R_f MN$ 선상의 포트폴리오는 무위험자산펀드와 위험자산 M 펀드의 두 펀드로 구성되는 것인데, 이들 두 펀드에 얼마씩 투자하는 것이 최적인가는 투자자 개인들의 주관적인 위험성향에 달려 있다. 점 M은 투자자금 전부를 주식펀드에 투자하고 무위험자산에는 전혀 투자하지 않은 경우(공격적 투자자 유형)이고, 점 B는 전액을 무위험자산에 투자한 경우(방어적 투자자 유형)이다. 그리고 점 C는 두 펀드에 50%씩 투자한 경우이다.

반면에 점 D는 본래의 투자자금에 R_f 수준의 이자율로 차입한 자금을 더하여 주식펀드에 100% 이상을 투자한 경우이다. $R_f M$ 선상의 포트폴리오는 투자자가 금융기관에 자금을 빌려준 것과 다름이 없다는 의미에서 대출포트폴리오(lending portfolio)라고 부르고, MN 선상의 포트폴리오는 차입자금을 더하여 포트폴리오를 구성하는 경우이므로 차입포트폴리오(borrowing portfolio)라고 부른다.

결론적으로 중요한 사실은 주식과 같은 위험자산만으로 포트폴리오를 구성하는 것보다도 무위험자산을 포트폴리오에 포함시켜 자산을 배분하는 것이 훨씬 우월한 투자성과를 가능케 한다는 점이다. 환언하면 무위험자산을 포함시키는 것이 한 단위 위험부담에 대한 투자수익의 증가가 극대화된다. 이와 같은 논리적 근거 때문에 실제의 포트폴리오 운용에서 먼저 무위험자산펀드와 주식펀드의 두 펀드로 나누어 포트폴리오 구성을 검토하는 것은 타당성을 지닌다.

(3) Excel 활용, 무위험자산이 포함된 효율적 포트폴리오의 도출

무위험자산이 포함될 경우 효율적 포트폴리오를 도출하는 데 있어서 Excel 프로그

〈표 5-1〉 위험자산과 무위험자산의 효율적 포트폴리오의 해를 구하는 식의 비교

위험자산의 효율적 포트폴리오	무위험자산을 포함한 효율적 포트폴리오
$Z=\frac{[R-C]}{S}$	$Z=\frac{[R-R_f]}{S}$
$SZ=[R-C]$	$SZ=[R-R_f]$
$Z=S^{-1}[R-C]$	$Z=S^{-1}[R-R_f]$
$W_i=Z_i/\sum Z_i$	$M=Z_i/\sum Z_i$

램을 적용하는 것은 제4장 4.3절에서 설명한 위험자산 효율적 포트폴리오 구성문제를 확장시키면 된다.

4.3절에서 위험자산의 효율적 포트폴리오를 도출할 때, 〈표 5-1〉의 왼쪽에 있는 식들의 관계에서 Z의 해를 구하는 방법을 적용하였다. 이것의 해를 구할 때 C값으로 임의의 두 수치(0.00과 0.03)를 사용한 바 있다.

무위험자산이 포함될 때의 효율적 포트폴리오는 〈표 5-1〉 오른쪽 식들의 관계에서 보는 것처럼, 임의의 두 C값 대신에 하나의 무위험이자율(R_f)값을 대입하면 Z의 해가 찾아진다. 따라서 시장포트폴리오(M)의 구성내용, 즉 개별주식에의 투자비중(W_i)은 개별주식의 Z값을 Z값의 총합으로 나누어 주면 된다. 시장포트폴리오의 내용을 이와 같은 방법으로 찾는 것의 원리는 [그림 5-1]에서 M포트폴리오는 $RVAR$ 비율($=[E(R_p)-R_f]/\sigma_p$)이 최대가 되는 포트폴리오라는 사실에 근거한 것이다. 이하에서는 4.3절에서 예로 든 4개 위험자산(주식)과 무위험이자율(R_f)이 연 6%(월 0.5%)인 국공채로 구성된 효율적 포트폴리오, 즉 시장포트폴리오(M)를 구성하는 방법을 4단계로 나누어 살펴본다.

(1단계) 무위험이자율(R_f)을 차감하여 초과수익률 열벡터를 도출한다(〈표 5-2〉).

무위험이자율(셀 D9) : 0.06(연단위), (셀 D10) : 0.005(월단위)
초과수익률(셀 C13) : =H3-$D$10
나머지 셀 C14~C16까지는 자동채우기핸들(+) 기능을 사용하여 구함

4.3절에서 설명한 효율적 포트폴리오 구성방법(Z의 해를 찾는 방법)과 같지만, 차이점은 임의의 두 C값 대신에 하나의 무위험이자율(R_f)값을 대입하여 Z의 해를 찾는다는 점이다.

〈표 5-2〉 초과수익률 열벡터 도출

C13 | =H3-$D$10

	A	B	C	D	E	F	G	H
1		* 시장포트폴리오의 구성*						
2		[분산 공분산 메트릭스]	SK하이닉스	LG생활건강	POSCO	셀트리온		기대수익률
3		SK하이닉스	0.00741	0.00103	0.00024	-0.00104		0.0236
4		LG생활건강	0.00103	0.00768	0.00038	0.00224		0.0076
5		POSCO	0.00024	0.00038	0.00564	0.00173		0.0107
6		셀트리온	-0.00104	0.00224	0.00173	0.01637		0.0251
7								
8								
9			무위험이자율(연단위)	0.06				
10			무위험이자율(월단위)	0.005				
11								
12			초과수익률					
13		SK하이닉스	0.0186	셀 C13 :	=H3-$D$10'			
14		LG생활건강	0.0026					
15		POSCO	0.0057					
16		셀트리온	0.0201					

(5장) 시장포트폴리오의 구성

$$Z = S^{-1}[R - R_f] \tag{5-3}$$

단, $[R-R_f]$: 초과수익 행렬, S^{-1} : 공분산 역행렬

(2단계) 분산-공분산 행렬의 역행렬인 S^{-1}을 계산한다(〈표 5-3〉).

4.3절의 2단계와 동일하게 (C19:F22) 영역에 '=MINVERSE($C$3:$F$6)' 함수를 사용하여 역행렬을 구한다.

〈표 5-3〉 분산-공분산 행렬의 역행렬 계산

C19 | {=MINVERSE(C3:F6)}

	A	B	C	D	E	F	G	H
1		* 시장포트폴리오의 구성*						
2		[분산-공분산 행렬]	SK하이닉스	LG생활건강	POSCO	셀트리온		기대수익률
3		SK하이닉스	0.00741	0.00103	0.00024	-0.00104		0.0236
4		LG생활건강	0.00103	0.00768	0.00038	0.00224		0.0076
5		POSCO	0.00024	0.00038	0.00564	0.00173		0.0107
6		셀트리온	-0.00104	0.00224	0.00173	0.01637		0.0251
7								
8								
9			무위험이자율(연단위)	0.06				
10			무위험이자율(월단위)	0.005				
11								
12			초과수익률					
13		SK하이닉스	0.0186	셀 C13 :	=H3-$D$10'			
14		LG생활건강	0.0026					
15		POSCO	0.0057					
16		셀트리온	0.0201					
17								
18		[분산-공분산 행렬의 역행렬]		셀 C19:F22 :	MINVERSE(C3:F6)'			
19		SK하이닉스	140.12	-22.15	-8.48	12.86		
20		LG생활건강	-22.15	139.28	-2.27	-20.24		
21		POSCO	-8.48	-2.27	183.92	-19.70		
22		셀트리온	12.86	-20.24	-19.70	66.78		

(5장) 시장포트폴리오의 구성

(3단계) Z값과 M투자비율을 계산한다(〈표 5-4〉).

- 분산-공분산 행렬의 역행렬(S^{-1})에 초과수익률 행벡터 $[R-R_f]$를 곱해서 Z값을 구한다.

  Z값 계산식 : (C25:C28)
  =MMULT(분산-공분산 행렬의 역행렬, 초과수익률 열벡터)
  =MMULT(C19:F22,C13:C16)

Z값을 구하기 위해서는, 먼저 Z값이 계산되어 나타나는 셀영역(〈표 5-4〉의 셀 C25에서 C28 영역)을 마우스로 드래그한 다음, 수식입력부분에 위와 같은 Excel 명령식을 입력한다. 그런 다음 Ctrl + Shift + Enter↵ 키를 동시에 누른다(Enter↵ 키만 누르면 셀 C25에 SK하이닉스의 Z값 한 개만 계산되므로 주의). 이렇게 얻어진 값(〈표 5-5〉)이 M포트폴리오를 구성하고 있는 개별주식들에 대한 Z값들이다.

〈표 5-4〉 Z값의 계산

C25 | =MMULT(C19:F22,C13:C16)

	A	B	C	D	E	F	G	H
1		* 시장포트폴리오의 구성*						
2		[분산-공분산 행렬]	SK하이닉스	LG생활건강	POSCO	셀트리온		기대수익률
3		SK하이닉스	0.00741	0.00103	0.00024	-0.00104		0.0236
4		LG생활건강	0.00103	0.00768	0.00038	0.00224		0.0076
5		POSCO	0.00024	0.00038	0.00564	0.00173		0.0107
6		셀트리온	-0.00104	0.00224	0.00173	0.01637		0.0251
7								
8								
9			무위험이자율(연단위)	0.06				
10			무위험이자율(월단위)	0.005				
11								
12			초과수익률					
13		SK하이닉스	0.0186	셀 C13 :	=H3-$D$10'			
14		LG생활건강	0.0026					
15		POSCO	0.0057					
16		셀트리온	0.0201					
17								
18		[분산-공분산 행렬의 역행렬]		셀 C19:F22 :	=MINVERSE(C3:F6)'			
19		SK하이닉스	140.12	-22.15	-8.48	12.86		
20		LG생활건강	-22.15	139.28	-2.27	-20.24		
21		POSCO	-8.48	-2.27	183.92	-19.70		
22		셀트리온	12.86	-20.24	-19.70	66.78		
23								
24			Z 값	M 투자비율(W)				
25		SK하이닉스	=MMULT(C19:F22,		셀 C25 :	=MMULT(C19:F22,C13:C16)'		
26		LG생활건강			셀 D25 :	=C25/SUM($C$25:$C$28)'		
27		POSCO						
28		셀트리온						

(5장) 시장포트폴리오의 구성

(4단계) M포트폴리오를 구성하는 최적 투자비율을 $M_i = Z_i / \sum Z_i$에 의해서 구한다(〈표 5-5〉).

Z값의 합(셀 C29) : =SUM(C25:C28)
M포트폴리오에 포함된 SK하이닉스에 대한 투자비율(셀 D25) :
=C25/$C$29 또는 =C25/SUM($C$25:$C$28)

〈표 5-5〉에서 M투자비율은 결론적으로 주식펀드에 대해서는 SK하이닉스, LG생활건강, POSCO, 셀트리온에 각각 65.9%, −11.3%, 11.5%, 33.9%씩 투자할 경우 최상의 투자성과를 기대할 수 있음을 보여주고 있다.

〈표 5-5〉 M포트폴리오를 구성하는 최적 투자비율의 도출

D25 | f_x =C25/SUM($C$25:$C$28)

	A	B	C	D	E	F	G	H
23								
24			Z 값	M 투자비율(W)				
25		SK하이닉스	2.758	0.659	셀 C25 :	=MMULT(C19:F22,C13:C16)'		
26		LG생활건강	-0.472	-0.113	셀 D25 :	=C25/SUM($C$25:$C$28)'		
27		POSCO	0.481	0.115		또는 =C25/$C$29		
28		셀트리온	1.419	0.339				
29		합계	4.186					

(5장) 시장포트폴리오의 구성

〈표 5-6〉 M포트폴리오의 평균과 분산, 표준편차

C33 | f_x =MMULT(C31:F31,H3:H6)

	A	B	C	D	E	F	G	H
23								
24			Z 값	M 투자비율(W)				
25		SK하이닉스	2.758	0.659	셀 C25 :	=MMULT(C19:F22,C13:C16)'		
26		LG생활건강	-0.472	-0.113	셀 D25 :	=C25/SUM($C$25:$C$28)'		
27		POSCO	0.481	0.115		또는 =C25/$C$29		
28		셀트리온	1.419	0.339				
29		합계	4.186					
30				셀 C31:F31: '=TRANSPOSE(D25:D28)'				
31		전치행렬 W^T	0.659	-0.113	0.115	0.339		
32								
33		M port의 평균	0.0244	셀 C33 :	=MMULT(C31:F31,H3:H6)'			
34		M port의 분산	0.0046	셀 C34 :	=MMULT(C31:F31,MMULT(C3:F6,D25:D28))'			
35		M port의 표준편차	0.0681	셀 C35 :	=SQRT(C34)'			

(5장) 시장포트폴리오의 구성

〈표 5-6〉의 하단에 이 M포트폴리오의 기대수익과 위험이 계산되어 있는데, 다음 방법으로 계산된 것이다.

M포트폴리오 전치행렬(W^T)(셀영역 C31:F31) : =TRANSPOSE(D25:D28)
M포트폴리오 평균(셀 C33) : =MMULT(C31:F31,H3:H6)
M포트폴리오 분산(셀 C34) : =MMULT(C31:F31,MMULT(C3:F6,D25:D28))
M포트폴리오 표준편차(셀 C35) : =SQRT(C34)

5.2 최적 포트폴리오의 구성

이상에서 다음 두 가지 경우에 있어서 효율적 포트폴리오 구성의 방법을 살펴보았다.

① 위험자산의 효율적 포트폴리오 구성(제4장 4.3절)
② 무위험자산이 포함되는 경우의 효율적 포트폴리오 구성(제5장 5.1절)

그러면 이들 효율적 포트폴리오 중에서 최종적으로 개별투자자의 위험성향까지 감안된 최적 포트폴리오를 어떻게 선정하는가? 본절에서는 투자자의 위험성향을 감안하여 최적 증권, 최적 포트폴리오를 선정하는 방법을 살펴본다.

(1) 효용과 투자자의 위험성향

[그림 5-1]에서 호 XY상의 포트폴리오는 위험자산만으로 구성하는 경우의 효율적 포트폴리오이고, $R_f MN$상의 포트폴리오는 무위험자산도 포함할 경우의 효율적 포트폴리오였다. 이처럼 우열이 가려지지 않는 효율적 포트폴리오들 중에서 어느 포트폴리오를 최종적으로 선택할 것인가? 이들 효율적 포트폴리오들은 서로 지배되지 않는 포트폴리오이므로, 결국 투자자의 위험에 대한 태도, 즉 기대수익과 위험이 동시에 고려될 때 투자자가 주관적으로 느끼는 만족도인 효용(utility)의 크기에

따라 최종선택을 할 수밖에 없다.

투자자의 효용은 기대수익이 높을수록 그리고 위험은 낮을수록 커진다. 그러나 기대수익이 높더라도 위험이 커지게 되면 투자자에 따라서는 효용은 감소할 수도 있다. 위험감수에 대한 투자수익의 증가, 즉 위험보상(risk premium)의 정도에 대해서 투자자들이 느끼는 만족도는 사람마다 다르기 때문이다.

위험에 대한 투자자의 태도는 위험회피형, 위험중립형, 위험선호형 세 가지 유형으로 나누어 생각해 볼 수 있다. 위험회피도가 서로 다른 투자자들에 있어서 구체적인 위험자산들에 대한 선택의 우선순위는 효용함수를 구체적으로 측정하여 결정할 수 있다.

효용함수(utility function)는 투자자산들의 기대수익과 위험이 주어졌을 때 위험회피도의 정도에 따라 달라지는 만족의 정도를 지수 또는 점수(scoring system)로 나타낸 것이므로 위험자산 증권들의 선택 우선순위(ranking)를 정하는 좋은 수단이 된다.

이를테면 투자자들의 효용은 기대수익이 높을수록 증가하고 위험이 높을수록 감소하므로, 다음과 같은 효용함수로 표시할 수 있게 되는데, 이 효용함수의 점수로 표시되는 수치는 투자자들이 감지하는 위험회피의 정도까지 반영된 것이므로 확실한 투자자산(무위험자산)으로부터 얻게 되는 투자수익, 즉 확실성등가(certainty equivalent)가 된다. 따라서 모든 투자자산의 기대수익과 위험이 동시에 고려되어 확실성등가로 요약되므로 선택의 우선순위가 쉽게 결정될 수 있다.

$$U = E(R) - c \cdot \sigma^2$$

단, U : 효용의 크기, c : 위험회피계수

예를 들어 위의 효용함수에서 위험회피계수가 1(c=1)인 투자자가 있다면 아래에 예로 든 주식 X와 P, 국공채 B의 경우 다음과 같이 효용, 즉 확실성등가가 계산되므로 선택의 우선순위가 쉽게 결정된다. 주식 X가 효용(확실성등가)이 가장 크므로 가장 선호되는 투자대상이 된다.

주 식 X: $E(R)=0.10$ $\sigma^2 = 0.20$ $U=0.1-(1)(0.02)=0.0800$

주 식 P: $E(R)=0.06$ $\sigma^2 = 0.0018$ $U=0.06-(1)(0.0018)=0.0582$

국공채 B: $E(R)=0.06$ $\sigma^2 = 0.0$ $U=0.06-(1)(0)=0.0600$

이제 이 세 가지 유형들의 투자자의 효용함수를 투자수익(또는 부)과 효용의 관

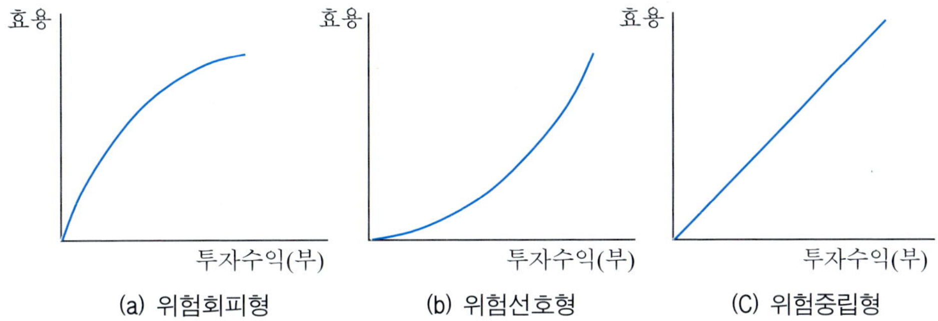

[그림 5-2] 투자자의 유형에 따른 효용함수의 형태

계에서 그림으로 나타내면 [그림 5-2]의 (a), (b), (c)와 같다. 위험회피형의 효용함수는 원점에 대하여 오목한 형태(concave)를 보이면서 투자수익의 증가가 있을 때 체감하는 모양을 보이게 된다. 반면에 위험선호형의 그것은 원점에 대해서 볼록한 형태(convex)를 보이면서 투자수익의 증가가 있을 때 체증하는 모양을 보이게 된다. 그리고 위험중립형의 효용함수는 직선형으로 표시된다.

투자자의 효용함수(위험회피계수)를 실무적으로 도출하고 적용하는 한 방법은 다음 [설문]에 제시되어 있는 것과 같은 질문에 대한 답변을 집계한 점수를 가지고 얼마나 위험회피도가 큰지를 파악하는 것이다.

[설문] 나는 얼마나 위험회피형 투자자인가?

최적 증권을 선정하기 위해서는 투자자의 위험성향이 적절히 평가되어야 한다. 다음은 투자자의 위험성향이 얼마나 공격적인지 또는 보수적인지, "나는 얼마나 위험회피형인지"를 평가하는 설문내용이다.

다음 9개의 질문에 대한 답으로서 a, b, c 중에서 본인의 성향을 가장 잘 나타내는 것에 표하라.

1. 특정주식 매입 60일 후 주가가 20% 하락하였다. 해당기업의 경영내용에는 근본적 변화가 없다면 어떻게 할 것인가?
   a. 더 하락할 것을 염려하여 매도한다(손절매)
   b. 주가가 회복되기를 기다린나
   c. 싸다고 판단하여 더 매입한다

2. 1번과 같은 상황이되, 최초 목표 투자기간이 3년이면 어떻게 할 것인가?
a. 매도한다　　　　b. 기다린다　　　　c. 더 매입한다

3. 1번과 같은 상황이되, 최초 목표 투자기간이 5년이면 어떻게 할 것인가?
a. 매도한다　　　　b. 기다린다　　　　c. 더 매입한다

4. 1번과 같은 상황이되, 최초 목표 투자기간이 8년이면 어떻게 할 것인가?
a. 매도한다　　　　b. 기다린다　　　　c. 더 매입한다

5. 특정주식을 매입한 1달 후, 주가가 25% 상승하였다. 해당기업의 경영내용에 변화가 없다면 어떻게 할 것인가?
a. 매도하여 이익을 실행시킨다
b. 더 오를 것을 기대하여 매도시점을 미룬다
c. 더 오를 것을 기대하여 더 매입한다

6. 10년 후에 있게 될 퇴직에 대비하여 투자하는 경우 어떤 투자대상에 투자할 것인가?
a. MMF와 같은 유동성이 높은 금융상품
b. 채권형(안전형) 펀드와 주식형(성장형) 펀드에 50:50 투자
c. 주가변동폭은 크지만 주가상승이 크리라 예상되는 성장주에 투자

7. 큰 상을 수여받는다고 할 때 다음 중 어떤 상을 선호하는가?
a. 현금 400만원　　　　b. 현금 1,000만원을 받을 확률이 50%
c. 현금 3,000만원을 받을 확률이 20%

8. 매우 좋은 투자기회가 생겼는데, 이에 대해 투자하려면 자기자본만으로 부족하다. 대출을 받아 투자하겠는가?
a. 절대로 하지 않는다　　　　b. 할지도 모르겠다　　　c. 물론 한다

9. 근무하는 회사에서 종업원들에게 자사주 청약을 받고 있다. 3년 후 기업공개할 예정인데, 그때는 지금의 청약가격보다도 10배 정도 상승할 것으로 전망된다. 중도처분은 불가하다고 할 경우 얼마만큼 청약에 응할 것인가?
a. 전혀 청약하지 않는다　　　b. 2개월치의 봉급　　　c. 4개월치의 봉급

▶ 점수산정

자신의 점수=(답 a 체크개수×1점)+(답 b 체크개수×2점)+(답 c 체크개수×3점)

▶ 판 정

(1) 9~14점 : 보수적 투자자
(2) 15~21점 : 중립적 투자자
(3) 22~27점 : 공격적 투자자

(2) 최적 포트폴리오의 선택

투자자의 효용함수는 [그림 5-2]와 같이 투자수익과 효용공간에 직접 표시할 수도 있지만, 평균-분산 기준에 의하여 투자를 결정하는 포트폴리오 선택 체계에 적합하도록 평균(기대수익률)과 분산(위험)의 공간에 효용함수를 표시하는 것이 최적 포트폴리오의 선택과정을 파악하기에 훨씬 용이하다.

[그림 5-3]은 평균과 분산의 공간에 위험회피형의 효용함수를 나타낸 것이다. 이를 무차별효용곡선(indifferent utility curve)이라고 하는데, 이는 특정투자자에게 동일한 효용을 가져다주는 기대수익과 분산(위험)의 조합을 연결한 곡선이다.

위험회피형 투자자의 무차별효용곡선을 표시한 [그림 5-3]은 사실 투자론에서 가정하고 있는 이성적 투자자들의 효용곡선을 나타낸 것이기도 하다. 왜냐하면 자기가 부담하는 위험 이상의 투자수익의 증가가 있지 않으면 전과 동일한 만족을 느끼지 못하는 것이 정상적 투자자이기 때문이다. 그러나 위험회피형의 투자자라도 위험회피도, 즉 위험의 증가에 따라 보상을 바라는 정도에는 서로 차이가 있으므로 위험회피형의 투자자라도 무차별효용곡선의 모양은 달라지게 된다.

[그림 5-3]의 (a), (b)는 위험회피의 정도에 따라 공격적인 투자자와 보수적인 투자자로 나누어 나타낸 것이다. (a)처럼 기울기가 가파른 경우는 극히 위험을 회피하는 보수적인 투자자의 예로서 일정한 위험증가가 있을 때 보다 많은 기대수익 증가를 요구하는 경우를 나타낸다. 반면 (b)처럼 기울기가 덜 가파른 경우는 공격적인 투자자의 예로서 기대수익의 증가가 위험 증가에 미치지 못하더라도 만족하는 경우를 나타낸다.

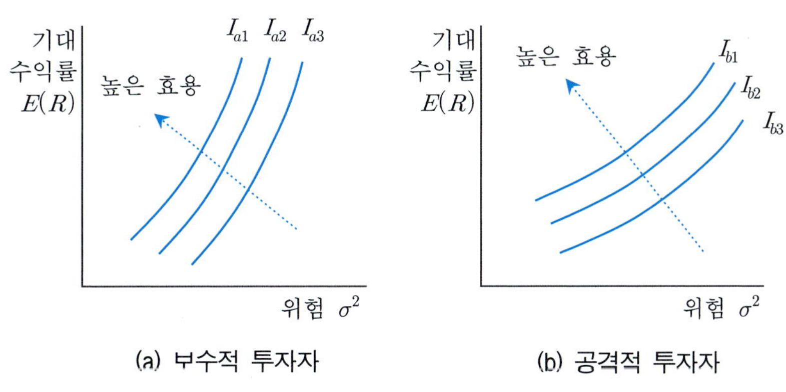

[그림 5-3] 위험회피형 투자자의 무차별효용곡선

따라서 최적 포트폴리오(optimal portfolio)는 지배원리를 만족하는 효율적 포트폴리오(투자선)와 투자자의 위험성향을 나타내는 이들 무차별효용곡선과 만나 접점을 이루는 포트폴리오를 찾으면 선정된다.

위험자산만을 대상으로 할 경우 효율적 포트폴리오는 [그림 5-4]에서 호 XY이었는데, 이 가운데서 효용곡선 d와 같은 모양을 갖는 소극적 투자자는 P_d의 포

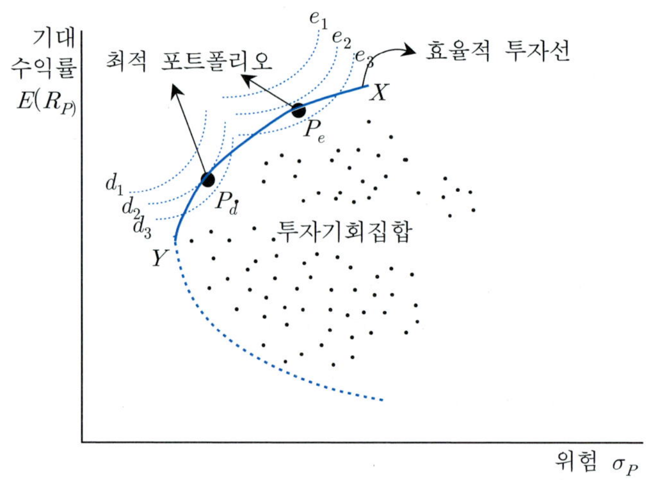

[그림 5-4] 위험자산의 효율적 포트폴리오와 최적 포트폴리오

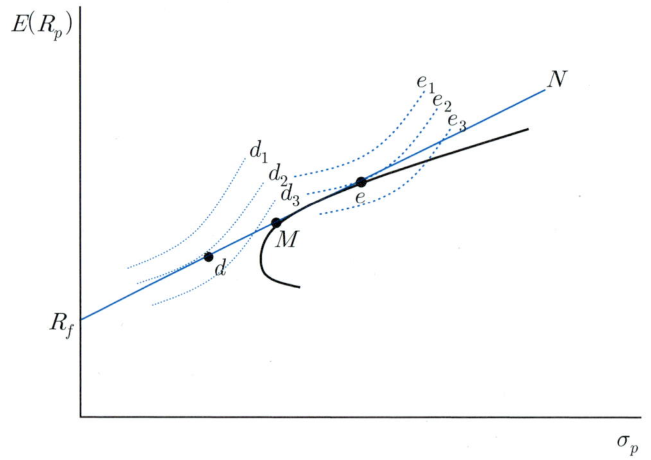

[그림 5-5] 무위험자산이 포함될 때의 최적 포트폴리오

트폴리오를 최적 포트폴리오로 선택할 것이다. 반면에 효용곡선 e와 같은 모양을 갖는 적극적 투자자에게는 P_e의 포트폴리오가 효용을 극대화하는 최적 포트폴리오가 된다.

무위험자산이 포함되는 경우는 효율적 포트폴리오가 [그림 5-5]에서 $R_f MN$선상의 포트폴리오였다. 즉 무위험자산 R_f펀드와 위험자산 M펀드의 두 펀드로 구성하는 것이다. 이들 두 펀드에 얼마씩 투자하는 것이 최적인가는 투자자 개인들의 주관적인 위험성향에 달려 있는데, 방어적 투자자 유형은 d와 같이 무위험자산에 대한 투자비중을 높이는 포트폴리오를 구성할 것이다. 반면에 공격적 투자자 유형은 e와 같이 자신의 투자자금 전부와 무위험이자율로 차입한 자금을 합쳐 주식펀드 M에 투자하는 포트폴리오를 구성할 것이다.

(3) Excel 활용 최적 자산배분

투자대상으로 위험자산인 주식과 무위험자산에 모두 투자할 수 있는 상황에서 최적 포트폴리오를 구성하는 방법은 다음과 같이 요약할 수 있다.

① 위험자산 중에서 유일하게 효율적 포트폴리오인 시장포트폴리오를 찾는다. 시장포트폴리오는 다음 $RVAR$ 비율(식 (5-2))을 최대화시키는 포트폴리오이다.

$$\text{Maximize } RVAR = \frac{E(R_p) - R_f}{\sigma_p}$$

② 무위험자산이 포함되면 최상의 투자성과를 얻을 수 있다. 즉, 시장포트폴리오와 무위험자산, 두 자산의 결합이 최상의 투자성과를 기대케 하는 효율적 포트폴리오이다. 이들 두 자산에 대한 투자비율은 투자자의 위험성향을 나타내는 효용곡선과 접하는 점을 찾아 결정한다.

이제 이 과정을 예시하기 위해서 위험자산으로는 X, Y 두 자산이 있고, 무위험자산으로는 R_f 수익률의 국공채가 있다고 가정하자. 또 투자자의 효용함수는 $U = E(R_p) - 0.01\,C\sigma_p^2$로 가정하자. 여기서 C는 위험회피계수이다.

① 위험자산 중에서 유일한 효율적 포트폴리오(M)는 식 (5-2)와 같은 $RVAR$ 비율을 최대화시키는 포트폴리오이므로 이 식에 $E(R_p)$, σ_p를 구하는 식 (5-4)와 식 (5-5)를 대입하면 자산이 두 개인 경우의 M 포트폴리오는 다음 식 (5-6)과 같이 찾아진다.

$$E(R_p) = w_X E(R_X) + w_Y E(R_Y) \tag{5-4}$$

$$\sigma_p = [\sigma_X^2 w_X^2 + \sigma_Y^2 w_Y^2 + 2 w_X w_Y \sigma_{XY}]^{\frac{1}{2}} \tag{5-5}$$

$$w_X^* = \frac{[E(R_X) - R_f]\sigma_Y^2 - [E(R_Y) - R_f]\sigma_{XY}}{[E(R_X) - R_f]\sigma_Y^2 + [E(R_Y) - R_f]\sigma_X^2 - [E(R_X) - R_f + E(R_Y) - R_f]\sigma_{XY}}$$

$$w_Y^* = 1 - w_X^* \qquad (5\text{-}6)^{1)}$$

② 효율적 포트폴리오(M)와 무위험자산에의 최적 투자비율을 결정하는 것은 투자자의 효용함수인 식 (5-7)에 이들 두 자산으로 구성되는 포트폴리오의 $E(R_p)$, σ_p를 측정하는 다음 식 (5-8)과 식 (5-9)를 대입하여 만족을 극대화시키는 조건식을 찾는 것이 된다. 최종적으로 식 (5-10)이 만족을 극대화시키는 최적 투자비율이 된다.

$$U = E(R_p) - 0.01\,C\sigma_p^2 \tag{5-7}$$

$$E(R_p) = R_f + w[E(R_m) - R_f] \tag{5-8}$$

$$\sigma_p^2 = w^2 \cdot \sigma_m^2 \tag{5-9}$$

$$\text{Max}\ \ U = R_f + w[E(R_m) - R_f] - 0.01\,C \cdot w^2 \cdot \sigma_m^2$$

$$w^* = \frac{E(R_m) - R_f}{0.02\,C\sigma_m^2} \tag{5-10}$$

예제 1

지금 투자대상으로서 기대수익과 위험이 다음과 같이 예상되는 안정형펀드 X와 성장형펀드 Y가 있고, 이자율이 5%인 무위험자산이 있다. Excel을 활용하여 아래 최적 포트폴리오 구성에 관한 문제에 답하라.

---

1) 4개 종목으로 구성하는 경우의 효율적 포트폴리오 구성의 문제는 앞 절에서 설명한 바와 같다.

$E(R_X) = 8\%$ $E(R_Y) = 13\%$ $\sigma_{XY} = 72$

$\sigma_X^2 = 144$ $\sigma_Y^2 = 400$

① 지금 세 자산에 투자하는 것을 전제로 하였을 때, 주식 X와 Y로 구성되는 위험자산 포트폴리오 가운데서 가장 효율적인 포트폴리오를 찾아 주식 X, Y에 대한 구성비율을 제시하고, 이 포트폴리오의 기대수익과 위험을 계산하라.

② ①에서 구한 위험자산의 효율적 포트폴리오와 무위험자산($R_f = 5\%$)을 결합시켜 포트폴리오를 구성하고자 한다. 투자자의 효용함수가 다음과 같이 표시되고, 3명의 고객에게 공통적으로 적용되는 효용함수와 설문지 점수 대비 위험회피계수는 다음 산정표와 같다. 이제 3명의 고객에 대하여 본장 5.2절 (1)항에 제시되어 있는 설문조사로 위험성향을 조사한 결과 위험회피계수(C)가 각각 8, 4, 1로 평가되었다면 최적 포트폴리오는 각각 어떻게 구성되는가?

$U = E(R) - 0.01\, C\sigma^2$

설문조사 점수 대비 위험회피계수

점 수	위험회피 계수	성 향	점 수	위험회피 계수	성 향	점 수	위험회피 계수	성 향
26~27	1	공격적	20~21	4	중용적	14~15	7	보수적
24~25	2		18~19	5		12~13	8	
22~23	3		16~17	6		10~11	9	
						9	10	

[Excel(식 (5-6, 5-10))을 **활용한 최적 포트폴리오의 구성**]

① 위험자산으로 구성되는 효율적 포트폴리오는 총변동성보수율($RVAR$)이 가장 큰 것이므로 식 (5-6)에 의해서 구하는데, 식 (5-4)의 $E(R_p)$와 식 (5-5)의 σ_p는 다음과 같다.

$$\text{Maximize } RVAR = \frac{E(R_p) - R_f}{\sigma_P}$$
$$E(R_p) = 0.08\,w_X + 0.13\,w_Y$$
$$\sigma_p = [144\,w_X^2 + 400\,w_Y^2 + 2\,w_X \cdot w_Y \cdot 72]^{\frac{1}{2}}$$

이에 대한 Excel의 해를 얻기 위해 식 (5-6)을 다음과 같이 적용한다. 〈표 5-7〉

〈표 5-7〉 M 포트폴리오의 자산배분안과 기대수익과 위험

E9 : fx =((D4-D6)*H5-(D5-D6)*H4)/((D4-D6)*H5+(D5-D6)*F4-(D4-D6+D5-D6)*H4)

	B	C	D	E	F	G	H
1			*최적 자산배분*				
2	< 기초자료 >						
3		기대수익률	(단위 : %)		분산 공분산메트릭스		
4	안정형 펀드(X)	$E(R_X)$ =	8	σ_X^2 =	144	σ_{XY} =	72
5	성장형 펀드(Y)	$E(R_Y)$ =	13	σ_{XY} =	72	σ_Y^2 =	400
6	국공채 펀드(F)	$E(R_f)$ =	5				
7							
8	(1) 위험자산만으로 구성된 포트폴리오중 가장 효율적인 M 포트폴리오의 최적투자비율의 계산						
9		안정형 펀드(X)의 최적투자비율		0.40	셀 E9:	=((D4-D6)*H5-(D5-D6)*H4)/((D4-D6)*H5+(D5-D6)*F4-(D4-D6+D5-D6)*H4)'	
10		성장형 펀드(Y)의 최적투자비율		0.60	셀 E10:	=1-$E$9'	
11							
12	가장 효율적인 포트폴리오인 M 포트폴리오의 기대수익률과 위험의 계산						
13			기대수익률($E(R_m)$)	11.0	셀 E13:	=$E$9*D4+(1-$E$9)*D5'	
14			표준편차(σ_m)	14.2	셀 E14:	=SQRT($E$9^2*F4+(1-$E$9)^2*H5+2*$E$9*(1-$E$9)*H4)'	

(5장) 최적자산배분안의 도출

의 셀 E9에 이 식을 직접 입력하여 안정형펀드(X)에 대한 최적 투자비율($w_X{}^*$)을 구한 다음, 성장형펀드(Y)에 대한 최적 투자비율($1-w_X{}^*$)을 구한다.

안정형펀드 투자비율(셀 E9) : =((D4-D6)*H5-(D5-D6)*H4)/((D4-D6)*H5
+(D5-D6)*F4-(D4-D6+D5-D6)*H4)
성장형펀드 투자비율(셀 E10) : =1-$E$9

〈표 5-7〉에서 셀 E9와 E10을 보면, 안정형펀드(X)와 성장형펀드(Y)에 대한 최적 투자비율이 각각 40%, 60%로 계산되어 있음을 볼 수 있다.

$$w_X^* = 0.40 \qquad w_Y^* = 0.60$$

위에서 구한 포트폴리오는 $RVAR$ 비율이 가장 큰 포트폴리오로서, 두 개의 위험자산만 존재한다고 가정할 경우의 시장포트폴리오(M)라고 볼 수 있다.

이 시장포트폴리오(M)의 기대수익률($E(R_m)$)과 표준편차(σ_m)를 계산하기 위해 식 (5-4)와 식 (5-5)를 적용하면 〈표 5-7〉의 셀 E13과 E14와 같이 시장포트폴리오(M)의 기대수익률은 11%, 표준편차는 14.2%로 계산된다.

기대수익률(셀 E13) : =$E$9*D4+(1-$E$9)*D5
위　　　험(셀 E14) : =SQRT($E$9^2*F4+(1-$E$9)^2*H5
+2*$E$9*(1-$E$9)*H4)

② 이제 ①에서 구한 시장포트폴리오(M) 펀드와 무위험자산인 국공채 펀드(R_f), 두 펀드로 구성된 효율적 포트폴리오에 대한 최적 투자비율을 도출해 보자. 이를 위해서는 투자자의 위험성향(여기서는 세 투자자의 위험회피계수가 8, 4, 1)이 고려되어야 한다. 이에 대한 해는 식 (5-10)을 이용하여 구할 수 있다.

각 투자자의 위험회피도를 고려한 각 펀드별 최적 투자비율을 구하는 순서는 다음과 같다.

i) 먼저, B19:B21까지 위험회피계수 8, 4, 1을 직접 입력한다.

ii) 18행에는 M 포트폴리오, 무위험자산, 안정형펀드, 성장형펀드라고 직접 입력한다.

iii) C19부터 F21까지 아래와 같이 해당셀에 해당수식(식 (5-10)의 적용)을 직접 입력한다. 이렇게 하면 시장포트폴리오와 무위험자산에 대한 투자비율이 구해진다.

[위험회피형]
M포트폴리오 투자비율(셀 C19) : =(E13-D6)/(0.02*$B19*E14^2)
무위험자산 투자비율(셀 D19) : =1-C19
안정형펀드(셀 E19) : =$C19*$E$9,　　성장형펀드(셀 F19) : =$C19*$E$10

[위험중립형]
M포트폴리오 투자비율(셀 C20) : =(E13-D6)/(0.02*$B20*E14^2)
무위험자산 투자비율(셀 D20) : =1-C20
안정형펀드(셀 E20) : =$C20*$E$9,　　성장형펀드(셀 F20) : =$C20*$E$10

[위험선호형]
M포트폴리오 투자비율(셀 C21) : =(E13-D6)/(0.02*$B21*E14^2)
무위험자산 투자비율(셀 D21) : =1-C21
안정형펀드(셀 E21) : =$C21*$E$9,　　성장형펀드(셀 F21) : =$C21*$E$10

iv) 개별주식에 대한 최적 투자비율은 시장포트폴리오 투자비율에 식 (5-6)에서 얻어진 비율을 곱하여 구한다.

〈표 5-8〉 최적 자산배분안의 도출

C19 =(E13-D6)/(0.02*$B19*E14^2)

최적 자산배분

< 기초자료 >

	기대수익률	(단위 : %)	분산 공분산메트릭스			
안정형 펀드(X)	$E(R_X)$ =	8	σ_X^2 =	144	σ_{XY} =	72
성장형 펀드(Y)	$E(R_Y)$ =	13	σ_{XY} =	72	σ_Y^2 =	400
국공채 펀드(F)	$E(R_F)$ =	5				

(1) 위험자산만으로 구성된 포트폴리오중 가장 효율적인 M 포트폴리오의 최적투자비율의 계산

안정형 펀드(X)의 최적투자비율	0.40	셀 E9: =((D4-D6)*H5-(D5-D6)*H4)/((D4-D6)*H5+(D5-D6)*F4-(D4-D6+D5-D6)*H4)'
성장형 펀드(Y)의 최적투자비율	0.60	셀 E10: =1-$E$9'

가장 효율적인 포트폴리오인 M 포트폴리오의 기대수익률과 위험의 계산

기대수익률($E(R_m)$)	11.0	셀 E13: =$E$9*D4+(1-$E$9)*D5'
표준편차(σ_m)	14.2	셀 E14: =SQRT($E$9^2*F4+(1-$E$9)^2*H5+2*$E$9*(1-$E$9)*H4)'

(2) 위험회피계수에 따른 각 자산별 최적투자비율

위험회피계수	각 자산에 대한 투자비율			
	M 포트폴리오	무위험자산	안정형 펀드	성장형펀드
8	0.186	0.814	0.074	0.112
4	0.372	0.628	0.149	0.223
1	1.488	-0.488	0.595	0.893

(주) 셀E9는 식5.6을 이용한 것이고, 셀 C19에서 C21까지는 식5.10을 이용하여 위험회피계수가 감안된 최적투자비율을 계산한 것임.

셀 C19 : =(E13-D6)/(0.02*$B19*E14^2)　셀 D19 : =1 - C19
셀 C20 : =(E13-D6)/(0.02*$B20*E14^2)　셀 D20 : =1 - C20
셀 C21 : =(E13-D6)/(0.02*$B21*E14^2)　셀 D21 : =1 - C21
셀 E19 : =$C19*$E$9　셀 F19 : =$C19*$E$10
셀 E20 : =$C20*$E$9　셀 F20 : =$C20*$E$10
셀 E21 : =$C21*$E$9　셀 F21 : =$C21*$E$10

(5장) 최적자산배분안의 도출

[제4장 4.3절 (2)항의 방법을 적용한 M포트폴리오의 최적 투자비율 도출]

위의 방법처럼 식을 일일이 이용하지 않고, 본서 제4장 4.3절 (2)항에 제시되어 있는 방법처럼, M포트폴리오의 최적 투자비율을 구하는 방법을 사용해도 동일한 결과를 얻는다. 〈표 5-9〉는 이 방법에 의한 해의 도출과정을 보여주고 있다.

초과수익률(셀 E55) : =D4-$D$6
역행렬(셀 B59:C60) : =MINVERSE(B55:C56)
최적 Z값(셀 C62) : =MMULT(B59:C60,E55:E56)
최적 투자비율(셀 C65) : =C62/SUM($C$62:$C$63)

〈표 5-9〉 M 포트폴리오의 최적 투자비율(제4장 4.3절 (2)항의 방법)

C62 | {=MMULT(B59:C60,E55:E56)}

	A	B	C	D	E	F	G	H	I	J	K	L
53		* (4장) 4절 2항 방법을 이용한 해(%기준 계산)						* (4장) 4절 2항 방법을 이용한 해(소수점 표시 계산)				
54		분산-공분산 행렬			초과수익률			분산-공분산 행렬			초과수익률	
55		144	72		3	셀 E55: '=D4-$D$6'		0.0144	0.0072		0.03	
56		72	400		8	셀 E56: '=D5-$D$6'		0.0072	0.04		0.08	
57												
58		역행렬						역행렬				
59		0.00763	-0.00137	셀 B59:C60 : '=MINVERSE(B55:C56)'				76.31258	-13.73626			
60		-0.00137	0.00275					-13.73626	27.47253			
61												
62		최적 Z값	0.01190	셀 C62 : '=MMULT(B59:C60,E55:E5				최적 Z값		0.00012		
63			0.01786	셀 C63 : '=MMULT(B59:C60,E55:E5						0.00018		
64												
65		최적투자비율	0.4	셀 C65 : '=C62/SUM($C$62:$C$63				최적투자비율		0.4		
66			0.6	셀 C66 : =C63/SUM($C$62:$C$63						0.6		

(5장) 최적자산배분안의 도출

③ 위의 도출 결과를 토대로 투자자 유형별로 최적 포트폴리오 안을 제시하면 다음과 같다.

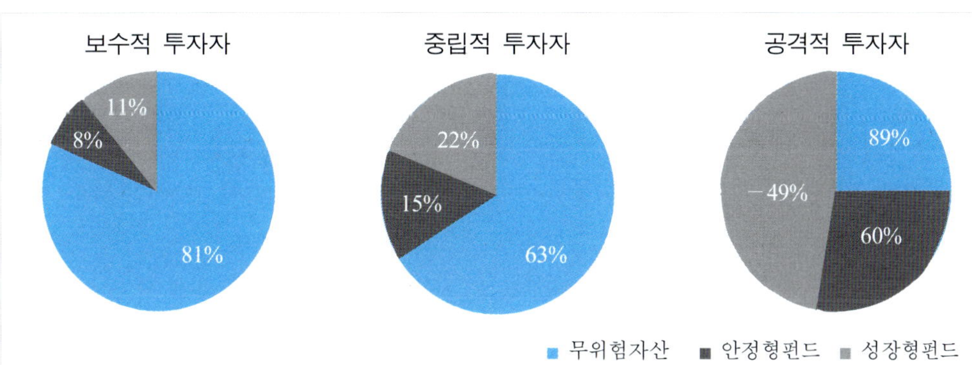

* ① 보수적 투자자는 위험회피계수가 8, 중립적 투자자는 위험회피계수가 4, 공격적 투자자는 위험회피계수가 1인 경우의 최적 포트폴리오 안이다. ② 안정형펀드와 성장형펀드에 대한 투자비율의 합은 위험자산에의 투자비율이 된다. ③ 공격적 투자자의 무위험자산에 대한 투자비율 −49%는 차입을 의미한다.

5.3 단일지표모형에 의한 포트폴리오 선택

본절에서는 앞에서 설명한 방법보다 간편한 포트폴리오 구성방법으로서 단일지표모형에 의한 포트폴리오 선택방법에 대하여 다룬다. 먼저 앞에서와 같이 모든 구성종목 서로 간의 관계를 고려하는 대신에 시장지표와의 관계에서 위험을 측정하고 위험을 관리하는 방법의 유용성을 살펴본다.

(1) 단일지표모형의 의의

앞 절까지 설명한 분산투자방법은 마코위츠가 제시한 방법이다. 이를 **완전공분산모형**이라고 하는데, 그 이유는 효율적 포트폴리오 구성시에 구성종목 모두 간의 공분산을 고려하기 때문이다. 즉, 적절한 위험측정치로서 식 (5-11)과 같이 분산을 측정하는데, 이를 위해서는 모든 종목 서로 간의 공분산을 계산해야 한다.

$$\sigma_p^2 = \sum_{i=1}^{n}\sum_{j=1}^{n} w_i w_j \sigma_{ij} \tag{5-11}$$

구체적으로 마코위츠모형에 의하면 n 종목으로 포트폴리오를 구성할 때, 계산에 필요한 정보량은 앞 장의 〈표 4-1〉의 n 종목 공분산 행렬에서 보는 것처럼 다음과 같다.

개별주식의 기대수익률	: n개
개별주식의 분산	: n개
개별주식 간의 공분산	: $n(n-1)/2$개

예를 들어, 1,000종목으로 구성되는 포트폴리오의 위험을 구하기 위해서는 1,000개의 분산과 (1,000×999)/2=499,500개의 공분산 계산이 필요하다. 더욱이 최종적인 효율적 포트폴리오(투자선)를 구하기 위해서는 투자비율이 달라질 때 얻게 되는 수많은 가능한 포트폴리오를 고려해야 하기 때문에 그 계산량은 상상을 초월한 방대한 양이 된다.

그래서 마코위츠모형은 이론적으로는 공분산 행렬만 정확히 추정된다면 효율적 투자선을 찾아내는 가장 완벽한 방법이지만, 현실적으로 적용하기 어려운 기술적 문제점을 지니고 있다. 현실적으로 적용가능한 효율적 분산투자의 방법을 강구하기 위해서 보다 단순한 다른 방법이 필요한 이유가 여기에 있다. 마코위츠모형의 기술적 문제점을 해결하고자 한 것이 바로 샤프의 단일지표모형이다.

단일지표모형(single index model)은 n 종목의 개별주식들 간의 모든 공분산을 고려하는 대신에 어느 특정 개별주식과 시장전체의 움직임을 나타내는 단일시장지표와의 공분산만을 고려한 단순화된 모형이다. 이러한 의미에서 단순시장모형(simplified market model) 또는 시장모형(market model)이라고도 부른다.

단일지표모형에서는 증권투자수익의 변동이 기본적으로 두 가지 원천에 의해서 초래된다는 것을 전제로 하고 있다. 그 하나는 시장전체 공통요인(common factor)의 변동에 연관된 부분이고, 다른 하나는 시장전체와 연관되지 않고 개별기업 특유요인(company specific factor)에 의해서 발생되는 부분이다. 즉,

개별증권 가격변동＝시장전체(공통요인)에 연관된 가격변동
＋개별기업 특유요인에 연관된 가격변동 (5-12)

이 가정은 일정기간에 있어서 어느 개별증권의 투자수익률에 영향을 주는 사건에는 두 가지 유형이 있음을 뜻한다.

첫째, 거시적 사건(macro event)으로서, 예를 들면 기대하지 못했던 인플레이션, 공금리의 변화, 정국의 불안정, 석유와 같은 주요 원자재 가격의 변화 등을 들 수 있다. 이와 같은 유형의 사건은 그 영향력이 광범위하여 정도의 차이만 있을 뿐이지 거의 모든 증권에 영향을 미친다. 결과적으로 주가의 전반적인 수준에 변동을 초래하여 시장전체의 수익률변동을 가져온다. 개별증권의 가격변동은 이와 같은 시장전체의 공통적인 요인에 대하여 민감도의 차이가 있을 뿐 시장공통요인과 연관되어 있다.

둘째, 모든 종목에 전반적인 영향을 주지 않는 특정기업의 미시적 사건(micro event)이다. 예를 들어 특정기업의 신제품개발, 제품의 갑작스런 진부화, 노사분규, 공장의 화재와 조업중단, 핵심인물의 이직이나 변고 등의 사건을 말한다. 이와 같은 미시적 사건은 다른 종목들의 가격에는 영향을 주지 않고 특정종목에만 영향을 주는 사건이므로 시장전체(포트폴리오) 수익률에는 영향을 미치지 않지만 그 특정 개별종목의 투자수익률 변동을 구성하게 된다.

이처럼 증권수익률의 변동을 이분법적으로 구분할 수 있고, 전자의 시장공통요인은 종합주가지수와 같은 시장지표(market index)로 나타낼 수 있다고 가정하여 이 개념을 직선식으로 표시한 것이 단일지표모형, 시장모형이다.

(2) 증권특성선

1) 증권특성선의 의의

단일지표모형은 위의 개념을 식 (5-13)으로 표시한 것이다. 즉, 증권 j의 수익률이 단 하나의 공통요인인 시장수익률과 선형적인 관계를 갖는 것으로 본다.

$$R_{jt} = \alpha_j + \beta_j R_{mt} + \epsilon_{jt} \tag{5-13}$$

단, R_{jt} : t 시점에서의 증권 j의 수익률(확률변수)
R_{mt} : t 시점에서의 시장지표의 수익률(확률변수)
α_j : 회귀계수 절편, β_j : 회귀계수 기울기, ϵ_{jt} : 잔차항

단일지표모형을 그림으로 나타내면 [그림 5-6]과 같다. 이 그림의 각 점들은 수직축에 어느 개별증권 j의 수익률(R_j)을 종속변수로, 그리고 수평축에 시장전체 수익률을 대표하는 시장지표(종합주가지수)의 수익률(R_m)을 독립변수로 하여 대응시킨 것이다.

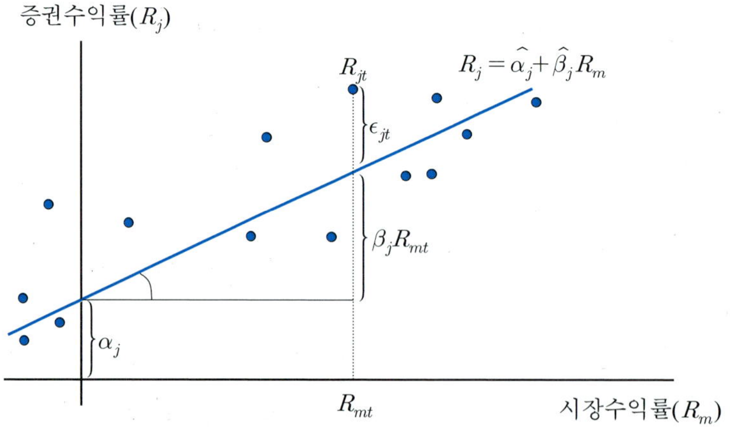

[그림 5-6] 증권특성선

여기서 R_j를 R_m에 관하여 회귀분석(regression)하면 양자 사이의 관계를 잘 나타내는 다음과 같은 직선식을 구할 수 있다.

$$R_j = \hat{\alpha}_j + \hat{\beta}_j R_m \tag{5-14}$$

단, ^는 회귀계수 추정치

이 회귀분석에서 추정되는 회귀계수들은 증권의 수익률과 위험에 관한 여러 가지 특성을 나타내므로 식 (5-14)를 증권특성선(CL : characteristic line)이라고 부른다.

식 (5-13)으로 표시되는 단일지표의 가정은 [그림 5-6]에서 보다 잘 이해될 수 있다. 특정증권 j의 특정시점 t에서의 수익률 R_{jt}의 한 부분은 시장수익률의 움직임에 따라 변동하는 $\beta_j R_{mt}$로 구성되어 있다. 여기서 중요한 것은 기울기 q베타계수(β_j)로서 이는 시장수익률의 변동에 대한 증권 j의 수익률의 평균적인 민감도(average sensitivity to market movement)를 나타낸다. 즉, 시장전체의 수익률에 영향을 주는 거시적 사건이 발생했을 때 특정증권이 이에 대하여 민감하게 반응하는 정도는 기업마다 다른데, 이를 계량적으로 측정한 것이 β계수이다.

따라서 베타계수가 큰 증권일수록 시장수익률의 변동(거시적 사건의 발생)에 보다 민감하게 반응하는 증권임을 뜻한다. 예를 들어 베타(β_j)가 1.5인 증권이 있다면 시장수익률 R_m이 10%만큼 증감하면 그 증권의 수익률은 평균적으로 15%만큼 증감할 것으로 예상할 수 있다. 이처럼 베타(β_j)가 1.0 이상인 증권은 시장지수보다도 큰 폭으로 증권가격이 등락하는 성향이 있음을 뜻한다. 강세시장에서는 높은 가격상승이 예상되는 증권임을 뜻하는데, 이러한 증권을 공격적 증권이라고 부른다.

반면에 베타(β_j)가 0.5인 증권이라면 시장수익률이 10% 증감이 있을 때, 그 증권의 수익률은 5%만큼 증감할 것으로 예상할 수 있다. 이처럼 베타(β_j)가 1.0 이하인 증권은 시장지수보다도 작은 폭으로 증권가격이 등락하는 성향이 있음을 뜻한다. 약세시장에서는 상대적으로 투자성과가 양호할 것으로 예상되는 증권임을 뜻하는데, 이러한 증권을 방어적 증권이라고 부른다.

특정증권의 수익률 R_{jt}를 구성하는 다른 한 부분은 [그림 5-6]에서 증권 j 수익률의 증권특성선으로부터의 수직적 거리로 측정되는 잔차부분 ϵ_{jt}이다. 잔차 ϵ_{jt}는 시장전체의 변동과는 관계없이 특정기업의 특유한 미시적 사건에 의해서 영향받는 증권수익률의 변동을 측정한 것이다.

2) 베타계수와 잔차분산의 추정

앞에서는 증권특성선의 베타, 알파, 잔차항의 의미를 살펴보았다. 그러면 실제로 주가수익률 자료로부터 이들을 어떻게 추정하는가?

기울기(β)와 절편(α)은 [그림 5-6]에서 보는 것 같이 증권 j의 수익률(R_j)과 시장수익률(R_m)을 대응시킬 때, 이들 양자의 관계를 가장 잘 대표하는 직선(best fitted line)을 도출하여 추정한다. 이 직선(증권특성선)은 그림의 모든 점들로부터의 거리(잔차)의 합을 최소로 하는 직선식을 찾는 최소자승법(OLS : ordinary least square)을 이용하면 다음과 같이 구해진다.

$$\hat{\beta}_j = \frac{\Sigma\,[R_{jt} - E(R_j)]\,[R_{mt} - E(R_m)]}{\Sigma\,[R_{mt} - E(R_m)]^2} = \frac{\sigma_{jm}}{\sigma^2(R_m)} \tag{5-15}$$

$$\hat{\alpha} = \overline{R} - \hat{\beta}_j\,\overline{R_m} \tag{5-16}$$

한편 증권수익률의 변동 중에서 시장전체와 연동되지 않은 위험은 증권특성선으로부터의 잔차분산(residual variance)으로 측정된다. 먼저 증권 j의 t시점에서의 잔차수익률(residuals)은 증권특성선으로부터 수직적 거리이므로 다음과 같이 측정된다.

$$\epsilon_{jt} = R_{jt} - (\hat{\alpha}_j + \hat{\beta}_j\, R_{mt}) \tag{5-17}$$

단, ϵ_{jt} : 증권 j의 t시점에서의 잔차
R_{jt} : 증권 j의 t시점에서의 실제수익률
$\hat{\alpha}$: 증권특성선의 절편 추정치
$\hat{\beta}$: 증권특성선의 기울기 추정치
R_{mt} : 시장수익률의 t시점에서의 실제수익률

이 식의 우변 괄호 안은 증권특성선이 상술한 방법에 의해서 추정되었을 때 t시점에서의 시장수익률이 R_{mt}일 경우 기대되는 증권 j의 기대수익률이다. 따라서 잔차 ϵ_{jt}는 실제수익률과 기대수익률의 차이를 측정한 것이 된다.

(3) 단일지표모형에 의한 포트폴리오 선택

본항에서는 베타에 의해서 위험이 측정되고 이를 포트폴리오 선택기준으로 삼으면 마코위츠모형과 비교하여 훨씬 계산량과 시간이 절약되는 실용적인 포트폴리오 투

자결정을 할 수 있는지를 설명한다.

1) 체계적 위험과 비체계적 위험

증권투자수익률의 움직임이 시장전체의 공통요인과 개별기업 특유요인 두 가지 원천에 의해서 영향받는 것을 가정하면 식 (5-18)과 식 (5-19)의 단일지표모형과 증권특성선을 내세울 수 있었다.

$$R_j = \alpha_j + \beta_j \cdot R_m + \epsilon_{jt} \tag{5-18}$$

$$E(R_j) = \alpha_j + \beta_j \cdot E(R_m) \tag{5-19}$$

이제 단일지표모형에서 수익률의 변동성을 나타내는 분산을 구하기 위해서 본래의 분산을 측정하는 식 (5-20)에 식 (5-18)과 식 (5-19)를 대입해 보면 식 (5-21)의 관계식을 얻게 된다.

$$\sigma^2(R_j) = E[R_j - E(R_j)^2] \tag{5-20}$$

$$\sigma^2(R_j) = \beta^2\sigma^2(R_m) + \sigma^2(\epsilon_j) \tag{5-21}$$

[총위험] [체계적 위험] [잔차분산]

단, $\sigma^2(R_j)$: 증권수익률의 분산

β_j : 시장모형에서 추정되는 기울기, 베타계수

$\sigma^2(\epsilon_j)$: 잔차항의 분산

이 식의 우변 첫째 항 $\beta_j^2\sigma^2(R_m)$을 체계적 위험(systematic risk)이라고 부른다. $\beta_j^2\sigma^2(R_m)$의 크기는 개별증권의 총위험 중에서 시장전체와 연동된 위험의 크기를 나타낸 것이다. 이는 개별증권 수익률의 총변동 중에서 증권특성선상을 따라 움직이는 수익률 변동부분이기도 하다.

식 (5-21)의 우변 둘째 항 $\sigma^2(\epsilon_j)$은 잔차분산 혹은 비체계적 위험(residual variance, unsystematic risk)이라고 부른다. 잔차분산 $\sigma^2(\epsilon_j)$은 시장전체 변동에 관련되지 않는 증권 j의 고유한 특성의 위험으로서 개별증권의 수익률 총변동 중에서 증권특성선으로부터의 편차의 크기로 측정되는 수익률 변동부분이다.

2) 포트폴리오 분산의 측정

단일지표모형에 의할 때 개별증권의 분산(총위험)이 체계적 위험과 비체계적

위험으로 나누어 측정되고, 베타와의 관계에서 측정될 수 있음을 보았다.

이와 같은 관계는 개별증권뿐 아니라 포트폴리오의 경우에도 그대로 성립하므로 다음 관계식과 같이 포트폴리오 분산을 표시할 수 있게 된다.

$$\sigma^2(R_p) = \beta_p^2 \sigma^2(R_m) + \sigma^2(\epsilon_p) \tag{5-22}$$

우변의 첫째 항은 시장공통요인에 연동된 포트폴리오의 체계적 위험이고, 둘째 항은 기업특유요인에 관계된 비체계적 위험이다.

여기서 **포트폴리오 베타**(β_p)는 식 (5-23)과 같이 포트폴리오를 구성하는 개별증권의 베타계수(β_j)를 그 증권에 대한 투자비율에 따라 가중평균하면 구해진다.

$$\beta_p = \sum_{j=1}^{n} w_j \beta_j \tag{5-23}$$

예를 들어 β_A=2.0인 증권 A에 80%, β_B=1.5인 증권 B에 20% 투자할 경우, 두 증권 A, B로서 구성되는 포트폴리오 베타(β_p)는 다음과 같이 1.90이 된다.

$$\begin{aligned}\beta_p &= w_A \cdot \beta_A + w_B \cdot \beta_B \\ &= (2.00 \times 0.8) + (1.50 \times 0.2) = 1.90\end{aligned}$$

한편 **포트폴리오 잔차분산** $\sigma^2(\epsilon_p)$은 아래 식 (5-24)처럼 개별증권의 잔차분산에 그 증권에 대한 투자비율의 자승을 곱한 것이 된다.

$$\sigma^2(\epsilon_p) = \sum_{j=1}^{n} w_j^2 \sigma^2(\epsilon_j) \tag{5-24}$$

3) 단일지표모형과 포트폴리오 선택

결과적으로 포트폴리오 베타 β_p와 포트폴리오 잔차분산 $\sigma^2(\epsilon_p)$을 측정하는 식 (5-23)과 식 (5-24)를 식 (5-22)에 대입하면 단일지표모형에 의한 포트폴리오 분산 $\sigma^2(R_p)$은 식 (5-25)에 의해서 최종적으로 측정된다.

$$\sigma^2(R_p) = (\sum_{j=1}^{n} w_j \beta_j)^2 \sigma^2(R_m) + \sum_{j=1}^{n} w_j^2 \sigma^2(\epsilon_j) \tag{5-25}$$

이제 단일지표모형에 의해 포트폴리오 분산 $\sigma^2(R_p)$을 구하는 식 (5-25)는 제4장에서 설명한 마코위츠모형과 함께 최소분산포트폴리오(MVP)를 찾아낼 때 위험의 측정치로 사용할 수 있다. 식 (5-25)에 의해서 포트폴리오 분산이 측정되면 계산량이 현격히 줄어든다는 장점이 있다. 왜냐하면 식 (5-25)의 단일지표모형이 사용되면 n개의 베타계수와 n개의 잔차분산, 그리고 한 개의 시장수익률 분산만 계산하면 되기 때문이다. 따라서 마코위츠모형에 의할 때 n개의 분산과 $n(n-1)/2$개의 공분산계산이 요구되었던 것과 비교하면 계산량이 엄청나게 줄어든다.

예를 들어 1,000종목으로 포트폴리오를 구성할 때 마코위츠모형에 의한다면 499,550개의 공분산 계산이 요구되었지만, 단일지표모형에 의한다면 한 개의 시장수익률 분산과 1,000개의 베타계수, 1,000개의 잔차분산만 계산하면 되므로 계산량이 현저히 줄어드는 것을 볼 수 있다.

요약하면 마코위츠모형이나 샤프의 단일지표모형은 모두 투자자가 효율적 분산투자를 하는 데 필요로 하는 최소분산포트폴리오의 구성에 도움이 되는 모형들이지만, 두 모형의 차이는 최소분산포트폴리오를 찾는 과정에서 포트폴리오 분산을 결정하는 방법에 있다.

두 모형의 가정상의 차이를 보면 마코위츠모형은 증권수익률의 형성과정이나 증권들 간의 공분산에 관한 일체의 가정을 필요로 하지 않는다. 따라서 계산의 정확성 면에서 완벽하다. 반면에 단일지표모형은 모든 증권들 간의 공분산을 단 하나의 공통요인인 시장요인에 연관된 부분과 그렇지 않은 부분으로 나누는데, 후자의 잔차분산은 증권 간에 상관성이 없음을 가정하고 있으므로, 이 가정의 현실성 여하에 따라서 단일지표모형은 최적 포트폴리오의 선택모형으로서 정확성이 좌우된다.

단일지표모형의 가정 중에서 가장 중요한 것은 어느 두 증권(j와 k)의 잔차수익률 사이의 공분산이 영(0)이라는 가정이다. 즉, $cov(\epsilon_j, \ \epsilon_k) = 0$이다. 환언하면 어느 특정 j증권에 영향을 주는 미시적 사건은 다른 k증권에는 영향을 주지 않는다는 가정이다. 이 가정은 특정 개별증권의 변동성이 오로지 하나의 공통요인인 시장요인과의 관계에 의해서만 설명됨을 뜻한다. 따라서 개별증권 j와 k의 공분산 σ_{jk}도 시장요인과의 관계에서 설명될 수 있는데, 구체적으로 시장수익률의 분산에 각각의 베타를 곱하여 구한다.

$$\sigma_{jk} = \beta_j \beta_k \sigma^2(R_m) \tag{5-26}$$

이상에서의 설명을 종합하여 단일지표모형에 의한 포트폴리오 선택방법과 마코위츠모형에 의한 선택방법을 비교하면 〈표 5-10〉과 같다.

〈표 5-10〉 단일지표모형과 마코위츠모형의 비교

	단일지표모형	마코위츠모형
① 평균수익률	$E(R_j) = \alpha_j + \beta_j E(R_m)$	$E(R_j) = \Sigma p_i r_i$
② 개별증권의 분산	$\sigma^2(R_j) = \beta_j^2 \sigma^2(R_m) + \sigma^2(\epsilon_j)$	$\sigma^2(R_j) = \Sigma[R_j - E(R)]^2$
③ 증권 i와 j 간의 공분산	$\sigma_{ij} = \beta_i \beta_j \sigma^2(R_m)$	$cov(R_i, R_j) = \sigma_i \sigma_j \rho_{ij}$
④ 포트폴리오의 분산	$\sigma_p^2 = \beta_p^2 \sigma^2(R_m) + \sigma^2(\epsilon_p)$ $= [\Sigma\omega_j \beta_j]^2 \sigma^2(R_m)$ $+ \Sigma \omega_j^2 \sigma^2(\epsilon_j)$	$\sigma_p^2 = \sum_{i=1}^{n}\sum_{j=1}^{n} \omega_i \omega_j \sigma_{ij}$ $= \sum_{i=1}^{n} \omega_i^2 \sigma_i^2 + \sum_{i=1}^{n}\sum_{j=1}^{n} \omega_i \omega_j \sigma_{ij}$
⑤ 위험자산 효율적 포트폴리오의 구성	$\frac{\alpha}{\sigma^2(\epsilon)}$ 주)	$Z = \frac{[R-C]}{S}$

주) 식 (5-28)에서 설명함.

5.4 Excel 활용, 증권특성선의 추정과 포트폴리오의 선택

(1) 증권특성선의 추정

이상에서 시장수익률과의 관계에서 개별증권 수익률의 베타 β, 알파 α, R^2 등이 측정되면, 투자결정에 요긴하게 활용될 수 있음을 보았다. Excel을 이용하여 이들을 측정하는 방법은 다음과 같다.

알파 α : =INTERCEPT(개별주식 수익률의 셀영역, 시장수익률의 셀영역)
베타 β : =SLOPE(개별주식 수익률의 셀영역, 시장수익률의 셀영역)
결정계수 R^2 : =RSQ(개별주식 수익률의 셀영역, 시장수익률의 셀영역)

이제 제4장에서 제시되었던 SK하이닉스, LG생활건강, POSCO, 셀트리온, KOSPI수익률의 월간 주식수익률 시계열자료(2016. 1~2019. 4)(〈표 5-11〉)를 이용하여 이들 주식들의 절편(α), 기울기(β), 설명력(R^2)을 계산해 보기로 한다.

본래 어느 특정증권 수익률과 시장수익률의 관계는 본래 미래의 수익률, 즉 사전적 예측자료(ex ante data)에 근거하여 추정되어야 하나, 여기서는 과거 패턴이 미래에도 계속될 것으로 가정하고, 과거의 사후적 자료(ex post data)를 이용하여 측정하기로 한다.

〈표 5-11〉 4개 종목 주식수익률과 KOSPI수익률의 시계열자료

	A	B	C	D	E	F
1	날짜	SK하이닉스	LG생활건강	POSCO	셀트리온	KOSPI
2	2016-01-31	-0.1190	-0.0578	0.0696	0.2826	-0.0254
3	2016-02-29	0.0943	-0.1325	0.1062	-0.1142	0.0024
4	2016-03-31	-0.0637	0.0850	0.1006	0.0935	0.0405
5	2016-04-30	0.0000	0.0635	0.0914	-0.0875	-0.0009
6	2016-05-31	0.0193	0.0475	-0.1452	-0.0150	-0.0054
7	2016-06-30	0.1213	0.0562	-0.0317	-0.0307	-0.0066
8	2016-07-31	0.0599	-0.1027	0.1170	0.0800	0.0230
9	2016-08-31	0.0579	-0.0582	0.0197	0.0256	0.0091
10	2016-09-30	0.0979	0.0042	-0.0175	-0.0038	0.0044
11	2016-10-31	0.0197	-0.1524	0.0431	-0.0019	-0.0175
12	2016-11-30	0.0453	-0.0411	0.0514	-0.0364	-0.0124
13	2016-12-31	0.0411	0.0852	0.0316	0.0959	0.0214
14	2017-01-31	0.1834	0.0253	0.0511	-0.0694	0.0201
15	2017-02-28	-0.1397	-0.0011	0.0451	0.0129	0.0116
16	2017-03-31	0.0782	-0.0794	0.0261	-0.1191	0.0323
17	2017-04-30	0.0670	0.0656	-0.0842	-0.0056	0.0207
18	2017-05-31	0.0541	0.1267	0.0528	0.0648	0.0624
19	2017-06-30	0.1676	0.0111	0.0176	0.1856	0.0187
20	2017-07-31	-0.0210	-0.0030	0.1457	-0.0590	0.0046
21	2017-08-31	0.0386	-0.0318	0.0341	0.0590	-0.0166
22	2017-09-30	0.1893	-0.0253	-0.0803	0.2100	0.0131
23	2017-10-31	-0.0085	0.2291	0.0265	0.1980	0.0525
24	2017-11-30	-0.0680	-0.0034	0.0288	0.1449	-0.0188
25	2017-12-31	-0.0039	0.0135	-0.0075	0.1195	-0.0036
26	2018-01-31	-0.0400	-0.0101	0.1348	0.3562	0.0393
27	2018-02-28	0.0439	-0.0677	-0.0512	0.1113	-0.0557
28	2018-03-31	0.0569	0.0937	-0.1049	-0.1315	0.0076
29	2018-04-30	0.0386	0.1258	0.1349	-0.1328	0.0280
30	2018-05-31	0.1001	-0.0199	-0.0928	-0.0205	-0.0374
31	2018-06-30	-0.0860	0.0387	-0.0314	0.1338	-0.0408
32	2018-07-31	0.0070	-0.1430	0.0045	-0.1114	-0.0134
33	2018-08-31	-0.0390	0.0445	-0.0122	-0.0055	0.0120
34	2018-09-30	-0.1270	0.0087	-0.1032	0.0953	0.0087
35	2018-10-31	-0.0694	-0.2007	-0.1323	-0.3115	-0.1436
36	2018-11-30	0.0203	0.1054	-0.0415	0.0964	0.0326
37	2018-12-31	-0.1401	-0.0522	-0.0183	-0.0559	-0.0270
38	2019-01-31	0.2001	0.1389	0.1201	-0.0159	0.0772
39	2019-02-28	-0.0542	-0.0151	-0.0410	-0.0685	-0.0043
40	2019-03-31	0.0583	0.1286	-0.0388	-0.1221	-0.0253
41	2019-04-30	0.0627	0.0035	0.0079	0.1581	0.0290

1) 베타계수(β)의 추정

기울기 β를 추정하는 첫째 방법은 SLOPE 함수식을 이용하는 것이다. 〈표 5-12〉의 셀 B45는 SK하이닉스의 베타계수를 측정한 것인데, 주의할 점은 SK하이닉스의 수익률을 KOSPI수익률과 대응시킬 때, KOSPI수익률 영역은 다른 주식에 대한 계산도 이를 참조하도록 절대참조($$표시)로 처리한다는 점이다. SK하이닉스의 기울기(β)를 구하는 Excel 명령식은 다음과 같다.

SK하이닉스의 β(셀 B45) : =SLOPE(SK하이닉스 수익률 셀영역, KOSPI 셀영역)
=SLOPE(B2:B41,$F$2:$F$41)

기울기인 β를 추정하는 또 다른 방법은 식 (5-15) $cov(R_j, R_m)/\sigma_m^2$을 직접 입력하는 것이다. 다음은 이 식에 대한 Excel 명령식이다. 물론 위의 방법과 동일한 결과를 얻는다.

SK하이닉스의 β(셀 B51) : =B49/$B$50

〈표 5-12〉 4개 종목에 대한 증권특성선 도출

B45 =SLOPE(B2:B41,$F$2:$F$41)

	A	B	C	D	E	F	G
42							
43		SK하이닉스	LG생활건강	POSCO	셀트리온	KOSPI	
44	a	0.0213	0.0034	0.0078	0.0214	0.0000	셀 B44: =INTERCEPT(B2:B41,$F$2:$F$41)
45	β	0.7746	1.4429	0.9972	1.2667	1.0000	셀 B45: =SLOPE(B2:B41,$F$2:$F$41)
46	R²	0.1057	0.3541	0.2303	0.1280	1.0000	셀 B46: =RSQ(B2:B41,$F$2:$F$41)
47							
48	또다른 β계산방법	SK하이닉스	LG생활건강	POSCO	셀트리온	KOSPI	
49	시장수익률과의 공분산	0.0010	0.0019	0.0013	0.0017	0.0013	셀 B49: =COVAR(B2:B41,$F$2:$F$41)
50	시장수익률의 분산	0.0013					
51	개별종목의 β	0.7746	1.4429	0.9972	1.2667	1.0000	셀 B51: =B49/$B$50

(5장) 증권특성선(1)

2) 절편 α의 측정

절편 α는 INTERCEPT 함수식을 이용하여 추정한다. KOSPI수익률 자료는 마찬가지로 절대참조로 처리한다. SK하이닉스의 절편(α)을 구하는 Excel 명령식은 다음과 같다.

SK하이닉스의 α(셀 B44) :
=INTERCEPT(SK하이닉스 수익률 셀영역, 시장수익률 셀영역)
=INTERCEPT(B2:B41,$F$2:$F$41)

따라서 도출된 SK하이닉스의 증권특성선은 다음과 같다.

$$R_j = 0.0213 + 0.7746 R_m$$

3) 증권특성선의 도시

SK하이닉스의 증권특성선(CL)을 차트로 표현하기 위해 다음 〈표 5-13〉(1)의 셀영역(B3:B42:C3:C42)처럼 KOSPI와 SK하이닉스의 수익률만 나타나도록 별도로 처리한다. 이때 X축(독립변수, KOSPI수익률)이 자료영역이 왼쪽 편에 오도록 하고, Y축(종속변수, SK하이닉스 수익률)이 자료영역이 오른쪽 편에 오도록 한다. 그리고 차트로 표시되어야 할 기초자료영역인 B3:C42까지의 셀영역을 마우스로 드래그한 다음 리본메뉴의 [삽입] 탭에서 [분산형] 아이콘을 클릭한다.

그러면 분산형 차트의 종류가 나열되어 있는 대화상자가 나타나는데, 〈표 5-13〉(1)과 같이 분산형 차트의 첫 줄에서 첫 번째 차트를 선택하면, 〈표 5-13〉(2)와 같이 차트가 나타나게 된다. 이 차트를 더블클릭하면 자동으로 차트의 디자인 메뉴로 이동한다. 그중 차트 스타일에서 원하는 스타일(여기서는 레이아웃 1 선택)을 클릭한다.

차트 스타일의 선택은 제3장과 제4장 4.2절에서 소개한 것처럼 〈표 5-13〉(2)의 오른쪽 상단에 나타나는 표시를 클릭하여 원하는 스타일을 선택할 수 있다.

다음으로 차트의 제목과 축 제목을 입력하는 것도 앞서의 방법과 마찬가지로 차트의 제목을 더블클릭하여 입력 커서가 깜빡이면, 박스 안에 차트의 제목을 입력하면 된다. 축의 제목도 동일한 방법으로 입력한다. 입력하는 다른 방법은 차트의 오른쪽 상단에 있는 +를 클릭하여 '차트요소'에서 표시하고 싶은 항목을 시정할 수 있는데, 여기서는 차트제목에 "SK하이닉스 증권특성선", X축에는 "KOSPI수익률", Y축에는 "기대수익률"이라고 입력하였다.

〈표 5-13〉(2)의 차트에는 차트가 점으로만 표시되어 있고, 증권특성선의 직선이 나타나 있지 않은 것을 볼 수 있다. 증권특성선을 나타내기 위해서는 추세선을 추가시켜야 한다. 추세선을 추가시키려면 〈표 5-13〉(3)(c)의 오른쪽 상단에서 볼 수 있는 '차트요소'에서 맨 밑에 있는 '추세선'을 체크하면 된다.

〈표 5-13〉 (1) 증권특성선(SK하이닉스)의 차트작성 준비(차트종류의 선택)

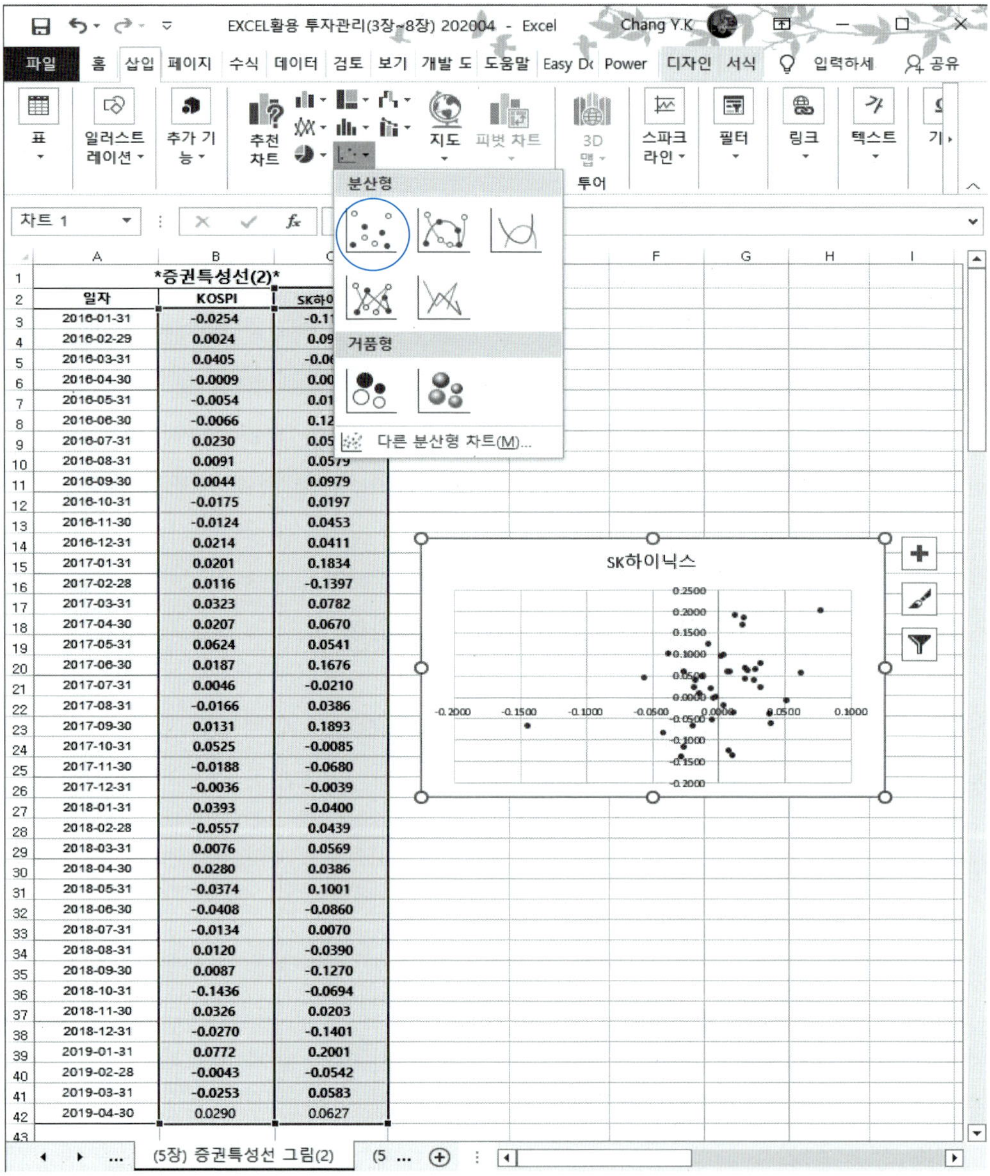

증권특성선(2)

일자	KOSPI	SK하이
2016-01-31	-0.0254	-0.11
2016-02-29	0.0024	0.09
2016-03-31	0.0405	-0.06
2016-04-30	-0.0009	0.00
2016-05-31	-0.0054	0.01
2016-06-30	-0.0066	0.12
2016-07-31	0.0230	0.05
2016-08-31	0.0091	0.0579
2016-09-30	0.0044	0.0979
2016-10-31	-0.0175	0.0197
2016-11-30	-0.0124	0.0453
2016-12-31	0.0214	0.0411
2017-01-31	0.0201	0.1834
2017-02-28	0.0116	-0.1397
2017-03-31	0.0323	0.0782
2017-04-30	0.0207	0.0670
2017-05-31	0.0624	0.0541
2017-06-30	0.0187	0.1676
2017-07-31	0.0046	-0.0210
2017-08-31	-0.0166	0.0386
2017-09-30	0.0131	0.1893
2017-10-31	0.0525	-0.0085
2017-11-30	-0.0188	-0.0680
2017-12-31	-0.0036	-0.0039
2018-01-31	0.0393	-0.0400
2018-02-28	-0.0557	0.0439
2018-03-31	0.0076	0.0569
2018-04-30	0.0280	0.0386
2018-05-31	-0.0374	0.1001
2018-06-30	-0.0408	-0.0860
2018-07-31	-0.0134	0.0070
2018-08-31	0.0120	-0.0390
2018-09-30	0.0087	-0.1270
2018-10-31	-0.1436	-0.0694
2018-11-30	0.0326	0.0203
2018-12-31	-0.0270	-0.1401
2019-01-31	0.0772	0.2001
2019-02-28	-0.0043	-0.0542
2019-03-31	-0.0253	0.0583
2019-04-30	0.0290	0.0627

〈표 5-13〉 (2) 증권특성선(SK하이닉스)의 차트(스타일, 레이아웃의 선택)

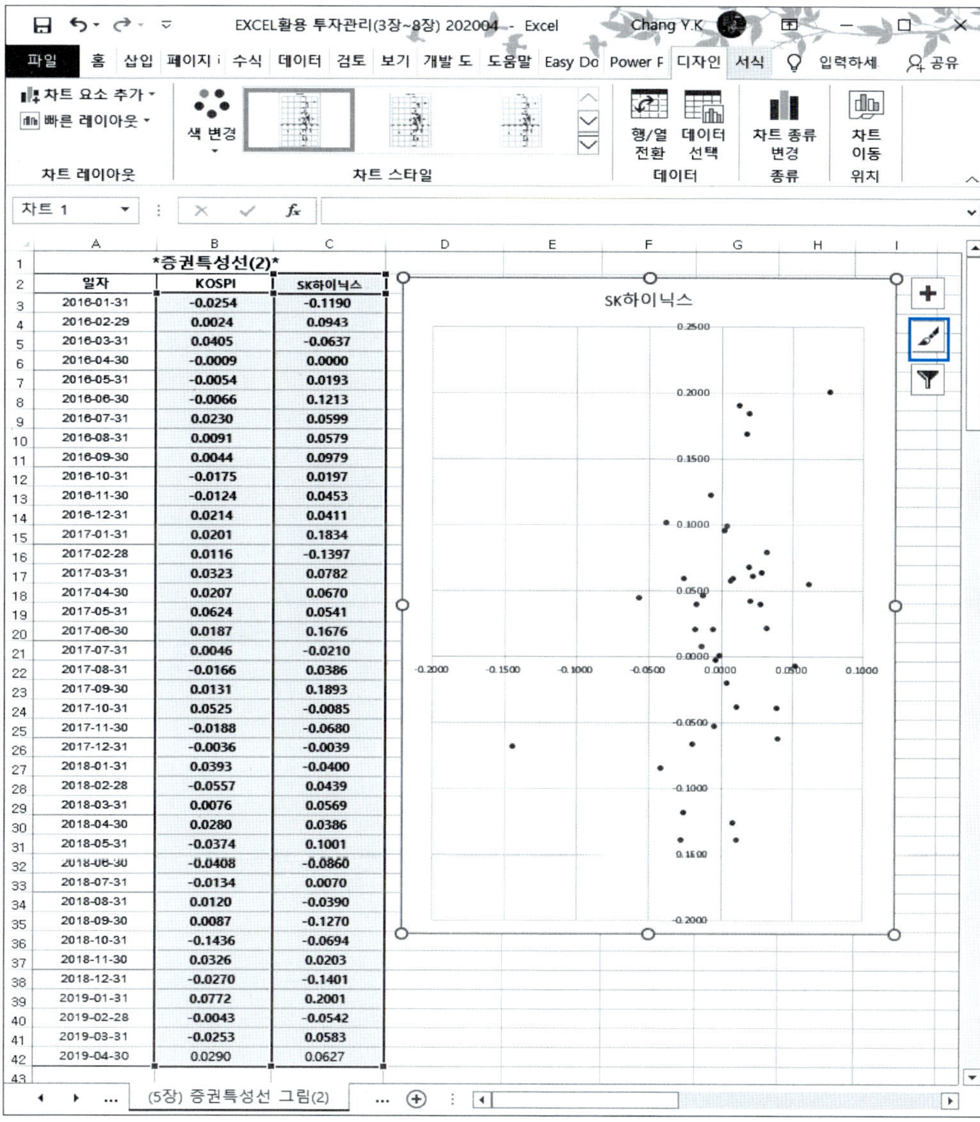

증권특성선(2)

일자	KOSPI	SK하이닉스
2016-01-31	-0.0254	-0.1190
2016-02-29	0.0024	0.0943
2016-03-31	0.0405	-0.0637
2016-04-30	-0.0009	0.0000
2016-05-31	-0.0054	0.0193
2016-06-30	-0.0066	0.1213
2016-07-31	0.0230	0.0599
2016-08-31	0.0091	0.0579
2016-09-30	0.0044	0.0979
2016-10-31	-0.0175	0.0197
2016-11-30	-0.0124	0.0453
2016-12-31	0.0214	0.0411
2017-01-31	0.0201	0.1834
2017-02-28	0.0116	-0.1397
2017-03-31	0.0323	0.0782
2017-04-30	0.0207	0.0670
2017-05-31	0.0624	0.0541
2017-06-30	0.0187	0.1676
2017-07-31	0.0046	-0.0210
2017-08-31	-0.0166	0.0386
2017-09-30	0.0131	0.1893
2017-10-31	0.0525	-0.0085
2017-11-30	-0.0188	-0.0680
2017-12-31	-0.0036	-0.0039
2018-01-31	0.0393	-0.0400
2018-02-28	-0.0557	0.0439
2018-03-31	0.0076	0.0569
2018-04-30	0.0280	0.0386
2018-05-31	-0.0374	0.1001
2018-06-30	-0.0408	-0.0860
2018-07-31	-0.0134	0.0070
2018-08-31	0.0120	-0.0390
2018-09-30	0.0087	-0.1270
2018-10-31	-0.1436	-0.0694
2018-11-30	0.0326	0.0203
2018-12-31	-0.0270	-0.1401
2019-01-31	0.0772	0.2001
2019-02-28	-0.0043	-0.0542
2019-03-31	-0.0253	0.0583
2019-04-30	0.0290	0.0627

〈표 5-13〉 (3) 증권특성선의 차트작성 : 차트제목, 축 제목 표시와 추세선 추가

(a)

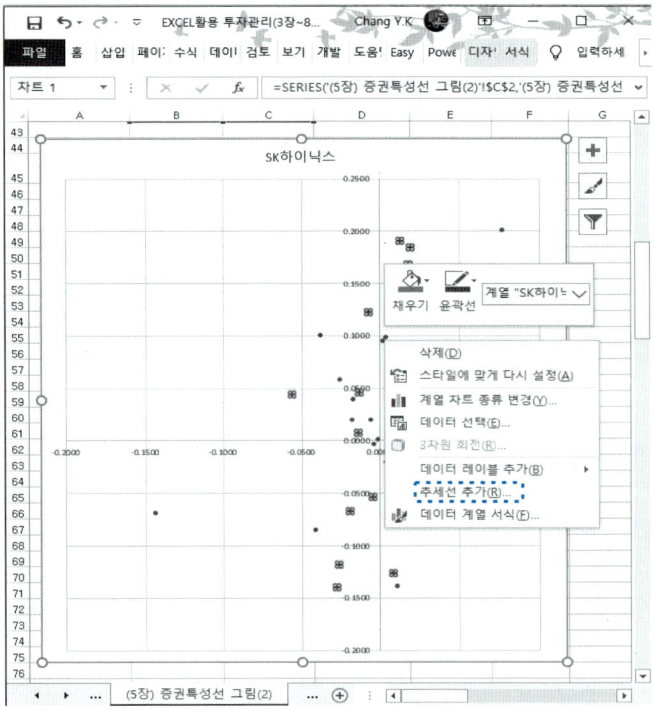

(b)

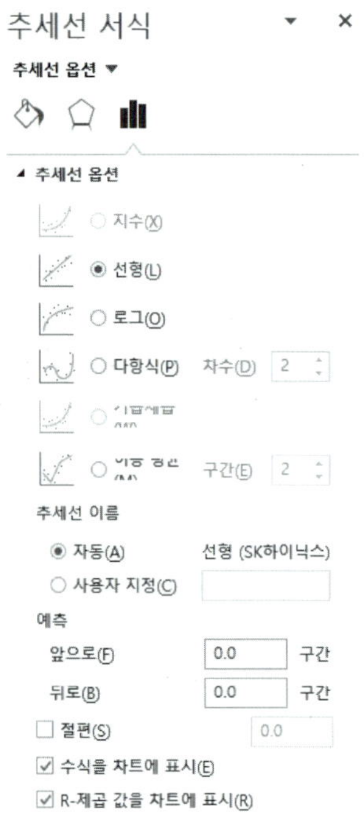

(c)

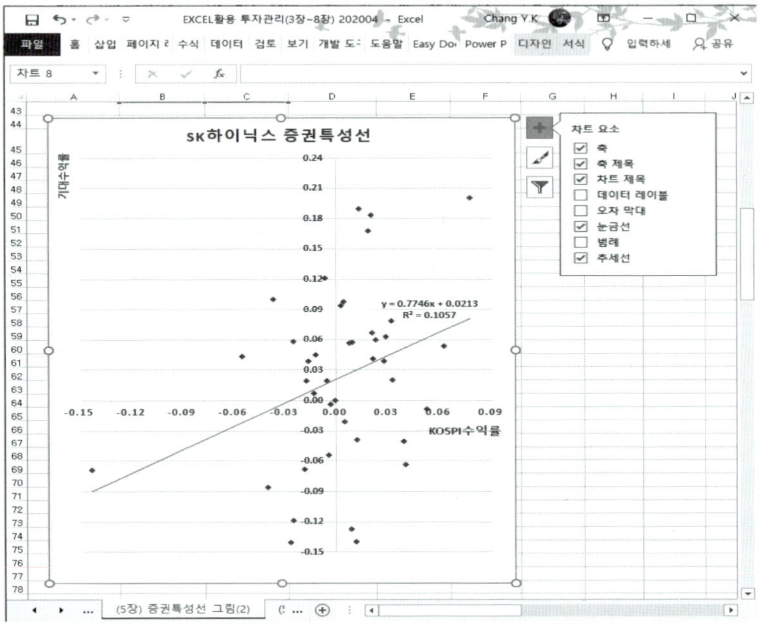

또 다른 방법은 차트의 임의의 한 점을 마우스 오른쪽 클릭하면 추세선을 추가시키는 단축메뉴가 나타난다. 여기서 **추세선 추가**(〈표 5-13〉(3)(a))를 선택한다. 그러면 〈표 5-13〉(3)(b)와 같이 추세선과 관련하여 추세선의 종류와 옵션을 설정할 수 있는 **추세선 서식** 대화창이 나타난다. 이때 추세선의 종류로는 **선형(L)**을 선택하고, 맨아랫부분에 **수식을 차트에 표시(E)**와 **R-제곱값을 차트에 표시(R)**를 선택하였다.

추세선을 추가한 차트가 너무 작거나 눈금도 너무 길게 보이면, 이를 적절히 편집한다. 〈표 5-14〉는 완성된 차트 결과를 보여주고 있다.

〈표 5-14〉 증권특성선의 차트완성

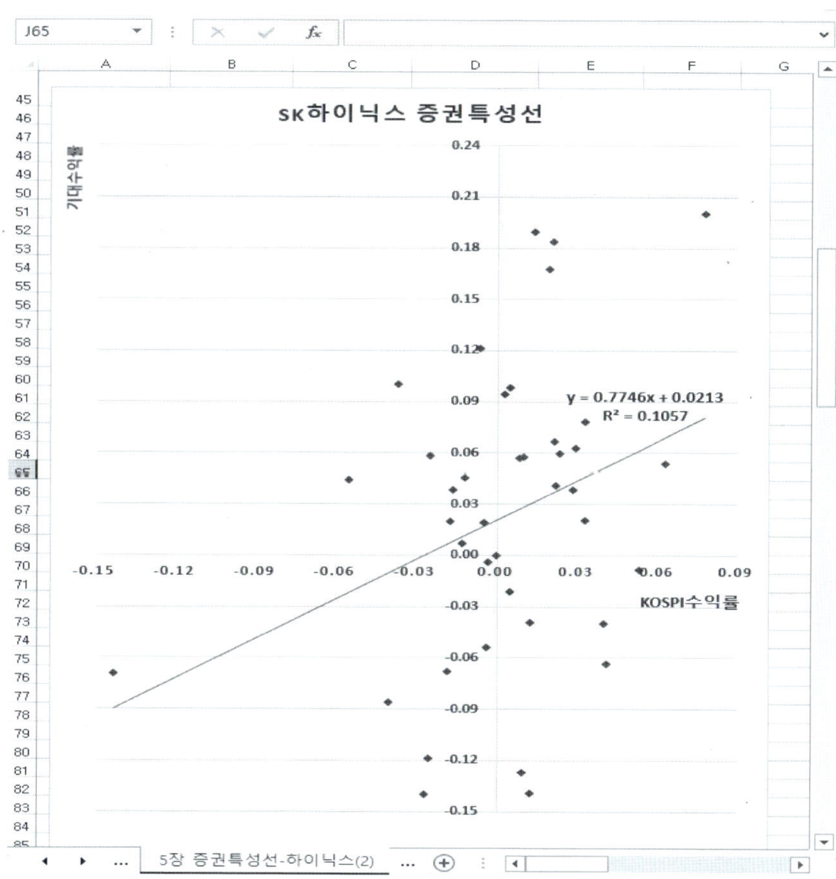

4) 잔차수익률 ϵ_j과 결정계수 R^2의 추정

증권특성선 추정과 관련하여 잔차수익률과 결정계수의 추정은 투자결정에 중요한 정보가 되기도 한다. 잔차수익률 ϵ_j은 개별기업의 고유사건에 의해서 야기되는 수익률이고, 결정계수는 총위험 중에서 체계적 위험이 차지하는 비중을 나타내기 때문이다.

먼저 **잔차수익률** ϵ_j은 [실제수익률－(절편추정치＋베타추정치×시장수익률)]을 측정하여 구한다. SK하이닉스 주식의 40개월 수익률 자료에 대하여 잔차수익률을 측정하면 다음과 같다. 먼저 2018년 1월의 잔차수익률을 계산할 때에는 앞의 1)에서 3)까지 계산한 증권특성선의 변수들의 셀 주소를 이용하게 된다. 즉, 증권특성선(1) 시트상에서 추정한 절편과 베타 추정치를 그대로 이용하기 위해서 **증권특성선(1)** 시트에서 시트상의 추정치를 끌어와서 잔차수익률을 계산해야 하므로 연관된 시트를 명확히 해야 한다.

나머지 달은 자동채우기핸들(+)을 이용하여 한꺼번에 구하면 된다. 〈표 5-15〉는 동일기간 SK하이닉스 주식의 잔차수익률이 계산된 결과이다.

SK하이닉스 주식의 2018년 1월 잔차수익률 $\epsilon_{1월}$(셀 D27) :
=1월 실제수익률-(증권특성선식에 의한 1월 추정수익률)
=C27-('(5장)증권특성선(1)'!$B$44+'(5장)증권특성선(1)'!$B$45*B27)

〈표 5-15〉 증권특성선에서 잔차수익률, 결정계수의 계산

D27 | =C27-('(5장) 증권특성선(1)'!

	A	B	C	D
1			*증권특성선(3)*	
2	일자	KOSPI	SK하이닉스	SK하이닉스 잔차수익률
3	2016-01-31	-0.0254	-0.1190	-0.1206
4	2016-02-29	0.0024	0.0943	0.0711
5	2016-03-31	0.0405	-0.0637	-0.1163
6	2016-04-30	-0.0009	0.0000	-0.0207
7	2016-05-31	-0.0054	0.0193	0.0022
8	2016-06-30	-0.0066	0.1213	0.1050
9	2016-07-31	0.0230	0.0599	0.0208
10	2016-08-31	0.0091	0.0579	0.0295
27	2018-01-31	0.0393	-0.0400	-0.0918
28	2018-02-28	-0.0557	0.0439	0.0657
29	2018-03-31	0.0076	0.0569	0.0297
30	2018-04-30	0.0280	0.0386	-0.0044
31	2018-05-31	-0.0374	0.1001	0.1078
32	2018-06-30	-0.0408	-0.0860	-0.0758
33	2018-07-31	-0.0134	0.0070	-0.0040
34	2018-08-31	0.0120	-0.0390	-0.0696
35	2018-09-30	0.0087	-0.1270	-0.1550
36	2018-10-31	-0.1436	-0.0694	0.0205
37	2018-11-30	0.0326	0.0203	-0.0262
38	2018-12-31	-0.0270	-0.1401	-0.1406
39	2019-01-31	0.0772	0.2001	0.1189
40	2019-02-28	-0.0043	-0.0542	-0.0722
41	2019-03-31	-0.0253	0.0583	0.0565
42	2019-04-30	0.0290	0.0627	0.0189
43	셀 D27(잔차수익률) :	=C27-('(5장) 증권특성선(1)'!$B$44+'(5장) 증권특성선(1)'!$B$45*B27)'		
44			결정계수	0.1057

(5장) 증권특성선(3) 잔차 결정계수

다음은 결정계수의 추정이다. 본래 **결정계수** R^2은 종속변수에 대한 독립변수(설명변수)의 설명력을 측정한 것이다. 개별증권의 위험분석에 적용하면 개별증권의 총위험 중에서 시장전체 공통요인(시장수익률)과 연관된 체계적 위험의 비중을 측정한 것이 된다. R^2을 구하기 위해서는 RSQ 함수식을 이용한다. SK하이닉스의 결정계수(R^2)를 구하는 Excel 명령식은 다음과 같다. 시장수익률 영역은 다른 주식의 추정을 위해 마찬가지로 절대참조로 처리한다.

> SK하이닉스의 결정계수(R^2)(셀 D44) :
> =RSQ(SK하이닉스 수익률 셀영역, 시장수익률 셀영역)
> =RSQ(C3:C42,$B$3:$B$42)

〈표 5-15〉의 셀 D44에 추정 결과가 제시되어 있다. 이 표에서 보면 SK하이닉스 주식수익률의 결정계수가 0.1057로 추정되고 있는데, 이는 SK하이닉스 주식수익률의 움직임 가운데, 10.57%는 시장공통요인과 연관된 것이고, 나머지 89.43%는 SK하이닉스 기업고유의 호재・악재에 의한 것이라고 해석할 수 있다.

5) 데이터-데이터분석-회귀분석을 통한 통계량의 추정

앞에서는 증권특성선의 그림까지 도출하기 위한 Excel 활용법을 설명하였다.

〈표 5-16〉 데이터-데이터분석-회귀분석을 통한 통계량의 추정

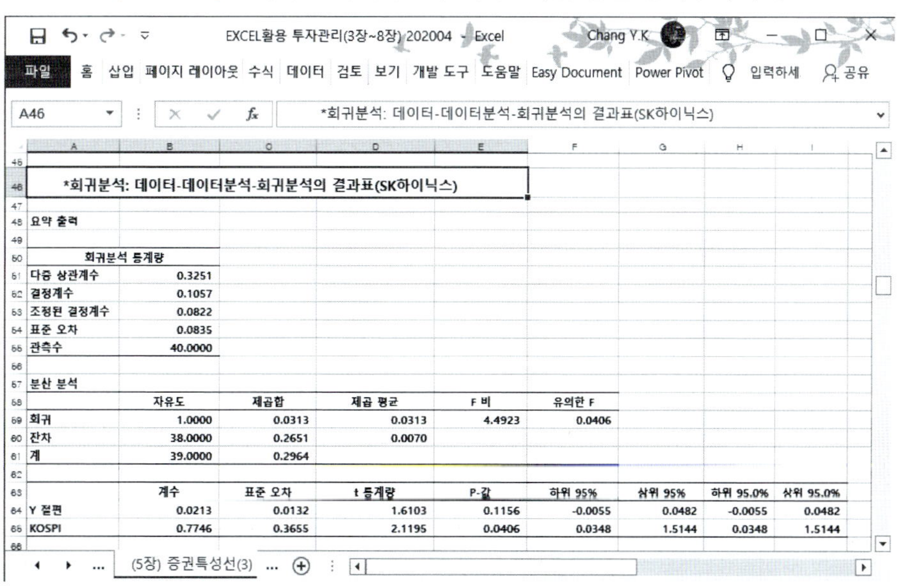

*회귀분석: 데이터-데이터분석-회귀분석의 결과표(SK하이닉스)

요약 출력

회귀분석 통계량	
다중 상관계수	0.3251
결정계수	0.1057
조정된 결정계수	0.0822
표준 오차	0.0835
관측수	40.0000

분산 분석

	자유도	제곱합	제곱 평균	F 비	유의한 F
회귀	1.0000	0.0313	0.0313	4.4923	0.0406
잔차	38.0000	0.2651	0.0070		
계	39.0000	0.2964			

	계수	표준 오차	t 통계량	P-값	하위 95%	상위 95%	하위 95.0%	상위 95.0%
Y 절편	0.0213	0.0132	1.6103	0.1156	-0.0055	0.0482	-0.0055	0.0482
KOSPI	0.7746	0.3655	2.1195	0.0406	0.0348	1.5144	0.0348	1.5144

만약 차트 없이 회귀분석의 주요 통계량을 추정하고자 하면, 제2장 2.1절 (4)항에서 설명한 '데이터-데이터분석-회귀분석' 절차를 이용하면 된다.

〈표 5-16〉은 이 결과를 보여주고 있다. '요약출력' 내용의 첫 번째 화면에는 결정계수 등의 회귀분석 통계량, 두 번째 화면에는 분산분석, 세 번째 화면에는 절편, 기울기(KOSPI 계수), t통계량, F값 등이 출력되어 있다. 앞의 1)에서 4)까지 추정한 증권특성선의 절편과 기울기, 결정계수, 잔차수익률의 결과와 일치함을 확인할 수 있다.

(2) 단일지표모형을 이용한 공분산 행렬 추정

효율적 포트폴리오 구성에서 핵심이 되는 것은 공분산 행렬을 추정하는 것이다. 마코위츠모형에 기초하여 Excel을 활용한 공분산 행렬 추정방법은 4.2절에서 이미 설명한 바 있다. 이 방법의 핵심은 초과수익률과 이의 전치행렬을 구한 다음, 이들을 서로 곱하여 추정하는 것이었다. 앞의 5.3절에서 설명한 것처럼 이 방법은 초과수익률을 계산하는 과정에서 n종목으로 구성되는 포트폴리오의 경우 공분산 계산은 $[(n\times(n-1)/2]$만큼의 많은 계산량이 필요하다. 예를 들어, 100종목으로 구성되는 포트폴리오의 위험을 구하기 위해서는 수많은 포트폴리오 중 하나의 포트폴리오를 구성하는데도 100개의 분산과 $(100\times 99)/2=4{,}950$개의 공분산 계산이 필요하다.

그렇지만 단일지표모형을 적용하면, n개의 베타, n개의 잔차분산, 1개의 시장수익률의 분산, 모두 $2n+1$(100종목의 경우라면 201개)의 계산량만을 필요로 한다. 유의할 점은 단일지표모형을 이용하여 포트폴리오 선택을 단순화시킬 수 있는 것은 단일지표모형에서 두 종목 잔차분산 간의 공분산은 0($cov(\epsilon_i, \epsilon_j)=0$)이라는 가정이다. 이 가정을 전제로 하면 어느 두 개별종목 i, j 간의 공분산은 다음 식 (5-27)과 같이 계산할 수 있다. 따라서 β_i, β_j, σ_m^2 등 3가지 투입정보만 추정하면 되므로, 공분산 행렬 추정에서의 계산량도 현저하게 줄여준다.

$$\sigma_{ij}=\beta_i\beta_j\sigma_m^2 \tag{5-27}$$

〈표 5-17〉은 공분산 행렬 추정에서 두 모형의 차이를 보이고 있다. 이 표의 (1)은 단일지표모형의 가정을 전제로 식 (5-27)에 기초하여 공분산 행렬을 추정한 결과이다. (2)는 제4장에서 살펴본 마코위츠(완전공분산)모형에 의한 결과이다. 그리고 (3)은 두 모형의 차이를 보여주고 있다. 이 차이는 단일지표모형에서는 $cov(\epsilon_i, \epsilon_j)$

=0이라는 가정을 하는 데서 발생한 것으로서, 단일지표모형을 적용하여 실용성을 높인 대가로 발생하는 추정오차라고 할 수 있다.

〈표 5-17〉 단일지표모형에 의한 공분산 행렬 추정

D8 : =$C$8*D$6*$E$3

(1) 단일지표모형(Single Index Model)에 의한 공분산 행렬

시장수익률의 분산(σ^2m) 0.0013

		SK하이닉스	LG생활건강	POSCO	셀트리온
	베타	0.7746	1.4429	0.9972	1.2667
SK하이닉스	0.7746	0.0008	0.0015	0.0010	0.0013
LG생활건강	1.4429	0.0015	0.0027	0.0019	0.0024
POSCO	0.9972	0.0010	0.0019	0.0013	0.0016
셀트리온	1.2667	0.0013	0.0024	0.0016	0.0021

셀 D8 : =$C$8*D$6*$E$3'

(2) 마코위츠모형Markowitz Model)에 의한 공분산 행렬

	SK하이닉스	LG생활건강	POSCO	셀트리온
SK하이닉스	0.0074	0.0010	0.0002	-0.0010
LG생활건강	0.0010	0.0077	0.0004	0.0022
POSCO	0.0002	0.0004	0.0056	0.0017
셀트리온	-0.0010	0.0022	0.0017	0.0164

(3) 두 모형간 공분산의 차이(SIM에서 마코위츠모형을 차감)

	SK하이닉스	LG생활건강	POSCO	셀트리온
SK하이닉스	-0.0066	0.0004	0.0008	0.0023
LG생활건강	0.0004	-0.0050	0.0015	0.0001
POSCO	0.0008	0.0015	-0.0043	-0.0001
셀트리온	0.0023	0.0001	-0.0001	-0.0143

셀 D23 : =D7-D15'

(5장) 단일지표모형에 의한 공분산 행렬 추정

다음은 〈표 5-17〉 (1)에서 단일지표모형에 의한 공분산 행렬을 구하는 절차이다.

① β_i, β_j 셀영역의 복사

앞에서 계산된 4개 주식의 β계수를 먼저 셀 C7:C10에 복사한다. 이 β계수의 열벡터에 대한 전치행렬을 셀 D6:G6에 만든다(TRANSPOSE 함수 사용).

② 시장수익률 분산의 계산

시장수익률(KOSPI수익률)의 분산은 셀 E3에 [='5장 증권특성선(1)'!B50]을 입력하여 추정한다.

③ 공분산 행렬의 추정

앞 ①과 ②에서 계산된 β_i, β_j, σ_m^2을 서로 곱해서 공분산을 계산한다.

SK하이닉스와 LG생활건강 간의 공분산의 계산은 다른 주식에 대한 계산도 이를 참조하도록, 베타가 열로 표시된 부분은 행(여기서는 C열)이 절대참조로 표시되어야 하고, 베타가 행으로 표시된 부분은 열(여기서는 6행)이 절대참조로 표시되어야 한다.

SK하이닉스, LG생활건강 간의 공분산(셀 D8) : =$C8*D$6*$E$3

이처럼 공분산 한 개를 계산한 후, 자동채우기핸들(+)을 이용하여 나머지 모든 공분산들을 계산한다.

(3) 단일지표모형을 이용한 효율적 포트폴리오 구성

이하에서 설명되는 '단일지표모형을 이용한 효율적 포트폴리오 구성방법'이 앞에서 설명한 방법과 어떤 차이점이 있는지를 보이기 위해서 앞의 제3, 4장 그리고 본장 앞 절에서 설명한 내용의 핵심과 본항에서 설명될 내용을 비교 정리하면 〈표 5-18〉과 같다.

효율적 포트포리오를 도출하는 여러 가지 방법들의 기본적 접근방법은 투자위험 대비 초과수익의 비율을 최대화하는 최적 투자비율을 찾는 것이다.

n종목 위험자산 효율적 포트폴리오를 찾는 '**마코위츠모형**'에서는 투자위험은 포트폴리오 표준편차로, 초과수익은 임의 C값을 상회하는 초과수익률(θ : 초과수익 대 변동성 비율)로 정의하고 있다.

무위험자산을 포함시키는 마코위츠모형에서는 투자위험은 동일하게 포트폴리오 표준편차로 정의하지만, 초과수익은 임의 C값이 아닌 무위험이자율(R_f)을 상회하는 초과수익률($RVAR$: 총변동성보수율, 샤프지수)로 정의하여 최적 자산배분안의 투자비율을 찾는다.

반면에 본절에서 설명하는 '**단일지표모형**'에서 효율적 포트폴리오를 찾는 방법은 투자위험은 비체계적 위험인 잔차분산으로, 초과수익은 증권시장선(SML)이 예측하는 요구수익률을 상회하는 초과수익률($\alpha_p = \overline{R_p} - [\overline{R_f} + (\overline{R_m} - \overline{R_f})\beta_p]$)로 측정하여, 이들의 비율인 정보비율(IR)이 최대인 투자비율을 찾는다.

기본적으로 위험 대비 초과수익의 비율을 극대화시키는 포트폴리오를 찾는 방법에서 마코위츠모형에서는 소위 **샤프지수**(총변동성보수율)를 최대화하는 포트폴리오안을 찾는 방법인 것인 데 반해, 단일지표모형에서는 소위 **정보비율**(SML에 의해

〈표 5-18〉 효율적 포트폴리오 구성방법의 비교

도출 포트폴리오	기본공식	최적 투자비율	관련 설명
2종목 MVP	$\frac{\partial \sigma_p^2}{\partial w_X}=0$ 식 (3-16) (투자비율의 변화율에 대한 투자위험의 변화율이 0인 되는 값)	$w_X^*=\frac{\sigma_Y^2-\sigma_{XY}}{\sigma_X^2+\sigma_Y^2-2\sigma_{XY}}$ 식 (3-16)	제3장 3.4절
n종목 위험자산 효율적 포트폴리오	$\theta=\frac{E(R_P)^*-C}{\sigma_P}$ 식 (4-20) (θ : 초과수익 대 변동성 비율, C: 임의의 상수)	$Z=S^{-1}\cdot[R-C]$ 식 (4-21) ($[R-C]$: 초과수익 벡터 S^{-1}: 공분산 역행렬) $W_i^*=Z_i/\sum_{i=1}^{n}Z_i$ 식 (4-22) (Z값의 구성비율)	제4장 4.3절
무위험자산 포함, n종목 효율적 포트폴리오	$RVAR=\frac{E(R_P)^*-R_f}{\sigma_P}$ 식 (5-2) ($RVAR$: 총변동성보수율, 샤프지수)	$Z=S^{-1}\cdot[R-R_f]$ 식 (5-3) 식 (4-21)과의 차이는 C 대신 R_f로 대체) $M_i=Z_i/\sum_{i=1}^{n}Z_i$	제5장 5.1절
단일지표모형에서 효율적 포트폴리오	$IR=\frac{\alpha_p}{\sigma^2(\epsilon_p)}$ 식 (5-28) (IR : 정보비율, α_p : 젠센지수의 초과수익률, $\sigma(\epsilon_p)$: 비체계적 위험 정도를 측정하는 잔차분산)	$W_i^*=[\alpha_j/\sigma^2(\epsilon_j)]/[\sum_{j=1}^{n}\frac{\alpha_j}{\sigma^2(\epsilon_j)}]$ 식 (5-29) ($\alpha_p=\overline{R_p}-[\overline{R_f}+(\overline{R_m}-\overline{R_f})\beta_p]$ =실제수익률−SML상의 요구수익률)	제5장 5.4절

서 추정된 초과수익 대비 비체계적 위험(잔차분산))을 최대화하는 포트폴리오를 찾는 방법이다.2)

---

2) 증권시장선에 대해서는 제6장 식 (6-4)에서 설명한다.

효율적 포트폴리오를 찾는 이들 모형(지수)들은 부담했던 위험수준 대비 초과수익 정도를 측정하여 투자성과를 평가하는 **투자성과평가지표**(performance evaluation index)들이다. 투자성과평가지표로는 다음 지표들이 사용되고 있다.

샤프지수$[RVAR]=\frac{\overline{R_p}-\overline{R_f}}{\sigma_p}$, 트레이너지수$[RVOL]=\frac{\overline{R_p}-\overline{R_f}}{\beta_p}$

젠센지수 $\alpha_p=\overline{R_p}-[\overline{R_f}+(\overline{R_m}-\overline{R_f})\beta_p]$, 정보비율$=\frac{\alpha_p}{\sigma(\epsilon_p)}$

(여기서, $\overline{R_p}-\overline{R_f}$: 초과수익률(포트폴리오 실제 운용수익률 $\overline{R_p}$와 무위험이자율 $\overline{R_f}$의 차이, σ_p : 포트폴리오 수익률의 표준편차, β_p : 포트폴리오 베타, α_p : 젠센지수에서 측정된 초과수익률(실제수익률에서 SML상의 요구수익률의 차이), $\sigma(\epsilon_p)$: 비체계적 위험 정도를 측정한 잔차분산))

샤프지수는 총위험 1단위에 대한 초과수익률의 비율, 트레이너지수는 체계적 위험 1단위에 대한 초과수익률의 비율, 젠센지수는 실현수익률과 체계적 위험을 고려한 기대수익률의 절대적 차이, 정보비율은 비체계적 위험을 감수하는 것에 대한 대가로 얻는 초과수익의 정도로 투자성과를 평가한다.

후자(단일지표모형)의 경우 **정보비율**(IR : information ratio)을 효율적 포트폴리오를 찾는 도구로 사용하는 이론적 배경은 다음과 같다. 초과수익의 가능성이 높은 소수의 증권들에 집중투자하게 되면 분산투자가 잘 이루어지지 않아 투자위험(비체계적 위험)이 높아지게 된다. 따라서 적극적 투자관리의 과제는 적절한 소수종목의 선택으로 초과수익을 획득하면서도 적절한 분산투자로서 분산가능위험을 가급적 줄이는 것이다. 이러한 관점에서 보면 효율적 포트폴리오는 초과수익(부담하는 체계적 위험에서의 적정수익률을 상회하는 초과수익률) 대비 비체계적 위험(잔차분산)을 최대화하는 포트폴리오일 것이다. 요약하면 다음 식의 정보비율을 최대화하는 포트폴리오를 찾는 것이 목표가 된다.

$$\text{정보비율} = \frac{\text{초과수익}}{\text{잔차분산(비체계적 위험)}} = \frac{\alpha}{\sigma^2(\epsilon)} \tag{5-28}$$

최종적으로 각 종목에 대한 최적 투자비율은 개별종목들의 정보비율의 합에 대한 개별종목 j 정보비율의 비로써 결정한다. 즉,

$$\text{최적 투자비율} = \frac{\alpha_j / \sigma^2(\epsilon_j)}{\sum_{j=1}^{n} \frac{\alpha_j}{\sigma^2(\epsilon_j)}} = \frac{\text{개별종목 } j \text{의 정보비율}}{\text{포트폴리오 정보비율의 합}} \tag{5-29}$$

이 식에 의하면 비체계적 위험에 비하여 과소·과대평가된 크기(초과수익)가 큰 종목일수록 투자비율이 높게 구성되는 특징을 지닌다.

이러한 모형 중에서 실용적 모형의 하나는 트레이너·블랙(J. Treynor & F. Black) 모형이 대표적인데, 이를 요약하면 다음과 같다.[3]

① 증권분석을 통하여 과소평가 혹은 과대평가된 소수의 주식들을 선별한다.

② 소극적 투자관리의 대상이 되는 주식시장지수펀드의 수익률을 최소한의 수익률로 보고 시장예측에 근거하여 이 시장지수펀드의 기대수익률 $E(R_m)$과 표준편차 σ_m, 무위험이자율 R_f를 추정한다.

3) J. Treynor & F. Black, "How to Use Security Analysis to Improve Portfolio Selection," *Journal of Business*(Jan. 1973).

③ ①에서 선별된 소수의 개별증권들에 대하여 기대수익률 $E(R_j)$, 베타 β_j, 잔차분산(비체계적 위험) $\sigma^2(\epsilon_j)$을 추정한다.

④ 이들 개별종목의 초과수익 알파(α_j)는 기대수익률에서 요구수익률의 차이로 추정하는데, 요구수익률은 증권시장선($k = R_f + (E(R_m) - R_f) \cdot \beta_j$)에서 구한다.

⑤ 초과수익의 가능성과 분산가능위험의 감소 간에 균형을 이룰 수 있는 각 종목에 대한 최적 투자비율의 결정은 **정보비율**(IR : information ratio), 즉 초과수익(과소 · 과대평가된 크기) 대 잔차분산의 비율에 근거한다.

⑥ 정보비율을 최대화하는 포트폴리오의 초과수익 α_p, 베타 β_p, 잔차분산 $\sigma^2(\epsilon_p)$을 계산한다.

이제 단일지표모형을 적용한 효율적 포트폴리오 도출에 Excel을 활용해 보자. 〈표 5-19〉는 앞서 제시된 '단일지표모형을 적용한 트레이너 · 블랙(J. Treynor & F. Black) 모형'에 따라 도출한 과정과 결과를 보여주고 있다.

〈표 5-19〉 Treynor & Black 모형을 적용한 최적 투자비율의 도출

B15 | =E4/H4

	A	B	C	D	E	F	G	H
1	[포트폴리오 구성 자산의 위험 추정치]							
2						무위험이자율(월)	0.005	
3		기대수익률 $E(R_j)$	베타 (β)	요구수익률 (RRR)	초과수익률 (α)	총위험 (분산 σ^2)	체계적위험 ($\beta^2 * \sigma^2_m$)	비체계적위험 (잔차분산 e^2_j)
4	SK하이닉스	0.02359	0.77458	0.00338	0.02021	0.00741	0.00078	0.00663
5	LG생활건강	0.00758	1.44285	0.00199	0.00559	0.00768	0.00272	0.00496
6	POSCO	0.01066	0.99723	0.00292	0.00774	0.00564	0.00130	0.00434
7	셀트리온	0.02513	1.26675	0.00235	0.02277	0.01637	0.00210	0.01427
8	KOSPI	0.00291	1.00000	0.00291	0.00000	0.00131	0.00131	0.00000
9	셀 B4(기대수익률): ='(3장) 4종목수익률'!B44'			셀 E4(초과수익):=B4-D4			셀 H4(비체계적위험): '=F4-G4'	
10	셀 C4(베타): ='(5장) 증권특성선(1)'!B45			셀 F4(총위험): ='(3장) 4종목수익률'!B45			셀 B8(KOSPI기대수익률)'='(3장) 4종목수익률'!F44'	
11	셀 D4(요구수익률): =$G$2+($B$8-$G$2)*C4'			셀 G4(체계적위험): =C4^2*$F$8'			셀 F8(KOSPI분산)'='(3장) 4종목수익률'!F45'	
12								
13	[최적 투자비율]							
14		정보비율	최적투자비율					
15	SK하이닉스	3.0493	**0.4035**		셀 B15(정보비율): =E4/H4=(초과수익/비체계적위험(잔차분산)'			
16	LG생활건강	1.1286	**0.1494**		셀 C15(최적투자비율): =B15/$B$19=(개별주식정보비율/전체정보비율의 합)'			
17	POSCO	1.7831	**0.2360**					
18	셀트리온	1.5956	**0.2112**					
19	합계	7.5566	**1.0000**					
20								
21	최적투자비율의 행벡터:		0.4035	0.1494	0.2360	0.2112		
22								
23	SIM 포트폴리오 초과수익률:		0.0156		셀 C23(P초과수익률): =MMULT(C21:F21,E4:E7)'			
24	SIM 포트폴리오 베타:		1.0309		셀 C24(P베타): =MMULT(C21:F21,C4:C7)'			
25	SIM 포트폴리오 비체계적위험:		0.0021		셀 C25(P비체계적위험): =C21^2*H4+D21^2*H5+E21^2*H6+F21^2*H7'			

(5장) SIM에 의한 최적포 구성

① 종목선정 : 증권분석을 통하여 과소평가 혹은 과대평가된 주식들로서, 본서에서 예를 들고 있는 SK하이닉스, LG생활건강, POSCO, 셀트리온을 선정하였다. 이 표의 셀영역 (B4:B8)은 이들 4종목과 KOSPI의 기대수익률인데, '(3장) 4종목수익률' 시트에서 복사한 것이다(이하 SK하이닉스 기준으로 셀 주소를 표시한다).

기대수익률(셀 B4) : ='(3장) 4종목수익률'!B44

② 시장자료의 추정 : KOSPI의 기대수익률 $E(R_m)$(셀 B8), 분산 σ_m^2(셀 F8)은 '(3장) 4종목수익률' 시트에서 복사하고, 무위험이자율 R_f(셀 G2)는 연 단위를 월 단위로 계산하여 입력한 것이다.

③ 개별종목들의 베타, 잔차분산의 추정 : 선정 종목에 대하여 베타 β_j는 셀 C4:C7 영역에 복사하고, 잔차분산(비체계적 위험) $\sigma^2(\epsilon_j)$은 총위험(분산)에서 체계적 위험($\beta^2\sigma_m^2$)을 차감하여 추정한다.

베타(셀 C4) : ='(5장) 증권특성선(1)'!B45
총위험(셀 F4) : ='(3장) 4종목수익률'!B45
체계적 위험($\beta^2\sigma_m^2$)(셀 G4) : =C4^2*$F$8
비체계적 위험(셀 H4) : =F4-G4

④ 초과수익률 알파(α_j)의 추정 : 이들 종목의 초과수익 알파(α_j)는 기대수익률에서 요구수익률의 차이로 추정하는데, 요구수익률은 증권시장선($k = R_f + (E(R_m) - R_f) \cdot \beta_j$)에서 구한다.

요구수익률(셀 D4) : =$G$2+($B$8-$G$2)*C4
초과수익률(셀 E4) : =B4-D4

⑤ 정보비율과 최적 투자비율의 추정 : 비체계적 위험(잔차분산) 대비 초과수익률의 크기를 비교하는 정보비율(information ratio) 그리고 최적 투자비율은 다음과 같이 추정한다.

정보비율(셀 B15) : =E4/H4 [초과수익/비체계적 위험(잔차분산)]
최적 투자비율(셀 C15) : =B15/$B$19 [개별주식 정보비율/전체 정보비율의 합]

⑥ 효율적 포트폴리오의 초과수익 α_p, 베타 β_p, 잔차분산 $\sigma^2(\epsilon_p)$의 추정 :

최적 투자비율의 전치행렬(셀 C21:F21) : =TRANSPOSE(C15:C18)
효율적 포트폴리오의 초과수익률(셀 C23) : =MMULT(C21:F21,E4:E7)
효율적 포트폴리오의 베타(셀 C24) : =MMULT(C21:F21,C4:C7)
효율적 포트폴리오의 비체계적 위험(셀 C25)[포트폴리오 잔차분산 추정은 식 (5-24) 참조] : =C21^2*H4+D21^2*H5+E21^2*H6+F21^2*H7

연습문제

Chapter 5

문제풀이에 필요한 데이터는 신영사 홈페이지(http://www.shinyoungsa.co.kr) 자료실에 게시되어 있는 'Excel 활용 투자관리(3장~8장).xls' 파일의 "실습용 20종목 수정주가자료" 시트를 이용할 것.

1. 현재 투자대상으로서 기대수익과 위험이 다음과 같이 예상되는 주식 A와 B가 있다고 하자. 무위험자산 C의 이자율은 4%이다. 만약 주식 A와 B 그리고 무위험자산 C 등 세 자산에 투자한다고 할 때, 주식 A와 B로 구성된 포트폴리오 가운데 가장 효율적인 포트폴리오를 찾아 주식 A와 B에 대한 최적 투자비율을 구하라.

$$E(R_A)=9\% \quad E(R_B)=14\% \quad \sigma_{AB}=124 \quad \sigma_A^2=625 \quad \sigma_A^2=900$$

2. 문제 1번에서 구한 위험자산(주식)만으로 구성된 포트폴리오 중에서 가장 효율적인 포트폴리오(시장포트폴리오 M)와 무위험자산 C를 결합시켜 새로운 포트폴리오를 구성한다고 하자.

투자자의 효용함수는 $U=E(R)-0.02C\sigma^2$이며 투자자의 위험회피계수(C)가 각각 2, 5, 8일 경우에 최적 포트폴리오는 각각 어떻게 구성되는가?

3. 주식가격 자료 중에서 삼성전자 주식과 KOSPI지수에 대한 2016년 1월부터 2019년 4월까지의 수익률 자료를 이용하여 삼성전자 주식의 증권특성선(CL)을 도출하고, 월별 잔차수익률(ϵ_j)을 구하라.

4. 주식가격 자료 중에서 삼성전자, KB금융, SK, 신세계 등 4종목과 KOSPI지수에 대한 2017년도 1월부터 2017년 12월까지의 수익률 자료를 이용하여 분산-공분산 행렬을 추정하고자 한다. 마코위츠모형에 의거한 분산-공분산 행렬과 샤프의 단일지표모형에 의거한 분산-공분산 행렬을 각각 구하고 왜 차이가 나는지 설명하라.

5. 다각적인 증권분석을 통하여 주식시장펀드의 기대수익률, 표준편차, 무위험자산수익률을 각각 15%, 20%, 8%로 추정하고 있다. 한편 초과수익의 여지가 있는 세 종목의 초과수익의 크기, 베타, 비체계적 위험에 대한 추정자료는 다음과 같다.

종 목	초과수익(α)	베 타(β)	비체계적 위험($\sigma(\epsilon)$)
A	7%	1.6	45%
B	−5%	1.0	32%
C	3%	0.5	26%

이 세 종목으로 구성되는 포트폴리오의 초과수익률을 크게 하면서 분산가능 비체계적 위험은 작게 하는 최적 투자비율과 이 포트폴리오의 초과수익률, 베타, 비체계적 위험을 구하라.

6. 본서 첨부파일에 있는 주식가격 자료 중 신세계와 KOSPI지수에 대한 2017년 1월부터 12월까지의 수익률 자료를 이용하여 신세계 주식수익률의 회귀식을 추정하라. 단, Excel의 〈데이터분석〉 기능을 활용할 것.

CHAPTER

6

자본자산가격결정모형

본장에서는 먼저 현대 자본시장이론을 중심으로 투자위험을 감안할 때 증권의 적정가격이 얼마이어야 하는가를 다루는 자본자산가격결정모형(*CAPM*)에 대해서 살펴본다. 균형된 증권시장에서 기대수익과 위험의 관계를 밝히는 *CML*, *SML* 중심으로 설명한다.

Excel을 활용하는 부분에서는 증권의 과소·과대평가 여부에 활용하는 방법과 *CAPM*의 검증에 활용하는 방법을 설명한다.

6.1 자본자산가격결정모형의 의의와 가정

자본자산가격결정모형(*CAPM* : capital asset pricing model)이란 자본시장이 균형상태를 이룰 때 자본자산의 가격(기대수익)과 위험의 관계를 예측하는 모형이다.

여기서 자본자산(capital asset)이란 미래의 수익에 대한 청구권(claim)을 가지는 자산을 말하는데, 주로 주식·회사채 등의 유가증권을 가리킨다. 또한 균형상태(equilibrium condition)라는 것은 이들 자본자산이 거래되는 자본시장에서 수요와 공급이 일치되도록 가격이 형성된 상태를 말한다. 그러므로 자본자산가격결정모형은 개별투자자들이 앞장에서 설명한 방법대로 효율적 분산투자를 하고, 시장 전체가 균형상태에 있을 때, 증권과 같은 자본자산의 균형가격이 위험을 반영하여 어떻게 결정되는가를 예측하는 모형이라고 할 수 있다.

문헌적으로 보면 *CAPM*은 샤프(W. F. Sharpe : 1964), 린트너(J. Lintner : 1965), 모신(J. Mossin : 1965)에 의해서 거의 같은 시기에 독자적으로 제시되었다. 자본자산의 위험과 수익률 사이에 존재하는 균형관계를 설명하는 이들 이론모형은 최근까지 현실의 증권시장에서 증권의 가격결정구조를 설명하는 데 있어서 유용한 것으로 인식되고 있다.

먼저 *CAPM*을 이해하는 데에는 이 모형의 도출에 필요한 여러 가지 가정에 주의할 필요가 있다. 이들 가정은 비현실적인 면이 있지만, 위험과 기대수익의 명확한 관계규명을 위해서 필요한 것들이다. *CAPM*의 가정을 요약하면 다음과 같다.

가정 1(평균 · 분산기준의 가정)

투자자가 단일기간에 걸쳐 포트폴리오를 선택하고 투자결정을 내릴 때 오로지 알 필요가 있는 투자기준은 기대수익과 분산뿐이다.

가정 2(동질적 미래예측의 가정)

모든 투자자는 투자기간이 같고 미래 증권수익률의 확률분포에 대하여 동질적으로 예측(homogeneous expectation)을 한다.

가정 3(완전시장의 가정)

개인투자자는 자본시장에서 가격순응자(price taker)이고, 자본과 정보의 흐름에는 마찰이 없어 거래비용과 세금이 존재하지 않는다.

가정 4 (무위험자산의 존재 가정)

투자대상으로는 공개적으로 거래되고 있는 금융자산에 한정하고, 투자위험이 전혀 없는 무위험자산(risk-free asset)이 존재하며 모든 투자자들은 무위험이자율 수준으로 얼마든지 자금을 차입하거나 빌려줄 수 있다.

가정 5 (균형시장의 가정)

자본시장이 수요와 공급이 일치하는 균형상태에 있다.

이들 가정은 비현실적이지만 다행스러운 것은 현실적 측면을 감안하여 이들 가정을 완화하더라도 $CAPM$이 성립한다는 점이다. 즉 현실적으로 존재하는 거래비용, 세금, 상이한 이자율 등을 전제하더라도 $CAPM$의 기본골격은 그대로 유지된다. 자본시장이 균형상태를 이룰 때 자본자산의 기대수익과 위험의 관계를 밝히는 모형에는 자본시장선(CML)과 증권시장선(SML)이 있다.

6.2 자본시장선

(1) 자본시장선의 의의

제4, 5장에서는 효율적 포트폴리오를 구성하는 방법을 2가지로 나누어 살펴본 바 있다. 하나는 주식과 같은 위험자산만으로 포트폴리오를 구성할 경우로서 마코위츠모형에 의해서 일정한 기대수익하에서 위험을 최소화시키는 효율적 투자선(efficient frontier)을 찾아내는 것이었다. [그림 6-1]은 [그림 5-1]과 동일한 그림인데 호(孤) XY가 위험자산만으로 구성되는 효율적 포트폴리오였다. 다른 하나는 투자대상으로서 위험 있는 주식뿐만 아니라 위험이 없는 정기예금이나 국공채($E(R_f)=R_f$, $\sigma(R_f)=0$)에도 투자하여 효율적 포트폴리오를 구성하는 경우이다.

앞 장 5.1절에서 얻은 결론은 무위험자산이 존재하고 무위험이자율로 무제한적

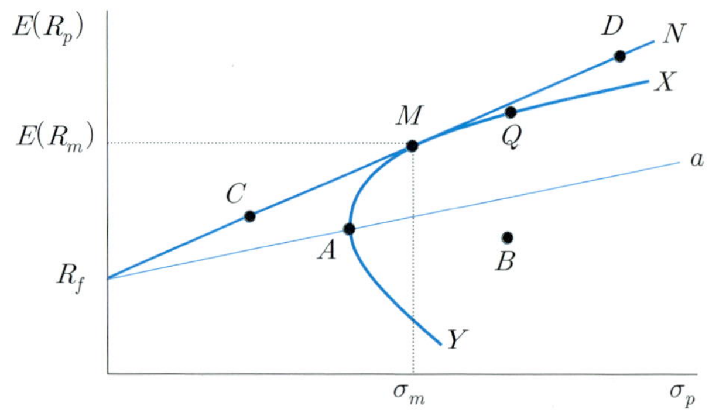

[그림 6-1] 자본시장선(CML)

으로 차입예금이 가능하다고 가정(가정 3)할 때 이 같은 무위험자산도 포트폴리오에 편입시키는 것이 더욱 우월한 투자성과를 가능케 한다는 점이었다. 이를테면 위험자산만으로 포트폴리오가 구성될 때에는 호 XY상의 A, Q 등이 모두 효율적 포트폴리오이지만, 무위험자산도 포함되면 이들은 효율적인 투자대상이 되지 못한다. R_f에서 호 XY에 접선을 그어서 얻어지는 R_fMN이 호 XY를 지배하는 새로운 효율적 포트폴리오가 되었다. 이렇게 얻어지는 포트폴리오가 총변동성보수율($RVAR=[E(R_p)-R_f]/\sigma_p$)이 가장 극대화되는 포트폴리오였다.

이들 새로운 효율적 포트폴리오 R_fMN은 구성상 무위험자산에 일부 투자하고 나머지 자금은 위험자산으로는 유일하게 효율적인 M포트폴리오에 투자할 경우가 표시된 것이었다. 여기서 M포트폴리오를 시장포트폴리오(market portfolio)라고 하는데, 위험자산으로서는 유일하게 효율적인 투자대상이므로 모든 투자자들이 이같이 구성하고자 할 것이다. 결과적으로 시장에 존재하는 모든 투자자산을 포함하게 된다. 즉 완전분산투자된 위험자산의 효율적 포트폴리오인 것이다.

이러한 방법으로 투자자들이 투자자금을 무위험자산과 완전분산투자된 위험자산의 효율적 M포트폴리오에 나누어 투자하게 될 때 자본시장이 균형상태에 이르게 되면, 이 효율적 포트폴리오의 기대수익과 위험 사이에는 일정한 선형적인 관계가 성립한다. 이 관계가 표시된 것이 자본시장선이다. 자본시장선(CML : capital market line)은 투자자들이 투자대상으로서 위험 있는 주식뿐만 아니라 정기예금이나 국공채와 같은 무위험자산도 포함시키고 효율적 분산투자를 할 경우, 균형된 자본시장에서 효율적 포트폴리오의 기대수익과 위험의 선형관계를 표시한 것이다.

이 자본시장선은 식 (6-1)과 같이 효율적 포트폴리오의 기대수익률 $E(R_p)$이 표준편차 σ_p에 선형적으로 비례하는 직선식으로 표시된다. 여기서 기울기 $[E(R_m)-R_f]/\sigma_m$은 시장에서 위험 1단위에 대한 위험보상률(risk premium)의 정도를 나타낸 것으로서 위험의 균형가격(equilibrium price of risk)이라고 부른다. 균형시장에서는 어느 투자자들에게나 이 위험보상이 동일하다.

$$E(R_p) = R_f + \frac{E(R_m) - R_f}{\sigma_m} \qquad (6\text{-}1)$$

단, $E(R_m)$: 시장포트폴리오의 기대수익률
σ_m : 시장포트폴리오의 표준편차

자본시장선 $R_f MN$에서 $R_f MN$상의 점들과 MN상의 점들은 앞장 5.1절에서 설명한 것처럼 구별할 필요가 있다. $R_f MN$상의 점들은 투자자금 일부를 포트폴리오 M에, 나머지 투자자금은 R_f에 투자할 경우의 대출포트폴리오(lending portfolio)이다. 반면에 MN상의 점들은 무위험자산의 이자율 수준으로 자금을 차입하여 이 차입자금과 본래의 자기투자자금을 합하여 위험 있는 시장포트폴리오 M을 사들이는 경우의 차입포트폴리오(borrowing portfolio)이다.

(2) 시장포트폴리오

자본시장선에서 밝히고 있는 기대수익과 위험의 관계를 이해하기 위해서는 시장포트폴리오 M의 특성을 규명해 볼 필요가 있다. 시장포트폴리오 M의 성격은 다음과 같이 요약할 수 있다.

첫째, 시장포트폴리오는 위험 있는 주식포트폴리오(마코위츠의 효율적 프론티어) 중에서 유일하게 효율적인 포트폴리오이다. 시장포트폴리오 M은 $[E(R_p)-R_f]/\sigma_p$가 극대화되는 포트폴리오였다.

둘째, 시장포트폴리오는 이성적 투자자라면 자신들의 위험선호도와 관계없이 모두 동일하게 선택하게 되는 위험자산의 효율적 투자자산이다. 위험자산들의 효율적 결합은 개별투자자들의 위험선호도에 관계없이 항상 일정하며, 위험선호도에 따라 변하는 것은 무위험자산과 시장포트폴리오 M에의 투자비율뿐이다. 이를 토빈의 분리정리(Tobin's separation theorem)라고 한다.

셋째, 시장포트폴리오는 모든 위험자산을 포함하는 완전분산투자된 포트폴리오로서 시가총액의 구성비율대로 구성된다.

투자자들이 위험자산(대표적으로 주식)들의 기대수익과 위험에 대하여 동질적 예측(가정 2)을 하게 되면 최적 포트폴리오를 구성하는 개별주식에 대한 투자비율을 모두 동일하게 유지하게 된다. 그래서 균형상태하에서는 개별주식에 대한 투자비율(w_j)은 시장전체 주식의 총시장가치에 대해서 개별주식의 총시장가치(=개별주식가격×발행주식수)의 비율대로 구성된다.

$$w_j = \frac{\text{개별주식 } j\text{의 총시장가치}}{\text{시장전체 주식의 총시장가치}} \tag{6-2}$$

만약 이와 같은 비율대로 구성되지 않으면 특정주식에 대하여 초과수요나 초과공급이 있음을 의미하게 되어 해당주식의 가격이 상승하거나 하락하게 된다. 결과적으로 시장이 균형상태하에서는 시가총액의 비율대로 구성된다. 예를 들어, 지금 주식시장 전체에 A, B, C 세 주식만이 있는데, 이들의 시장가격, 발행주식수, 총시장가치가 다음과 같다고 하자.

	시장가격	발행주식수	총시장가치	구성비율
주식 A	50,000원	100,000주	50억원	50%
주식 B	6,000	500,000	30	30
주식 C	10,000	200,000	20	20
			100억원	100%

시장포트폴리오는 A, B, C 세 주식에 대해 투자비율이 시가총액구성비율인 50 : 30 : 20으로 이루어질 때 구성되며 이러한 경우에만 시장이 균형상태가 된다.

마찬가지 논리로 시장포트폴리오는 거래대상의 모든 위험자산(주식)을 포함하게 된다. 만약 포함이 안 되는 주식이 있다면 이러한 주식은 수요가 없음을 의미하므로 가격이 하락하게 될 것이다. 가격이 상당한 수준으로 하락하게 되면 다시 수요가 있게 되므로 투자대상으로 포함되게 된다. 따라서 시장포트폴리오는 모든 위험자산을 포함하는 완전분산투자된 효율적 포트폴리오인 것이다.

넷째, 시장포트폴리오의 특성을 가장 잘 나타내는 현실적인 대용물의 예로서 종합주가지수를 들 수 있다. 이상에서 설명한 것과 같은 특성의 시장포트폴리오는 엄격한 의미에서 볼 때 현실의 자본시장에서는 발견하기가 어렵다. 그런데 종합주가지수는 시장포트폴리오의 특성을 비교적 유사하게 나타내 주고 있으므로, 흔히 이를 대용치(proxy)로 이용하고 있다.

6.3 증권시장선

앞에서 설명한 자본시장선(CML)은 무위험자산도 투자대상에 포함시켜 완전분산투자하였을 때 가장 효율적인 포트폴리오들의 기대수익률과 위험(표준편차)의 선형적 관계를 나타낸 것이었다. 그래서 자본시장선은 완전히 분산투자가 되지 않은 비효율적 포트폴리오나 개별주식의 기대수익률과 위험의 관계는 설명하지 못하고 있다. 이를테면 [그림 6-1]에서 A, B와 같은 비효율적 투자대상의 기대수익률과 위험의 관계는 자본시장선으로 설명되지 못한다.

증권시장선(SML : security market line)은 비효율적인 투자대상까지 포함한 모든 투자자산의 기대수익과 위험의 관계를 나타낸 것이다. $CAPM$의 핵심이 되는 증권시장선을 도출하기 위해서 먼저 개별증권의 위험이 어떻게 평가되는지를 살펴보기로 하자.

(1) 개별증권의 위험

개별투자자의 궁극적인 관심은 최종적인 효율적 포트폴리오의 구성에 있으므로 개별증권의 위험을 평가할 때에는 그 효율적 포트폴리오의 분산에 대한 개별증권의 기여도에 근거해야 할 것이다. 모든 투자자들은 앞의 절에서 설명한 것처럼 효율적 포트폴리오를 구성할 때 시장포트폴리오를 구성하려 할 것이므로 개별주식의 위험은 그 주식이 시장포트폴리오의 위험에 어떤 영향을 주는가에 달려 있다.

포트폴리오의 위험 중에서 개별주식 j의 영향(기여도)은 $w_j \sigma_{jm}$으로 표시할 수 있다. 즉 주식 j가 포트폴리오 위험에 미치는 영향은 [개별주식 j에의 투자비율]×[개별주식 j와 포트폴리오의 공분산]의 곱으로 측정할 수 있다. 그러므로 시장포트폴리오 위험 σ_m^2 중에서 개별주식 j가 차지하는 비율은 다음과 같다.

주식 j가 시장포트폴리오 위험에서 차지하는 비율

$$= \frac{w_j \sigma_{jm}}{\sigma_m^2} = w_j \frac{\sigma_{jm}}{\sigma_m^2} = w_j \cdot \beta_j \tag{6-3}$$

이 식에서 σ_{jm}/σ_m^2 부분은 단일지표모형에서 설명한 베타(β)계수(시장전체 수익률변동에 대한 개별주식 수익률변동의 민감도)이다. 따라서 포트폴리오 위험에 대해 개별주식이 기여하는 정도는 그 주식의 베타계수에 투자금액의 비율을 곱한 것이 된다.

결국 베타(β)계수는 시장포트폴리오와의 공분산 σ_{jm}을 시장수익률의 분산 σ_m^2으로 나누어 표준화시킨 것인데, 개별주식의 위험이 시장포트폴리오 위험에 미치는 영향을 적절하게 측정하고 있는 위험척도가 된다. 실제로 공분산 σ_{jm} 보다도 β계수가 직관적으로 쉽게 이해할 수 있으므로 많은 경우 β계수를 개별주식 위험의 척도로 이용하고 있다.

개별주식의 위험이 β계수로 측정되어야 한다는 점은 단일지표모형에서도 볼 수 있다. 단순시장모형에 의하면 어느 주식이든 분산(총위험)은 2가지 부분, 즉 **체계적 위험**($\beta_j^2\sigma_m^2$) 부분과 **잔차분산**($\sigma^2(\epsilon_j)$), **비체계적 위험** 부분으로 나누어지는데 투자자에게 중요한 위험은 β계수로 대표되는 체계적 위험만이다. 왜냐하면 잔차분산은 분산투자의 종목 수가 많아질 때 사라지고 체계적 위험만이 포트폴리오 분산에 기여하기 때문이다.

환언하면, 분산투자를 통하여 제거할 수 있는 잔차분산(비체계적 위험)은 위험보상이 필요 없는 투자위험이다. 오로지 체계적 위험을 나타내는 β계수만이 위험보상이 필요하고 기대수익률에 반영되어야 한다.

(2) 증권시장선 : 기대수익과 β계수의 관계

β계수가 개별증권 위험의 적절한 척도라면 베타계수와 증권의 기대수익률 사이에는 어떤 관계가 성립하는가? 시장포트폴리오가 효율적이라면 베타와 기대수익률 사이에는 완전한 선형관계가 성립한다. 즉, 베타(체계적 위험지수)가 높을수록 기대수익률이 높아지는 선형관계가 성립한다.

베타계수와 기대수익률 간에 이 같은 선형적 관계가 성립하는 것은 앞 절에서 설명한 자본시장선(CML)으로부터 도출해 볼 수 있다.

[그림 6-2]의 CML은 위험자산의 포트폴리오에서 가장 효율적인 시장포트폴리오 M과 무위험자산의 결합으로 이루어지는 새로운 효율적 투자선이다. CML은 기대수익률 $E(R)$과 표준편차 σ의 공간에서 양자의 선형적 관계가 표시되었다. 이 직선은 R_f에서 위험자산만으로 구성되는 최소분산포트폴리오에 그은 접선이었는데, 절편은 R_f이고 기울기는 $[E(R_m)-R_f]/\sigma_m$뿐이었다. 그래서 이 CML상에 오는 것은 완전분산투자된 효율적 포트폴리오였다.

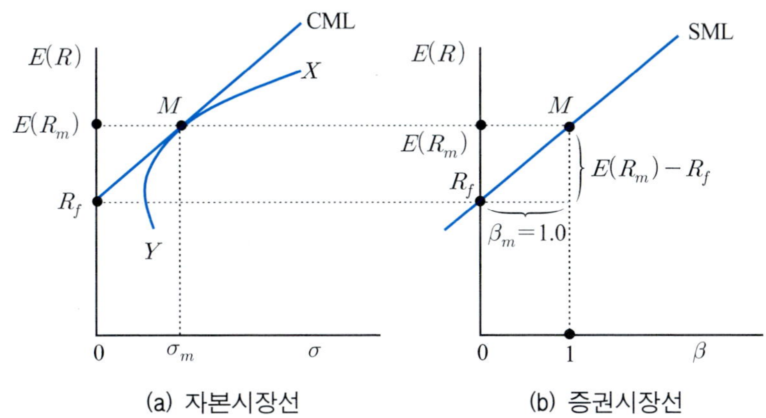

[그림 6-2] 증권시장선의 도출

반면에 증권시장선(SML)상에 오는 것은 효율적이든 비효율적이든 모든 포트폴리오뿐만 아니라 개별주식들도 표시된다는 점에서 차이가 있다. 또한 SML은 기대수익률 $E(R)$과 베타계수의 공간에서 직선으로 표시되는데, 이때의 절편은 무위험자산의 β가 영(0)이므로 R_f가 될 것이고, 기울기는 시장포트폴리오의 β가 1이고, 높이는 $[E(R_m)-R_f]$가 될 것이므로 $[E(R_m)-R_f]/1.0$, 즉 $E(R_m)-R_f$가 된다. 결과적으로 도출된 식 (6-4)를 증권시장선(SML : security market line)이라고 부른다.

$$E(R_j) = R_f + [E(R_m) - R_f]\ \beta_j \tag{6-4}$$

단, $E(R_j)$: 주식 j의 기대수익률
R_f : 무위험자산의 수익률
$E(R_m)$: 시장포트폴리오의 기대수익률
β_j : 주식 j의 베타계수$(=\sigma_{jm}/\sigma_m^2)$

이 증권시장선이 의미하는 바는 균형상태의 자본시장에서 자본자산의 기대수익(가격)을 결정짓는 적절한 위험요인은 β계수로 대표되는 체계적 위험이고 이 체계적 위험이 높으면 기대수익률도 높고, 체계적 위험이 낮으면 기대수익률도 낮다는 것이다.

증권시장선은 투자자산의 위험보상률(risk premium)이 어떻게 결정되어야 하는지를 잘 나타내고 있다. 증권시장선은 기본적으로 투자자산의 균형수익률이 무위험자산수익률(R_f)에 적절한 위험보상률을 합하여 결정된다는 것을 밝히고 있는데, 이를 식 (6-5)와 같이 초과수익 형태로 표시하면 위험보상의 크기가 어떻게 구성되는지 잘 볼 수 있다.

$$E(R_j)-R_f=[E(R_m)-R_f]\beta_j$$
$$=\frac{E(R_m)-R_f}{\sigma_m^2}\cdot\sigma_{jm} \qquad (6\text{-}5)$$

이 식에서 위험보상률(risk premium)은 2가지 부분으로 구성되고 있는데, 먼저 $[E(R_m)-R_f]$는 시장포트폴리오, 즉 시장전체에 대한 평균적인 위험보상률(market risk premium)이다. 시장포트폴리오 위험 한 단위에 대해서 얻게 되는 초과수익의 정도($[E(R_m)-R_f]/\sigma_m^2$)는 모든 종목에 공통적으로 적용되는 위험보상의 크기이다.

위험보상률을 결정짓는 또 한 가지는 특정증권의 체계적 위험을 나타내는 β계수이다. 그래서 특정증권의 위험보상률(security risk premium)은 평균적인 시장위험보상률에 개별증권의 체계적 위험을 곱하여 구해진다.

개별증권의 기대수익률이 그 증권의 베타계수에 선형적으로 비례한다는 식 (6-4)의 관계식은 비단 개별증권뿐 아니라 포트폴리오에도 그대로 적용된다. 따라서 포트폴리오의 기대수익률은 다음과 같이 표시할 수 있다.

$$E(R_p)=R_f+[E(R_m)-R_f]\beta_p \qquad (6\text{-}6)$$

단, β_p : 포트폴리오 베타계수$(=\sum_{j=1}^{n} w_j\beta_j)$

(3) *CML*과 *SML*의 관계

이상에 투자자산의 가격결정구조를 설명하는 자본시장선(*CML*)과 증권시장선(*SML*)에 대하여 살펴보았다. 이제 이들 두 모형이 어떤 차이점을 지니는지를 좀더 자세히 살펴보기로 한다.

표면적으로 볼 때 시장균형모형으로서 *CML*은 $E(R)$, σ 공간에 표시되고, *SML*은 $E(R)$, β 공간에 표시된다는 점에서 먼저 차이가 있다. *CML*상에는 완전분산투자된 효율적 포트폴리오를 대상으로 표준편차(σ)의 함수로서 기대수익률이 표시된 반면에, *SML*상에는 비효율적인 포트폴리오나 개별주식도 포함하여 시장전체에 대한 개별주식 위험의 기여도를 나타내는 베타계수(β)의 함수로서 기대수익률이 표시된다는 점에서 차이가 있다.

개별투자자들이 자본시장에서 무위험자산 이자율로 차입이나 대출을 받고 동시에 시장포트폴리오에 투자함으로써 얻게 되는 최상의 포트폴리오가 *CML* 상에 표시되었다. 따라서 효율적 포트폴리오만이 *CML* 선상에 모두 위치하게 된다. 개별증권의 비효율적 포트폴리오는 *CML* 선상의 오른쪽 아래에 위치하게 된다. 왜냐하면 개별증권은 잔차분산을 지니고 있기 때문이다. 반면에 잔차분산을 갖는 이러한 비효율적인 개별증권은 *CML* 선상에 위치하지는 않지만 *SML* 선상에는 위치한다.

이러한 측면을 보기 위해서 [그림 6-3]에서 A, B 두 주식을 비교해 보자. 지금 시장관계자료와 주식 A, B의 자료가 다음과 같다고 가정하자(주식 A, B는 베타가 동일하지만 주식 B의 위험이 낮다는 점에 유의할 필요가 있다).

시장포트폴리오 기대수익률 : $E(R_m)=15\%$
시장포트폴리오 표준편차 : $\sigma_m=15\%$ (분산 $\sigma_m^2=0.0225$)
무위험이자율 : $R_f=10\%$

	수익률의 표준편차(σ_j)	분 산(σ_j^2)	베 타(β_j)
주식 A	30.0%	0.09	1.5
주식 B	22.5%	0.0506	1.5

주식 A에 대한 균형기대수익률을 *SML*에서 구하면 17.5%가 된다.

$$E(R_A)=R_f+[E(R_m)-R_f]\cdot\beta_A$$
$$=0.10+(0.15-0.10)\cdot(1.50)=0.175$$

또한 주식 A의 위험(분산)을 체계적 위험과 비체계적 위험(잔차분산)으로 구분하면 다음과 같이 표시할 수 있는데 잔차분산을 역으로 구하면 0.0394가 됨을 알 수 있다.

$$\sigma_A^2=\beta^2\sigma_m^2+\sigma^2(\epsilon_A)$$
$$0.090=(1.50)^2\cdot(0.0225)+\sigma^2(\epsilon_A)$$
$$=0.0506+0.0394$$

한편 주식 B는 베타가 1.50인 것은 주식 A와 동일하지만 위험(표준편차)이 적은 것이 특징인데, 주식 B의 기대수익률에는 어떤 변화가 일어날 것인가?

결론적으로 주식 B의 균형기대수익률에는 변화가 오지 않는다. 왜냐하면 베타가 동일하기 때문이다. 기대수익률에 영향을 주는 유일한 특성은 베타(β), 즉 주식의 체계적 위험척도뿐이다.

$$E(R_B)=0.10+(0.15-0.10)\cdot(1.50)=0.175$$

차이점을 보기 위해서 주식 B의 위험(분산 0.0506)도 체계적 위험과 비체계적 위험으로 나누어 보면 체계적 위험이 0.0506이고 잔차분산이 영(0)임을 알 수 있다.

$$\begin{aligned}\sigma_B^2&=\beta^2\sigma_m^2+\sigma^2(\epsilon_B)\\0.0506&=(1.50)^2\cdot(0.0225)+\sigma^2(\epsilon_B)\\&=0.0506+0.000\end{aligned}$$

결국 주식 B가 비체계적 위험이 영(0)이고 총위험이 낮지만, 체계적 위험은 두 주식이 동일하기 때문에 균형기대수익률은 동일하다. 따라서 CML공간에 이들을 표시하면 [그림 6-3]에서 보는 것처럼 $\beta=1.50$으로 표시된 수평선에 놓이게 되는데, 이 수평선을 등베타선(iso-beta line)이라고 부른다. 만약 베타가 0.50이라면 [그림 6-3]

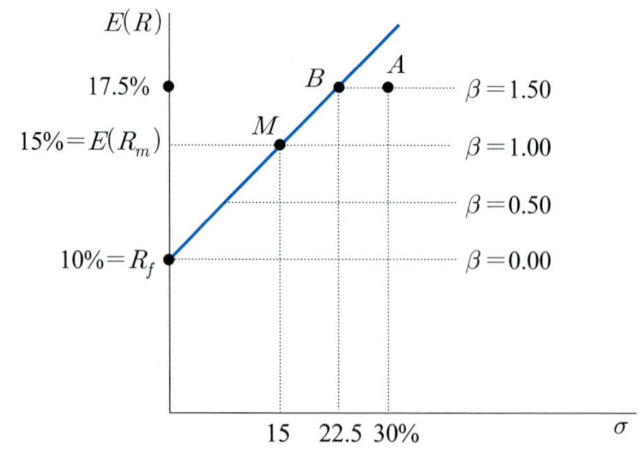

[그림 6-3] $CML(E(R), \sigma$공간)에서의 개별주식의 위치와 등베타선

에서 $\beta=0.50$이라고 표시된 수평선상에 놓이게 된다.

등베타선상의 어느 점에 위치하느냐는 비체계적 위험(잔차분산)의 크기에 달려 있다. 주식 A처럼 잔차분산이 커질수록 오른쪽에 위치하게 된다. 반면에 잔차분산이 0인 주식 B는 정확히 CML선상에 놓이게 된다.

6.4 *CAPM*의 투자결정에의 이용

이상에서 $CAPM$이 투자자산의 가격결정구조를 밝힘에 있어서 기대수익과 위험의 관계를 어떻게 설명하고 있는지를 설명하였다. 한편 $CAPM$은 균형가격 형성의 원리를 근거로 투자결정에 유용하게 사용되고 있다. 이하에서는 $CAPM$에서의 균형가격 형성의 원리를 설명하고, $CAPM$이 투자결정에 어떻게 활용되는지를 다룬다.

(1) 증권의 과대 · 과소평가 여부 판단

균형가격은 시장에서 수요 · 공급이 일치되어 증권가격의 상승을 가져오는 사고자 하는 압력이나, 하락을 가져오는 팔고자 하는 압력이 없는 상태에서 결정된다. 만일 어느 증권의 기대수익률이 너무 높거나 낮아 가격형성이 잘못되어 있으면 사거나 팔고자 하는 압력이 즉시에 작용하여 가격은 균형상태 수준으로 돌아오게 된다. 시장에서의 비균형가격이 어떻게 균형가격으로 되는지를 보기 위해서 먼저 증권의 시장가격과 기대수익률의 관계를 표시하면 다음과 같다.

$$E(R)=\frac{E(P_1)+E(D)}{P_0}-1 \tag{6-7}$$

단, $E(R)$: 기대수익률, P_0 : 기초시장가격

$E(P_1)$: 기말기대시장가격, $E(D)$: 기간 중 기대배당금

이와 같은 균형가격의 형성과정을 [그림 6-4]의 SML에서 보기로 하자. 시장이 균형상태에 있으면 자산의 기대수익률은 체계적 위험에 선형적으로 비례하므로 정

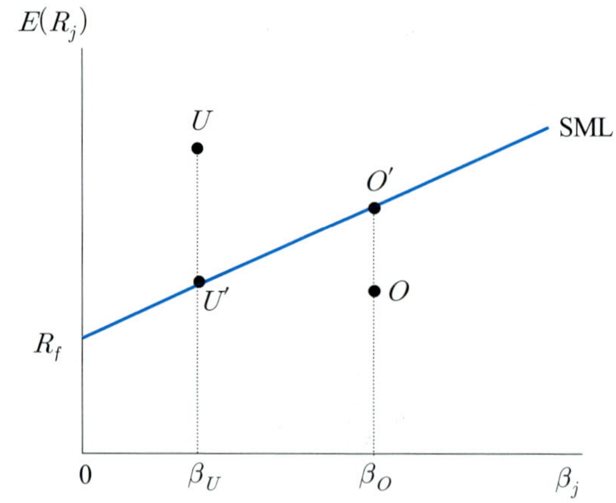

[그림 6-4] 증권시장과 균형가격의 형성

확히 *SML*상에 있도록 결정되어야 한다. 만약 시장이 불균형상태이어서 [그림 6-4]에서의 *U*와 같은 주식이 존재한다면 이 상태는 오래 계속되지 못한다. 왜냐하면 주식 *U*의 체계적 위험(β_U) 수준에서는 *U'* 수준의 기대수익률이 적절한데, 이보다 높은 수익률을 기대할 수 있으므로 이성적인 투자자라면 이와 같은 과소평가(under-priced)된 주식은 매입하려고 할 것이기 때문이다. 매입하고자 하는 압력이 높게 작용하면 가격은 상승하고 기대수익률은 하락하여 *U'* 수준이 될 것이다.

반대로 주식 *O*와 같이 그 체계적 위험(β_O) 수준에서의 기대수익률보다도 낮은 수익률이 예상되는 주식이 존재한다면, 이는 과대평가(over-priced)된 주식이므로 이러한 주식은 팔려고 할 것이다. 매각하고자 하는 압력이 높게 작용하면, 가격은 하락하고 기대수익률은 *O'* 수준으로 상승 회복하게 될 것이다.

이처럼 증권시장선(*SML*)은 균형시장에서의 투자자산의 기대수익률은 이 체계적 위험척도인 β의 크기에 따라 선형적으로 결정된다는 것을 나타낸 것이다. 따라서 위험증권에 대한 요구수익률(required rate of return)을 추정할 때 *SML*로 계산되는 기대수익률을 이용할 수 있다.

$$k_j = RRR_j = R_f + [E(R_m) - R_f] \cdot \beta_j \qquad (6\text{-}8)$$

단, $k_j(=RRR)$: 주식 j에 대한 요구수익률

또한 *SML*상의 기대수익률은 체계적 위험을 감안한 적정균형수익률의 의미가

있으므로 특정증권이 과소평가되었는지 아니면 과대평가되었는지를 판단할 때 기준으로 쓰일 수 있다. 이를테면 다음 식에서 표시된 것처럼 SML상의 적정균형수익률을 요구수익률(k)로 대용하고, 예상 기대수익률($E(R_j)$)은 해당주식에 대한 증권분석이나 과거 시계열자료의 분석에서 추정하여 구한 다음 양자의 차이(α)를 구하면 과소평가 혹은 과대평가 여부를 판단할 수 있다. 이 α가 양(+)이면 과소평가, 음(−)이면 과대평가된 증권일 것이다.

$$\alpha = E(R_j) - k_j \tag{6-9}$$

단, α : 과소평가(+), 과대평가(−)의 크기
$E(R_j)$: 증권분석이나 시계열분석 결과 추정된 예상 기대수익률
k_j : SML 상에서 추정된 요구수익률(RRR)

앞의 [그림 6-4]에 표시된 주식들을 예로 들면, 주식 U는 체계적 위험 β_U를 감안할 때 적정균형수익률(U') 이상의 수익률이 예상되는 주식이므로 과소평가된 투자대상이다. 반면에 주식 O는 체계적 위험 β_O를 감안할 때, 적정균형수익률(O') 이하의 수익률이 예상되므로 과대평가되었다고 할 수 있다.

(2) Excel 활용, 증권의 과대 · 과소평가 여부 판단

〈표 6-1〉 자료는 SK하이닉스, LG생활건강, POSCO, 셀트리온 등 4종목과 KOSPI에 대한 24개월(2016.1~2017.12) 동안의 수익률 자료이다. 미래 투자기간의 예상수익률이 여기서 제시된 과거자료의 추세와 같을 것으로 가정하여 각 주식의 기대수익률과 증권시장선(SML)을 추정하고, 이들 주식이 과대 · 과소평가되었는지의 여부를 판단해 보자.

1) 투입정보-기대수익률, 분산, β의 측정

표의 자료로부터 투입정보로 필요한 추정치는 다음 Excel 명령식으로 계산한다.

각 주식의 기대수익률	=AVERAGE(각 주식의 수익률 자료의 영역)
시장수익률의 분산	=VARP(시장수익률 자료의 영역)
공분산	=COVAR(각 주식의 수익률 자료의 영역, 시장수익률 자료의 영역)
베타계수	=공분산/시장수익률의 분산

〈표 6-1〉 4개 주식의 수익률과 KOSPI수익률(24개월)

	A	B	C	D	E	F
1	[(1) 수익률 자료]					
2		SK하이닉스	LG생활건강	POSCO	셀트리온	KOSPI
3	2016-01-31	-0.11900	-0.05783	0.06959	0.28264	-0.02543
4	2016-02-29	0.09431	-0.13252	0.10620	-0.11422	0.00240
5	2016-03-31	-0.06365	0.08499	0.10056	0.09349	0.04049
6	2016-04-30	0.00000	0.06355	0.09137	-0.08751	-0.00085
7	2016-05-31	0.01935	0.04751	-0.14518	-0.01503	-0.00541
8	2016-06-30	0.12126	0.05616	-0.03175	-0.03074	-0.00660
9	2016-07-31	0.05990	-0.10268	0.11696	0.07997	0.02300
10	2016-08-31	0.05788	-0.05821	0.01967	0.02561	0.00911
11	2016-09-30	0.09793	0.00420	-0.01747	-0.00376	0.00440
12	2016-10-31	0.01971	-0.15241	0.04311	-0.00187	-0.01749
13	2016-11-30	0.04530	-0.04108	0.05140	-0.03644	-0.01238
14	2016-12-31	0.04110	0.08521	0.03156	0.09585	0.02144
15	2017-01-31	0.18344	0.02535	0.05110	-0.06940	0.02008
16	2017-02-28	-0.13967	-0.00114	0.04509	0.01289	0.01157
17	2017-03-31	0.07823	-0.07938	0.02611	-0.11914	0.03227
18	2017-04-30	0.06701	0.06562	-0.08420	-0.00557	0.02071
19	2017-05-31	0.05407	0.12672	0.05279	0.06482	0.06237
20	2017-06-30	0.16759	0.01113	0.01758	0.18563	0.01874
21	2017-07-31	-0.02099	-0.00302	0.14565	-0.05905	0.00456
22	2017-08-31	0.03864	-0.03178	0.03405	0.05905	-0.01658
23	2017-09-30	0.18934	-0.02532	-0.08029	0.21003	0.01315
24	2017-10-31	-0.00848	0.22911	0.02646	0.19804	0.05246
25	2017-11-30	-0.06795	-0.00340	0.02877	0.14495	-0.01883
26	2017-12-31	-0.00391	0.01355	-0.00749	0.11947	-0.00359

(6장) CAPM 과대과소 여부평가

〈표 6-2〉의 패널(2)는 위의 Excel 명령식에 의해 추정한 결과를 보여주고 있다. 무위험이자율(R_f)은 5%로 사용하였다.

무위험이자율(R_f)은 5%로 주어져 있고, 2016년 1월부터 24개월 동안의 시장수익률($E(R_m)$)의 월평균수익률이 0.96%이므로 연평균수익률로 전환하면 11.48%(=0.96%×12)가 된다. 따라서 증권시장선은 다음과 같은 관계를 보인다.

$$
\begin{aligned}
E(R_j) &= R_f + [E(R_m) - R_f] \cdot \beta_j \\
&= 0.05 + (0.1148 - 0.05) \cdot \beta_j \\
&= 0.05 + 0.0648\,\beta_j
\end{aligned}
$$

위의 SML식에 각 주식의 베타계수를 대입하면 열 48에 요구수익률(RRR)이 계산된다. 〈표 6-2〉의 패널(3)의 셀 B48에서 SK하이닉스 주식의 요구수익률을 계산하는 Excel 계산식은 다음과 같다.

〈표 6-2〉 증권시장선 도출, 요구수익률의 계산, 과대/과소평가 판단

B52 | f_x =IF((B33-B48)>0,"과소","과대")

	A	B	C	D	E	F
28						
29	**[(2) 투입정보의 측정]**					
30						(단위 : 월별)
31		**SK하이닉스**	**LG생활건강**	**POSCO**	**셀트리온**	**KOSPI**
32	**월단위 $E(R_j)$**	0.0380	0.0052	0.0288	0.0429	0.0096
33	**연단위 $E(R_j)$**	0.4557	0.0622	0.3458	0.5149	0.1148
34	**KOSPI 분산 σ^2_m**					0.0005
35	**공분산 σ_{im}**	0.0004	0.0010	0.0001	0.0001	0.0005
36	**베타계수 β_i**	0.7320	2.1176	0.2700	0.2153	1.0000
37	B32 = AVERAGE(B3 : B26)					
38	B33 =B32*12					
39	F35 = VARP(F3 : F26)					
40	B35 = COVAR(B3 : B26 , $F$3 : $F$26)					
41	B36 = B35 / $F$34					
42						
43	**연단위 R_f**	0.0500	<------	given data		
44	**연단위 $E(R_m)$**	0.1148	<------	= F32*12		
45						
46	**[(3) 요구수익률의 계산]**					
47		**SK하이닉스**	**LG생활건강**	**POSCO**	**셀트리온**	
48	**연단위 RRR_j**	0.097	0.187	0.067	0.064	
49		====>	$RRR_j = R_f + (E(R_m) - R_f)* \beta_i = 0.05+0.0648\,\beta_i$			
50						
51	**[(4) 과대 과소 평가 여부 판단]**					
52	**과대 / 과소 평가 α_i**	과소	과대	과소	과소	
53		====>	α_i = 연단위 $E(R_j)$ - 연단위 RRR_j			
54		IF함수는 기대수익률(B33)에서 요구수익률(B48)을 차감한 값이 양수(+)이면 '과소'로 표시하고, 음수(-)이면 '과대'로 표시토록 함.				

(6장) CAPM 과대과소 여부평가

SK하이닉스 주식의 요구수익률(셀 B48) : =$B$43+($B$44-$B$43)*B$36

2) 과대 · 과소평가 여부의 판단

판단방법 : α =기대수익률 $E(R_j)$ − 요구수익률 RRR > 0이면 과소평가

과대 · 과소평가 여부를 판단하기 위해서 Excel에서 논리값의 함수인 'IF 함수'를 사용한다. 〈표 6-2〉의 패널(4)에서 IF 함수('=IF((B33-B48)>0, "과소", "과대"))의 의미는 만일 기대수익률(B33)에서 요구수익률(B48)을 차감한 값(α)이 양수(+)이면 '과소'로 표시하고, 음수(−)이면 '과대'로 표시하라는 의미이다.

6.5 *CAPM*의 검증과 Excel의 활용

*CAPM*이 자본자산의 가격결정원리를 설명하는 이론체계로서 얼마나 현실적인 설명력을 지니는가? 과연 현실의 자본시장에서 자본자산의 기대수익은 체계적 위험을 나타내는 베타계수에 선형적으로 비례하는가?

그간 *CAPM*에 대한 검증은 수많은 문헌에서 다루어져 왔다. 본절에서는 *CAPM*에 대한 검증방법을 소개하고, 간단한 예를 가지고 Excel을 활용한 검증방법을 살펴보기로 한다.

(1) *CAPM*의 검증방법

1) 검증가설

시장균형모형으로서 *CAPM*이 얼마나 타당한 모형인지를 보기 위해서 검증해야 할 가정들은 앞 절에서 설명한 *CAPM*의 결론이 될 것이다. 즉,

① 위험(베타계수)이 높으면 수익률이 높아야 한다.
② 수익률과 β의 관계는 선형적이다. 즉, 한 단위 베타의 증가가 있으면 수익률도 동일 비율로 증가해야 한다.
③ 비체계적 위험인 잔차분산에 대해서는 위험보상(추가적인 투자수익)이 있어서는 안 된다.

2) 검증방법

*CAPM*에 대한 검증에 가장 많이 사용되는 방법은 2단계회귀분석방법(two-stage regression)이다.

첫째 단계에서는 시계열자료를 이용하여 β계수를 추정하는 시계열회귀분석(first pass time-series regression)을 행한다. 즉, 다음과 같이 일정기간 동안의 개별증권의 수익률 자료와 시장지수를 회귀분석하는 것이다.

$$R_{jt} = \alpha_j + \beta_j R_{mt} + \epsilon_{jt}$$

둘째 단계에서는 첫째 단계에서 구해진 증권 j의 베타 β_j, 잔차분산 $\sigma^2(\epsilon_j)$와 투자수익률 $\overline{R_j}$의 관계를 횡단면회귀분석(second pass cross-sectional regression)하는 것이다.

$$\overline{R_j} = a_1 + a_2\,\beta_j + a_3\,\sigma^2(\epsilon_j) + \mu_j$$

단, $\sigma^2(\epsilon_j)$: 첫째 단계에서 얻어진 증권 j의 잔차분산
μ_j : 잔차항

그래서 $CAPM$을 검증하는 것은 이 식에서 다음 관계가 성립하는지를 밝히는 것이 된다(R_Z는 2요인 $CAPM$에서의 절편).

$$a_1 = R_f \quad \text{혹은} \quad R_Z$$
$$a_2 = \overline{R_m} \quad \text{혹은} \quad \overline{R_m} - \overline{R_Z}$$
$$a_3 = 0$$

(2) 파마 · 맥배드의 실증연구

$CAPM$에 대한 실증적 연구로 가장 체계적으로 수행된 연구로는 파마 · 맥배드(F&M : E.F. Fama & J. Macbeth : 1973)의 연구를 들 수 있다. 파마 · 맥배드는 1926년부터 1965년 기간 사이의 NYSE에 거래되는 모든 주식을 대상으로 $CAPM$을 검증하였다.

파마 · 맥배드가 검증하고자 하는 검증식은 다음과 같다.

$$\hat{R}_{jt} = \hat{\gamma}_{0t} + \hat{\gamma}_{1t}\,\beta_j + \hat{\gamma}_{2t}\,\beta_j^2 + \hat{\gamma}_{3t}\,S_{ej} + \mu_{jt}$$

이 식을 이용하여 $CAPM$에 관련된 주요 가설들의 검증이 가능하게 되는데, 검증하는 바는 다음과 같다.

① $E(\hat{\gamma}_{3t})=0$, 즉 잔차위험(S_{ej})은 수익률에 영향을 주지 않는다.
② $E(\hat{\gamma}_{2t})=0$, 즉 증권시장선은 비선형적이 아니다.
③ $E(\hat{\gamma}_{1t})>0$, 즉 자본시장에서 체계적 위험, 베타에 대한 위험보상의 가격은 正(+)이다.

구체적인 검증절차는 두 단계로 나누어 행해지고 있다.

첫 단계에서는 기간별 시계열자료를 이용하여 베타계수를 구하고 그 크기에 따라 20개 그룹(1/20씩)의 포트폴리오를 구성하여 포트폴리오 β를 구한다.

둘째 단계는 앞에서 구해진 포트폴리오 베타(β_p)를 기준으로 하여 위의 검증식에서 매월마다 추정된 회귀변수들의 변화 정도를 감안하여 통계적 검증을 시도하는 것이다.

예를 들면, 1차적으로 1926년부터 1929년 기간에 걸쳐 NYSE에 상장된 모든 주식에 대하여 동일가중치의 시장포트폴리오와 개별주식수익률을 회귀시켜 β를 구한 다음, 이를 β크기의 순에 따라 20개 그룹의 포트폴리오로 분류한다. 각 포트폴리오의 β_p는 그 다음 기간인 1930년부터 1934년 기간에 걸쳐 수익률과 시장지수를 회귀시켜 추정한 다음, 이 추정 β_p를 근거로 1935년부터 1938년 기간(48개월)의 다음 달 기대되는 포트폴리오 수익률을 구한다. 즉, 1935년 1월의 포트폴리오 수익률($r_{p,j35}$)은 다음 관계식에 의해서 예측되는데, 여기서 $\widehat{\beta_p}$은 1930년부터 1934년 기간의 시계열자료에서 추정된 포트폴리오 베타이다.

$$r_{p,j35} = a_0 + a_1\widehat{\beta_p} + \epsilon_{p,j35}$$

끝으로, 각 월(月)에 대해서 포트폴리오 월별수익률과 β_p를 대응시켜 월별 증권시장선(SML)을 추정한다.

이와 같은 방법으로 주식 β의 추정, 포트폴리오 구성, 월별 증권시장선의 추정을 1939년부터 1968년 사이의 하부기간 동안 9번 반복하여 총 390개의 $\hat{r}_0$, $\hat{\gamma}_1$, $\hat{\gamma}_2$, $\hat{\gamma}_3$을 추정한다. 끝으로 이들 회귀계수의 평균치들과 표준편차를 구하여 처음에 내세운 가설을 검증한다.

F&M 검증결과는 다음 식으로 요약된다(식 아래의 숫자들은 각 계수의 평균치이고, *표시는 평균이 0과 다르다는 것을 90% 이상 신뢰할 수 있는 경우이다).

$$\hat{\gamma}_{p,t} = \underset{0.0020}{\hat{\gamma}_{0,t}} + \underset{0.0114^*}{\hat{\gamma}_{1,t}\,\hat{\beta}_p} + \underset{-0.0026}{\hat{\gamma}_{2,t}\,\widehat{\beta_p}^2} + \underset{0.0516}{\hat{\gamma}_{3,t}\,S_{e,p}} + \mu_{p,t}$$

이 결과는 표준 $CAPM$이 예상되는 바와 완전히 일치하는 것은 아니지만, 대체적으로 $CAPM$을 지지하는 결과로 해석되고 있다. 자본시장에서의 체계적 위험에 대한 위험보상가격은 正(+)이고, β와 증권수익률은 선형관계에 있으며, 잔차분산은 기대수익률에 영향을 주지 않음을 보여주고 있다.

한편 F&M은 위 식의 검증결과에 따라서 통계적으로 0인 변수를 제거한 후 다음과 같은 식에 의해 또다시 검증하였다.

$$\hat{r}_{p,t} = \hat{r}_{0,t} + \hat{r}_{1,t}\,\hat{\beta}_p + \mu_{p,t}$$

그 결과, 절편($\hat{r}_{0,t}$)은 R_f 보다 크고 기울기($\hat{r}_{1,t}$)는 ($\overline{R}_m - R_f$)보다 작게 나타났다. 이처럼 절편이 R_f 보다 큰 결과는 2요인 $CAPM$이 보다 설명력이 있음을 반증하는 결과로 해석할 수 있다.

(3) Excel 활용, *CAPM*의 검증 예시

본격적인 $CAPM$의 검증에는 앞에서 소개한 실증연구처럼 상당한 양의 시계열, 횡단면 자료 그리고 정교한 검증방법이 요구된다. 그러나 본항에서는 $CAPM$의 검증에 Excel을 활용하는 방법과 검증과 관련된 논점이 무엇인지를 예시적으로 보여주기 위해서 매우 적은 양의 시계열, 횡단면 자료를 이용하여 간단한 예제를 중심으로 설명하기로 한다.

본 $CAPM$ 검증에서는 앞서 Excel을 이용한 증권의 과대·과소평가에서 이용하였던 4개 주식(SK하이닉스, LG생활건강, POSCO, 셀트리온)과 KOSPI에 대한 24개월 동안의 수익률 자료를 동일하게 이용하여 3단계로 나누어서 $CAPM$을 검증해 보기로 한다.

[$CAPM$ 검증절차]
1단계 : 시장포트폴리오의 대용치 선정
2단계 : 검증 포트폴리오에 대하여 개별증권들의 베타계수의 계산
3단계 : 평균수익률과 개별증권의 β의 관계를 분석하기 위하여 회귀분석을 실행하고 SML을 도출한다.

① 본 예시에서는 시장포트폴리오의 대용치(proxy)로서 한국종합주가지수(KOSPI)를 사용하기로 한다.

② 그리고 SML의 검증에 필요한 평균수익률, 개별주식수익률과 시장수익률(KOSPI) 간의 공분산, 시장수익률의 분산, β계수를 다음 Excel 함수식을 이용하여

계산한다.

증권 j의 평균수익률	=AVERAGE(증권 j 수익률 자료의 영역)
증권 j와 KOSPI수익률의 공분산	=COVAR(증권 j 수익률 자료의 영역, KOSPI수익률 자료의 영역)
KOSPI수익률의 분산	=VARP(KOSPI수익률 자료의 영역)
증권 j의 베타	=공분산/KOSPI수익률의 분산
	=SLOPE(증권 j 수익률 자료의 영역, KOSPI수익률 자료의 영역)

주) KOSPI수익률 자료의 영역은 절대셀 형태로 입력

이제 각 주식의 평균수익률과 베타의 관계를 추정하기 위하여, 먼저 SK하이닉스 주식에 대하여 다음과 같이 Excel 함수식을 각 셀 주소에 입력하면 *SML*을 추정하기 위해 필요한 기초정보를 계산할 수 있다. 다른 종목은 자동채우기핸들(+)을 이용하여 계산한다.

SK하이닉스 주식의 평균수익률(셀 B27) : =AVERAGE(B3:B26)
SK하이닉스와 KOSPI수익률 간의 공분산(셀 B28) : =COVAR(B3:B26,$F$3:$F$26)
KOSPI수익률의 분산(셀 F29) : =VARP(F3:F26)
SK하이닉스의 베타(셀 B30) : =B28/$F$29 또는 =SLOPE(B3:B26,$F$3:$F$26)

〈표 6-3〉 *CAPM*의 검증을 위한 투입정보의 측정

B30 =B28/$F$29

	A	B	C	D	E	F
19	2017-05-31	0.0541	0.1267	0.0528	0.0648	0.0624
20	2017-06-30	0.1676	0.0111	0.0176	0.1856	0.0187
21	2017-07-31	-0.0210	-0.0030	0.1457	-0.0590	0.0046
22	2017-08-31	0.0386	-0.0318	0.0341	0.0590	-0.0166
23	2017-09-30	0.1893	-0.0253	-0.0803	0.2100	0.0131
24	2017-10-31	-0.0085	0.2291	0.0265	0.1980	0.0525
25	2017-11-30	-0.0680	-0.0034	0.0288	0.1449	-0.0188
26	2017-12-31	-0.0039	0.0135	-0.0075	0.1195	-0.0036
27	평균수익률	0.0380	0.0052	0.0288	0.0429	0.0096
28	공분산	0.0004	0.0010	0.0001	0.0001	0.0005
29	KOSPI분산					0.0005
30	베타	0.7320	2.1176	0.2700	0.2153	1.0000
31	셀 B27 : =AVERAGE(B3:B26)		셀 B28 : =COVAR(B3:B26,$F$3:$F$26)			
32	셀 F29 : =VARP(F3:F26)		셀 B30 : =B28/$F$29			

(6장) CAPM검증

③ SML의 검증은 증권의 평균수익률이 β와 선형적인 관계(linear relationship)에 있는지, 즉 $E(R_j) = a_j + b_j\,\beta_j + \epsilon_j$의 관계를 밝히는 것이 된다. 평균수익률과 베타를 회귀분석하기 위해서 〈표 6-4〉의 Excel 워크시트상의 셀영역 C33부터 D36까지 4종목에 대한 평균수익률과 베타계수를 세로 형태인 열벡터(column vector)로 바꾸어 정리한다(복사-선택하여 붙여넣기-값/행열바꿈 기능을 이용하거나, 내장함수인 TRANSPOSE 함수를 이용).

〈표 6-4〉 실증적 SML의 도출

C39 | f_x =SLOPE(C33:C36,D33:D36)

	A	B	C	D	E	F
31						
32			평균수익률	베타		
33		**SK하이닉스**	0.0380	0.7320		
34		**LG생활건강**	0.0052	2.1176		
35		**POSCO**	0.0288	0.2700		
36		**셀트리온**	0.0429	0.2153		
37						
38		**절편(α)**	0.043	<--------	=INTERCEPT(C33:C36 , D33:D36)	
39		**기울기(β)**	-0.017	<--------	=SLOPE(C33:C36 , D33:D36)'	
40		**결정계수(R^2)**	0.806	<--------	=RSQ(C33:C36 , D33:D36)'	
41						

(6장) CAPM검증

다음 단계는 SML를 구성하는 절편(a), 기울기(b) 그리고 SML추정식의 설명력을 나타내주는 결정계수(R^2)를 내장함수를 통해서 구하는 것이다. 결과는 셀 주소 C38부터 C40까지 나타나 있다. 그리고 그 결과가 나오기 위한 함수식의 내용을 그 옆에 표시하였다.

본 예시에서 제시되었던 자료에 근거할 때 증권시장선(SML)은 다음과 같이 추정된다.

$$E(R_j) = 0.043 - 0.017\beta_j \qquad (R^2 = 0.806)$$

위의 결과의 특징은 이론적 SML과 달리 기울기의 값이 (−)로 제시되고 있어서, 증권의 평균수익률과 β와 선형적인 관계가 성립하지 않은 것으로 나타나고 있는 점이다. 이는 시계열자료가 20개월의 짧은 기간이고, 불과 4종목으로 횡단면 표본자료가 구본적으로 극히 적을 뿐 아니라, LG생활건강의 베타는 매우 높은데 기간수익률은 제일 낮은, 표본자료상의 한계에 크게 기인한 것으로 해석된다(다른 예제로 본장 연습문제 4번을 참고할 것).

한편, *SML*의 추정은 위와 같이 내장함수를 활용하여 도출할 수 있을 뿐만 아니라, Excel의 데이터분석 기능을 활용하여 도출할 수도 있다(만약 데이터분석 추가기능이 설치되어 있지 않으면, 제2장 2.1절 (3)항에서 설명한 방법대로 설치해야 함).

데이터분석(D) 기능을 이용하여 회귀분석을 수행하는 과정은 다음과 같다.

(1단계) 데이터분석-회귀분석의 선택

리본메뉴의 **데이터** 탭에서 **데이터분석**을 선택하면 데이터분석 대화상자(〈표 6-5〉(a))가 나타나면서 어떤 분석을 수행할 것인지를 묻게 되는데, 이때 **회귀분석**을 선택하고 [확인]을 클릭한다.

(2단계) 회귀분석에 필요한 정보의 입력

회귀분석을 선택하여 나타나는 회귀분석 대화상자(〈표 6-5〉(b))에서, 회귀분석 실행시 꼭 필요한 정보를 설정 또는 입력한다.

〈표 6-5〉 데이터분석-회귀분석기능의 이용

(a)

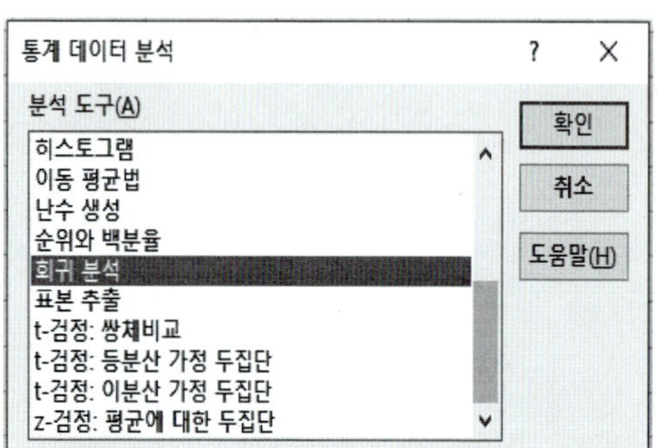

(b)

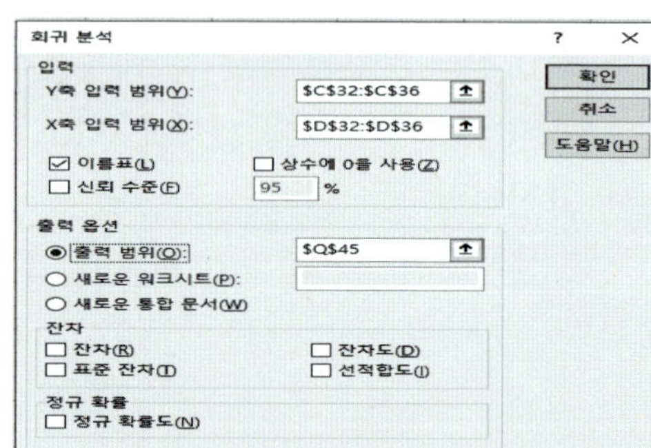

위 회귀분석 대화상자는 본 예시에서 주어진 평균수익률과 베타 자료에 근거하여 회귀분석을 수행하기 위해 꼭 필요한 정보만을 입력한 결과이다. 처음에는 모두 비어 있는 상태로 나타난다. 이와 같이 직접 입력하거나 마우스를 이용하여 드래그하여 지정한 다음 [확인]을 클릭하면 회귀분석 결과가 출력범위로 지정했던 셀주소 A43을 시작으로 다음과 같이 출력되어 나타나게 된다.

〈표 6-6〉 '데이터분석-회귀분석'의 결과

	A	B	C	D	E	F	G	H	I
43	요약 출력								
44									
45	회귀분석 통계량								
46	다중 상관계수	0.89786							
47	결정계수	0.80616							
48	조정된 결정계수	0.70924							
49	표준 오차	0.00903							
50	관측수	4.00000							
51									
52	분산 분석								
53		자유도	제곱합	제곱 평균	F 비	유의한 F			
54	회귀	1.00000	0.00068	0.00068	8.31774	0.10214			
55	잔차	2.00000	0.00016	0.00008					
56	계	3.00000	0.00084						
57									
58		계수	표준 오차	t 통계량	P-값	하위 95%	상위 95%	하위 95.0%	상위 95.0%
59	Y 절편	0.04285	0.00666	6.43159	0.02333	0.01419	0.07152	0.01419	0.07152
60	베타	-0.01695	0.00588	-2.88405	0.10214	-0.04225	0.00834	-0.04225	0.00834

셀 주소 B47(결정계수), B59(절편), B60(기울기)에 나타나 있는 수치를 보면 앞에서 내장함수를 이용하여 도출한 수치와 동일함을 알 수 있다. 이 결과를 보면, 평균수익률과 베타 간의 관계가 $E(R_j)=0.043-0.017\beta_j$로 나타나고, 결정계수를 보면 $R^2=0.806$의 설명력을 보이고 있다.

위의 결과에서 이론적 *SML*과 달리 기울기의 값이 (−)로 제시되는 결과는 앞에서 설명한 바 있다. 다른 형태의 실증분석이 이루어진 경우도 다음과 같은 일반적인 통계적 문제점이 없는지를 점검할 필요가 있다.

① 표본크기의 문제

회귀분석에서 사용한 표본자료의 크기가 작기 때문에 설명력이 낮을 수 있다.

② 포트폴리오 분석이 아닌 문제점

*CAPM*은 개별자산이 아니라 포트폴리오에 대해서 성립하는 것인데, 개별증권에 대해서 분석했기 때문에 설명력이 낮을 수 있다.

③ $CAPM$ 자체의 문제

$CAPM$에서는 모든 자산에 대한 무제한적 공매(short sales)가 가능하고, 미래예측에 있어서 동질적 예측(homogeneous expectation)을 가정하고 있다. 그러나 현실의 증권시장은 공매가 제한되어 있고, 투자자들은 동질적 예측을 하지 않는다.

④ 시장포트폴리오 대용치(proxy)의 비효율성

$CAPM$은 시장포트폴리오의 대용치로 사용한 지수가 효율적임을 전제한 것이다.

연습문제 Chapter 6

문제풀이에 필요한 데이터는 신영사 홈페이지(http://www.shinyoungsa.co.kr) 자료실에 게시되어 있는 'Excel 활용 투자관리(3장~8장).xls' 파일의 "실습용 20종목 수정주가자료" 시트를 이용할 것.

1. 삼성전자, SK, 신세계, 유한양행 등 4종목과 KOSPI지수에 대한 2017년 1월부터 2017년 12월까지 12개월간의 수익률 자료를 이용하여 각 주식에 대한 기대수익률, 분산, 표준편차, 베타, 그리고 KOSPI의 분산, KOSPI와의 공분산을 구하라.

2. 문제 1번에서 사용한 자료에 기초하여 증권시장선(SML)을 도출하라. 무위험이자율은 연 6%(월 0.5%)이다.

3. 문제 1번에서 각 주식에 대한 과대·과소평가 여부를 판단하라.

4. 문제 1번에서 사용한 자료를 동일하게 사용하여 $CAPM$을 검증하라.

PART

Ⅲ

가치평가와 Excel의 활용

CHAPTER

7

채권평가와 Excel의 활용

포트폴리오 구성은 개별자산의 기대수익과 위험에 대한 평가를 토대로 이루어진다. 개별자산의 기대수익과 위험에 대한 평가가 이루어지기 위해서는 그 자산의 여러 상황별 내재가치를 추정해야 한다.

본 제7장에서는 개별자산의 내재가치를 평가할 수 있는 Excel 함수와 채권평가에 활용되는 Excel 재무함수에 대하여 다룬다.

7.1 가치평가에 활용되는 기초 Excel 함수

포트폴리오 이론에서 제시하는 최적 포트폴리오의 선택방법에 대한 구체적 설명은 앞서 제3~6장에서 설명한 바 있다. 이들 장에서 다룬 최적 포트폴리오 구성의 문제를 다루기 위해서는 기초 투입정보로서 개별자산의 투자가치 결정요소인 기대수익과 위험에 대한 평가가 선행되어야 한다.

본장과 다음 장에서는 포트폴리오를 구성하는 채권과 개별주식에 대한 기대수익과 위험을 계량적으로 평가할 때의 Excel 활용방법을 다룬다. 본절에서는 투자가치평가의 기초가 되는 Excel 함수로서 FV, PV, NPV, IRR, PMT에 대해서 설명한다. 이들 기초함수에 대한 이해가 있는 독자는 다음 7.2절, 채권평가부터 시작해도 될 것이다.

(1) FV

FV 함수는 현재 투자되는 투자금액에 대한 **미래가치**(future value)를 계산하거나, 연금의 미래가치를 계산할 때 사용하는 함수이다. 일반적인 FV 함수의 명령식은 다음과 같다.

=FV(이자율, 기간, [정기불입액], 투자원금, 지급시점)

위 FV 함수의 ( ) 안의 인수들 중 **이자율**이란 적립기간 동안 적용되는 이자율 혹은 투자기간 동안의 요구수익률을 말한다. 이때 이자율은 적립기간 혹은 투자기간 단위와 일치해야 한다. 즉, 연 12%의 이자율로 매월 적립되거나 연 12%로 매월 일정금액이 투자되는 경우라면, 월 단위와 일치하는 이자율 1%(=12%/12개월)를 함수식의 이자율로 적용해야만 한다.

기간이란 적립의 경우 납입횟수이며, 투자대상이 투자자산이라면 투자기간을 말한다. 투자기간은 기간단위와 일치해야 한다. 즉, 월 단위이면 월 단위 횟수로, 연 단위이면 연 단위 횟수로 변환시켜 기간을 지정해야만 한다.

정기불입액이란 매 기간 납입해야 되는 납입액(정기적금 금액) 혹은 매 기간 투자되어야 하는 투자금액을 말한다. 정기적으로 현금흐름이 있는 경우를 **연금**

(annuity) 형태의 현금흐름이라고 하는데, 이와 같은 경우라면 세 번째 인수를 선택적으로 사용하고, "정기불입액" 셀에 해당금액을 입력한다. 일시불 형태의 현금흐름이라면 세 번째 인수를 "0"으로 입력한다.

이때 현금흐름에 따라 부호를 달리해야 한다. 매월 은행에 적립하는 경우라면 저축하는 사람 입장에서 현금유출이므로 음(−)의 부호를, 은행 입장에서는 현금유입이므로 양(+)의 부호 처리를 해야 한다.

투자원금이란 현재 목돈으로 투자되는 금액(현재가치)을 말한다. 이것 또한 현금흐름에 따라 부호를 달리해야 한다. 현재 일시불을 은행에 예치하는 경우라면 은행 입장에서는 현금유입이므로 (+)부호, 저축하는 사람 입장에서는 (−)부호 처리한다.

지급시점이란 매기 납입하는 시점을 말한다. 즉, 연(年) 기준이라면 매년 1월 1일(기초) 납입하는 경우인지 아니면 매년 12월 31일(기말)에 납입하는 경우인지를 구분 표시하는 것을 말한다. 지급시점이 매기 말에 납입하는 경우는 생략하거나 0(zero)으로 지정하고, 매기 초에 납입하는 경우라면 1로 지정한다.

예제 1 미래가치의 계산 : 정기예금(이자지급이 연 1회 발생)의 목돈 계산

은행에 예금하여 3년 후에 목돈을 만들려고 한다. 현재 가진 돈 20,000,000원을 연이자율 12%로 예금(이자복리계산)을 한다고 할 때 3년 후에 목돈으로 얼마를 받게 되는가?

〈표 7-1〉 미래가치(정기예금 목돈)의 계산

B8 : =FV(0.12,3,0,-20000000,0)

	A	B	C	D	E	F
1	<예제 1: 미래가치(정기예금 목돈) 계산>					
2	이자율	0.12	12%			
3	기간(년)	3				
4	정기불입액	0				
5	투자금액	-20,000,000	(-)			
6	지급시점(1/0)	0	기말			
7						
8	미래가치(목돈)	₩28,098,560	=FV(0.12,3,0,-20000000,0)'			
9		₩28,098,560	=FV(B2,B3,B4,B5,B6)'			

7장 가치평가 EXCEL

셀 B8에 입력된 FV 함수식 내의 첫 번째 인수인 0.12는 은행의 예금이자율(연단위)이고, 두 번째 인수인 3은 3년의 예치기간을 말한다. 세 번째 인수인 0은 정기불입액을 말하는데 현재 정기불입액은 없는 경우이므로 0으로 입력한다. 네 번째 인수인 −20,000,000은 현재 은행에 예치하는 금액인데, 투자하는 금액으로서 현금유출의 경우이므로 (−)처리한다. 다섯 번째 인수인 0은 예금자(투자자)가 목돈을 받게 되는 시점을 말하는데, 받는 시점이 기말이므로 (0)으로 표시한다.

FV 함수식으로 처리할 때 셀 B9에 처리된 것처럼 [이자율, 기간, 정기불입액, 투자금액, 지급시점]에 해당되는 5개의 셀 주소를 지정하여 계산해도 된다.

예제 2 미래가치의 계산 : 정기예금(이자가 분기마다 1회 지급되는 경우)의 목돈

25,000,000원을 3년 후에 자녀의 대학 학자금에 쓰려고 연이자율 10%로 분기별(3개월 단위)로 이자를 받는 조건으로 예금을 들었다. 3년 후에 은행으로부터 받는 목돈은 얼마인가?

〈표 7-2〉 미래가치(정기예금 : 분기마다 이자지급)의 계산

B18 | =FV(0.025,12,0,-25000000,0)

	A	B	C	D	E	F
11	**<예제 2: 미래가치(분기마다 이자지급) 계산>**					
12	이자율	0.025	(=연0.10/4회)			
13	기간(분기)	12	(=3년*4회)			
14	정기불입액	0				
15	투자금액	-25,000,000	(-)			
16	지급시점(1/0)	0	기말			
17						
18	**미래가치(목돈)**	**₩33,622,221**	=FV(0.025,12,0,-25000000,0)'			
19		**₩33,622,221**	=FV(B12,B13,B14,B15,B16)'			

7장 가치평가 EXCEL

셀 B18에 입력된 FV 함수식 내의 첫 번째 인수인 0.025는 연이자율을 분기이자율로 전환시킨 것이다. 두 번째 인수인 12는 분기이자율에 기간단위를 일치시킨 것이다. 1년에 4개의 분기가 있으므로 3년이면 4개 분기×3년, 즉 12개 분기를 의미한다. 세 번째 인수인 0은 현재 정기불입액이 없다는 것을 의미하는데, 이는 아무 수치를 입력하지 않고 생략해도 된다. 네 번째 인수인 −25,000,000은 예금자 입장에서 현금유출이므로 마이너스(−)를 붙였다. 그리고 맨 마지막 다섯 번째 인수인 0은 예금자 입장에서 목돈을 받는 시점이 기말임을 의미한다.

셀 B19에 입력된 FV 함수식은 FV 함수식의 5개 인자에 해당되는 셀 주소를 지정하여 구한 것이다.

예제 3 연금의 미래가치 계산

1년 후에 컴퓨터를 구입하기 위해 매월 200,000원을 연이자율 10%인 정기적금을 들었다. 1년 후에 은행으로부터 받는 금액은 얼마인가?

〈표 7-3〉의 미래가치 계산은 매월 일정액인 (−)200,000원의 현금흐름이 발생하는 연금 형태의 현금흐름이다. 이 경우 연금의 미래가치는 1년 후에 은행으로부터 받게 되는 원리금(연금의 미래가치)이 된다.

〈표 7-3〉 연금의 미래가치

B28 =FV(0.1/12,12,-200000,0,0)

	A	B	C	D	E	F
21	<예제 3: 연금(적금)의 미래가치 계산>					
22	이자율	0.0083	(=연0.10/12회)			
23	기간(월)	12	(=3년*4회)			
24	정기불입액(원)	-200,000				
25	투자금액	0				
26	지급시점(1/0)	0	기말			
27						
28	연금(적금)의 미래가치	₩2,513,114	=FV(0.1/12,12,-200000,0,0)'			
29		₩2,513,114	=FV(B22,B23,B24,B25,B26)'			

7장 가치평가 EXCEL

Excel 활용은 〈예제 1〉이나 〈예제 2〉와 같이 처리하면 되는데, 다만 세 번째 인수인 0 대신 월마다 정기불입액이 200,000원(이 정기불입액은 현금유출이므로 음수(−)를 붙임)이므로 이를 입력해 주고, 네 번째 인수에는 투자원금이 없으므로 0을 입력한다.

(2) PV

PV 함수는 미래에 발생하는 현금흐름이나 매 기간마다 정기적으로 발생하는 현금흐름(연금)을 일정한 할인율(discount rate)로 할인하여 현재시점의 가치, 즉 **현재가치**(present value)를 구할 때 사용하는 함수이다. PV 함수의 Excel 명령식은 다음과 같다.

=PV(이자율, 기간, [정기지불액], 미래가치, 지급시점)

이 Excel 함수에 의하여 현재가치를 구할 때 이자율, 기간, 지급시점의 처리는 미래가치(FV)의 경우에서와 같은 의미를 가지므로 FV 함수 이용시와 동일하게 처리하면 된다. 정기지불액이 없는 경우는 0으로 지정한다. 그리고 미래가치는 최종 납부 혹은 회수 후의 잔존가치이므로 투자한 사업이 종료하는 시점의 처분가치, 대출받은 경우에는 마지막 일시상환금 등이 포함된다. 이 또한 현금의 흐름에 따라 부호를 달리해야 한다. 투자종료시의 잔존가치는 회수되는 것이므로 (+)부호를, 대출금 일시상환의 경우라면 현금의 유출이므로 (−)부호를 각각 붙여야 한다.

PV 함수를 이용하여 현재가치를 구하는 예로서 〈표 7-4〉와 〈표 7-5〉는 크게 2가지 유형을 보여주고 있다. 하나는 이자지급이 연 1회 발생하는 경우이고, 다른 하나는 연금 지급의 경우 현재가치를 구하는 경우이다.

예제 4 현재가치의 계산

은행으로부터 1년 후에 20,000,000원을 받게 되어 있다. 연이자율(할인율)이 12%일 경우 현재가치는 얼마인가?

〈표 7-4〉 현재가치의 계산

B38 =PV(0.12,1,0,20000000,1)

	A	B	C	D	E	F
31	**<예제 4: 현재가치의 계산>**					
32	이자율	0.12	12%			
33	기간(월)	1				
34	정기불입액(원)	0				
35	미래가치(받을 금액,원)	20,000,000	(+)			
36	지급시점(1/0)	1	기초			
37						
38	**현재가치**	**-₩17,857,143**	=PV(0.12,1,0,20000000,1)'			
39		**-₩17,857,143**	=FV(B32,B33,B34,B35,B36)'			

7장 가치평가 EXCEL

셀 B38에 입력된 PV 함수식 내의 첫 번째 인수인 0.12는 연이자율, 두 번째 인수인 1은 기간을 의미한다. 세 번째 인수인 0은 정기불입액이 없음을 의미하고, 네 번째 인수인 20,000,000은 예금자(투자자)가 1년 후에 지불받게 되는 금액을 말한다. 다섯 번째 인수인 1은 지불받는 시점이 기초임을 뜻한다. 네 번째 인수가 양수(+)로 표시되고 결과의 금액, 현재가치가 음수(−)로 표시된 것은 현재 연 12% 이자율로 17,857,143원 예금하는 금액은 현금유출이기 때문이다.

셀 B39는 PV 함수식의 5개 인자, [이자율, 기간, 정기지불액, 미래가치, 지급시점]에 해당되는 셀 주소를 지정하여 구한 것이다.

예제 5 연금의 현재가치 계산

1년 후부터 매년 200,000원씩 10년간 받기로 된 연금을 긴급한 사정 때문에 현재 일시금 형태로 받고자 한다. 연이자율이 10%라면, 받을 금액은 얼마인가?

〈표 7-5〉 연금의 현재가치의 계산

B48 =PV(0.1,10,200000,0,0)

	A	B	C	D
41	<예제 5: 연금의 현재가치의 계산>			
42	이자율	0.10	10%	
43	기간(년)	10		
44	정기불입(지급)액(원)	200000	(+)	
45	미래가치(원)	0		
46	지급시점(1/0)	0	기말	
47				
48	**현재가치(일시금)**	**-₩1,228,913**	=PV(0.1,10,200000,0,0)'	
49		**-₩1,228,913**	=PV(B42,B43,B44,B45,B46)'	

(7장) 가치평가 EXCEL기초함수

셀 D48에 입력된 PV 함수식 내의 첫 번째 인수인 0.1은 연이자율, 두 번째 인수인 10은 기간을 의미한다. 세 번째 인수인 200,000은 연금가입자 입장에서 매년 정기적으로 받는 연금을, 네 번째 인수인 0은 미래가치가 없다는 것을 의미한다. 그리고 맨 마지막 인수인 0은 연금가입자가 이 연금을 매년 말에 받는다는 것을 의미한다.

셀 B49는 PV 함수식의 5개 인자에 해당되는 셀 주소를 지정하여 구한 것이다.

(3) NPV

순현재가치(NPV : net present value)는 기간중 현금유입액의 현재가치에서 현금유출의 현재가치를 차감한 것을 말한다. 다음은 NPV를 구하는 Excel 명령식이다.

=NPV(할인율, 현금흐름)

NPV 함수는 앞서 설명한 PV 함수와 유사하다. 단지 PV 함수에서는 현금흐름을 기초와 기말로 구분하여 지정할 수 있는 반면, 매 기간의 현금흐름금액이 동일해야 한다. 그러나 NPV 함수에서는 매 기간에 발생하는 현금흐름금액이 일정하지 않아도 된다. 또 반드시 기말에 정기적으로 현금흐름이 발생된다는 제약에 있어서

PV 함수와 차이가 난다.

NPV 함수식에서 **할인율**이란 투자기간 동안 적용되는 이자율 또는 목표수익률이다. 이때 할인율은 물론 기간단위와 일치시켜야 한다. 만약 연 12% 이자율이면 매월 현금흐름이 발생되는 경우에는 월 단위 이자율로 1%(=12%/12개월)가 할인율로 적용되어야만 한다.

NPV 함수에서 **현금흐름**은 현금유출액(cash outflow)과 현금유입액(cash inflow)을 지정하며 각 현금흐름이 발생되는 시간간격은 동일해야 하고 현금흐름은 각 기간의 말에 이루어진다고 가정한다.

예제 6 순현재가치(NPV)의 계산

(주)AAA에서는 다음 〈표 7-6〉에 있는 투자안 A, B, C를 추진하고자 한다. NPV는 얼마인가? 단, 이자율(할인율)은 11%이다.

〈표 7-6〉 순현재가치의 계산

B60 =NPV($B$52,B55:B59)

	A	B	C	D
51	<예제 6: 순현재가치의 계산>			
52	할인율	0.11		
53				
54	연도	투자안 A	투자안 B	투자안 C
55	0	-1000	-1000	-1000
56	1	500	100	400
57	2	400	300	300
58	3	300	400	100
59	4	100	600	600
60	NPV	₩54.35	₩19.18	₩65.05
61		B60: =NPV($B$52,B55:B59)		
62		C60: =NPV($B$52,C55:C59)		
63		D60: =NPV($B$52,D55:D59)		

7장 가치평가 EXCEL

〈표 7-6〉의 셀 B60, C60, D60에 투자안 A, B, C에 대한 각각의 NPV가 계산되어 있다. 첫 번째 인자는 할인율인데, 셀 B52에 0.11로 지정하고, 다른 투자안도 이를 참조하도록 $표시의 절대 셀 형태로 입력한다.

두 번째 인자, 현금흐름영역은 반드시 시간경과의 순서에 따라 지정되어야 한다. 즉 최초에는 투자금액(현금유출액), 그 다음연도부터는 현금유입액이 지정되어야 한다.

(4) IRR

내부수익률(IRR : internal rate of return)이란 일련의 현금흐름에서 현금유입(cash inflow)의 현재가치와 현금유출(cash outflow)의 현재가치를 일치시키도록 해주는 할인율이다. 순현재가치(NPV)를 0으로 만드는 할인율이기도 하다. 내부수익률을 구하는 Excel의 IRR 함수는 다음과 같이 추정한다.

=IRR(투자안의 현금흐름, 근사치 내부수익률)

내부수익률을 구하기 위해 먼저 적용되는 일련의 현금흐름이 제시되어 있는 데이터영역을 지정한다. 이때 문자열, 논리값, 공백셀 등이 입력된 셀은 내부수익률 계산시 자동으로 제외된다. 내부수익률을 구하기 위해서는 최소한 1번 이상의 현금유입(+값)과 1번 이상의 현금유출(−값)이 있어야만 한다. 일련의 현금흐름의 순서는 기간별 순서에 따라야 한다.

본래 내부수익률(IRR)은 시행착오법에 의해 계산한다. 두 번째 인자인 근사치 내부수익률은 시행착오의 처음 초기치(initial value)로 사용되는 수익률을 말한다. 만약 지정하지 않으면 함수 내부적으로 기본값이 0.1(10%)로 설정되어 있기 때문에 0.1로 지정되었다고 간주하고 함수를 처리한다. IRR 계산은 근사치 내부수익률에서 출발하여 결과가 0.0001 이내의 오차가 될 때까지 반복 계산된다. 20번 이상 시도해도 결과 값에 도달하지 못하면 #NUM!라는 오류가 나타난다. 따라서 #NUM!가 나타나거나 전혀 엉뚱한 값이 나타나면, 근사치 내부수익률을 다르게 지정해서 다시 시도해 보아야 한다. 하지만 대부분의 경우 근사치 내부수익률을 지정하지 않아도 된다. 앞서 언급한 바와 같이 지정되지 않아도 함수 내부적으로 기본값이 0.1로 지정된 것으로 간주하고 IRR을 계산하기 때문이다. 근사치 내부수익률을 입력할 때에는 $ 표시 절대 셀 형태이어야 한다.

예제 7 내부수익률(IRR)의 계산

(주)FANG에서는 〈표 7-7〉에 있는 투자안 A, B, C을 추진하고자 한다. IRR은 얼마인가?

〈표 7-7〉 내부수익률의 계산

B74 =IRR(B69:B73,$B$66)

	A	B	C	D	E
65	<예제 7: 내부수익률의 계산>				
66	근사치 내부수익률	0.12			
67					
68	연도	투자안 A	투자안 B	투자안 C	
69	0	-1000	-1000	-1000	
70	1	500	100	400	
71	2	400	300	300	
72	3	300	400	100	
73	4	100	600	600	
74	IRR	14.49%	11.79%	14.21%	
75		B74: =IRR(B69:B73,$B$66)			
76		C74: =IRR(C69:C73,$B$66)			
77		D74: =IRR(D69:D73,$B$66)			

(7장) 가치평가 EXCEL기초함수

첫 번째 인자는 현금흐름영역이다. 두 번째 인자의 근사치 내부수익률로 여기서는 임의의 값인 12%(셀 B66)로 지정되어 있지만, 지정하지 않으면 함수 내부적으로 0.1로 지정되었다고 간주하고 함수를 처리한다.

(5) PMT

PMT 함수는 할부물품 구매시의 할부금을 계산하거나, 목돈 저축을 위하여 월 저축처럼 정기적으로 적금을 불입하는 계산과 같이 정기적으로 상환해야 하는 **정기불입액**을 구하고자 할 때 사용한다. 정기불입액을 구하는 Excel 명령식은 다음과 같다.

=PMT(기간당 이자율, 지급기간, 현재가치, 미래가치, 지급시점)

여기서 **기간당 이자율**이란 대출받은 후 대출금 상환완료시기까지 적용되는 이자율(기간단위가 월이냐 연이냐에 따라 월이자율 혹은 연이자율을 적용)을 말한다.

지급기간은 상환기간(기간단위가 연수 혹은 개월 수일 수 있음)을 말한다. **현재가**

치는 0(zero)을 입력하거나, 대출의 경우는 대출금액을 입력한다. 미래가치는 목돈 저축과 같이 최종 불입 후의 현금 잔고이다.

지급시점을 생략하거나 0을 지정하면 지급시점을 '기말'로 간주하며, 1로 지정하면 '기초'로 간주한다. 기간당 이자율과 지급기간은 반드시 일치하는 단위를 사용해야 한다. PMT 함수가 구하는 정기불입액에는 세금, 납입 보증금, 기타 수수료는 포함되지 않고 원금과 이자만 포함된다.

예제 8 정기불입액(월 저축액)의 계산

지금 고등학교 1학년인 자녀의 대학 4년간의 등록금인 30,000,000원을 마련하기 위해 연이자율 12%로 은행에 3년 동안 매월 일정액을 저축을 하려고 한다. 매월 얼마씩 은행에 저축해야 하는가?

〈표 7-8〉 정기불입액(월 저축액)의 계산

B86 =PMT(0.12/12,3*12,0,30000000,0)

	A	B	C	D
79	**<예제 8: 정기불입액(월저축액)의 계산>**			
80	기간당 이자율	0.01	1%	
81	지급기간(월)	36		
82	현재가치	0		
83	미래가치(원)	30,000,000	(+)	
84	지급시점(1/0)	0	기말	
85				
86	**월 저축액**	**-₩696,429**	=PMT(0.12/12,3*12,0,30000000,0)'	
87		**-₩696,429**	=PMT(B80,B81,B82,B83,B84)'	

(7장) 가치평가 EXCEL기초함수

〈표 7-8〉의 셀 B86에 입력된 PMT 함수식 내의 각 인수들은 다음과 같다. 첫 번째 인수인 0.12/12는 월이자율을 말한다. 즉, 연이자율을 월이자율로 전환시킨 것이다. 두 번째 인수인 3 * 12는 저축기간을 말한다. 3년을 36개월로 전환시켜 이자율과 기간의 단위를 일치시킨 것이다. 세 번째 인수인 0은 현재시점의 유출액이 없음을 의미한다. 네 번째 인수인 30,000,000은 저축을 하고 있는 저축자 입장에서 미래에 받을 금액이므로 양(+)으로 입력되었다. 그리고 맨 마지막 인수인 0은 목돈을 3년 말 시점에 받게 된다는 것을 의미한다. 최종 결과 값인 월 저축액이 음(−)으로 나타난 것은 저축자 입장에서 현금유출이기 때문이다.

7.2 채권평가에 활용되는 Excel 재무함수

채권은 자산운용사 등 주요 기관투자자들의 포트폴리오 구성에서 매우 높은 비중을 차지하고 있다. 국민연금의 경우는 2018년 전체 운용자금 중 국내채권에 48.7%, 해외채권에 4.2%를 투자하고 있다.

채권은 발행주체 기준으로 보면 국채, 지방채, 특수채(통안채, 금융채, 비금융채) 그리고 회사채로 구분되고, 이자지급방법과 주기적 현금흐름 유무에 따라 이표채, 할인채, 복리채로 구분된다. 또 전환사채(CB)나 신주인수권부사채(BW)와 같은 옵션부채권도 있다.

어떤 채권이든지 채권투자시에는 이자지급액, 만기, 지급불능위험 등을 고려하여 채권의 적정가격을 평가해야 한다. 그리고 채권투자의 위험으로서 통제불가능한 이자율위험(가격위험, 재투자위험)과 통제가능한 채무불이행위험(신용위험)을 관리해야 한다.

7.1절에서 설명한 "가치평가에 활용되는 기초 Excel 함수"는 모든 금융상품에 적용되므로 채권가치 평가에도 이를 사용한다. 본절에서는 이 외에도 채권의 투자가치와 위험관리에 활용되는 Excel 함수인 PRICE, IRR 그리고 DURATION, MDURATION에 대해서 설명한다.

채권의 가격은 다음과 같이 3가지 방법으로 평가할 수 있다.

첫째, 채권가격을 구하는 공식에 직접 입력하여 구하는 방법
둘째, PV, NPV 함수 이용방법
셋째, PRICE 함수 이용방법

(1) 채권가격을 구하는 공식에 직접 입력하여 구하는 방법

채권의 각 기간별 현금흐름의 현가는 다음 공식에 의해 구할 수 있다.

$$\text{현금흐름의 현가} = \frac{\text{현금흐름}}{(1+\text{할인율}/\text{연간지급횟수})^{\text{기간}}} \quad (7\text{-}1)$$

또는 다음 공식을 이용하여 채권가격을 구할 수 있다.

$$채권가격 = \frac{이표\{1-(1+할인율)\}^{-기간}}{할인율} + \frac{액면가}{(1+할인율)^{기간}} \qquad (7\text{-}2)^{1)}$$

예제 9 채권가격의 계산(1)

액면가는 100만원, 이표는 연간 25,000원, 연간 할인율은 9%, 만기까지 8년 남아 있는 채권의 가격을 추정하라.

채권가격을 구하는 본격적인 Excel 함수에는 PRICE 등의 함수가 있다. 그러나 투입정보로 현금흐름 정보를 일일이 입력해야 하는 불편이 있지만, 7.1절에서 설명한 PV, NPV 함수를 이용하여 평가할 수도 있다.

〈표 7-9〉의 (1)과 (2)는 이 방법을 이용한 채권가격 평가방법을 보여주고 있다.

〈표 7-9〉 채권가격의 계산(식 (7-1)과 (7-2) 그리고 PV, NPV 함수 이용)

C23 fx =(B4*(1-(1+B5)^-B6))/B5+(B3/(1+B5)^B6)

	A	B	C
1	(1) 채권가격 직접 구하기		
2			
3	액면가(원)	1,000,000	
4	이표(원)	25,000	
5	연간 이자율(%)	9%	
6	기간(년)	8	
7			
8	year	cash flow	현금흐름의 현가
9	1	25,000	₩22,936
10	2	25,000	₩21,042
11	3	25,000	₩19,305
12	4	25,000	₩17,711
13	5	25,000	₩16,248
14	6	25,000	₩14,907
15	7	25,000	₩13,676
16	8	1,025,000	₩514,413
17			
18	채권 현금흐름의 PV에서 채권가격 계산(식7-1 이용)		
19		채권가격	₩640,237
20		셀 C19	=SUM(C9:C16)'
21			
22	(2) 공식 7-2을 이용한 채권가격 계산		
23		채권가격	₩640,237
24		셀 C23	=(B4*(1-(1+B5)^-B6))/B5+(B3/(1+B5)^B6)'
25			
26	(3) PV함수를 이용한 채권가격 계산		
27		채권가격	₩640,237
28		셀 C27	=-PV(B5,B6,B4,B3)'
29			
30	(4) NPV함수를 이용한 채권가격 계산		
31		채권가격	₩640,237
32		셀 C31	=NPV(B5,B9:B16)'

7장 채권평가 가격추정(1)

1) 채권의 이론가격을 계산하는 다음의 식을 정리한 것이다.

$$B_0 = \frac{C}{(1+r)^1} + \frac{C}{(1+r)^2} + \cdots\cdots + \frac{C}{(1+r)^n} + \frac{F}{(1+r)^n} = \sum_{t=1}^{n} \frac{C}{(1+r)^t} + \frac{F}{(1+r)^n} \qquad (7\text{-}2\text{-}1)$$

(B : 채권의 이론가격, C : 이자지급액, F : 액면가액, r : 채권투자자의 요구수익률, n : 만기)

먼저 식 (7-1)에 따라 기간별 현금흐름의 현재가치의 합을 구하는 방법을 보자.

워크시트에 주어진 채권의 발행조건을 항목별로 입력한다. (A3:A6)에는 발행조건의 항목을, (B3:B6)에는 입력한 각 항목의 수치가 입력되어 있다. 다음은 채권과 관련된 기간별 현금흐름을 정리하기 위해서, A8에 'year'를 입력하고 (A9:A16)에는 만기까지의 해인 1~8을 입력한다. B8에 'cash flow'를 입력한 다음, B9:B15에 이표금액에 해당하는 25,000원을 입력한다. 기간 8의 현금흐름은 이표금액에 액면가를 합한 것이므로 이자와 액면금액을 합한 금액인 1,025,000원을 입력한다.

이제 식 (7-1)에 따라 셀 C9에 1기 현금흐름의 현가를 계산한다. 할인율(셀 B5)은 F4를 사용하여 절대참조($B$5)로 처리한다. 그리고 기간 8까지는 자동채우기핸들(+) 기능을 사용하여 완성한다. 마지막으로 채권의 가격은 1기간~8기간 현가의 합이므로, 셀 C19에 '=SUM(현금흐름영역)' 함수를 사용하여 채권가격을 계산한다.

1기 현금흐름의 현가(셀 C9) : =B9/(1+$B$5)^A9

1기~8기 현금흐름의 합(채권가격)(셀 C19) : =SUM(C9:C16)

식 (7-2)를 적용하여 채권가격을 계산할 수 있다. 셀 C23은 이 공식에 해당되는 셀을 직접 지정 입력하여 계산한 결과이다.

식 (7-2)를 직접입력 계산(셀 C23) : =(B4*(1-(1+B5)^-B6))/B5+(B3/(1+B5)^B6)

(2) PV, NPV 함수 이용방법

Excel 함수 중 PV 현가를 구하는 함수를 이용하여 채권가격을 구할 수 있다. 즉, 〈표 7-9〉의 셀 C27은 PV 함수(=-PV(할인율, 만기까지의 기간, 이표금액, 액면가))의 인자에 해당되는 셀 주소를 입력하여 계산한 것이다. 여기서 PV 앞에 '−'를 붙인 것은 이 값이 투자할 금액(현금유출)이기 때문이다.

PV 함수를 이용한 채권가격(셀 C27) : =-PV(B5,B6,B4,B3)

NPV 함수를 이용할 때에는 NPV 함수, 즉 =NPV(할인율(만기수익률), 채권의 기간별 현금흐름영역)에 해당되는 셀을 입력하면 된다. 셀 C31은 NPV 함수를 이용하여 채권가격의 값을 구한 결과를 보여주고 있다.

NPV 함수를 이용한 채권가격(셀 C31) : =NPV(B5,B9:B16)

(3) 연%(표시)이자율과 실효이자율

채권의 이자율은 통상 1년 기준의 연%이자율(APR : aunual percentage rate of return)로 표시된다. 이를 표시이자율(stated interest rate)이라고도 한다. 그러나 채권에는 이자지급이 연 1회가 아닌, 연 2회 이상(반기, 분기, 매월) 지급하는 채권도 있다. 2회 이상 이자가 지급되는 경우는 1년에 2회 이상 복리로 증식되는 것을 전제로 한 이자율을 적용해야 하는데, 이를 실효이자율(EAR : effective annual rate of return)이라고 한다.

따라서 채권가격을 구할 때 적용하는 채권할인율에는 1년에 몇 번 이자를 지급하는지 그 이자지급횟수를 감안하여, 연%이자율(표시이자율)과 실효이자율의 2가지를 구분해야 한다. 연%이자율이 12%인데, 분기마다 이자를 지급한다면 3%의 이자율로 4회 복리로 증식되는 것이므로 분기당의 실효이자율은 12.5509%[$=(1+0.03)^4-1$]이다. 채권평가의 IF 함수에서는 이 2가지를 구분하고 있다. 다음 예제는 이에 관한 채권평가의 예이다.

예제 10 채권가격의 계산(2)(연%표시이자율과 실효이자율)

액면가는 1,000,000원이고 이표율은 연간 5%, 만기수익률은 9%인 채권이 있다. 이자는 1년에 2회 지급하고, 만기까지의 기간은 4년이다. 연율(APR)을 고려할 때 이 채권의 가격은 얼마인가?

1) 현금흐름을 이용한 채권가격 평가

〈표 7-10〉의 셀영역(A4:B11)에는 기본조건이 입력되어 있다. 할인율(셀 B10)에는 IF 함수를 적용하여 다음과 같이 입력한다.

할인율(셀 B10) : =IF($B$4=1,((1+B6)^(1/B7))−1,B6/B7)

이 수식의 의미는 이자율규정(셀 B4)이 1일 경우, 즉 실효이자율(EAR)을 적용할 경우 할인율은 [(1+B6)^(1/B7)-1]과 같다는 것이고, 그렇지 않은 경우 연%이자율을 적용한 경우(APR)에는 만기수익률을 단순히 연간지급횟수로 나눈 값을 표시한다는 의미이다. 본 예에서는 연%이자율(APR)을 사용하여 채권가격을 계산한다.

이표의 계산(셀 B11)은 이표율(표면이자율)에 액면가를 곱하고 연간지급횟수로 나눈 값이 된다. 이를 Excel 식으로 표현하면 [=B5*B9/B7]이 된다. 다음으로 셀 A14

〈표 7-10〉 채권가격의 계산(연%표시이자율과 실효이자율의 구분)

B10 | =IF($B$4=1,((1+B6)^(1/B7))-1,B6/B7)

	A	B	C	D	E	F	G	H	I	J
1	**연%(표시)이자율(APR)과 실효이자율(EAR)**									
2										
3	기본조건									
4	비율규정: 1=EAR, 0=APR	0								
5	이표율	5%								
6	만기수익률(연간)	9%								
7	연간 지급횟수	2								
8	만기(4년)까지의 지급회수	8								
9	액면가	1,000,000								
10	할인율	4.5%								
11	이표	25,000								
12										
13	**(1) 현금흐름을 이용한 채권가격 평가**									
14	지급횟수	0	1	2	3	4	5	6	7	8
15	시간(연수)	0.0	0.5	1.0	1.5	2.0	2.5	3.0	3.5	4.0
16	현금흐름(반기마다)		25,000	25,000	25,000	25,000	25,000	25,000	25,000	1,025,000
17	현금흐름의 현가		23,923	22,893	21,907	20,964	20,061	19,197	18,371	720,765
18	채권가격	₩868,082	셀 B18 =SUM(C17:J17)'							

(7장) 채권평가 가격추정(2)

에 지급횟수를 입력하고 셀 B14:J14에 0부터 8까지 자동채우기핸들(+) 기능을 이용하여 입력한다. 그리고 셀 A15에 시간(연수)을 입력한다. 본 예에서는 반기마다 지급하는 경우이므로 기간을 단순히 연간지급횟수로 나눈 값을 입력한다. 즉, 셀 B15에 [=B14/$B$7]을 입력하고 J15까지 자동채우기핸들(+) 기능을 이용하여 입력한다.

셀 A16에 현금흐름을 입력하고 1시점 C16에 이표금액 25,000원을 입력한다. 셀 I16까지는 자동채우기핸들(+) 기능을 이용하고, 셀 J16은 마지막 시점의 현금흐름이므로 이표금액과 원금의 합을 입력한다. 이제 셀 C17에 현금흐름의 현가를 구하기 위해서 다음 Excel식을 입력하고 J17까지는 자동채우기핸들(+) 기능을 이용하여 계산한다.

현금흐름의 현가(셀 C17) : =C16/(1+$B$10)^C14

마지막으로 현금흐름의 현가를 합한 값을 셀 B18에 SUM 함수를 사용하여 입력하면 채권의 가격(868,082원)이 계산된다.

2) 공식, PV 함수를 이용한 채권가격 평가

〈표 7-11〉 패널(2)에서 공식을 이용한 채권가격 계산(셀 B21)은 식 (7-2)를 적용

〈표 7-11〉 채권가격의 계산(PV 함수, PRICE 함수)

B27 =IF($B$4=1,"",PRICE(DATE(2019,1,1),DATE(2019+B8/B7,1,1),B5,B6,100,B7)*B9/100)

	A	B	C	D
20	**(2) 공식(7-2)을 이용한 채권가격의 계산**			
21	채권가격	₩868,082	셀 B21	=(B11*(1-(1+B10)^-B8))/B10+(B9/(1+B10)^B8)'
22				
23	**(3) PV함수를 이용한 채권가격의 계산**			
24	채권가격	₩868,082	셀 B24	=-PV(B10,B8,B11,B9)'
25				
26	**(4) PRICE함수를 이용한 채권가격의 계산**			
27	① 채권가격	₩868,082	셀 B27	=IF($B$4=1,"",PRICE(DATE(2019,1,1),DATE(2019+B8/B7,1,1),B5,B6,100,B7)*B9/100)
28	셀 B28			=IF(비율규정=1,""PRICE(채권매입일, 채권만기일, 표면이자율, 만기수익률, 원금반환율, 연이자지급회수)'
29				
30		채권 A	채권 B	
31	채권매입일(settlement)	2019년 04월 20일	2016년 01월 01일	
32	채권만기일(maturity)	2024년 04월 20일	2025년 01월 01일	
33	표면이자율(coupon)	0.1	0.15	
34	만기수익률(ytm)	0.13	0.12	
35	원금반환율(%)	100	100	
36	연이자지급횟수(frequency)	1	4	
37	**② 채권가격(price)**	**₩8,944.83**	**₩11,637.42**	
38	**B37의 엑셀식**	=PRICE(B31,B32,B33,B34,B35,B36)*100'		=PRICE(채권매입일, 채권만기일, 표면이자율, 만기수익률, 원금반환율, 연이자지급회수)'
39	**C37의 엑셀식**	=PRICE(C31,C32,C33,C34,C35,C36)*100'		

(7장) 채권평가 가격추정(2)

한 것이다. 패널(3)에서 PV 함수를 이용한 채권가격 계산은 앞에서 설명한 것과 동일하게, '=-PV(할인율, 만기까지의 기간, 이표금액, 액면가)'에 해당하는 셀 주소를 입력하여 다음과 같이 계산한다.

PV 함수를 이용한 채권가격(셀 B24) : =-PV(B10,B8,B11,B9)

3) PRICE 함수 이용방법

채권가격은 PRICE 함수를 이용하여 추정할 수 있다. PRICE 함수를 이용하기 위해서는 기본적으로 다음과 같이 ( ) 안의 6가지 발행조건 사항을 순서대로 입력한다.

=PRICE(채권매입일, 채권만기일, 표면이자율, 만기수익률, 원금반환율,
연이자지급횟수)

연%(표시)율과 실효이자율의 2가지 중 어느 기준인지를 구분하고자 할 때에는 '=IF(비율규정=1,""PRICE(채권매입일, 채권만기일, 표면이자율, 만기수익률, 원금반환율, 연이자지급횟수)'로 입력한다. 〈표 7-11〉에서 셀 B27에는 이를 입력한 것이다.

여기서 100은 원금반환율을 나타낸다.

연%(표시)율과 실효이자율을 구분한 채권가격 계산(셀 B27) :
=IF($B$4=1,"",PRICE(DATE(2019,1,1),DATE(2019+B8/B7,1,1),B5,B6,100,B7)*B9/100)

만약 두 이자율의 구분이 필요 없는 경우는 '=PRICE(채권매입일, 채권만기일, 표면이자율, 만기수익률, 원금반환율, 연이자지급횟수)'의 함수의 해당 셀을 지정, 입력한다. 셀 B37, 셀 C37에는 이자율 구분 없이 PRICE 함수를 이용하여 채권의 가격을 계산한 것이다.

이자율 구분 없이 채권가격 계산(셀 B37) :
=PRICE(B31,B32,B33,B34,B35,B36)*100

(4) 만기수익률의 계산

앞의 항에서는 채권의 지급이자율, 만기, 액면가 그리고 채권수익률이 주어지면 Excel을 이용하여 채권의 이론가격을 구하는 방법을 살펴보았다. 이렇게 구해진 이론적 채권가격과 실제가격을 비교하면 과소 혹은 과대 평가여부를 판단할 수 있다.

채권투자결정의 다른 방법은 채권가격 기준이 아닌 채권수익률 기준으로 삼는 방법이다. 즉, 채권수익률을 구하여 이를 적정 채권수익률과 비교하여 과소 혹은 과대 평가여부를 판단할 수 있다.

채권수익률의 계산은 투자성과를 평가할 때 사후적으로 기준을 삼는 실현수익률과 매입당시 사전적으로 예상하는 약정수익률로 나누어 볼 수 있다.

사후적 **실현(복리)수익률**(realized return)은 다른 투자대상에 대한 투자와 마찬가지로 매도 n시점에서의 누적된 부(w_n)를 매입 0시점의 투자액(w_0)으로 나눈 값을 n제곱근하면 계산된다. 예를 들어 3년 전에 1,000만원 투자한 채권투자액이 현재 1,600만원의 부로 증식되었다면 실현수익률은 연 17.0%가 된다.[2)]

$$r = \sqrt[n]{w_n / w_0} - 1 = \sqrt[3]{1{,}600/1{,}000} - 1 = 17.0\%$$

2) 1,000만원이 1,600만원이 되었다면 1.6배 상승한 것인데, 재투자기회를 전제한 복리수익률로 구한다면 1.6의 3제곱근을 계산해야 한다. $1{,}000(1+r)^3 = 1{,}600$에서 r수익률이 실현수익률이 된다.

그러나 채권투자에서 호가기준으로 사용되는 것은 사전적으로 예상되는 **약정수익률**(promised yield)로서, 만기수익률을 채권수익률로 사용하고 있다.

만기수익률(YTM : Yield to Maturity)은 채권을 현재가격으로 매입하여 만기일까지 보유한다고 가정할 경우 기대되는 **약정수익률**(promised yield)을 의미한다. 채권을 현재가격으로 매입하여 만기일 이전에 매각할 수도 있지만 만기일까지 계속 보유하고 또한 지급불능의 상황이 발생하지 않는다고 가정하면, 만기일까지의 현금흐름은 정기적으로 지급받는 이자수입과 만기일에서의 원금상환으로 구성된다. 만기수익률은 이들 현금흐름에 대하여 화폐의 시간가치를 고려하여 계산되는 기대(예상)수익률을 말한다. 따라서 만기수익률은 다음 식 (7-3)으로 표시되는 것처럼 채권투자로부터의 현금흐름의 현재가치와 현재의 채권시장가격을 일치시켜 주는 할인율이다. 즉, 채권투자에서의 **내부수익률**(IRR : internal rate of return)이 된다. 만기수익률은 채권의 만기까지의 이자수입뿐 아니라 시세차익(차손)의 크기와 발생시점까지 고려한, 현재가치 기준으로 측정된 예상수익률이 되는데, 일차적으로는 시행착오법으로 계산한다.

$$P_0 = \frac{C}{(1+r)} + \frac{C}{(1+r)^2} + \cdots\cdots + \frac{C}{(1+r)^n} + \frac{F}{(1+r)^n} \tag{7-3}$$

단, P_0 : 채권의 현재시장가격, r : 내부수익률 = 만기수익률(YTM)

만기수익률을 계산하는 방법에는 시행착오법, 근사법, Excel을 이용한 방법이 있다.

시행착오법(trial and error method)은 만기수익률은 그 채권의 내부수익률이므로 식 (7-3)에서 우변의 현재가치가 좌변의 시장가격과 같게 되는 할인율을 시행착오법에 의해 구하는 것이다.

근사법은 식 (7-4)와 같이 연평균 투자수입을 평균투자액으로 나누어 근사치를 구하는 방법이다. 즉, 평균투자액은 채권가격과 원금의 합을 2로 나눈 금액만큼 채권에 평균적으로 투자된 것으로 간주하고, 연평균 투자수입은 연평균 이자수입과 연평균 매매차익의 합으로 보고 계산한다.

$$r = \frac{\text{연평균투자수입}}{\text{평균투자액}} = \frac{C + (F - P_0)/n}{(P_0 + F) \div 2} \tag{7-4}$$

Excel을 이용한 만기수익률 추정방법은 다음과 같이 IRR, RATE 함수식을 적용하는 것이다.

① [=IRR(현금흐름영역, 근사치수익률)],
② [=RATE(기간, 정기불입액, 현재가치, 미래가치, 지급시점, 추정값)]
(여기서 기간은 총이자지급횟수, 정기불입액은 이자수령액(+), 현재가치는 채권의 현재가격, 미래가치는 액면가(원금), 지급시점은 현금흐름의 시점이 기말이면 0, 기초이면 1로 처리)

〈표 7-12〉에 제시되어 있는 채권 A의 경우, 기간별로 [−9,600, +600, +600, +10,600]의 현금흐름이 예상될 때의 만기수익률을 IRR 함수와 RATE 함수를 이용하여 구하면 다음과 같다.

IRR 함수를 이용한 만기수익률(셀 B5) : =IRR(B4:E4,0.1)
RATE 함수를 이용한 만기수익률(셀 B6) : =RATE(3,600,-9600,10000,0,0.1)

〈표 7-12〉 채권수익률의 계산(IRR 함수, RATE 함수)

B5 : =IRR(B4:E4,0.1)

	A	B	C	D	E	F	G
1	**[만기수익률의 추정: IRR함수, RATE함수의 이용]**						
2	(채권A) 액면가 10,000원 액면이자율 6% 만기3년 현재가격 9,600						
3		현재	1기	2기	3기		
4	연도별 CF	-9,600	600	600	10600		
5	**IRR함수의 이용:**	7.539%	셀 B5 :	= IRR(B4:E4,임의의 값0.1)			
6	**RATE함수의 이용:**	7.539%	셀 B6 :	=RATE(기간,정기불입액, 현재가치, 미래가치, 지급시점, 추정값)			
7							
8	**[산술평균수익률 기하평균수익률의 비교]**						
9		0.22	-0.25	0.11			
10	산술평균수익률	0.0267	셀 B10:	=AVERAGE(B9:D9)'			
11	기하평균수익률	0.0052	셀 B11:	=GEOMEAN((1+B9),(1+C9),(1+D9))-1'			

(7장) 채권평가 만기수익률

채권투자는 만기가 서로 다른 투자대상에 투자하게 된다. 따라서 채권투자성과를 평가하기 위해서는 장기수익률과 기간별 단기수익률의 관계를 밝히는 것이 필요하다. **기하평균수익률**(geometric mean return)은 식 (7-5)와 같이 기간별 (단기)채권수익률과 장기채권수익률의 관계를 밝히는 데 사용된다. 장기수익률은 기간별 (단기) 수익률의 기하평균에 의해서 구해지기 때문이다.

$$(1+{}_0R_t)^t = (1+{}_0r_1)(1+{}_1r_2)(1+{}_2r_3)\cdots(1+{}_{t-1}r_t)$$

$$\therefore\ {}_0R_t = \sqrt[t]{(1+{}_0r_1)(1+{}_1r_2)\cdots(1+{}_{t-1}r_t)} - 1 \qquad (7\text{-}5)$$

단, ${}_0R_t$: 현재(0)시점에서 t년 후에 만기가 되는 채권의 장기(연평균)수익률

${}_{t-1}r_t$: 미래 $t-1$시점과 t시점 사이의 단기수익률

Excel을 이용하여 기하평균수익률을 추정하는 방법은 다음과 같이 GEOMEAN 함수를 사용하는 것이다.

수익률 기준의 추정 : =GEOMEAN((1+기간수익률), (1+기간수익률)……)-1
금액기준의 추정 : =GEOMEAN(현금흐름영역)

〈표 7-12〉의 두 번째 예제에서 보는 것처럼 [1기간 22%, 2기간 −0.25%, 3기간 11%]의 수익률을 보인 경우, 3년간의 기하평균수익률을 GEOMEAN 함수를 사용하여 다음과 같이 계산(셀 B11)하면 0.52%가 된다. 반면에 AVERAGE 함수를 사용한 산술평균수익률의 결과 값(셀 B10)은 2.67%이다. 차이가 나는 이유는 기하평균수익률의 계산에서는 중도의 기간별 현금흐름을 상이한 이자율에 재투자한다고 가정한 계산방법이기 때문이다.

기하평균수익률의 계산(셀 B11) : =GEOMEAN((1+B9),(1+C9),(1+D9))-1
산술평균수익률의 계산(셀 B10) : =AVERAGE(B9:D9)

(5) DURATION, MDURATION

듀레이션(duration)이란 채권의 현재가치 기준으로 원금과 이자, 모두가 상환되는 평균상환기간, 가중평균만기(weighted average term to maturity)를 말한다. 채권의 표면적 만기는 오로지 채권의 원금상환만을 고려한 기간이고 중도의 이자지급은 고려하지 않은 것이다. 또 화폐의 시간가치가 고려되지 않았다. 듀레이션은 각 기간에 들어오는 현금흐름(이자수입과 원금)의 현재가치에 가중하여 투자원금의 만기를 표시한 것이다. 일반적으로 듀레이션은 채권의 만기와 같거나 짧다.

듀레이션은 다음 식 (7-6)과 같이 계산한다. 만기까지의 각 기간에, 채권만기 내의 각 기간에 들어오는 현금흐름의 현재가치가 채권가격에 대하여 차지하는 비율(가중치)을 곱하여 구한 가중평균만기(평균상환기간)를 계산한 것이다.

$$dur = \sum(\text{기간}) \cdot \frac{\text{기간별 현금흐름의 현재가치}}{\text{채권가격}}$$
$$= 1 \times \frac{C_1/(1+r)}{P} + 2 \times \frac{C_2/(1+r)^2}{P} + \cdots\cdots + n \times \frac{(C_n + P_n)/(1+r)^n}{P}$$
$$= \sum_{t=1}^{n}(t) \cdot \frac{C_t/(1+r)^t}{P} \tag{7-6}$$

단, dur : 채권의 듀레이션(평균상환기간), n : 만기
t : 이자나 원금의 현금흐름이 있는 시점, r : 채권수익률(이자율)
C_t : t시점에서의 현금흐름, P : 채권의 현재가치(가격)

듀레이션은 채권포트폴리오 관리에 요긴하게 사용된다. 특히 이자율변동위험을 제거하는 채권투자전략에 활용된다.

채권투자는 지급불능위험과 이자율변동위험에 노출된다. 이자율의 변동(증감)이 있게 되면, 이자수입의 재투자수입은 같은 방향으로 증감하지만, 채권가격의 변동(자본효과)은 반대방향으로 나타나기 때문에 매입당시의 예상수익률을 실현시키지 못하는 이자율변동위험을 안게 된다. 이 반대방향의 효과를 동일하게 중화시켜 이자율변동위험을 제거하는 방어적 채권투자전략을 채권면역전략(bond immunization strategy)이라고 하는데, 이 전략은 구체적으로 투자자가 정해 놓은 **목표투자기간과 동일한 듀레이션을 가진 채권에 투자**하는 것이다. 예를 들어, 어느 채권투자자가 3년 후에 자금이 필요한데 그때까지 이자율변동위험을 제거하고 싶으면 듀레이션이 3년인 채권에 투자하면 된다. 결국 시장이자율의 불리한 변동이 있더라도 채권매입당시의 예상 또는 목표 수익률을 실현시키는 투자방법이다. 이처럼 듀레이션은 채권면역전략에 사용됨으로써 이자율변동위험을 제거하는 데 활용된다.[3)]

듀레이션과 채권의 가격탄력성은 식 (7-7)과 같은 관계가 있으므로 일정한 이자율 변동에 대한 채권가격 변동액을 추정하는 데도 활용된다. 어느 채권의 듀레이션이 구해지면 일정한 이자율의 변동에 대한 가격변동폭을 다음 관계식에서 측정할 수 있게 되므로 채권포트폴리오 관리에 유용하게 활용할 수 있다.

$$\Delta P = -dur_{it}\left(\frac{\Delta r}{1+r}\right) \cdot P_0 \tag{7-7}$$

단, ΔP : 채권가격 변동액, dur : 채권의 듀레이션(평균상환기간)
Δr : 이자율 증감률, r : 채권시장수익률, P_0 : 채권의 현재가격

3) 듀레이션의 크기를 결정짓는 요인들의 관계, 채권가격탄력성 등에 관해서는 장영광, 증권투자론(8판), 2019년, 신영사 참조.

식 (7-7)에서 구한 DURATION을 $1+r$(이자율)로 나눈 값을 맥콜리의 수정듀레이션이라고 부른다. 수정듀레이션을 dur^m이라고 표시하면, 채권의 가격변동폭은 다음 관계식으로 추정할 수 있다.

$$\Delta P = -dur^m \cdot \Delta r \cdot P_0 \tag{7-8}$$

듀레이션은 Excel에서는 =DURATION과 =MDURATION 함수식에 의해서 구한다.

=DURATION (채권매입일, 만기일, 액면이자율, 시장이자율(만기수익률), 연간 이자지급횟수, 날짜계산기준)
=MDURATION (채권매입일, 만기일, 액면이자율, 만기수익률, 연간 이자지급횟수, 날짜계산기준)

예제 11 듀레이션의 계산

〈표 7-13〉에 제시된 조건의 3년 만기 이표채 채권들의 듀레이션과 수정듀레이션을 구하라. 또 채권수익률이 12%에서 12.2%로 상승한 경우와 11.8%로 하락한 경우의 채권가격변동률을 계산하라.

〈표 7-13〉 듀레이션, 수정듀레이션의 계산

C11 =MDURATION(C4,C5,C6,C7,C8,C9)

	B	C	D	E
1	**[듀레이션의 계산]**			
2	(1) 채권 듀레이션 계산 예제			
3		채권 A	채권 B	채권 C
4	채권매입일(settlement)	2020년 01월 01일	2020년 01월 01일	2020년 01월 01일
5	채권만기일(maturity)	2023년 01월 01일	2023년 01월 01일	2023년 01월 01일
6	표면이자율(coupon)	0.15	0.15	0.15
7	만기수익률(yld)	0.12	0.12	0.12
8	지불횟수(frequency)	1	2	4
9	날짜계산기준(basis)	1	1	1
10	듀레이션	**2.6386**	**2.5415**	**2.4919**
11	수정듀레이션	**2.3559**	**2.3977**	**2.4193**
12	**셀 C10 :**	= DURATION(C4,C5,C6,C7,C8,C9)		
13	**셀 C11 :**	= MDURATION(C4,C5,C6,C7,C8,C9)		
14				
15	(2) 채권가격변동률의 계산			
16		만기수익률의 변화율	0.002	(0.2% 변동)
17		채권 A	채권 B	채권 C
18	yld 12% -> 12.2%로 상승시	**-0.4712**	**-0.4795**	**-0.4839**
19	yld 12% -> 11.8%로 하락시	**0.4712**	**0.4795**	**0.4839**
20	**셀 C18 :**	= -C11*($D$16)*100		
21	**셀 C19 :**	= -C11*(-$D$16)*100		

(7장) 채권 듀레이션

* 여기서 '지불횟수'는 연간 몇 회 이자를 지불하는지를 나타낸다. 날짜계산기준이란 한 달과 1년을 며칠로 보느냐를 의미하는데, 여기서 0은 미국 30(월)/360(년)을 의미하고, 1은 실제(월)/실제(년)을 나타낸다.

연간 1회 이자를 지급하는 채권의 듀레이션 계산은 위의 표에서 채권 A에 해당한다. 따라서 DURATION 함수를 사용하여 채권매입일, 만기일, 액면이자율, 시장이자율(만기수익률), 연간 이자지급횟수, 날짜계산기준을 차례로 입력하여 계산하면 채권의 듀레이션을 구할 수 있다. 채권 A의 듀레이션(셀 C10)과 수정듀레이션(셀 C11)은 다음과 같이 계산된 것이다.

채권 A의 듀레이션(셀 C10) : =DURATION(C4,C5,C6,C7,C8,C9)
채권 A의 수정듀레이션(셀 C11) : =MDURATION(C4,C5,C6,C7,C8,C9)

식 (7-7)($\Delta P = -dur_{it}(\Delta r/(1+r)) \cdot P_0$)에서 설명한 것처럼 이 관계를 이용하면 Duration을 매개로 일정한 이자율의 변동에 대한 채권의 가격변동폭을 측정할 수 있게 되어 채권포트폴리오 관리에 유용하게 활용할 수 있다. 〈표 7-13〉의 (2)에는 식 (7-8)($\Delta P = -dur^m \cdot \Delta r \cdot P_0$)을 적용하여 채권수익률이 12%에서 12.2%로 상승한 경우(셀 C18) 그리고 11.8%로 하락한 경우(셀 C19) 채권 A의 채권가격변동률을 계산한 결과를 보여주고 있다.

수익률이 0.2%로 상승한 경우 가격변동률(셀 C18) : =-C11*($D$16)*100
수익률이 0.2%로 하락한 경우 가격변동률(셀 C19) : =-C11*(-$D$16)*100

연습문제 Chapter 7

문제풀이에 필요한 데이터는 신영사 홈페이지(http://www.shinyoungsa.co.kr) 자료실에 게시되어 있는 'Excel 활용 투자관리(3장~8장).xls' 파일의 "실습용 20종목 수정주가자료" 시트를 이용할 것.

1. 투자원금이 1,000만원이며, 이자율이 8%이고 이자지급횟수는 연 1회이며, 이자지불방법은 매년 말인 경우, Excel의 FV 함수를 이용하여 3년 후의 미래가치(future value)를 구하라.

2. 은행에서 1억원을 대출받으려고 한다. A은행의 이자율은 연 10%이며 이자지급이 연 1회 발생하고 2년 후 상환을 요구한다. 반면 B은행은 A은행과 이자율은 동일하지만, 이자지급이 분기마다 1회 발생하며 2년 후 상환을 요구한다. 과연 어느 은행으로부터 대출을 받는 것이 유리한지를 알아보기 위해 자신이 2년 후 은행에 상환해야 하는 금액(미래금액)에 대한 현재가치를 각 은행별로 구하여 서로 비교하고자 한다. 어느 은행으로부터 대출받는 것이 유리한가? 단, Excel의 PV 함수를 이용하여 비교하라.

3. 최초 투자금액이 10억원이며 1년 후 발생하는 현금흐름이 2억원, 2년 후의 현금흐름이 3억원, 3년 후의 현금흐름이 4억원, 4년 후의 현금흐름이 5억원인 투자안이 있다고 하자. 만약 이 투자안의 투자기간 동안 적용되는 이자율(할인율 또는 목표수익률)이 연 13%라면 이 투자안은 경제성이 있는가? Excel의 NPV 함수를 이용하여 구하라.

4. 문제 3번의 투자안과 같이 동일한 투자금액과 현금흐름이 발생하는 투자안에 대한 내부수익률(IRR)을 Excel의 IRR 함수를 이용하여 구하라.

5. 은행에서 10억원을 대출받아 2년 동안 상환하기로 결정하였다. 대출기간 동안 적용되는 이자율은 연 8%이며 이자지급시점은 매월 말이다. 은행에 매월 불입해야 하는 정기불입액은 얼마인가? 단, Excel의 PMT 함수를 이용하여 구하라.

6. 액면가는 100만원, 이표는 연간 30,000원, 연간 할인율은 4%, 만기까지 10년 남아 있는 채권의 가격을 추정하고자 한다. 식 (7-1), 식 (7-2), PV, NPV, PRICE 함수를 이용하여 구하라.

7. 다음 채권에 대한 듀레이션과 수정듀레이션(Excel의 DURATION 함수와 MDURATION 함수를 이용)을 각각 구하라.

인 수	값
수령일	2020년 1월 1일
만기일	2024년 1월 1일
액면이자율	13.5%
시장이자율	11%
이자지급방법	연간 1회 후급
날짜기준	30/360

또 채권수익률이 11%에서 12.0%로 상승한 경우와 10.0%로 하락한 경우의 채권가격변동률을 계산하라.

CHAPTER

8

주식평가와 Excel의 활용

본서 제Ⅱ편(제3~6장)에서는 Excel을 활용하여 효율적 포트폴리오, 최적 포트폴리오를 구성하는 방법을 다루었다. 최적 포트폴리오안을 도출하기 위해서는 포트폴리오를 구성하는 개별자산들의 기대수익률, 위험, 상관성 등을 추정해야 한다. 앞의 제7장에서는 포트폴리오를 구성하는 투자자산으로서 채권평가의 문제를 다루었다. 본장에는 위험자산인 보통주 평가와 이와 관련된 Excel 활용방법을 다룬다.

8.1 보통주 평가모형들

포트폴리오를 구성하는 개별자산의 기대수익과 위험이 계량적으로 측정되어야 최적 포트폴리오 구성의 문제를 다룰 수 있다. 개별자산의 미래 기대수익과 위험을 평가하기 위해서는 미래 발생가능한 몇 가지 상황과 그 상황이 일어날 확률 그리고 각 상황에서의 예상수익률(확률분포)을 추정해야 한다. 이를 위해서는 미래 몇 가지 상황별로 예상되는 내재가치가 추정되어야 한다.

포트폴리오 구성 종목으로 편입할 AAA전자를 예로 들어보자. 먼저 AAA전자에 대한 예상투자수익률의 확률분포를 추정해야 하는데, AAA전자의 투자가치에 영향을 미칠 미래의 상황(금리, 환율, 제품경쟁력 등)을 낙관·정상·비관의 상황으로, 그리고 그것이 발생할 확률이 0.25, 0.50, 0.25로 예상된다고 하자. 현재의 주가는 56,000원인데, 낙관적, 정상적, 비관적 시나리오하에서의 내재가치는 증권분석의 결과, 각각 72,800원, 61,600원, 50,400원으로 추정된다면, 각 상황에서의 예상수익률은 30%, 10%, −10%가 될 것이다. 여기서 각 상황별 내재가치가 추정되는 개별종목 가치평가의 과정은 [그림 8-1]과 같이 요약할 수 있다.

'주식투자'를 위한 기본적 분석의 접근방법에서는 가치투자(value investment)방법

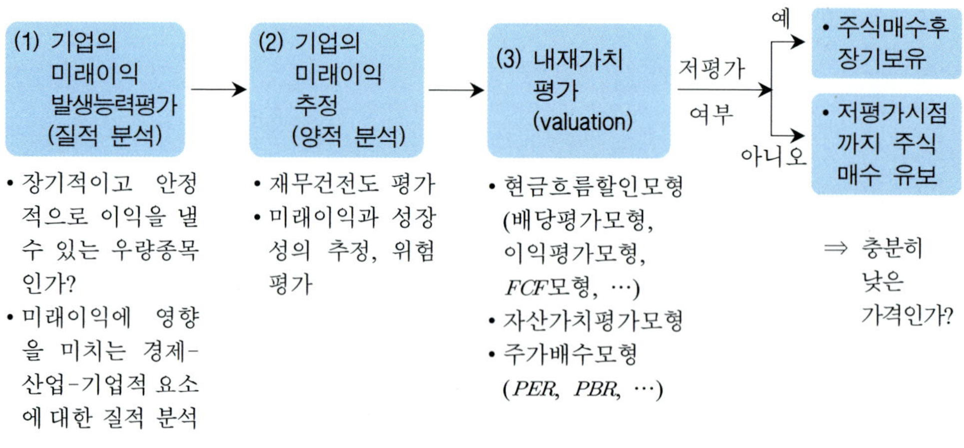

[그림 8-1] 개별자산의 가치평가 흐름도

으로 요약되는 투자관리방법, "장기적이고 안정적으로 이익을 낼 수 있는 우량종목을 발굴하여 충분히 낮은 가격으로 매수하는 것"에 집중한다. 이 과정의 주요 단계는 다음과 같이 요약된다.

1단계 : 경제-산업-기업 분석(미래 이익발생능력에 영향을 미치는 요인 분석)
2단계 : 미래이익 예측과 성장률 추정(가치평가에 필요한 투입정보의 추정)
3단계 : 내재가치의 평가(2단계에서 추정된 예측치를 토대로 적정주가 도출)

궁극적으로는 내재가치를 추정하여 저평가 여부를 판단하는(3단계) 것이 핵심인데, 이를 위해서 내재가치에 영향을 미치는 제반 요인들을 분석해야 한다. 내재가치를 결정짓는 가장 중요한 요인은 미래이익과 위험수준(2단계)인데, 이들 요인은 기업을 둘러싼 경제-산업-기업적 요인(1단계)에 의해 영향받는다.

위의 그림에서 세 번째 단계의 가치평가(valuation) 작업에서는 다음과 같은 내재가치 평가방법이 사용되고 있다.

(1) 자산가치에 근거한 보통주 평가모형 : 주당순자산모형
(2) 수익가치에 근거한 보통주 평가모형(현금흐름할인법)
  ① 배당평가모형 : 정률성장모형, 제로성장모형, 고속성장모형
  ② 이익평가모형
  ③ 잉여현금흐름(*FCF*)모형
(3) 주가배수를 활용한 상대가치평가모형 : PER, PBR, PSR, $EV/EBITDA$

다음 8.2~8.4절에서는 가치투자에서 많이 사용되고 있는 평가모형들에 대하여 설명한다. 8.2절에서는 현금흐름할인모형으로서 배당평가모형, 8.3절에서는 주가배수모형, 8.4절에서는 잉여현금흐름(*FCF*)모형에 대해서 살펴볼 것이다.

8.2 배당평가모형

(1) 자산가치와 수익가치

보통주가치를 평가하는 보수적 방법의 하나는 회사의 청산(liquidation)을 가정하여 보통주가 지니는 최소한의 가치를 추정해 보는 것이다. 청산가치는 미래의 수익가치를 고려하지 않고, 현시점에서 회사가 보유하고 있는 **자산가치**이다. 주주 입장에서 본 자산가치는 결국 발행회사의 주당순자산이라고 할 수 있다.

1주당으로 계산한 **주당순자산**은 다음 식처럼 총자산 중에서 재산권 행사에서 우선순위가 높은 채권자, 우선주 주주의 몫을 차감한 몫을 1주당으로 계산한 것이다. 이 주당장부가치(BPS : book value per share)가 보통주 1주에 귀속될 **자산가치**가 되는데, 이를 자산가치평가(asset-based valuation)모형이라고 한다.

$$\text{주당순자산 } BPS = \frac{\text{보통주 자본총계}(=\text{총자산}-\text{총부채}-\text{우선주})}{\text{발행주식수}} \tag{8-1}$$

자산가치 기준의 평가방법은 근본적으로 역사적 취득원가회계 등 일정한 회계관행에 의해서 장부가치 기준의 순자산가치로 추정되므로 실제 시장가치와 큰 차이를 보일 수 있는 문제점이 있다. 주당순자산을 시장가치 기준으로 측정하거나, 순자산의 대체원가(replacement cost)를 추정하는 방법으로 보완할 수 있지만, 근본적 한계점이 있다.

자산가치평가모형과 달리 대부분의 회사는 계속기업으로서 미래 계속적인 영업을 통하여 보통주주에게 귀속되는 몫을 창출한다. 회사가 미래 정상적인 영업을 한다는 계속기업(going concern)을 가정하면, 보통주주에게 귀속되는 보통주가치는 자산가치가 아니라 이익발생능력, 즉 영업활동에서 창출되는 현금흐름, 곧 **수익가치**에 좌우된다. 그런데 미래 기간별 예상되는 투자수입은 현재가 아닌 미래의 서로 상이한 시점에서 발생하고, 또한 불확실성의 정도가 다른 현금흐름이다. 따라서 보통주가치를 추정할 수 있는 한 방법은 회사가 창출하는 미래현금흐름을 적절한 할인율로 할인한 현재가치를 추정하는 것이다.

미래 t기에서의 투자수입(현금흐름)이 CF_t 만큼 예상되고, 이 미래현금흐름의 불확실성의 정도가 반영된 적절한 할인율을 r이라고 하면 투자가치(PV_0)는 미래현금흐름을 적정할인율로 할인한 현금흐름할인가치(DCF : discounted cashflow), 즉 현재가치(present value)를 구하여 추정할 수 있다.

$$PV_0 = \frac{CF_1}{(1+r)} + \frac{CF_2}{(1+r)^2} + \cdots\cdots + \frac{CF_t}{(1+r)^t} \tag{8-2}$$

위의 식에 따라 현재가치(DCF)를 구하여 보통주가 지니는 내재가치를 평가하는 절차를 요약하면 다음과 같다.

① 미래 기간별 주당이익을 예측하고 배당성향을 고려한 주당배당을 추정하여 주식투자자에게 돌아오는 기간별 투자수입을 추정한다.
② 이 현금흐름은 불확실하므로 그 불확실성을 반영한 요구수익률을 추정한다.
③ 기간별 현금흐름을 요구수익률로 할인하여 현재가치를 구한다.

이처럼 미래현금흐름의 현재가치, 수익가치를 구하여 내재가치를 추정하는 현금할인모형(DCF)으로는 이익평가모형, 배당평가모형, 잉여현금흐름(FCF)모형 등이 있다.

(2) 이익평가모형

기업이 벌어들이는 주당이익은 종국적으로는 그 일부가 주주에게 현금흐름으로 돌아가므로 주당이익에 근거하여 보통주가치를 평가할 수 있다.

이제 t기에 있어서의 주당이익을 E_t라고 하고 k_e를 주당이익에 대한 요구수익률이라고 하면 현재시점의 주식가치는 다음과 같이 표시할 수 있다. 이를 이익평가모형(earning valuation model)이라고 한다.

$$S_0 = \frac{E_1}{(1+k_e)^1} + \frac{E_2}{(1+k_e)^2} + \cdots + \frac{E_n}{(1+k_e)^n} + \cdots = \sum_{t=1}^{\infty} \frac{E_t}{(1+k_e)^t} \tag{8-3}$$

단, E_t : t기의 주당이익, k_e : 주당이익에 대한 요구수익률

가장 간단한 이익평가모형은 성장이 없는 것으로 보고, 평균적으로 주당이익수

준이 매기에 일정하다고 가정하는 것이다. 이제 매기의 이익흐름이 평균적으로 E 수준이라고 하고 이에 대한 요구수익률을 k_e라고 하면, 이론적인 주식가치는 다음과 같이 표시된다.

$$S_0 = \frac{E}{(1+k_e)} + \frac{E}{(1+k_e)^2} + \cdots + \frac{E}{(1+k_e)^n} + \cdots \infty = \frac{E}{k_e} \tag{8-4}$$

이 모형에서 매기의 주당이익이 E수준에 머물 것으로 가정한 것은 사실 기업의 재투자수익률(r)이 요구수익률(k_e)과 동일한 수준이어서 실질적으로 성장기회가 없는 것을 가정한 것이다.

그러나 기업의 재투자수익률이 요구수익률을 상회함으로써 일정한 성장기회를 기대할 수 있는 경우에는 이론적 주식가치는 상승하게 된다. 이제 성장모형을 성장기회가 없는 경우의 현재가치 부분과 미래 성장기회의 현재가치 부분으로 구분해 보면, 식 (8-5)와 같은 성장기회가 고려된 이익성장모형이 도출된다.

$$\begin{aligned} S_0 &= \text{성장기회가 없는 경우의 현재가치} + \text{미래 성장기회의 현재가치} \\ &= \frac{E_1}{k_e} + \frac{E_1}{k_e}\left[\frac{f(r-k_e)}{k_e - f\cdot r}\right] \end{aligned} \tag{8-5}$$

단, S_0 : 이론적 주식가치, f : 사내유보율
E_1 : 기말 예상 주당이익, r : 재투자수익률
k_e : 주주의 요구수익률

이 모형에서 앞의 부분(E_1/k_e)은 주당이익을 모두 배당하여 재투자하지 않음으로써 성장기회가 없는 경우의 현재가치를 나타낸다. 뒤의 부분은 이익의 일부를 사내유보시켜 요구수익률을 상회하는 재투자수익률을 가져오는 성장기회의 현재가치($PVGO$: present value of growth opportunity)를 나타낸다.

이 모형에서 보면, 주식가치를 결정짓는 변수가 E_1, f, r, g, k_e임을 확인할 수 있는데, $r > k_e$인 기업이 사내유보율을 높일 때 $PVGO$가 증가하여 주식가치가 높아짐을 보여주고 있다.

예제 1 이익평가모형에 의한 주식가치평가

지금 A, B사 모두 기말주당이익(E_1)은 1,000원이 예상된다. 그러나 A사는 재투자수익률과 요구수익률이 12.5%로 동일하고, 이익의 전부를 배당 지급한다. 반면에 B사는 재투자수익률이 15%, 사내유보율이 60%로서 이익의 성장기회를 가지고 있다.

(1) A사의 주식가치는 얼마인가?
(2) B사의 성장률과 주식가치는 얼마인가? 성장기회의 현재가치는 얼마인가?
(3) 만약 A사가 B사처럼 이익의 60%를 사내유보(배당성향 40%)시킨다면 성장률은 얼마이고, 주식가치는 어떻게 달라지는가?

풀이

(1) A사는 $k_e = r = 12.5\%$로서 성장기회가 없으므로

$$S_0 = \frac{E_1}{k_e} = \frac{1{,}000}{0.125} = 8{,}000\text{원}$$

(2) B사의 성장률 : $g = f \cdot r = 0.6 \times 0.15 = 0.09$
주식가치 S_0 = 성장기회가 없는 경우의 현재가치 + 성장기회로부터의 현재가치

$$= \frac{E_1}{k_e} + \frac{E_1}{k_e}\left[\frac{f(r-k_e)}{k_e - f \cdot r}\right]$$

$$= 8{,}000 + 8{,}000\left[\frac{0.6(0.15-0.125)}{0.125-0.09}\right] = 8{,}000 + 3{,}428 = 11{,}428\text{원}$$

성장기회의 현재가치($PVGO$) : 3,428원
(3) A사가 사내유보율을 높일 경우 성장률 : $g = f \cdot r = (0.6)(0.125) = 0.075$
그러나 기대배당 $d_1 = E_1(1-f) = 1{,}000(0.4) = 400$원

$$\therefore\ S_0 = \frac{d_1}{k-g} = \frac{400}{0.125-0.075} = 8{,}000\text{원}$$

$k = r$인 경우는 사내유보율을 높이더라도 주식가치에 변함이 없다.

(3) 배당평가모형

주식투자자가 투자가치를 부여할 수 있는 직접적 근거가 되는 미래현금흐름은 기간 중 지급받는 배당의 크기와 매도시점에서의 처분가격이다. 따라서 이 미래배당투자수입(d_t)과 매도가격(P_n)을 주식투자자의 요구수익률(k_e)로 할인하여 식 (8-6)처럼 현재가치를 추정하여 보통주의 내재가치를 구해 볼 수 있다.

$$S_0 = \frac{d_1}{(1+k_e)^1} + \frac{d_2}{(1+k_e)^2} + \cdots\cdots + \frac{d_n}{(1+k_e)^n} + \frac{P_n}{(1+k_e)^n} \quad (8\text{-}6)$$

단, S_0 : 현재시점에서의 주식의 이론적 가치, d_t : t기에서의 배당수입
k_e : 주식투자자들의 요구수익률, P_n : n시점에서의 매도가격

여기서 n년도 매도가격 P_n은 $(n+1)$년도 이후의 배당수입에 대한 현재가치이다. 따라서 주식의 내재가치는 식 (8-7)처럼 영속적인 배당수입에 대한 현재가치라고 할 수 있다. 이를 배당평가모형(dividend valuation model)이라고 한다.

$$S_0 = \frac{d_1}{(1+k_e)^1} + \frac{d_2}{(1+k_e)^2} + \cdots + \frac{d_n}{(1+k_e)^n} + \cdots = \sum_{t=1}^{\infty} \frac{d_t}{(1+k_e)^t} \quad (8\text{-}7)$$

식 (8-7)의 배당평가모형은 미래배당흐름의 성장률에 대한 가정에 따라서 정률성장모형, 제로성장모형, 다단계(고속)성장모형으로 나누어 볼 수 있다.

1) 정률성장모형

기업의 이익과 배당이 매년 g%만큼 일정하게 계속적으로 성장하고, 요구수익률(k_e)이 일정하다고 가정하면, 주식의 내재가치는 다음과 같이 표시된다.

$$\begin{aligned} S_0 &= \frac{d_0(1+g)}{(1+k_e)} + \frac{d_0(1+g)^2}{(1+k_e)^2} + \frac{d_0(1+g)^3}{(1+k_e)^3} + \cdots\cdots + \frac{d_0(1+g)^\infty}{(1+k_e)^\infty} \\ &= \sum_{t=1}^{\infty} \frac{d_0(1+g)^t}{(1+k_e)^t} \end{aligned} \quad (8\text{-}8)$$

여기서 만일 k가 g보다 크다(즉 $k > g$)고 가정하면, 식 (8-8)은 등비가 $(1+g)/(1+k)$인 무한등비수열이므로 이의 합을 구하면 내재가치는 식 (8-9)와 같다.

$$S_0 = \frac{d_1}{k_e - g} = \frac{d_0(1+g)}{k_e - g} \quad (8\text{-}9)$$

식 (8-9)는 기업의 이익과 배당이 매년 g% 만큼 일정하게 성장한다고 가정할 경우의 주식의 이론가치를 나타낸 것으로서 정률성장모형(constant growth model) 또는 고든(Myron J. Gordon)모형이라고 한다. 여기서 성장률(g)은 내부금융만으로 가능한

유지가능성장률(sustainable growth rate)이라고 하는데, 이는 사내유보율(f)과 재투자수익률(r)의 곱($f \cdot r$)으로 추정한다. 여기서 재투자수익률은 내부금융의 경우이므로 자기자본순이익률(ROE)로 측정할 수 있다.

$$g = f \times ROE \tag{8-10}$$

단, f : 사내유보율, ROE : 자기자본순이익률

한편 요구수익률(k_e)은 제6장 식 (6-4)에서 설명한 다음 증권시장선($CAPM$)에 의해서 평가하는 것이 한 방법이다.

$$k_e = R_f + [E(R_m) - R_f]\ \beta_j \tag{8-11}$$

단, R_f : 무위험자산의 수익률, $E(R_m)$: 시장포트폴리오의 기대수익률
$[E(R_m) - R_f]$: 시장위험보상률, β_j : 주식 j의 베타계수($= \sigma_{jm} / \sigma_m^2$)

예제 2 정률성장모형에 의한 주식가치평가

AAA전자는 〈표 8-1〉에서 보는 것처럼 차기 배당금(d_1) 3,200원(셀 B16), 시장위험보상률(market risk premium) 8%(셀 B4), 베타계수 1.2(셀 B5), 무위험이자율(R_f) 2.5%(셀 B3)이다. 또 사내유보율 50%(셀 B7), ROE 14%(셀 B8)는 지속될 것으로 예상된다. AAA전자 주식의 요구수익률, 지속가능성장률을 구하고, 정률성장모형에 의해 내재가치가 얼마인지 평가하라.

〈표 8-1〉의 (1)에는 정률성장모형(식 (8-9), $S_0 = d_0(1+g)/(k_e - g)$)에 근거하여 내재가치를 추정하는 과정을 보여주고 있다. 요구수익률, 지속가능성장률, 내재가치 추정결과는 다음과 같다.

- 요구수익률은 식 (8-11)에 의해 추정
  요구수익률(셀 B6) : =무위험이자율+시장위험보상률×베타계수
  =B3+B4*B5=12.1%
- 지속가능성장률은 식 (8-10)에 의해 추정
  유지가능성장률(셀 B9) :
  =사내유보율(f)×자기자본순이익률(ROE)=B7*B8=7%
- 정률성장모형(식 (8-9))에 의한 내재가치 추정
  내재가치(셀 B11) : =(다음 기의 예상 배당)/(요구수익률－성상률)
  =B16/(B6-B9)=62,745원

〈표 8-1〉 배당평가모형에 의한 주식가치평가

E26 =NPV(B6,E16:E21)

	A	B	C	D	E
1		(1) 배당의 정률성장 모형			
2	[투입정보]				
3	무위험이자율	0.025			
4	시장위험보상률	0.08			
5	베타	1.2			
6	주주 요구수익률	0.121	셀 B6:	=B3+B4*B5'	
7	사내유보율	0.5			
8	ROE	0.14			
9	유지가능성장률	0.07	셀 B9:	=B7*B8'	
10					
11	주식가치	62,745	셀 B11:	=B16/(B6-B9)	
12					
13		(2) 2단계 성장 모형			
14		[주당배당 예측치]			
15	연도	주당배당액	배당성장률	잔존가치	연도별 CF
16	2020	3,200			3,200
17	2021	3,600	0.1250		3,600
18	2022	4,030	0.1194		4,030
19	2023	4,520	0.1216		4,520
20	2024	5,060	0.1195		5,060
21	2025	5,370	0.0613	87,928	87,928
22	2026	5,700	0.0615		
23	2027	6,040	0.0596		
24	2028	6,400	0.0596		
25	2029	6,780	0.0594		
26				주식가치	58,610
27				셀 D21(잔존가치):	B20*(1.06)/($B$6-0.06)'
28				셀 E26(주식가치):	=NPV(B6,E16:E21)'

(8장) 주식평가-배당모형

2) 다단계(고속)성장모형

미래배당흐름의 성장률이 항상 일정하다고 가정하는 정률성장모형은 비현실적일 때가 많다. 기업의 성장률은 처음 수년간은 매우 높은 성장률을 기록하다가 점차 유망한 투자기회를 찾는 것이 어려워지면서 둔화되는 것이 일반적이다. 따라서 배당평가모형에 이처럼 몇 단계의 성장률 변화를 반영시키면 평가의 설명력이 높아질 것이다. 이처럼 몇 단계의 성장률 변화를 감안한 평가모형을 다단계성장모형(고속성장모형 : multi-stage growth or supernormal model)이라고 한다.

이제 기업성장이 두 단계로 나뉘어 초기 n년 동안은 g_1% 만큼 고속성장하고, 그 이후에는 평균성장률 g_2% 수준으로 일정하게 계속 성장한다고 가정하면 그 평가모형은 다음처럼 표시된다.

$$S_0 = \sum_{t=1}^{n} \frac{d_0(1+g_1)^t}{(1+k_e)^t} + \sum_{t=n+1}^{\infty} \frac{d_0(1+g_1)^n(1+g_2)^{t-n}}{(1+k_e)^t} \quad (8\text{-}12)$$

여기서 $n+1$년 이후 g_2%의 정률로 성장하는 기간에 대한 가치는 식 (8-9)(정률성장모형)에 의해서 구할 수 있으므로 식 (8-13)과 같이 표시된다.

$$S_0 = \frac{d_0(1+g_1)}{k_e - g_1}\left[1 - \left(\frac{1+g_1}{1+k_e}\right)^n\right] + \frac{d_0(1+g_1)^n(1+g_2)}{(1+k_e)^n(k_e - g_2)} \tag{8-13}$$

예제 3 고속성장모형에 의한 주식가치평가

증권전문가 그룹에서는 [예제 2]에서 제시된 AAA전자의 미래 배당흐름에 대해 〈표 8-1〉 자료의 하단 (2)에서 보는 것처럼 예측하고 있다. 향후 2021년부터 4년간은 12% 안팎의 성장(셀 C17:C20), 2025년부터는 6% 정도의 성장을 지속할 것으로 전망하고 있는 예측치이다. 요구수익률(k)은 동일할 것으로 본다면, 이 주식의 이론적 가치는 얼마인가?

- **12% 고속성장기간, 2021~2024년간 배당흐름 :** 2020년 주당배당금 3,200원에서 12% 정도의 성장으로 이 기간 3,600원, 4,030원, 4,520, 5,060원의 배당흐름이 예상된다. (셀 B17:B20)영역은 이를 보여준다. (①)
- **6% 지속성장기간 2025년 이후의 배당흐름 :** 6% 정도의 성장률이 지속될 것으로 전망된다면, 2025년 이후의 배당흐름의 현재가치는 2025년 말의 예상 잔존가치가 될 터인데, 이는 지속성장모형(식 (8-9))에 의해 다음과 같이 추정할 수 있다.

  2025년 말 예상배당금=5,060(1+0.06)=5,370원

  2025년 말의 잔존가치(정률성장모형을 적용)$=\dfrac{d_5}{k-g}=\dfrac{5,370}{0.121-0.06}$

  =87,928원 (②)

- **2단계 성장모형에 의한 주식가치평가 :** 연도별 현금흐름은 12% 고속성장기간의 ①과 6% 지속성장기간의 ②로 요약된다. 따라서 이 주식의 내재가치는 ①과 ②의 현금흐름에 대해 '=NPV 함수'를 이용하여 순현재가치를 계산하면 구해진다.

  2단계 성장모형에 의한 내재가치(셀 E26)

  =NPV(할인율, 현금흐름영역)=NPV(B6,E16:E21)=58,610원

8.3 주가배수모형

(1) 주가배수의 계산과 의의

앞의 8.2절에서 설명한 배당평가모형은 미래 기대현금흐름과 적정한 할인율의 추정을 전제로 주식의 내재가치를 추정하는 방법이었다. 그러나 이 방법은 실용적이지 못한 면이 있다. 주식평가의 출발과 근간은 되지만, 미래현금흐름을 예측하고 적정할인율을 추정하는 과정은 주관적 판단으로 인해 추정오류가 발생하기 쉽다.

증권실무계에서는 실용적인 한 방법으로 PER(주가수익비율), PBR(주당순자산비율) 등 주가배수를 활용한 주식평가방법을 많이 사용하고 있다. 주가배수(multiples)는 주가를 주당이익, 주당순자산 등 가치변수로 나누어 계산한 것이다. 주가가 주당이익, 주당순자산 등의 가치변수의 몇 배 수준에 와 있는지, 주식 한 주당 기업의 이익, 자산 등 가치척도를 얼마나 구매할 수 있는지를 보여준다.

$$\text{주가배수} = \frac{\text{주가(Price)}}{\text{가치변수(주당이익, 주당순자산}\cdots)} \tag{8-14}$$

주식가격은 기업마다 차이를 보이는데, 주가배수는 결국 가치변수로 나누어 주가를 표준화(standardizing)시킨 결과가 되어, 적절한 비교대상과 이들 배수를 비교하면, 상대적으로 주가가 높은 수준인지 또는 낮은 수준인지를 평가할 수 있게 된다. 이러한 의미에서 상대가치평가방법(relative valuation model)이라고 한다. 가치투자에서는 주가배수가 낮은 주식을 가치주(value stock), 높은 주식을 성장주(growth stock)라고 부르기도 한다.

상대비교의 대상은 경쟁업체, 산업평균, 과거 일정기간의 평균 주가배수를 이용한다. 일차적으로 비교대상보다 주가배수가 낮으면 과소평가, 높으면 과대평가된 것으로 판단한다.

PER, PBR, PSR, $EV/EBITDA$ 등 주가배수의 측정방법, 지표의 의의, 유용성과 한계점, 적정주가배수 측정방법을 정리하면 〈표 8-2〉와 같다.

〈표 8-2〉 주가배수모형의 비교

주가배수	측정방법	지표의 의의	유용성/한계점	내재적 주가배수
주가수익비율 (PER) (이익승수)	$\frac{\text{주가(Price)}}{\text{주당순이익}(EPS)}$	기업의 단위당 이익 발생능력(수익가치)에 대한 상대적 주가수준. 이익의 질(성장성, 세반 위험, 회계처리방법, 지속가능성 차이)에 대한 평가지표	• 간단한 회계정보를 이용 • 주당이익추정은 회계처리방법에 따라 달라지는 문제가 있음. 경기변동에 취약한 기업, (−)의 이익예상기업에 적용이 어려움	$\frac{(1-f)}{k-g}$ $1-f$: 배당성향
주당순자산비율 (PBR), M/B비율, 자기자본 평가지표	$\frac{\text{주가(Price)}}{\text{주당순자산}(BPS)}$	주당순자산의 질적 차이(기업의 생산성, 현금창출능력, 주요 자산들에 대한 효율적 이용도, 자산의 노후화 정도)를 반영	• 간단한 회계정보를 이용 (−)이익기업에 적용가능 비유동자산이 많거나, 자산가치가 높은 기업에 유용 • 주당순자산 추정은 회계처리방법(R&D회계)에 따라 차이 자산으로 잡히지 않는 자산항목이 많은 경우 적용 곤란	$\frac{ROE-g}{k-g}$
주가매출액비율 (PSR)	$\frac{\text{주가}}{\text{매출액} \div \text{발행주식수}}$	주당매출액과 비교한 상대적 주가수준을 평가	• 적자기업이나 수익가치, 자산가치가 크게 하락한 상황에서 유용 회계처리방법에 영향 적음 • 매출액은 기본적으로 기업성과 추정치가 아님 비용구조 차이를 반영하지 못함	$\frac{P}{S}=\frac{M\times(1-f)(1+g)}{k-g}$
$EV/EBITDA$ 비율	$\frac{\text{기업가치}(EV)}{\text{이자·세금·감가상각비 차감전 이익}}$ EV : 주식의 시가총액+순차입금	주가수준이 극도로 낮아진 경우나 현금흐름의 중요성이 높아진 상황에서 유용	• 현금흐름은 조작이 쉽지 않음 (−)이익기업에 적용가능 영업이익기준 CF는 재무구조차이가 문제되지 않음 • 운전자본투자, 자본지출액이 많은 경우 왜곡 여지가 있음	

(2) 주가배수모형에서의 적정주가의 추정

다음과 같이 주가배수에 가치변수를 곱하면 주가가 추정되는 관계에 근거하여 내재가치를 추정할 수 있다. 이를테면 PER(주가 20,000원/주당이익 2,000원)이 10배수이고, 주당이익이 2,000원일 경우, 이를 곱하면 주가 20,000원의 값이 되는 관계를 적용하는 것이다.

$$P(\text{주가}) = \text{주가배수}(PER,\ PBR,\ PSR \cdots) \times \text{가치변수}(\text{주당이익},\ \text{주당순자산},\ \text{주당매출액}\cdots) \quad (8\text{-}15)$$

적정주가를 추정할 때 적용하는 주가배수는 현재의 실제 주가배수가 아니라, 정상적 상황에서 기대되는 적정주가배수(normalized multiples)이다. 현재의 실제 주가배수는 과소 또는 과대하게 형성될 수 있어서 적정주가배수가 아닐 수 있다고 가정하는 것이다. 그래서 적정주가는 적정 PER^*, 적정 PBR^*, 적정 PSR^*에 각각 주당이익, 주당순자산, 주당매출액을 곱하여 추정한다.

$$P^*(\text{적정주가}) = \text{적정주가배수}(PER^*,\ PBR^*,\ PSR^* \cdots) \times (\text{예상})(\text{주당이익},\ \text{주당순자산},\ \text{주당매출액}\cdots) \quad (8\text{-}16)$$

따라서 주가배수를 이용하여 적정주가를 추정할 경우 **적정주가배수**를 추정하는 것이 분석의 요체가 된다. 적정주가배수는 2가지 방향에서 추정해 볼 수 있다.[1)]

1) 비교기업(comparable firms)의 주가배수를 적용하는 방법

① 주관적으로 영업과 재무적 특성이 유사한 기업들의 주가배수를 이용
② 동종산업 또는 주요 경쟁업체의 평균주가배수를 이용
③ 당해기업의 과거 수년간의 평균주가배수를 이용

2) 가치평가모형에서 적정주가배수 결정요인을 도출하는 방법

주식의 이론적 가격이 배당평가모형에 의해서 잘 설명된다고 보고 이 모형으로부터 주가배수 결정요인을 도출할 수 있다. 이를 내재적 주가배수(intrinsic multiples)라고 부르기도 한다. 때로는 듀퐁시스템(ROE)분석에서 결정요인을 도출하기도 한다. 〈표 8-2〉의 맨 오른쪽 열은 주가배수별로 듀퐁시스템에서 도출한 내재적(적정) 주가배수 추정방법을 제시한 것이다.

---

1) 주가배수모형에서는 산업평균 PER을 상호 비교하여, 시장(산업)평균보다 상대적으로 주가 상승 혹은 하락의 정도가 큰지, 작은지를 평가한다. 또 현재의 PER과 과거의 일정기간의 평균 PER을 상호 비교함으로써 주가의 상대적 회복수준을 평가하기도 한다.

예제 4 주가배수모형에 의한 적정주가 추정

AAA전자의 2019년 11월 30일 현재 주가는 56,000원(시가총액은 79.3조원)이다. 이제 주가배수모형을 적용하여 적정주가를 추정하기 위해서 정리한 표가 다음 〈표 8-3〉이다. 이 표는 AAA전자의 글로벌 주요 경쟁업체 중 반도체(패널(A))와 휴대폰·가전 업체들(패널(B))의 주가배수와 관련된 자료를 보여주고 있다. AAA전자의 *PER*은 9.5인 반면에 Intel은 15.5, 글로벌 반도체업체의 평균은 10.7이다.

*PBR*로 비교하면 AAA전자는 1.1인 반면에 Intel은 2.8, 글로벌 반도체업체의 평균은 2.1이다. 또 *EV*/*EBITDA*로 비교하면 AAA전자는 2.9인 반면에 Intel은 7.1, 글로벌 반도체업체의 평균은 4.9이다. 주가배수모형을 적용하여 AAA전자의 주가의 저평가 정도에 대한 의견을 제시하라.

〈표 8-3〉은 저평가 정도를 구체적으로 보기 위해서 주가배수 *PER*, *PBR*, *EV*/*EBITDA*를 이용한 적정주가 추정방법(식 (8-16) : 적정주가배수×(예상주당이익, 주당순자산 등))을 적용하여 AAA전자의 적정주가를 추정한 결과를 요약한 것이다.

〈표 8-3〉 주가배수모형에 의한 적정주가 추정

G18 =B18*F18

*** 주가배수모형에 의한 적정주가의 추정(AAA전자) ***

주가배수	(A) 글로벌 반도체 업체					
	AAA전자	Intel	TSMC	Qualcomm	SK하이닉스	(1) 평균
PER(배)	9.5	15.5	12.4	10.7	5.2	10.7
PBR(배)	1.1	2.8	3.1	2.6	1.1	2.1
EV/EBITDA(배)	2.9	7.1	6.5	5.7	2.4	4.9
ROE(%)	12.4	19.5	26.4	19.5	21.9	19.9

셀 G4 : '=AVERAGE(B4:F4)'

주가배수	(B) 글로벌 휴대폰/가전 업체						(3) 전체 평균
	AAA전자	Apple	Sony	Panasonic	LG전자	(2) 평균	(반도체+휴대폰)
PER(배)	9.5	11.8	20.6	14.9	21.4	15.6	13.2
PBR(배)	1.1	4.9	1.4	1.4	0.8	1.9	2.0
EV/EBITDA(배)	2.9	5.7	4.8	4.2	5.5	4.6	4.8
ROE(%)	12.4	40.7	7.4	10.2	3.8	14.9	17.4

셀 H11 : '=(G4*5+G11*5)/10'

주가배수	(C) 주가배수를 적용한 적정주가의 추정 (단위: 배, 원)							
	①산업평균	②과거평균	[AAA전자]	③주당실적치	④주당예측치	⑤[①*④]	⑥[②*④]	⑦범위(⑤,⑥)의 평균
PER	13.2	10.7	(주당이익)	5,600	6,400	84,160	68,160	**76,160**
PBR	2.0	1.3	(주당순자산)	39,603	42,000	85,260	52,500	**68,880**
EV/EBITDA(배)	4.8	3.7	(주당EBITA)	12,846	15,000	71,550	55,500	**63,525**

*기준일 2019.11.21 주가 56,000원

셀 G18 :'=(G4*5+G11*5)/10' 셀 H18 : '=C18*F18'

셀 I18 : '=AVERAGE(G18:H18)'

(8장) 주가배수모형

〈표 8-3〉의 패널(A)의 (1) 평균은 글로벌 반도체업체의 주가배수의 평균이 계산된 것이고, 패널(B)의 (2) 평균은 휴대폰·가전업체의 평균이, 그리고 (3) 전체 평균은 (1)과 (2)의 전체 평균주가배수가 계산된 것이다. 패널(C)의 ① 산업평균은 패널(B)의 (3)을 복사한 것이고, ②는 과거평균주가배수이다. 패널(C)의 ③에는 주당실

적치, ④에는 주당예측치가 제시되어 있다. 최종적으로 패널(C)의 ⑤는 [산업평균주가배수×주당예측치]를 적정주가로 추정한 것이고, ⑥은 [과거평균주가배수×주당예측치]를 적정주가로 추정한 것이다. 마지막 ⑦에는 ⑤와 ⑥의 평균치를 적정주가로 제시하고 있다.

i) 적정PER을 적용한 적정주가 :

① 산업평균을 적용할 경우 :
적정PER(13.2)[셀 B18]×주당순이익 예측치(6,400원)[셀 F18]
=84,160원[셀 G18]

② 과거평균을 적용할 경우 :
적정PER(10.7)[셀 C18]×주당순이익 예측치(6,400원)[셀 F18]
=68,160원[셀 H18]

③ 적정주가의 범위 : 68,160~84,160원, ①과 ②의 평균 ⇒ 76,160원

ii) 적정PBR을 적용한 적정주가 :

① 산업평균을 적용할 경우 :
적정PBR(2.0)[셀 B19]×주당순자산 예측치(37,360원)[셀 F19]
=75,841원[셀 G19]

② 과거평균을 적용할 경우 :
적정PBR(1.3)[셀 C19]×주당순자산 예측치(37,360원)[셀 F19]
=46,700원[셀 H19]

③ 적정주가의 범위 : 46,700~75,841원, ①과 ②의 평균 ⇒ 61,271원

iii) 적정$EV/EBITDA$를 적용한 적정주가 :

① 산업평균을 적용할 경우 :
적정$EV/EBITDA$(4.8)[셀 B20]
×주당 $EV/EBITDA$ 예측치(13,587원)[셀 F20]
=64,812원[셀 G20]

② 과거평균을 적용할 경우 :
적정$EV/EBITDA$(3.7)[셀 C20]
×주당 $EV/EBITDA$ 예측치(13,587원)[셀 F20]
=50,274원[셀 H20]

③ 적정주가의 범위 : 50,274~64,812원, ①과 ②의 평균 ⇒ 57,543원

이상의 분석결과와 범위의 평균치를 토대로 보면 AAA전자의 적정주가의 범위는 50,274원~84,160원 수준으로 추정할 수 있는데, 보수적 추정치를 근거로 하더라도 현 주가 56,000원은 저평가된 것으로 판단할 수 있다.

8.4 잉여현금흐름(*FCF*)모형

(1) 잉여현금흐름(*FCF*)모형의 기본체계

앞에서 설명한 수익가치평가모형(배당할인모형 또는 이익평가모형)은 주식가치평가에 여러 가지 제약이 있다. 이들 모형은 기본적으로 순이익기준의 평가여서, 재무구조, 배당정책 등에 의해서 영향받는다는 한계점을 지닌다. 또 이들 모형의 성장률에 대한 가정(요구수익률 > 성장률)이 매우 제한적이어서 적용할 수 없는 경우가 많다. 주주에게 배분되는 가치의 크기를 표시할 뿐, 가치창출의 원천이 무엇인지를 보여주지 못하는 단점도 있다.

이러한 한계점을 줄이는 평가모형으로서 *DCF*법의 다른 형태인 *FCF*모형을 사용할 수 있다. *FCF*모형은 증권전문가 그룹(증권애널리스트, M&A분석가 등)에서 심층적 가치평가방법으로 활용되는 모형이다. *FCF*는 본업활동에서 창출해낸 세후 영업이익에서 신규투자액을 차감한 현금흐름을 말하는데, *FCF*모형은 자산운용의 관점에서 영업이익기준의 현금흐름에 근거하여 주식가치를 평가하는 모형이라는 특징을 지닌다.

잉여현금흐름(*FCF* : free cashflow)모형을 먼저 개관하면, 미래 t기에서의 현금흐름을 잉여현금흐름(*FCF*)으로 추정하고 이를 가중평균자본비용(*WACC*)으로 할인하여 먼저 기업전체가치(V_0)를 평가한다. 여기서 분자의 현금흐름은 주주에게 직접 돌아가는 배당흐름(d)이 아니고 주주와 채권자 모두에게 돌아가는 *FCF*라는 점, 그리고 분모의 할인율이 자기자본비용(k_e)이 아니고 가중평균자본비용(*WACC*)인 점에서 앞서 설명한 배당(또는 이익)평가모형과 차이가 있다.

$$V_0 = \sum_{t=1}^{\infty} \frac{FCF_t}{(1+WACC)^t} \tag{8-17}$$

식 (8-17)에서 미래 t기에서의 잉여현금흐름(*FCF*)을 무한정 추정할 수 없으므로 실무적으로는 예측기간과 예측기간 이후의 기간, 2단계로 구분하는 *FCF*모형을 사용하고 있다. 이를 2단계 *FCF*모형이라고도 부르는데, 식 (8-18)과 같이 세 부분으로 나누어 기업가치를 추정한다. ① 예측기간인 t기간에 걸쳐 매 기간 직접 추정한 잉여현금흐름(FCF_t)을 가중평균자본비용($WACC$)으로 할인한 현재가치, ② 예측기간 이후는 잔존가치(CV_n)로 추정하여 이를 $WACC$로 할인한 현재가치, 그리고 ③ 영업외가치 등 3가지 종류의 가치가 그것이다. 이 모두 합산하여 기업전체가치 V_0 (value of the firm)를 추정한다.

최종적으로 적정 주당주식가치 S_0(value of equity)는 이렇게 구해지는 기업전체가치(V_0)에서 부채가치 B_0 (value of debt)를 차감하여 자기자본가치를 구한 다음, 이를 발행주식수로 나누어 추정한다(식 (8-19)).

$$V_0 = \sum_{t=1}^{n} \frac{FCF_t}{(1+WACC)^t} + \frac{CV_n}{(1+WACC)^n} + \text{영업외가치} \qquad (8\text{-}18)$$[2]

$$\text{주당주식가치}(S_0) = \frac{(V_0 - B_0)}{\text{발행주식수}} \qquad (8\text{-}19)$$

(2) *FCF*모형에서의 투입정보의 추정

식 (8-18)과 식 (8-19)에 따라 적정주식가치를 구하기 위해서는 이들 모형을 구성하고 있는 제반 투입정보들을 추정해야 할 것이다. 본항에선 이들 투입정보의 추정방법을 설명한다.

1) 잉여현금흐름 : 세후영업이익과 영업투하자본

*FCF*모형의 근간이 되는 잉여현금흐름(*FCF* : free cashflow)은 본업활동에서 창출하는 세후영업이익에서 신규투자액(투하자본 증가액)을 차감한 현금흐름을 말한다.

$$\text{잉여현금흐름}(FCF) = \text{세후영업이익}(NOPLAT) - \Delta\,\text{영업투하자본}(\Delta IC) \qquad (8\text{-}20)$$

2) 식 (8-18)의 2단계 *FCF*모형은 일정 예측기간(예를 들어 5년)을 설정하여 그 기간 동안의 *FCF*는 매기마다 추정하고, 예측기간 이후(예를 들어 5년 이후)의 *FCF*는 잔존가치로 압축하여 추정하는 모형이다. 이제 기업의 *FCF*가 매년 g%만큼 정률적으로, 영구적으로 성장한다면 배당의 정률성장모형과 마찬가지 방법으로 다음과 같이 추정할 수 있다.

$V_0 = \dfrac{FCF_1}{WACC - g}$ … 식 (8-18-1) [비교 : 배당의 정률성장모형 $S_0 = \dfrac{d_1}{k_e - g}$]

여기서 세후영업이익(*NOPLAT* : net operating profit less adjusted tax)은 기업의 핵심 영업활동(생산 · 판매 · 관리)에서 벌어들인 경영성과치인 영업이익(*EBIT*)을 납세후 기준으로 측정한 금액이다. 즉, *NOPLAT*는 *EBIT*(이자법인세 차감전 이익)에서 조정된 세금을 차감하여 측정한다. 간단하게 세전영업이익에 (1－법인세율)을 곱하여 계산하기도 한다.

영업투하자본(*IC* : invested capital)은 기업이 영업이익을 벌어들이기 위해 기업의 핵심경영활동, 즉 생산 · 판매 · 관리 등의 영업활동에 투하된 자금을 의미하는데, 다음과 같이 측정한다.

$$\begin{aligned}&\text{영업관련 비유동자산}+(\text{영업관련})\ \text{순운전자본}\\&\quad=\text{영업비유동자산(순액)}+(\text{적정수준의 현금}\cdot\text{예금}+\text{매출채권}\\&\qquad+\text{재고자산}-\text{무이자발생 유동부채})\end{aligned} \tag{8-21}$$

영업투하자본(*IC*)을 측정하기 위해서는 기업의 자산을 영업(본업)과 직접 관련된 영업자산과 그렇지 않은 영업외자산으로 구분해야 한다. 여기서 영업외자산(non-operating assets)이란 영업활동에 직접 투여되지 않은 자산으로서, 비유동자산 중에서는 투자자산(투자부동산, 출자금, 관계회사주식 등), 건설중인 자산, 이연자산 등을 말하며, 유동자산 중에서는 시장성유가증권, 적정수준 이상의 예금 등을 말한다. 그러나 이와 같은 영업외유동자산을 제외한 자산의 금액이 모두 영업활동에 투자되었다고 볼 수는 없다. 왜냐하면 유동부채 중에서 외상매입금, 미지급금 등의 항목과 같은 무이자발생부채는 투하자본의 부담을 줄여주기 때문이다. 따라서 영업관련 순운전자본을 추정할 때에는 적정수준의 현금 · 예금, 매출채권, 재고자산을 합한 다음, 무이자발생 유동부채를 차감한다.

따라서 *FCF* 추정은 다음과 같이 요약된다.[3]

$$\begin{aligned}FCF&=NOPLAT(\text{세후영업이익})\\&\quad-\Delta IC(\text{영업투하자본(영업비유동자산}+\text{영업순운전자본)의 순증가액})\\&=EBIT(1-\text{법인세율})-\Delta[\text{영업비유동자산}+(\text{적정수준의 현금}\cdot\text{예금}\\&\quad+\text{매출채권}+\text{재고자산}-\text{무이자발생 유동부채})]\end{aligned} \tag{8-22}$$

3) *FCF*를 측정할 때, 실제는 처음 두 항의 계산은 [세후영업현금흐름－Δ영업총비유동자산]의 계산이다. 그런데 이는 [{*EBIT*(1－법인세율)＋감가상각비}－{영업비유동자산투자(순액)＋감가상각비}]이므로, 감가상각비 부분이 소거되어 *NOPLAT*－Δ영업비유동자산(순액)으로 계산한 것이다.

2) 가중평균자본비용($WACC$)

분모에 할인율로 사용되는 가중평균자본비용($WACC$)은 다음 식과 같이 원천별 자본비용에 그 자본조달원의 조달비중에 따라 가중한 것이다.

$$WACC = k_d(1-t) \cdot \frac{B}{B+S} + k_e \cdot \frac{S}{B+S} \tag{8-23}$$

단, k_d : 세전부채비용, k_e : 자기자본비용
S : 자기자본의 시장가치, B : 부채의 시장가치, t : 법인세율

자본비용(cost of capital)이란 기업입장에서 볼 때에는 조달하는 투자자본액에 대해서 자본사용의 대가로 치르는 지급대가를 말한다.

자본비용 = 지급대가/조달자본액

그런데 기업이 일정한 대가를 치르고 필요한 투자자본을 조달할 수 있기 위해서는 지급대가가 자본제공자(채권자와 주주)의 기회투자수익을 충족시켜야 한다. 즉, 자본제공자들이 그 투자자본을 위험도가 동일한 다른 투자대상에 대하여 투자하였을 때 얻을 수 있는 기회투자수익률 수준이 되어야 한다. 자본제공자 입장에서 보면 자본비용은 기회투자수익률이다.

자본비용 = 기회투자수익/자본제공액

따라서 기업이 자본제공자들의 기회투자수익을 만족시키는 수준의 지급대가를 치르고 투자자본을 조달하려면, 그 투자자본에 대해서는 최소한 자본비용수준의 투자수익률을 달성해야 할 것이다. 결국, 자본비용은 자본제공자의 요구수익률(required rate of return)이 된다.

자본비용은 물론 사후적으로 측정하기도 한다. 사후적 자본비용은 실제 조달했던 자본액에 대한 명시적 비용(지급이자 등)의 비율을 구하여 측정한다. 그러나 투자결정은 미래에 대한 의사결정이므로 적용할 자본비용은 사전적 비용으로서 기회비용의 의미를 지니며, 명시적 비용뿐만 아니라 묵시적 비용까지도 포함해야 한다.

식 (8-23)의 가중평균자본비용($WACC$)을 추정하기 위해서는 부채비용, 자기자본비용, 자본구성비를 추정해야 한다.

① **부채비용 :** 부채비용을 측정하는 방법은 3가지를 들 수 있다. ⓐ 채권자의 기회투자수익률을 뜻하는 채권의 만기수익률을 사용하는 방법, ⓑ 무위험 이자율에 유사 회사채의 신용위험 스프레드(credit risk spread)를 더해서 계산하는 방법, ⓒ 명시적 비용인 지급이자액을 이자지급부채의 크기로 나누어 측정하는 방법이다. 어느 방법이든지 부채비용은 앞에서 구한 부채비용에 (1－유효법인세율)을 곱하여 **세후기준**으로 측정해야 한다.

② **자기자본비용 :** 자기자본비용은 배당평가모형과 이익평가모형을 응용한 방법 ($k_e = \frac{d_1}{P_0} + g$, $k_e = \frac{E}{P_0}$)으로 추정할 수 있지만, 자기자본비용을 추정하는 가장 보편화된 방법은 제6장에서 설명한 $CAPM$(식 (6-4))을 이용하여 추정하는 것이다. 현대 자본시장이론에 기초하여 주주의 기회투자수익률은 다음과 같이 시장위험보상률 $[E(R_m) - R_f]$에 베타계수를 곱하여 구한다.

$$k_e = E(R_j) = R_f + [E(R_m) - R_f]\beta_j \tag{8-24}$$

여기서, β : 주식 j의 체계적 위험(계수), R_f : 무위험이자율
$E(R_m)$: 시장포트폴리오의 기대수익률, $E(R_m) - R_f$: 시장위험보상률

위의 모형을 이용하여 자기자본비용을 측정하자면 R_f, $[E(R_m) - R_f]$, β 등의 투입정보가 추정되어야 한다. R_f 자료로는 단기국공채수익률을 많이 사용한다. 시장위험보상률 $[E(R_m) - R_f]$은 미국시장 같은 경우는 역사적 시계열자료상의 측정에 근거하여 6% 내외인 것으로 보고 있다. 이를 글로벌하게 적용하면, 전 세계적으로 자본시장이 글로벌화됨에 따라서 펀드매니저의 자산선택 범위도 전 세계적으로 확대되는 경향을 감안하여 글로벌 위험보상률(global risk premium)과 국가위험보상률(country risk premium)을 반영할 필요가 있다. 이를 종합하면 우리나라 증권시장에서의 위험을 감안한 위험보상률은 경제의 불확실성 정도에 따라 8% 내외를 적절한 것으로 보기도 한다.

③ **목표자본구조 :** 원천별 자본비용들이 계산되면, 이들에 자본구성에 따라 가중치를 준 가중평균을 구하여 우리가 필요로 하는 $WACC$를 추정해야 하는데, 현실적으로는 자본구성비대로 가중치를 둘 때에는 ⓐ 현재의 시장가치기준의 자본구조, ⓑ 비교가능 기업의 자본구조, ⓒ 재무정책을 감안한 목표자본구조－3가지를 복합적으로 고려하는 방법이 합리적이다.

3) 잔존가치

2단계 FCF모형에서 영업가치는 미래예측기간 t기간에 걸친 잉여현금흐름(FCF_t)을 추정하여, 이것을 가중평균자본비용($WACC$)으로 할인한 현재가치와 예측기간 이후의 잔존가치를 합하여 추정한다.

영업가치＝명시된 예측기간 FCF의 현재가치
＋명시된 예측기간 이후 FCF의 현재가치(잔존가치) (8-25)

잔존가치(CV : continuing value)란 명시적 예측기간 이후 현금흐름의 현재가치를 말하는데, 존속가치라고도 부른다. 잔존가치를 추정하기 위해서는 명시적 예측기간(explicit forecast horizon)이 설정되어야 한다. 이와 관련해서는 2가지 측면이 고려되어야만 한다.

첫째, 명시적 예측기간이 길고 짧아짐에 따라 기업가치가 달라지는가의 문제이다. 결론적으로 말하면, 예측기간이 얼마나 긴가는 최종적인 기업가치 추정에 영향을 주지 않는다. 예측기간이 길어지면 명시된 예측기간의 FCF의 현재가치가 커지는 반면 잔존가치는 작아진다. 만약 예측기간이 짧아지면 반대로 나타나게 될 뿐이다.

둘째, 예측기간을 설정하는 현실적인 기준은 무엇인가 하는 것이다. 예측기간을 설정하는 기준으로 경쟁우위 유지가능기간($ROIC > WACC$인 상태를 유지할 수 있는 기간)이나 고속성장 후 안정적(steady) 성장수준을 유지하기 시작하는 시점을 고려할 수 있다.

외국 증권기관들을 보면 실무적으로 10여년 정도의 기간을 예측기간으로 잡는 경향이 있다. 그러나 경제환경의 불안정성이 큰 나라에서는 예측기간을 5년 안팎으로 조금 짧게 잡는 것이 현실적일 것이다.

잔존가치가 기업전체가치에서 차지하는 비중은 일반적으로 50～125% 정도 되는 것으로 알려져 있다. 매우 높은 비중을 차지하고 있는 셈이다. 예측기간 이후 FCF의 현재가치, 즉 잔존가치(CV)도 예측기간의 영업가치와 마찬가지로 예측기간 이후의 $NOPLAT$, 신규투자액, 증분의 $ROIC$, 재투자율, 성장률, $WACC$ 등에 영향을 받는다.

잔존가치 추정에서는 추정을 단순화시키기 위해서 n시점 이후 FCF의 성장률(g)에 대하여 일정한 가정을 하는 방법을 사용한다. 따라서 성장률에 대한 가정이 기업가치에 큰 영향을 주게 된다.

예측기간 이후의 FCF_n가 g%만큼 정률로 성장한다고 가정하면, 정률배당성장모형에서와 같이 n시점의 잔존가치를 다음과 같이 추정할 수 있다. 이때의 성장률 추정치로는 보수적으로 그 나라 GDP 성장률을 사용하기도 한다.

$$CV_n = \frac{FCF_{n+1}}{WACC - g} \tag{8-26}$$

이 밖에도 잔존가치 추정시 다음과 같은 방법을 활용될 수 있다.

① 예측기간 최종 수년간(n)의 FCF의 평균수준을 영구히 유지한다고 가정한 추정 : 예측기간 마지막 수년 FCF의 평균수준에서 0%의 성장을 영구히 한다고 가정하면 잔존가치는 다음과 같이 추정된다.

$$CV_n = \frac{FCF \text{ 최종 수년 평균}}{WACC} \tag{8-27}$$

② 대체원가, 청산가치기준 : 예측기간 끝 시점에서 예상되는 자산의 대체원가나 청산가치를 잔존가치로 보는 방법이다.

③ PER모형 이용법 : 적정PER에 주당이익을 곱하면 적정주가가 구해지는 관계를 이용하여, 예측기간 말 예상되는 적정PER에 그 시점의 예상 주당이익을 곱하는 방법이다.

④ $PBR(M/B)$모형 이용법 : 마찬가지 방법으로 예측기간 말 예상되는 적정 PBR에 그 시점의 예상 주당순자산을 곱하는 방법이다.

4) 영업외가치

이상에서는 '영업가치'를 추정하는 방법을 살펴보았다. 기업전체가치(V_0)를 추정하는 최종단계에서 영업외가치를 더해야 한다. 영업외가치(non-operating value)는 기업의 핵심경영활동 이외의 부문에서 지니고 있는 가치를 말한다. 영업가치를 추정하는 단계에서 제외되었던 장・단기 금융자산, 투자자산 등도 기업가치를 구성하는 중요한 부문이다. 따라서 영업가치를 추정할 때 제외되었던 영업외자산(non-operating assets)을 합하여 기업전체가치 추정에 포함되도록 해주어야만 한다.

5) 부채가치의 계산과 적정주가의 추정

기업전체가치(V_0 : firm value)가 추정되었으면 부채가치를 차감하여 **자기자본가치**를 구하는 작업이 이루어져야 한다. 부채가치(B_0 : debt value)는 주주입장에서 볼 때, 기업이 창출한 가치에 대해서 청구권을 주주보다 먼저 행사하게 되는 부채성의 모든 지분을 말한다. 회사채, 차입금 등 이자지급부채의 시장가치, 우선주의 시장가치, 비지배주주지분(minority interests), 운영리스, 스톡옵션 등이 이에 해당된다.

부채가치 추정도 물론 시장가치기준으로 이루어져야 하는데, 많은 경우 부채의 시장가치와 장부가치의 차이가 크지 않으므로 장부가치기준으로 추정하기도 한다.

최종적으로 **주당주식가치**는 기업전체가치(V_0)에서 부채가치(B_0)를 차감한 자기자본가치(equity value)를 발행주식수로 나누어 추정하게 된다.

식 (8-19)에 의해 기업전체가치(V_0)는 마지막 단계에서 영업외 금융자산이 더해지는 방법으로 추정하였다. 그리고 주식가치는 여기서 부채가치를 차감하는 방법을 적용하였다. 다른 한 방법은 V_0 추정에서 영업외 금융자산을 더하지 않고, 주식가치를 구할 때, 이자지급 금융부채에서 영업외 금융자산을 차감한 **순금융부채** 금액을 차감하여 추정할 수 있다.

8.5 사례기업의 적정주가가치 평가

앞의 8.4절에서는 *FCF*모형에 의해서 주식가치를 평가하는 방법에 대하여 살펴보았다. 이하에서는 사례기업인 AAA전자에 대하여 다음 식으로 표현되는 *FCF*모형을 적용하여 적정주가를 도출하는 과정을 설명한다.

$$V_0 = \sum \frac{\text{예측기간 } FCF_t}{(1+WACC)^t} + \frac{\text{잔존가치}}{(1+WACC)^t} + \text{비영업자산가치}$$

$$S_0 = \frac{(V_0 - B_0)}{\text{발행주식수}}$$

(1) 재무제표자료

앞 절 *FCF*모형에 대한 설명에서도 확인할 수 있는 것처럼 *FCF*모형을 적용하는 데 필요한 항목들은 대부분 재무제표에서 추정할 수 있는 것들이다. 이들 항목은 원천적으로 기업가치를 결정짓는 요인들이기도 하다.

〈표 8-4〉는 과거 2016~2019년 기간의 *FCF*를 측정하는 데 계산의 근거가 되는 AAA전자의 재무제표자료이다. 이제 재무제표로부터 식 (8-18), 식 (8-19)와 관련된 주요 투입정보를 추정해 보기로 하자.

〈표 8-4〉 사례기업의 재무제표

	A	B	C	D	E	F	G
1	1. 재무상태표 (2016~2019)						
2	AAA전자					(단위 : 십억원)	
3	항 목			2016	2017	2018	2019
4	I. 유동자산			87,269.0	110,760.3	115,146.0	124,814.7
5		1.당좌자산		61,309.5	79,483.5	86,511.9	96,661.0
6		현금및 현금성자산		18,791.5	16,284.8	16,840.8	22,636.7
7		단기금융상품		18,656.8	38,210.2	44,976.5	48,856.3
8		매출채권		23,861.2	24,988.5	24,694.6	25,168.0
9		2.재고자산		17,747.4	19,134.9	17,317.5	18,811.8
10		3.기타유동자산		8,212.1	12,141.9	11,316.6	9,341.8
11	II. 비유동자산			93,802.6	103,314.7	115,276.9	117,364.8
12		1.유형자산		68,484.7	75,496.4	80,873.0	86,477.1
13		2.무형자산		3,729.7	3,980.6	4,785.5	5,396.3
14		3.투자자산		8,785.5	6,422.3	5,232.5	5,276.3
15		4.장기금융자산		5,229.2	6,238.4	12,667.5	8,332.5
16		5.기타비유동자산		7,573.5	11,177.0	11,718.4	11,882.5
17		[자산총계]		181,071.6	214,075.0	230,423.0	242,179.5
18	I. 유동부채			46,933.0	51,315.4	52,013.9	50,502.9
19		1.매입채무		9,489.1	8,437.1	7,914.7	6,187.3
20		2.단기차입금		8,443.8	6,438.5	8,029.3	11,155.4
21		3.미지급금		7,400.2	9,196.6	10,318.4	8,864.4
22		4.기타유동부채		21,599.9	27,243.2	25,751.5	24,295.8
23	II. 비유동부채			12,658.3	12,743.6	10,320.9	12,616.8
24		1.사채		1,829.4	1,311.1	1,355.9	1,230.4
25		2.장기차입금		3,623.0	985.1	101.7	266.5
26		3.기타비유동부채		7,205.9	10,447.4	8,863.3	11,119.9
27		[부채총계]		59,591.4	64,059.0	62,334.8	63,119.7
28	III. 자본						
29		[지배주주지분]		117,094.1	144,442.6	162,181.7	172,876.8
30		1.자본금		897.5	897.5	897.5	897.5
31		2.자본잉여금		4,403.9	4,403.9	4,403.9	4,403.9
32		3.이익잉여금		119,985.7	148,600.3	169,529.6	185,132.0
33		4.기타포괄이익누계액		-1,364.2	-3,422.2	-4,154.2	-3,964.5
34		5.기타자본		-6,828.8	-6,776.7	-8,495.1	-13,592.1
35		[비지배주주지분]		4,386.2	5,573.4	5,906.5	6,183.0
36		[자본총계]		121,480.2	150,016.0	168,088.2	179,069.8
37	[부채 및 자본총계]			181,071.6	214,075.0	230,423.0	242,179.5

	A	B	C	D	E	F	G
41		2. 손익계산서 (2016~2019)					
42		AAA전자					(단위 : 십억원)
43		항 목		2016	2017	2018	2019
44		**매출액**		201,103.6	228,692.7	206,206.0	200,653.5
45			(매출액증가율)			-9.800	-2.700
46		**매출원가**		126,651.9	137,696.3	128,278.8	123,482.1
47		**매출총이익**		74,451.7	90,996.4	77,927.2	77,171.4
48		**판매비와 관리비**		45,402.3	54,211.3	52,902.1	50,757.9
49		**영업이익**		29,049.3	36,785.0	25,025.1	26,413.4
50		**영업외수익**		10,376.2	10,948.4	12,403.7	13,302.7
51			금융수익	7,836.6	8,014.7	8,259.8	10,514.9
52			지분법이익	986.6	504.1	342.5	1,101.9
53			기타수익	1,553.0	2,429.6	3,801.4	1,685.9
54		**영업외비용**		9,510.5	9,369.0	9,553.7	13,755.2
55			금융비용	7,934.5	7,755.0	7,294.0	10,031.8
56			기타비용	1,576.0	1,614.0	2,259.7	3,723.4
57			(영업외수지)	865.7	1,579.4	2,850.0	-452.5
58		**법인세비용차감전순이익**		29,915.0	38,364.3	27,875.0	25,961.0
59		**법인세비용**		6,069.7	7,889.5	4,480.7	6,900.9
60		**계속사업이익**		23,845.3	30,474.8	23,394.4	19,060.1
61		**중단사업이익**		0.0	0.0	0.0	0.0
62		**당기순이익**		23,845.3	30,474.8	23,394.4	19,060.1
63		(지배주주)당기순이익		23,185.4	29,821.2	23,082.5	18,694.6
64		(비지배주주)당기순이익		659.9	653.5	311.9	365.5
65		**총포괄이익**		22,128.2	29,467.9	21,400.9	19,136.2
66		(지배주주)총포괄이익		21,499.3	28,837.6	20,990.7	18,804.2
67		(비지배주주)총포괄이익		628.9	630.3	410.2	332.0
68		**EPS(주당이익:원)**		6,624	8,465	6,498	5,294
69		감가상각비		22,759.6	23,804.8	18,053.4	20,930.9
70		**EBITDA**		51,808.9	60,589.8	43,078.5	47,344.3

(2) 주요 투입정보의 추정

1) 과거기간 투하자본증가액(ΔIC), 세후영업이익($NOPLAT$), FCF의 추정

미래 FCF를 측정하기 위하여 먼저 과거기간(2016~2019년)의 영업투하자본증가액(ΔIC)과 세후영업이익($NOPLAT$)을 측정해 보자.

Excel을 활용하여 FCF를 추정하는 작업의 핵심은 재무제표의 항목들을 FCF를 구성하는 항목들과 연관시켜 해당 셀 주소를 지정하는 것이다. 투하자본증가액 추정을 예로 들면, 그 구성항목인 영업순운전자산, 영업순비유동자산 증감과 연관된 재무제표의 해당 셀 주소를 지정하여 가감하면 추정치를 얻게 된다. 추정하고자 하는 항목들이 재무제표의 어떤 항목에 해당되는지는 표의 "비고란"에 표기하여 포함된 주 내용을 참고할 수 있게 하였다.

〈표 8-5〉의 행 13은 식 (8-21)을 적용한 영업투하자본증가액(ΔIC) 추정결과를 보여주고 있다. 2016년 영업유동자산이 계산된 셀 C4는 '(8장) FCF 사례연구(재무

〈표 8-5〉 영업투하자본증가액(ΔIC)(2017～2019년)의 계산

C8 =C6+C7

투하자본 증가액(ΔIC)의 계산(2017~2019) (단위 : 십억원)

관련항목	2016	2017	2018	2019	비 고
①영업유동자산	68,612.2	72,550.1	70,169.5	75,958.4	유동자산 - 단기금융상품
②무이자부 유동부채	38,489.2	44,876.9	43,984.6	39,347.5	유동부채 중 (매입채무+미지급금+기타유동부채)
I. 영업순운전자산(①-②)	30,123.0	27,673.2	26,184.9	36,610.9	①영업유동자산 - ②무이자부 유동부채
II. 영업순비유동자산	81,367.5	86,628.9	93,746.1	97,912.4	비유동자산-장기금융자산-무이자(기타)비유동부채
영업투하자본(IC) (I + II)	111,490.5	114,302.1	119,931.0	134,523.3	I.영업순운전자산 +II. 영업순비유동자산
순금융부채	-9,989.8	-35,713.9	-48,157.1	-44,536.5	이자지급장단기부채(단기차입금+사채+장기차입금) -이자수입금융자산(단기금융상품+장기금융자산)
자기자본	121,480.2	150,016.0	168,088.2	179,069.8	자본총계
I. 영업순운전자산 증가액		-2,449.8	-1,488.3	10,426.0	당기 영업순운전자본 - 전기 영업순운전자본. (I)의 기간 중 증가액
II. 영업순비유동자산 증가액		5,261.4	7,117.2	4,166.3	당기영업순비유동자산-전기영업순비유동자산. (II)의 기간 중 증가액
영업투하자본 증가액(ΔIC)		2,811.6	5,628.9	14,592.3	영업순운전자산 순증가액(I) + 영업비유동자산 증가액(II)

셀 C4 :'='(8장) FCF 사례연구(재무제표)'!D4-'(8장) FCF 사례연구(재무제표)'!D7'

셀 C5 : '='(8장) FCF 사례연구(재무제표)'!D19+'(8장) FCF 사례연구(재무제표)'!D21+'(8장) FCF 사례연구(재무제표)'!D22'

셀 C6 : '=C4-C5'

셀 C7 := '(8장) FCF 사례연구(재무제표)'!D11-'(8장) FCF 사례연구(재무제표)'!D15-'(8장) FCF 사례연구(재무제표)'!D26'

셀 C8 : '=C6+C7' 셀 D11 : '=D6-C6'

셀 D12 : '=D7-C7' 셀 D13 : '셀 D12 : '=D7-C7''

(8장) IC시산표

〈표 8-6〉 세후영업이익($NOPLAT$), 잉여현금흐름(FCF)(2017～2019년)의 계산

D10 =D7-D9

[(1) NOPLAT의 계산]

AAA전자 (단위 : 십억원)

항 목	2016	2017	2018	2019	비고
I. 매출액	201,103.6	228,692.7	206,206.0	200,653.5	I/S 매출액
II. 매출원가	126,651.9	137,696.3	128,278.8	123,482.1	I/S 매출원가
III. 판관비	45,402.3	54,211.3	52,902.1	50,757.9	I/S 판관비
영업이익(EBIT)	29,049.4	36,785.1	25,025.1	26,413.5	I - II - III
①법인세율(%)	0.242	0.242	0.242	0.242	I/S에서 (법인세비용/세전순이익)
② (-) EBIT대비 법인세	7,030.0	8,902.0	6,056.1	6,392.1	영업이익*법인세율
NOPLAT(세후영업이익)	**22,019.4**	**27,883.1**	**18,969.0**	**20,021.4**	영업이익- ②EBIT대비 법인세

셀 D10 : '=D7-D9' (D4, D5, D6는 '='(8장) FCF 사례연구(제무제표)'!에서'

[(2) FCF의 계산]

항 목	2016	2017	2018	2019	비 고
I. NOPLAT(세후영업이익)	22,019.4	27,883.1	18,969.0	20,021.4	NOPLAT 계산표의 결과
II. (-) 영업투하자산 증가액(ΔIC)		2,811.6	5,628.9	14,592.3	아래 ① + ② [IC계산표]
①영업순운전자산 증가액		-2,449.8	-1,488.3	10,426.0	IC계산표의 결과
②영업비유동자산 증가액		5,261.4	7,117.2	4,166.3	IC계산표의 결과
잉여현금흐름(FCF)		**25,071.5**	**13,340.1**	**5,429.1**	NOPLAT(I) - 투하자산증가액(ΔIC)(II)

셀 E14 : '=E10' 셀 E15 : '=E16+E17'

셀 E16 : '='(8장) IC시산표'!D11' 셀 E17 : '='(8장) IC시산표'!D12'

셀 E18 : '=E10-E15'

(8장) NOPLAT FCF의 계산

제표)' 시트의 셀 D4에서 셀 D7을 차감하여 계산된 것이다.

> 2016년 영업유동자산(셀 C4) : =영업관련 비유동자산+(영업관련) 순운전자본
> ='(8장) FCF 사례연구(재무제표)'!D4-'(8장) FCF 사례연구(재무제표)'!D7
> 2016년 영업투하자본(셀 C8) : =C6+C7
> 2017년 영업투하자본증가액(셀 D13) : =D7-C7

이러한 방법으로 계산된 2017~2019년 기간의 투하자본증가액(ΔIC)은 2,811.6십억원, 5,628.9십억원, 14,592.3십억원이었음을 보여주고 있다.

〈표 8-6〉의 (1)은 식 (8-20)을 적용하여 세후영업이익($NOPLAT$)을 추정한 결과를 보여주고 있다. 마찬가지 방법으로 세후영업이익 계산과 연관된 재무제표의 해당 셀 주소를 지정한 다음, 이들을 가감하여 계산된 것이다. 2016년 영업이익(D7)은 '재무제표' 시트의 손익계산서에서 복사해온 매출액, 매출원가, 판관비 자료로부터 D4에서 D5와 D6을 차감한 것이다. 세후영업이익($NOPLAT$)은 이렇게 측정된 영업이익에서 유효법인세율 24.2%를 적용하여 계산된 것이다.

> 2017년 NOPLAT(셀 E10) : =영업이익(E4-E5-E6)-법인세(E9)

〈표 8-6〉(2)(행 18)에 제시되어 있는 'FCF 계산'은 〈표 8-6〉(1)의 $NOPLAT$ 계산 결과에서 〈표 8-5〉의 ΔIC 계산결과를 차감하여 구한 것이다. 2017년 FCF(셀 E18)는 다음을 계산한 것이다.

> 2017년 FCF(셀 E18) : =2017년 NOPLAT(E14)-2017년△IC(E15)
> 여기서 2017년 △IC(E15) : =E16(2017년 △영업순운전자산증가액)
> +E17(2017년 △영업비유동자산증가액)
> (E16, E17은 IC 계산표의 결과치)

결과적으로 식 (8-22)에 의해서 측정된 이 기간의 FCF는 25,071.5십억원, 13,340.1십억원, 5,429.1십억원이었다. 지속적으로 FCF가 (+)를 보이고 있어 투자액을 차감하고 잉여자금이 평균적으로 14조원 정도가 창출되고 있음을 보여주고 있다.

2) 미래 *FCF*의 추정

미래 FCF를 예측하기 위한 전단계로 앞의 1)에서는 과거기간의 FCF의 추세

를 분석해 보았다. 이제 **예측기간의 추정재무제표**의 주요 항목에 구조적으로 영향을 미치는 가치창출요인(value driver)이 무엇인지 분석해 볼 필요가 있다. 왜냐하면 가치창출요인들의 추세나 변동가능성이 미래 *FCF*에 원천적으로 영향을 주기 때문이다.

결론적으로 *FCF* 변동을 초래하는 요인은 *ROIC*(영업투하자본 세후영업이익률)를 분해 분석함으로써 밝혀질 수 있다. *ROIC*는 *FCF*를 결정짓는 두 항목, 영업활동에 투자된 영업투하자본(*IC*)과 세후영업이익(*NOPLAT*)을 분모, 분자에 대응시켜 계산되는 재무비율로서, 수익성(이익창출능력)을 평가하는 지표가 되기 때문이다.

$$ROIC = \frac{NOPLAT(\text{세후영업이익})}{IC(\text{영업투하자본})} \tag{8-28}$$

여기서 주의할 점은 분모의 영업투하자본(*IC*)의 계산이다. *IC*를 금기 *IC*와 전기 *IC*의 합을 2로 나눈 평균*IC*를 사용하든지, 아니면 전기(기초)의 *IC*를 사용하는 것이 합리적이다. 금기의 *NOPLAT*를 창출한 *IC*는 금기의 *IC*가 아니기 때문이다.

Du Pont System 분석에서는 특정기업의 수익성을 평가할 때 사용하는 총자본영업이익률(*ROA*)은 영업마진(비용효율성)의 정보를 나타내는 매출액영업이익률과 자산투자의 효율성을 나타내는 총자산회전율 등 2가지 부분으로 분해하여 그 변동원인을 분석한다.

$$ROA = \frac{\text{영업이익}}{\text{총자본}} = \underset{\substack{(\text{영업마진})\\(\text{비용효율성})}}{\frac{\text{영업이익}}{\text{매출액}}} \times \underset{\substack{(\text{총자산회전율})\\(\text{자산투자의 효율성})}}{\frac{\text{매출액}}{\text{총자산}}} \tag{8-29}$$

*ROIC*도 *ROA*와 마찬가지 방법으로 2가지 비율로 분해하여 이익창출능력의 원천을 평가할 수 있다. 다만, 분자가 *ROA*에서의 영업이익이 아니라 세후영업이익(*NOPLAT*)이므로 (1－유효법인세율)을 곱해주는 방법을 사용한다.

$$ROIC = \frac{\text{세후영업이익}}{\text{영업투하자본}} = \frac{\text{영업이익}}{\text{매출액}} \times \frac{\text{매출액}}{\text{영업투하자본}} \times (1 - \text{유효법인세율}) \tag{8-30}$$

여기서 보다 근본적인 이익창출능력의 원천이 **매출액영업이익률**과 **투하자본회**

전율의 구체적인 구성요소임을 알 수 있다.

이제 자본비용 $WACC$가 일정하고, FCF가 일정하게 g%로 성장한다고 가정하면, 성장률(g)은 재투자율에 $ROIC$를 곱한 것(g=재투자율×$ROIC$)이므로, [재투자율=$g/ROIC$]의 관계가 성립하여 FCF를 다음과 같이 표현할 수 있다.

$$\begin{aligned} FCF &= NOPLAT - \text{순투자액} \\ &= NOPLAT - (NOPLAT \times \text{재투자율}) \\ &= NOPLAT(1 - \text{재투자율}) \\ &= NOPLAT\left[1 - \left(\frac{g}{ROIC}\right)\right] \end{aligned} \tag{8-31}$$

따라서 일정한 성장률 g를 유지하는 기업의 가치는 다음과 같이 구해진다.

$$V_0 = NOPLAT \times \left[\frac{1 - \left(\frac{g}{ROIC}\right)}{WACC - g}\right] \tag{8-32}$$

식 (8-32)에서 **기업가치창출요인**(value driver)은 크게 투하자본 세후영업이익률($ROIC$: 영업마진과 자산투자효율성)과 이익성장률(g)로 집약할 수 있음을 볼 수 있다. 중요한 점은 $ROIC$가 $WACC$보다 클 때에만 성장률(g)이 높을수록 기업가치 증가(가치창조)에 기여한다는 점이다. 만약 $WACC$에도 못 미치는 $ROIC$를 올리는 기업은 성장률이 높을수록 오히려 기업가치 감소(가치파괴)를 초래한다.

요약하면, $ROIC$와 $WACC$의 차이인 스프레드(spread)가 정(+)의 값으로 클 때 성장률이 높을수록 기업가치가 증가한다. 이러한 배경하에서 $ROIC$, value driver를 중심으로 미래예측방법을 설명한다.

미래예측은 최종적으로는 계량화되어야 하는데, 신뢰성 있는 재무예측이 되기 위해서는 투입정보(미래예측변수) 하나하나에 대해서 **질적인 측면**을 충분히 고려해야만 한다. 핵심적인 부분은 예측기간 동안 기업의 경쟁우위(competitive advantage) 유지능력을 평가하는 것이라고 할 수 있다. 기업의 경쟁우위평가는 그 기업이 $ROIC > WACC$의 상태를 유지할 가능성, 그 크기, 지속기간 등으로 평가하기도 한다. 이를 위해 장기예측 부분에서는 거시적 요인, 전반적인 경제흐름의 변화, 산업의 구조적·질적인 변화 등을 고려해야 한다. 미시적으로는 개별사업단위로 세분하여 세부항목에 미치는 요인을, 그리고 기업 전체, 사업부, 영업단위별로 각각 나누어 상세수준을 달리하여 Value drivers에 미치는 영향을 평가해야 한다.

미래 추정재무제표의 주요 항목을 추정하는 유효한 예측방법은 매출액백분율법(percent of sales method)이다. 기업의 근본적인 이익창출능력의 원천이라고 할 수 있는 매출액영업이익률의 변동내역에 대해서는 주요 비용항목의 매출액구성비를 살펴보고, 영업투하자본회전율에 대해서는 주요 투자자산항목의 매출액구성비(이의 역수는 이들 자산의 회전율 비율이 됨)를 분석하면, 매출액과 연계시켜 미래 *FCF*를 결정짓는 주요 항목들을 예측할 수 있다.

구체적으로 미래 특정연도 추정 예상매출액에 주요 영업비용(매출원가, 판관비) 항목의 매출구성비를 곱하면 미래 주요 영업비용항목들이 추정된다. 이들을 모두 합한 금액과 매출액의 차이를 세후기준으로 계산하면 미래 세후영업이익(*NOPLAT*)의 값을 얻게 된다. 또한 매출액에 주요 순영업자산항목(매출채권, 재고자산, 유형자산, 무이자지급 부채)들의 매출액구성비(회전율비율의 역수)를 곱하면 미래 주요 영업자산항목이 추정된다. 이제 이를 모두를 합하면 영업투하자본(*IC*)을 예측할 수 있게 된다.

$$\text{주요 비용항목의 추정액} = \text{예상매출액} \times \frac{\text{주요 비용항목}}{\text{매출액}} \rightarrow NOPLAT \text{ 추정}$$

$$\text{주요 자산항목의 추정액} = \text{예상매출액} \times \frac{\text{주요 자산항목}}{\text{매출액}} \rightarrow IC \text{ 추정}$$

이처럼 개별비용항목과 자산항목을 매출액구성비로 추정할 때, 그 구성비가 안정적이면 과거 일정기간의 평균치를 사용할 수 있고, 만약 변동성이 높으면 질적, 구조적 변동을 충분히 감안하여 기업의 비용효율성과 자산운용효율성의 변화가능성을 반영시켜야 한다.

이제 위와 같은 예측체계에 따라 AAA전자의 미래 *FCF*를 추정해 보기로 하자. 직접 예측기간은 2020~2022년 기간의 3년으로 하고 그 이후 기간에 대해서는 잔존가치로 추정하였다. 이 예측에서는 위에서 설명한 value drivers와 연계한 매출액기준 예측(sales-driven forecast) 방법을 적용하였다. 즉, 미래 매출액을 예측한 다음, *FCF* 구성항목을 매출액백분율 방법을 사용하여 추정하였다. 이러한 접근방법에서는 매출액 성장률 추정이 관건인데, 반도체, 휴대폰, LED 등의 각 사업부문의 연도별 실적의 변동성이 높아서 보수적 관점에서 과거 3년간의 평균치 수준의 3%의 매출액 성장률을 가정하였다. 매기의 매출액은 전기 매출액에 이 추정 성장률을 곱하

〈표 8-7〉 미래 *FCF* 추정을 위한 추정 I/S 작성

G5 =F5*(1.03)

추정 포괄손익계산서 (2020~2022)

AAA전자 (단위 : 십억원)

항 목	2017	2018	2019	2020예측	2021예측	2022예측	비 고
I. 매출액	228,692.7	206,206.0	200,653.5	206,673.1	212,873.3	219,259.5	TV 등 가전, 휴대폰, 반도체, 디스플레이 부문의 사업실적이 부문별 시장상황과 경쟁사 상황에 따라 달라지지만 포트폴리오효과로 나타난다고 가정하여 과거 평균인 3%의 성장률이 2020년~2022년 지속가능한 것으로 예상
(매출액증가율)	0.137	-0.098	-0.027	0.030	0.030	0.030	
II. 매출원가	137,696.3	128,278.8	123,482.1	126,690.6	130,491.3	134,406.1	최근 3년간의 평균치인 매출원가율 61.3%, 판관비율 24.9% 수준을 유지하여 향후 3년간 매출액영업이익률 13.8% 수준을 예상
III. 매출총이익	90,996.4	77,927.2	77,171.4	79,982.5	82,382.0	84,853.4	
IV. 판매비와 관리비	54,211.3	52,902.1	50,757.9	51,461.6	53,005.5	54,595.6	
V. 영업이익	36,785.0	25,025.1	26,413.4	28,520.9	29,376.5	30,257.8	
VI. 영업외수익	10,948.4	12,403.7	13,302.7	10,031.7	10,031.7	10,031.7	영업외비용 및 영업외수익 중 지속가능항목은 금융비용(지급이자)와 지분법손익으로 분류함. 일시적항목으로 판단한 외환관련손익과 기타영업외손익 항목은수익과 비용의 크기가 동일할 것으로 가정. 금융수익이 금융부채 보다 많은 최근의 상황은 최근 3년 평균수준으로 지속되고, 지분법이익은 최근년도의 금액 수준이 유지될 것으로 가정
금융수익	8,014.7	8,259.8	10,514.9	8,929.8	8,929.8	8,929.8	
지분법이익	504.1	342.5	1,101.9	1,101.9	1,101.9	1,101.9	
기타수익	2,429.6	3,801.4	1,685.9				
VII. 영업외비용	9,369.0	9,553.7	13,755.2	8,360.3	8,360.3	8,360.3	
금융비용	7,755.0	7,294.0	10,031.8	8,360.3	8,360.3	8,360.3	
기타비용	1,614.0	2,259.7	3,723.4				
(영업외수지)	1,579.4	2,850.0	-452.5	1,671.4	1,671.4	1,671.4	
VIII. 법인세비용차감전순이익	38,364.3	27,875.0	25,961.0	30,192.3	31,047.9	31,929.2	
IIX. 법인세비용	7,889.5	4,480.7	6,900.9	7,306.5	7,513.6	7,726.9	실효 법인세율 24.2%을 적용
IX. 계속사업이익	30,474.8	23,394.4	19,060.1	22,885.8	23,534.3	24,202.4	
X. 중단사업이익	0.0	0.0	0.0	0.0	0.0	0.0	
XI. 당기순이익	30,474.8	23,394.4	19,060.1	22,885.8	23,534.3	24,202.4	
(지배주주)당기순이익	29,821.2	23,082.5	18,694.6	22,473.8	23,110.7	23,766.7	지배주주 대 비지배주주 지분비율은 최근 3년 평균인 98.2% 대 1.8%로 배분
(비지배주주)당기순이익	653.5	311.9	365.5	411.9	423.6	435.6	
XII. 총포괄이익	29,467.9	21,400.9	19,136.2	22,885.8	23,534.3	24,202.4	유형자산평가 등 기타포괄이익을 구성하는 항목의 이익과 손실이 동일할 것으로 가정하여 당기순이익과 동일한 수준으로 추정. 지배주주와 비지배주주 배분비율은 동일하게 98.2% 대 1.8%로 적용
(지배주주)총포괄이익	28,838	20,991	18,804	22,473.8	23,110.7	23,766.7	
(비지배주주)총포괄이익	630	410	332	411.9	423.6	435.6	
EPS(주당이익:원)	8,465.2	6,498.4	5,294.5	6,357.2	6,537.3	6,722.9	발행주식수 36,000만주
감가상각비	23,804.8	18,053.4	20,930.9	21,514.7	22,160.1	22,824.9	과거 매출액 대비 감가상각비 구성비 평균 10.41% 적용
EBITDA	60,589.8	43,078.5	47,344.3	50,035.6	51,536.6	53,082.7	시장 평균 20% 적용

셀 G5 : '=F5*(1.03)' 셀 G6 : '=G5*0.613' 셀 G9 : '=G5*0.249'
셀 G9 : '=G8-G9' 셀 G19 : '=G10+G18' 셀 G21 : '=G19-G20'
셀 G23 : '=G21-G22' 셀 G24 : '=G23*0.982' 셀 G26 : '=G23'

(8장) 사례기업 추정IS

여 예측치를 구하였다. 주요 구성항목들 예측에서 고려된 주요 사항들의 근거는 〈표 8-7〉과 〈표 8-8〉의 비고란에 적기하였다. 또 〈표 8-7〉의 추정 손익계산서의 작성과 〈표 8-8〉의 *ROIC* 추세분석은 value drivers와 연계한 매출액백분법을 적용한 것이다.

- **매출액과 성장률** : TV 등 가전, 휴대폰, 반도체, 디스플레이 부문의 사업실적이 부문별 시장상황과 경쟁사 상황에 따라 달라지지만 포트폴리오효과로 나타난다고 가정하여 과거 평균인 3%의 성장률이 2020~2022년 지속가능할 것으로 가정함
- **주요 비용항목** : 최근 3년간의 평균치인 매출원가율 61.3%, 판관비율 24.9% 수준을 유지하여 향후 3년간 매출액영업이익률 13.8% 수준을 예상. 그리고 주요 비용항목의 매출액구성비는 이들이 그 평균수준에 회귀한다는 가정하에 과거 3년(2017~2019년)의 평균치를 적용

〈표 8-8〉 *ROIC* 추세분석과 미래예측의 가정

E19 =E11*E18

ROIC 추세분석과 미래예측의 가정

AAA전자 (단위 : 십억원)

관련항목	과거 실적			미래 예측가정					비 고
	2017	2018	2019	2020	2021	2022	...	...	
매출액	228,693	206,206	200,654	206,673	212,873	219,259			전기매출액*(1+성장률)
매출액성장률	0.137	-0.098	-0.027	0.030	0.030	0.030			예측 성장률 적용
매출원가/매출액	0.602	0.622	0.615	0.613	0.613	0.613			매출액 백분율 과거 3년 평균치 적용
판관비/매출액	0.237	0.257	0.253	0.249	0.249	0.249			매출액 백분율 과거 3년 평균치 적용
(1) EBIT/매출액	0.161	0.121	0.132	0.138	0.138	0.138			매출액 백분율 과거 3년 평균치 적용
(2) EBIT*tc/매출액	0.039	0.029	0.032	0.033	0.033	0.033			법인세율 24.2%적용
I. EBIT(1-t)/매출액	0.122	0.092	0.100	0.105	0.105	0.105			(1) - (2)
매출채권/매출액	0.107	0.120	0.124	0.117	0.117	0.117			*재무상태표 자료는 전기와 금액 잔액의 평균치 매출액 백분율 과거 3년 평균치 적용
재고자산/매출액	0.081	0.088	0.090	0.086	0.086	0.086			매출액 백분율 과거 3년 평균치 적용
영업비유동자산/매출액	0.406	0.484	0.527	0.472	0.472	0.472			매출액 백분율 과거 3년 평균치 적용
기타자산/매출액	0.407	0.307	0.258	0.324	0.324	0.324			현금예금 기타유동자산 기타비유동자산
무이자부채/매출액	0.221	0.262	0.257	0.247	0.247	0.247			매출액 백분율 과거 3년 평균치 적용
영업투하자산/매출액	0.494	0.568	0.634	0.565	0.565	0.565			*영업투하자산에 포함되는 항목은 "IC계산표"와 동일
II. (매출액/영업투하자산	2.026	1.761	1.577	1.788	1.788	1.788			(영업투하자산/매출액)의 역수
ROIC(I * II)	0.2470	0.1620	0.1574	0.1869	0.1870	0.1870			(EBIT(1-t)/매출액)*(매출액/투하자산)

셀 B7 : '='(8장) FCF 사례연구(제무제표)'!E46/'(8장) FCF 사례연구(제무제표)'!E44'

셀 B8 : '='(8장) FCF 사례연구(제무제표)'!E48/'(8장) FCF 사례연구(제무제표)'!E44'

셀 B9 : '='(8장) FCF 사례연구(제무제표)'!E49/'(8장) FCF 사례연구(제무제표)'!E44'

셀 B10 : '=(B9*0.242)' 셀 B11 : '=B9-B10'

셀 B12 : '=(('(8장) FCF 사례연구(제무제표)'!D8+'(8장) FCF 사례연구(제무제표)'!E8)/2)/'(8장) FCF 사례연구(제무제표)'!E44'

셀 B14 : '=(('(8장) FCF 사례연구(제무제표)'!D11-'(8장) FCF 사례연구(제무제표)'!D15+'(8장) FCF 사례연구(제무제표)'!E11-'(8장) FCF 사례연구(제무제표)'!E15)/2)/'(8장) FCF 사례연구(제무제표)'!E44'

셀 B15 : '=1-(B12+B13+B14)' 셀 B17 : '=(('(8장) IC시산표'!C8+'(8장) IC시산표'!D8)/2)/'(8장) FCF 사례연구(제무제표)'!E44'

셀 B18 : '=1/B17' 셀 B19 : '=B11*B18'

(8장) ROIC 추세분석

- 영업외 항목, 특별항목의 추정 : 영업외비용 및 영업외수익 중 지속가능항목은 금융비용(지급이자)과 지분법손익으로 분류함. 일시적 항목으로 판단한 외환관련손익과 기타영업외손익 항목은 수익과 비용의 크기가 동일할 것으로 가정. 금융수익이 금융부채보다 많은 최근의 상황은 최근 3년 평균수준으로 지속되고, 지분법이익은 최근 연도의 금액 수준이 유지될 것으로 가정
- 법인세율 : 실효 법인세율 24.2%를 적용
- 주주 간 지배 지분비율 : 지배주주 대 비지배주주 지분비율은 최근 3년 평균인 98.2% 대 1.8%로 배분

〈표 8-9〉와 〈표 8-10〉은 이러한 내용과 근거로 추정, 예측된 결과이다. 특정셀이 어느 계정과목을 지정하고 있는지는 각 표의 하단에 적시하였다.

〈표 8-9〉 미래 FCF의 예측

C16 =C9-C15

미래 FCF의 예측

AAA전자 (단위 : 십억원)

관련항목	2020	2021	2022	비 고
매출액	206,673.1	212,873.3	219,259.5	ROIC추세분석에서 예상 성장률 적용. 전기매출액*(1+예상성장률)
매출원가	126,731.4	130,491.3	134,406.1	매출액예측치*과거 3개년 평균 매출액백분율
판관비	51,431.4	53,005.5	54,595.6	매출액예측치*과거 3개년 평균 매출액백분율
영업이익(EBIT)	28,510.3	29,376.5	30,257.8	매출액예측치*과거 3개년 평균 매출액백분율
조정법인세	6,899.5	7,109.1	7,322.4	t=0.242 가정
I. NOPLAT	21,610.8	22,267.4	22,935.4	영업이익 - 조정법인세
매출채권 증가액	705.3	725.4	747.2	매출액증가액*(매출채권 매출액 구성비 예측치)
재고자산 증가액	519.8	533.2	549.2	매출액증가액*(재고자산 매출액 구성비 예측치)
영업비유동자산 증가액	2,844.2	2,926.5	3,014.3	매출액증가액*(영업비유동자산 매출액 구성비 예측치)
기타자산 증가액	1,950.3	2,008.9	2,069.1	매출액증가액*(기타자산 매출액 구성비 예측치)
(-) 무이자부채 증가액	1,486.0	1,531.4	1,577.4	매출액증가액*(무이자부채 매출액 구성비 예측치)
II. 영업투하자산 증가액(ΔIC)	**4,533.6**	**4,662.5**	**4,802.4**	영업자산 증가액 위 4개항목의 합 - 무이자부채 증가액
III. 잉여 현금흐름(FCF=I-II)	**17,077.2**	**17,604.9**	**18,133.0**	NOPLAT - ΔIC

셀 C5 : '='(8장) ROIC 추세분석'!E5*'(8장) ROIC 추세분석'!E7'
셀 C7 : '='(8장) ROIC 추세분석'!E5*'(8장) ROIC　　셀 C9 : '=C7-C8'
셀 C10 : '=('(8장) ROIC 추세분석'!E5-'(8장) ROIC 추세분석'!D5)*'(8장) ROIC 추세분석'!E12'
셀 C11 : '=('(8장) ROIC 추세분석'!E5-'(8장) ROIC 추세분석'!D5)*'(8장) ROIC 추세분석'!E13'
셀 C12 : '=('(8장) ROIC 추세분석'!E5-'(8장) ROIC 추세분석'!D5)*'(8장) ROIC 추세분석'!E14'
셀 C13 : '=('(8장) ROIC 추세분석'!E5-'(8장) ROIC 추세분석'!D5)*'(8장) ROIC 추세분석'!E15'
셀 C14 : '=('(8장) ROIC 추세분석'!E5-'(8장) ROIC 추세분석'!D5)*'(8장) ROIC 추세분석'!E16'
셀 C15 : '=C10+C11+C12+C13-C14'　　셀 C16 : '=C9-C15'

(8장) FCF의 예측

3) 가중평균자본비용($WACC$)의 추정

가중평균자본비용($WACC$)의 추정을 위해서는 예측기간 동안 다음처럼 유지될 것으로 가정하였다.

무위험이자율=1.7%,　　AAA전자의 신용등급 AA+
신용위험보상률=3.0%,　　법인세율=24.2%,　　베타계수=1.2
시장위험보상률=8%,　　부채비율(B/S)=22.4:77.6

이에 근거할 때, 〈표 8-10〉의 (1)에서 보는 것처럼 세후부채비용(셀 C9)은 3.6%, 자기자본비용(셀 C12)은 11.6%, 가중평균자본비용(셀 C15)은 9.8%로 추정되었다.

가중평균자본비용(셀 C15) : =C9*C13+C12*C14

〈표 8-10〉 가중평균자본비용($WACC$), 잔존가치(CV)의 추정

C15 =C9*C13+C12*C14

(1) 가중평균자본비용(WACC)의 추정

AAA전자 (단위 : 백분률)

추정변수	추정치	비 고
무위험이자율(Rf)	0.017	3년만기 국고채 수익률
신용위험보상률(Yield Spread)	0.030	신용등급 : AA+ Yield Spread = 3.0%
법인세율(t)	0.242	법인세율 24.2% 가정
세후부채비용(Kd)	0.036	Kd = (Rf + Yield Spread)(1-법인세율)
베타(B)	1.200	최근 3년간의 월간수익률에서 추정
시장위험프리미엄((E(Rm)-Rf)	0.080	경제 불확실성 지속으로 8% 가정
자기자본비용(Ke)	0.116	Ke = Rf + 베타*(시장위험프리미엄)
부채의 시장가치비율	0.224	최근 부채비율 하락 감안, 부채비율(B/S)=50% 가정
자기자본의 시장가치비율	0.776	1-부채의 시장가치비율
가중평균자본비용(WACC)	**0.098**	WACC=Kd*(부채의 시장가치비율)+Ke*(자기자본의 시장가치비율)
성장률(g)	0.020	예측기간 이후의 성장률

셀 C9 : '=(C6+C7)*(셀 C12 : '=(C6+C11)*C10

셀 C15 : '=C9*C13+C12*C14'

(2) 잔존가치(CV)의 추정

AAA전자 (단위 : 십억원)

근 거	추정치	비 고
(1) 예측기간 최종 3년 평균 FCF	17,605.0	FCF의 예측치의 3년 평균
(2) 잔존가치 (정률성장 적용)	**229,318.0**	[예측기간 최종 3년 평균 FCF*(1+성장률)] / (WACC-성장률)

셀 C24 : '=AVERAGE('(8장) FCF의 예측'!C16:E16)'

셀 C25 : '=(C24*(1+C16))/(C15-C16)'

(8장) WACC CV 추정

4) 잔존가치, 기업전체가치, 주당 주식가치의 추정

2023년 이후에 예상되는 FCF의 현재가치로 측정되는 잔존가치는 2020~2022년 기간의 FCF의 평균수준에서 2% 성장률로 정률적으로 성장할 것으로 가정하였다. FCF의 정률성장모형을 적용한 결과, 잔존가치는 229,318십억원으로 추정되었다(〈표 8-10〉의 (2)와 〈표 8-11〉의 셀 F9).

잔존가치(셀 C25) : =(C24*(1+C16))/(C15-C16)

이상에서 추정된 FCF와 잔존가치 추정치를 $WACC$로 할인하면 〈표 8-11〉에서 보는 것처럼, 영업기업가치는 216,917.9십억원이다. 이제 지금까지의 추정에서 제외되었던 단기금융상품과 장기금융자산의 영업외자산가치 57,188.8십억원을 합하면, 274,106.7십억원의 기업전체가치(V_0)가 도출된다.

〈표 8-11〉 적정주가의 추정

C17 =C15-C16

적정주가의 추정(FCF모형)

AAA전자 (단위 : 십억원)

구 분	2020	2021	2022	2023	2024	- - - -	비 고
FCF	**17,077.2**	**17,604.9**	**18,133.0**				FCF예측 결과치
(현가요소)	0.9105	0.8290	0.7548				1/(1+추정WACC)^n
현가	15,548.7	14,594.4	13,686.7				FCF*(현가요소)
I. FCF의 현가	**43,829.7**						연도별 FCF현가의 합산
CV 값				**229,318.0**			잔존가치(CV)추정 결과
II. CV의 현가	**173,088.2**						CV를 현재시점 기준으로 3년 할인
III. 영업기업가치(I+II)	**216,917.9**						FCF의 현가 + CV의 현가
VI. 영업외자산가치	**57,188.8**						아래 ① + ②
		①단기금융상품	48,856.3				2019년말 수치 적용
		②장기금융자산	8,332.5				2019년말 수치 적용
VII. 기업전체가치(V_0)	**274,106.7**						III + VI
V. 부채가치(B_0)	**18,835.3**						과거BS 2015년말 이자지급부채차입+비지배주주지분
IV. 자기자본가치(S_0)	**255,271.4**	(단위 : 십억원)					VII - V
발행주식수	**360,000**	(단위 : 만주)					분석시점(2019.3.31)의 발행주식총수
IIV. 적정주가	**70,909**	(단위 : 원)					자기자본가치(IV)/발행주식수*만원
금일종가	**56,000**	(2019.3.31기준)					
가격차이	**14,909**						적정주가 - 금일종가

셀 C5 : '='(8장) FCF의 예측'!C16' 셀 C6 : '=1/(1+'(8장) WACC CV 추정'!C15)^1' 셀 C7 : '=C5*C6'

셀 C8 : '=SUM(C7:E7)' 셀 F9 : '='(8장) WACC CV 추정'!C25' 셀 C10 : '=F9*E6'

셀 C12 : '=E13+E14' 셀 C15 : '=C11+C12'

셀 C16 : '='(8장) FCF 사례연구(제무제표)'!G20+'(8장) FCF 사례연구(제무제표)'!G24+'(8장) FCF 사례연구(제무제표)'!G25+'(8장) FCF 사례연구(제무제표)'!G35'

셀 C17 : '=C15-C16' 셀 C19 : '=(C17*1000000000)/(C18*10000)' 셀 C21 : '=C19-C20'

(8장) 적정주가(FCF모형)의 추정

영업기업가치(셀 C11) : =C8(FCF의 현가)+C10(CV의 현가)
영업외자산가치(셀 C12) : =E13(단기금융상품)+E14(장기금융자산)
기업전체가치(셀 C15) : =C11(영업가치)+C12(영업외가치)

AAA전자의 분석시점에서 보통주보다 우선권이 있는 차입금 등의 **부채가치**(B_0)와 비지배주주지분 18,835.3십억원을 차감하면, **자기자본가치**(S_0)는 255,271.4십억원으로 추정된다. 발행주식수가 360,000만주이므로 *FCF*모형에 기초할 때 적정주가는 70,909원으로 추정된다. 분석시점의 주가 56,000원과 비교하면 약 14,909원 정도 저평가된 것으로 판단된다.

자기자본가치(셀 C17) : =C15-C16
적정주가(셀 C19) : =(C17*10억원)/(C18*1만주)

5) 시나리오 · 민감도분석

이러한 과정을 밟아 적정주가를 추정하는 과정에서 주요 투입정보에 대하여 여러 가지 가정을 하였다. 미래의 성장은 불확실하므로 투자결정의 유연성을 높이기 위해서는 주요 투입정보의 가정이 달라질 경우의 추정값(기업가치 혹은 이론적 적정주가 추정치)을 구해 보는 것이 큰 도움이 된다. 즉, 시나리오 · 민감도분석을 실시하는 것이다. 또한 추정의 신뢰성을 높이기 위해서는 추정과정에서의 항목 간에 논리적 연계성과 일관성이 유지되었는지를 평가해야 한다.

민감도분석(sensitivity analysis)은 설명변수(여기서는 가치창출요인 변수들)가 달라질 때 결과변수(여기서는 적정주가)가 어느 정도 영향을 받는지 그 민감도를 측정하는 계량적 측정방법이다. 기업가치에 영향을 주는 영업마진, 자산효율성, *ROIC*, *WACC*, 성장률 등은 미래 상황전개에 따라 얼마든지 달라질 수 있다. 미래에 전개될 상황은 이들 가치창출요인들에 가장 크게 영향을 주는 구성요소들을 중심으로 몇 가지 시나리오를 예상할 수 있다.

예를 들어, 기업가치에 영향을 크게 미칠 환경 및 전략변수가, 환율과 해외시장에서의 차별화전략이라고 보고 이들 변수들의 여러 가지 시나리오를 설정해 볼 수 있다.

본 분석에서 적정 추정결과를 얻는 데 영향을 크게 미치는 변수는 *WACC*와 예측기간 이후 *FCF*의 성장률(잔존가치)에 대한 가정이다. 앞에서의 결론은 *WACC*$=$9.8%(셀 C15), $g=2\%$(셀 C16)를 가정한 것인데 만약 이 두 변수가 다른 값을 갖게 되

〈표 8-12〉 민감도분석

[(4) WACC와 잔존가치 성장률(g)간의 민감도 분석]

	(추정주가)	가중평균자본비용(WACC)											
	70,909	0.0800	0.0850	0.0900	0.0950	0.0983	0.1000	0.1050	0.1100	0.1150	0.1200	0.1250	0.1300
잔존가치 성장률(g)	-0.020	59,002	57,280	55,714	54,284	53,406	52,973	51,767	50,654	49,624	48,667	47,776	46,944
	-0.010	63,431	61,294	59,371	57,631	56,571	56,049	54,605	53,281	52,063	50,938	49,897	48,930
	0.000	68,968	66,254	63,842	61,683	60,379	59,740	57,983	56,385	54,926	53,588	52,358	51,222
	0.005	72,290	69,199	66,471	64,047	62,589	61,877	59,925	58,158	56,552	55,086	53,742	52,506
	0.010	76,087	72,536	69,430	66,688	65,049	64,252	62,072	60,109	58,334	56,720	55,247	53,896
	0.015	80,468	76,351	72,782	69,660	67,805	66,906	64,457	62,266	60,294	58,510	56,888	55,407
	0.020	85,578	80,752	76,614	73,028	70,913	69,891	67,123	64,662	62,460	60,479	58,686	57,056
	0.025	91,619	85,886	81,035	76,878	74,445	73,275	70,122	67,340	64,867	62,654	60,663	58,861
	0.030	98,867	91,954	86,194	81,319	78,493	77,142	73,521	70,352	67,557	65,072	62,849	60,848

셀 B51 : '=C44'　　셀 C52:N60 : '=TABLE(C15,C16)'

데이터 테이블

행 입력 셀(R): $C$15

열 입력 셀(C): $C$16

확인　취소

면 적정주가는 어느 수준이 될 것인가?

〈표 8-12〉는 *WACC*가 8.0 ~ 13%의 가능성이 있고, 성장률이 −2~3%의 가능성이 있을 경우의 적정주가의 범위를 민감도분석으로 추정한 것이다. 민감도분석을 실행하는 방법은 먼저 셀 B51에 적정주가 70,909원의 셀 C44를 지정(=C44)한 다음, 민감도분석 결과가 표시될 영역(B51:N60, *WACC*와 g 범위가 모두 포함되어야 함)을 지정한다. 그 다음 '데이터-가상분석-데이터 표' 기능을 활성시켜 '표 대화상자'의 행 입력셀에는 적정주가(70,909원 셀 C44)를 도출하는 데 기준이 되었던 *WACC*(셀 C15)를 지정하고, 열 입력셀에는 적정주가를 도출하는 데 기준이 되었던 성장률(g)(셀 C16)을 지정한 다음, [확인]을 누르면 〈표 8-12〉의 민감도분석 결과를 얻는다.

앞으로의 상황을 낙관적으로 예상하여 자본비용 8.5%, 성장률 3.0%로 본다면 적정주가는 91,954원 수준이다. 반대로 앞으로의 상황을 비관적으로 예상하여 자본비용 12%, 성장률 0%로 본다면 적정주가는 53,588원 수준인 것으로 분석된다.

(3) 잉여현금흐름(*FCF*)모형에 대한 평가

이상에서 *FCF*모형에 따라 기업가치, 주식가치를 평가하는 방법에 대하여 설명하고, 사례기업분석을 통해 이를 적용하는 것을 살펴보았다.

*FCF*모형은 배당의 정률성장모형과 차이가 있는 부분은 가치추정의 대상이 주식가치(S_0)가 아니고 일차적으로 기업전체가치(V_0)라는 점, 현금흐름이 주주에게 직접 돌아가는 배당흐름(d)이 아니고, 주주와 채권자 모두에게 돌아가는 *FCF*라는 점, 할인율이 자기자본비용(k_e)이 아니고, 가중평균자본비용(*WACC*)인 점이다.

*FCF*모형은 *DCF*모형의 하나로서, 주주에게 직접 돌아오는 배당이나 이익흐름에 근거하여 주식가치를 추정하는 모형(전통적 주식평가모형)보다도 영업활동에서 창출되는 현금흐름에 근거하여 추정하는 영업흐름접근법(operating approach)이라는 특징을 지니는데, 다음과 같은 **장점**을 지닌다.

- "영업활동에서 창출되는 현금흐름" 기준은 주주와 채권자에게 배당이나 이자 등으로 지급하는 현금흐름이고, 기업가치를 좌우하는 원천적 현금흐름이다.
- 영업현금흐름은 배당정책 등에 영향을 받지 않는다.
- 영업현금흐름은 재무구조(부채비율)의 차이에 영향을 받지 않는다.
- 가치창출의 구체적 원천이 되는 *ROIC*(영업마진, 투하자본회전율), *WACC*, g 중심으로 추정되고 있어서 가치창출방안을 명시적으로 제시할 수 있다.

• 영업현금흐름에 근거한 가치평가방법은 전체 기업에서 특정부문이나 특정 사업부에 적용할 수 있다.
• 실증적으로 영업현금흐름은 무엇보다도 주가와 더 높은 상관관계를 보인다.

한편 *FCF* 모형은 다른 모형과 비교할 때 다음과 같은 **한계점**이 지적되고 있다.

• 추정해야 할 투입정보가 많다. 특히 *WACC* 추정시 자기자본비용 추정 이외에 부채비용과 자본구성비의 추정에 기술적 난점이 있다.
• 전체 기업가치 중 잔여가치가 큰 비중을 차지하는데, 잔여가치는 예측기간 이후의 *FCF* 성장률에 민감하다.
• 다년간 투자를 많이 하는 기업은 투자소요액이 세후영업이익보다 많아 *FCF* 가 (−)를 보이게 되어 장기간 추정이 필요하다.

FCF 모형의 장단점은 다른 모형과 비교할 때 〈표 8-13〉과 같이 요약할 수 있다.

〈표 8-13〉 제반 주식가치평가모형의 장단점 비교

종 류	기본모형	장 점	단 점
배당/이익 평가모형	$S_0=\sum_{t=1}^{\infty}\frac{d_t}{(1+k_e)^t}$ $S_0=\sum_{t=1}^{\infty}\frac{E_t}{(1+k_e)^t}$	• 추정이 간편	• 배당평가모형은 배당의 변동성이 크거나, 무배당기업에 적용불가 • 이익평가모형에서 *EPS* 는 회계처리방법에 따라 달라지고, 재무구조 차이에 영향을 받음 • 내부금융의 가정 등의 비현실성
[주가배수모형] *PER* 모형 *PBR* 모형 *PSR* 모형 *EV/EBITDA*	P_0^* = 적정주가배수 × 가치변수 (주당순이익, 주당순자산…)	• 간단한 회계정보를 이용 • 적정주가 추정이 간편 • 자본비용, 잔존가치 추정 불필요 • 간단하면서 주식수익률의 설명력이 높음	• 상대가치방법의 한계(비교기준의 적정주가배수와 상대적으로 높은지, 낮은지를 보고 과대·과소평가 판단) • 가치변수 추정은 회계처리방법에 따라 달라짐
FCF 평가모형	$V_0=\sum_{t=1}^{\infty}\frac{FCF_t}{(1+WACC)^t}$	• 회계처리방법 선택에 영향받지 않고, 재무구조와 배당정책 차이에 영향받지 않음	• 추정이 복잡함 • 잔존가치 비중이 높음

연습문제

Chapter 8

문제풀이에 필요한 데이터는 신영사 홈페이지(http://www.shinyoungsa.co.kr) 자료실에 게시되어 있는 'Excel 활용 투자관리(3장~8장).xls' 파일의 "실습용 20종목 수정주가자료" 시트와 "재무제표자료" 시트를 이용할 것.

1. 기업가치평가모형으로서 배당평가모형, 주가배수모형, 잉여현금흐름(FCF)모형에 대해 특징, 차이점, 장·단점을 비교·설명하라.

2. (1) BTS전자는 차기 배당금(d_1) 1,600원, 시장위험보상 6%, 베타계수(셀 B5) 0.8, 무위험이자율(R_f) 3.0%이다. 또 사내유보율 25%, ROE 20%는 지속될 것으로 예상된다. BTS전자의 요구수익률, 지속가능성장률을 구하고, 정률성장모형에 의해 내재가치가 얼마인지 평가하라.

(2) 위의 회사가 향후 5년간은 5% 안팎의 성장, 그 이후부터는 2% 정도의 성장을 지속할 것으로 전망하고 있다. 요구수익률(k)은 동일할 것으로 본다면, 이 주식의 이론적 가치는 얼마인가?

3. (1) 주가배수(multiples)모형 전반의 장·단점을 제시하라. 또 PER, PBR, PSR, $EV/EBITDA$로 세분하여 각각의 특징, 차이점, 장·단점을 비교하라.

(2) (주)KKK의 현재 주가는 36,000원이고 주당이익은 6,000원이다. 이 회사는 매년 10%의 성장을 계속하고, 40%의 배당성향을 유지할 것으로 전망된다. 또 투자자들의 요구수익률은 15%이고 내년도 주당이익은 6,600원으로 예상된다. 한편, 동종산업 내의 경쟁업체 평균PER은 9배이고 과거 5년간의 평균PER은 10배였다. 이 회사의 1년 후 주가를 얼마로 추정할 수 있는가?

4. 잉여현금흐름(FCF)모형의 특징에 의해 주식가치를 구하는 과정에서 다음 항목을 어떻게 측정하는지 설명하라.

(1) 잉여현금흐름(FCF)
(2) 세후영업이익($NOPLAT$)
(3) 영업투하자본
(4) 가중평균자본비용($WACC$)
(5) 잔존가치(CV)
(6) 영업외가치
(7) 기업전체가치
(8) 주당주식가치(적정주가)

5. (주)AAA에서는 향후 3년간 다음과 같은 세전영업이익과 영업투하자본이 발생할 것으로 예상된다.

	1년차	2년차	3년차
세전영업이익	900억원	1,000억원	1,100억원
영업투하자본	500	550	600

그리고 4년차 이후의 FCF는 향후 3년간 FCF 평균에서 연 2% 성장할 것으로 기대한다. 한편 시장성 유가증권, 투자자산 등 영업외자산은 300억원, 이자지급부채는 500억원을 보유하고 있다.

한편 자본조달과 관련한 자료는 다음과 같다. 목표부채비율(부채 대 자기자본)은 200%이다. 다음 자료에 기초하여 (주)AAA의 적정주가를 도출하라.

(주식관련자료)
- 발행주식수＝500만주
- 주가＝80,000원
- 베타계수＝1.15
- 시장위험보상률＝9%
- 무위험이자율＝5%

(회사채관련자료)
- 액면금액＝100,000원 (1백만 단위, 총 1,000억원)
- 회사채신용등급(BBB+)프리미엄＝3%
- 무위험이자율＝5%
- 채권가격＝110,000원
- 법인세율＝30%

6. 제8장에서는 AAA전자에 대하여 FCF 측정과 가치평가 방법을 예시하였다. “실습용 20종목” 중 1개 회사를 선정하여 재무제표를 구하고, FCF모형을 적용하여 적정주가를 추정하라.

찾아보기

a

b

c

장영광　성균관대학교 경영학과 졸업 | University of Michigan(경영학석사) | 고려대학교 대학원(경영학박사) | 한양대학교 상경대학 조교수 | University of Wisconsin 연구교수 | University of Washington 연구교수 | 정부투자기관 경영평가위원 | 성균관대학교 경영대학원장 | 성균관대학교 경영대학장 겸 경영전문대학원장 | 한국증권학회 회장 역임

현, 성균관대학교 경영학부 명예교수(e-mail : chang446@skku.ac.kr)

[주요 저서 및 논문]

증권투자론(신영사, 2019) | 생활속의 경영학(신영사, 2017) | 현대투자론(신영사, 2017) | 경영분석(무역경영사, 2017) | 현대재무관리(신영사, 2014) | 주가와 거래량의 교호관계가 중장기 주가행태에 미치는 영향(2007) | 상호저축은행 경영실태평가지표 타당성분석 및 도산예측(2004) | 한국주식시장에서 가치투자전략의 성과와 원천(2003) | 매매거래제도의 변경과 증권시장의 운영효율성(1998) 외 논문 다수

정기만　성균관대학교 경영학과 졸업 | 성균관대학교 대학원(경영학 석사 · 박사) | 미 일리노이 주립대 연구교수 | 정부 공공기관사업선정 심사위원 | 취업전문기관 및 주요 대기업 입사 및 승진시험 출제 | 경영지도사 출제위원 | 국세심판원 | 한국교통대학교 평생교육원장 | 한국기업경영학회 편집위원장 | 대한경영학회 부회장 겸 편집위원장 | 한국취업진로학회 부회장 | 한국전문경영인학회 부회장 | 한국기업경영학회 회장

현, 한국교통대학교 융합경영학과 교수, 인문사회대학 학장(e-mail : kmjeong@ut.ac.kr)

[주요 저서 및 논문]

전략적 자산관리와 20대의 재테크(신영사, 2020) | 생활속의 증권투자론(신영사, 2018) | 생활속의 경영학(신영사, 2017) | 현대경영학의 이해(신영사, 2016) | 경영자의 경기전망에 대한 인식이 투자의사결정에 대한 방식과 조직에 미치는 영향(2015) | 국내외국교육기관 회계기준의 특성에 관한 연구(2015) | Kirkpatrick 등의 경영자 특성은 우리나라에서도 유효한가?(2014) 외 논문 다수

Excel 활용 투자관리

2020년 5월 10일 제1판 1쇄 인쇄
2020년 5월 15일 제1판 1쇄 발행

저　　자　장영광 · 정기만
발 행 인　권　영　섭
발 행 처　(주)신　영　사

㈜신영사

경기도 파주시 심학산로 12(출판문화단지)
등　　록 : 1988. 5. 2 / 제406-1988-000020호
전　　화 : 031-946-2894(代)
F　A　X : 031-946-0799
e-mail : sys28945@naver.com
홈페이지 : http://www.shinyoungsa.co.kr

정가 20,000원　　ISBN 978-89-5501-729-8